全本全注全译丛书

中华经典名著

杨　浩◎译注

近思录

中华书局

图书在版编目 (CIP) 数据

近思录/杨浩译注. —北京:中华书局,2020.8(2025.7重印)
(中华经典名著全本全注全译丛书)
ISBN 978-7-101-14674-5

Ⅰ.近… Ⅱ.杨… Ⅲ.理学–中国–南宋 Ⅳ.B244.72

中国版本图书馆 CIP 数据核字(2020)第 135711 号

书　　　名　近思录
译 注 者　杨　浩
丛 书 名　中华经典名著全本全注全译丛书
责任编辑　周　旻　张　敏
装帧设计　毛　淳
责任印制　陈丽娜
出版发行　中华书局
　　　　　(北京市丰台区太平桥西里 38 号　100073)
　　　　　http://www.zhbc.com.cn
　　　　　E-mail:zhbc@zhbc.com.cn
印　　　刷　北京中科印刷有限公司
版　　　次　2020 年 8 月第 1 版
　　　　　2025 年 7 月第 6 次印刷
规　　　格　开本/880×1230 毫米　1/32
　　　　　印张 17⅛　字数 350 千字
印　　　数　36001-40000 册
国际书号　ISBN 978-7-101-14674-5
定　　　价　43.00 元

目录

前言

　　《近思录》是一本什么样的书呢？简言之，《近思录》是由南宋著名学者朱熹和吕祖谦合编，分类选辑北宋理学家周敦颐、程颢、程颐、张载四人语录而成的一部代表理学思想的著作。《近思录》对后世产生了极大的影响，被学者们看作是宋明理学的入门著作。

一

　　南宋淳熙二年（1175），吕祖谦从浙江到福建与朱熹会晤，两人在寒泉精舍一同阅读周敦颐、程颢、程颐、张载（合称"北宋四子"）的著作，在阅读的过程中，感觉到四子的著作思想深邃、内容广大，为了便于后学把握要义，于是两人一起从四子的著作中精选出622条，分为14卷，辑成《近思录》。"近思"二字取自《论语·子张》："博学而笃志，切问而近思，仁在其中矣。"初稿形成之后，二人又多次讨论，才最终定稿。朱熹、吕祖谦分别作有序跋推荐此书。

　　由此可见，《近思录》的编者是代表南宋儒学精神的朱熹、吕祖谦两位大儒，选编的对象则是北宋理学最具建树的周敦颐、程颢、程颐、张载的著作与语录，因此《近思录》一书集中体现了朱、吕眼中的周、张、二程著作与思想的精华。我们先来初步了解一下本书作者与编者。先看四位选编对象：

周敦颐（1017—1073），字茂叔，道州营道（今湖南道县）人。历任南安军司理参军、虔州通判等。晚年辞官，家于庐山莲花峰下，门前有溪，名濂溪，学者又称为濂溪先生。南宋嘉定时赐谥元公。淳祐元年（1241）封汝南伯，从祀孔子庙庭。敦颐博学，善谈名理，精于《易》理，为宋代理学创始人。程颢、程颐皆从之学。著有《太极图说》《通书》，后人将其著作汇编为《周元公集》。

张载（1020—1077），字子厚，凤翔郿县（今陕西眉县）横渠镇人。历任祁州司法参军，授云岩县令，迁崇文院校书郎等。辞官归家后，讲学于关中，为关学学派宗师。世称横渠先生。南宋嘉定时赐谥明公，淳祐元年（1241）封郿伯，从祀孔子庙。张载学古力行，尝与程颢、程颐兄弟切磋道学之要，相互影响。其学以《易》为宗，以中庸为体，以孔孟为法，极力阐发儒学传统，后来朱熹将其列为理学创始人之一。著有《正蒙》《横渠易说》等，后人将其著作汇编为《张子全书》。

程颢（1032—1085），字伯淳，洛阳（今河南洛阳）人，世称明道先生。嘉祐进士，历官鄠县主簿、上元县主簿、晋城令、太子中允、监察御史里行、监汝州酒税、镇宁军判官等职。南宋嘉定时赐谥纯公，淳祐元年（1241）封河南伯。程颢主张"天人本无二"，强调内心修养，认为"只心便是天"，尽之便能知性、知天，不必外求；以为性即气，绝对之性无善恶，相对之性有善恶。程颐（1033—1107），字正叔，为程颢之胞弟，世称伊川先生。历官西京国子监教授、秘书省校书郎、崇政殿说书等职。南宋嘉定时赐谥正公，淳祐元年（1241）封伊阳伯，从祀孔子庙庭。程颐于书无所不读，其学以《大学》《论语》《孟子》《中庸》为标指，而达于"六经"。其说主张存天理去人欲。程颢与程颐同学于周敦颐，共创"洛学"，为理学奠定了基础，世称"二程"。程颢代表作有《定性书》《识仁篇》等，程颐代表作有《周易程氏传》《经说》。后人集其言论所编的著述为《二程遗书》《二程外书》《二程文集》等。

再来看两位选编者：

　　朱熹（1130—1200），字元晦，又字仲晦，号晦庵，晚称晦翁，徽州婺源（今江西婺源）人。他生平任地方官九年，在朝任职仅四十天，主要精力倾注于讲学与著述，主持白鹿洞书院、岳麓书院，教授五十余年，弟子众多。嘉定二年（1209）追谥文，绍定三年（1230）封徽国公。淳祐元年（1241）从祀孔庙。世称朱文公。朱熹是"二程"的三传弟子李侗的学生。著作颇丰，代表作为《四书章句集注》《周易本义》《诗集传》等，后人编有文集《晦庵集》，语录《朱子语类》等。朱熹全面系统地总结了以"二程"为核心的理学思想，建立了逻辑严密而又庞大的理学体系，成为宋代理学的集大成者。其思想被后代尊奉为官学，称为"朱子"，甚至与孔子并提，以为"孔子大圣，朱子大贤"，是对儒家思想卓有贡献的大思想家。在元、明、清三代的六七百年中，朱熹的理学思想一直是统治阶级的官方意识形态。元朝皇庆二年（1313）复科举，诏定以朱熹《四书章句集注》为标准取士；之后在明、清两代，科举考试均以《四书章句集注》作为题库和标准答案，所有观点均不可违背其中的说法。在当代学科体系中，朱熹成为代表宋代哲学顶峰的伟大哲学家。了解朱熹的思想对于把握宋代以来中国传统思想与文化的主体内容非常重要。

　　吕祖谦（1137—1181），字伯恭，婺州（今浙江金华）人。谥曰成。为学主经世致用，反对空谈性理，开浙东学派先声，学者称东莱先生。吕祖谦在后代的名声与地位虽无法与朱熹比肩，但在南宋时期，以吕祖谦为代表的婺学与以朱熹为代表的闽学、以陆九渊为代表的赣学是当时最重要的三大学术派别。吕祖谦与朱熹、张栻齐名，并称"东南三贤"。南宋学术在理学内部百花齐放、百家争鸣，各家主张颇不相同，而吕祖谦兼收并蓄，亦可谓是南宋学术的领军人物。由他促成的"鹅湖之会"上，朱熹与陆九渊就各自哲学观点展开辩论，而其折衷其间，成为学术史上的佳话。

　　后代学者将宋明理学的主体概括为濂学、洛学、关学、闽学。《近思录》一书选编的对象周敦颐、二程、张载分别是濂学、洛学、关学的代表人物，而主要选编者朱熹则是闽学的代表人物，可以说，《近思录》反映的是宋明理学核心的、代表性的内容和观点。

"理学"一词,有广义与狭义之分。广义上可指宋明时期中国学术的主流,如中国哲学所谓的"宋明理学"。狭义上特指"程朱理学",即二程、朱熹代表的以"天理"为最高范畴的宋代儒学派别,与陆九渊、王阳明为代表的"心学"并列。如果说《传习录》是阳明心学最重要的入门著作,那么相对应的,《近思录》无疑是理学最佳的入门书。

二

说《近思录》是理学的入门书,首先是因为它篇幅小而选文精。周敦颐、张载、程颢、程颐的全部著作体量不小,中华书局"理学丛书"已整理为三种四册,即《周敦颐集》《张载集》《二程集》(上下册)。《近思录》涵盖了四子的主要著作,如周敦颐的《太极图说》《通书》,程颐的《周易程氏传》,张载的《正蒙》等,其中的名篇,如《太极图说》《西铭》《定性书》等,更是全文收录其中,而总共只有 14 卷 622 条,体量与《论语》差不多,实为四子著作的精选本。

其次,《近思录》"入门书"的地位是朱熹亲自"指定"的。朱熹说过:"'四子','六经'之阶梯;《近思录》,'四子'之阶梯。"(《朱子语类》卷第一百五)此处"四子",指《大学》《中庸》《论语》《孟子》四书。

这句在今天看似平淡的话,在当时实际上具有很强的震撼效果。传统儒家一直都是以"六经"作为最重要的经典,而且儒家也一直以传承"六经"为己任。传说孔子"述而不作",是"六经"的整理者与阐释者。经学在后来发展中,经的范围逐渐扩大,《论语》地位首先高起来,唐宋之际《孟子》地位显著上升,《大学》《中庸》独立于《礼记》也受到格外的重视。朱熹顺应历史潮流,将《大学》《中庸》《论语》《孟子》合刻,后又将其对此四书的注释合并成《四书章句集注》,从而"四书"成为宋代以后的新的儒家经典,"四书"之学也跻身成为经学。

"四书"可以说是孔子及其门人的著作,对于传统的"六经"实际上处于"传"的地位。随着时代的发展,儒学受到了来自外部(特别是佛教、道家道教)的挑战,也有内部的分化与变革。儒学如何适应士大夫的精神追求成为当时儒家知识分子的重要课题。北宋的濂学、洛学、关学、新学、蜀学等其实都是从不同角度的创新。最后南宋理学家承续洛学,建构了理学。朱熹对传统"六经"中的《周易》《诗经》等进行了深入的研究,更是对"四书"进行了一生的解释与演绎,完成了《四书章句集注》这部重要著作。《四书章句集注》即是以二程及其后学为中心,广采历代各类训诂与注释成果,将训诂与义理融为一炉,使得"四书"在一定意义上取代"六经"成为新时代的经典。

朱熹在《四书章句集注》中辑录《读论语孟子法》,其中引二程之言曰:"学者当以《论语》《孟子》为本。《论语》《孟子》既治,则'六经'可不治而明矣。"(亦见于《近思录》3.39)不难看出,朱熹借由此语强调"四书"之于"六经"的优先地位。然后,朱熹又将其刚刚抬高的"四书"之前,加上《近思录》一书,则《近思录》的特殊地位被极大突显出来。在《近思录》中,朱熹、吕祖谦本着"述而不作"的精神,借北宋四子之言,全面阐述了理学思想的主要内容,此书实可谓囊括了北宋四子及朱吕一派学问的主体。朱熹曾说:"《近思录》是近来人说话,便较切。"(《朱子语类》卷第一百五)《近思录》里面是北宋理学家的观点,更接近南宋当时人们的语言与思想,是朱熹所推崇的新经典。因此,朱熹对《近思录》多有溢美之词,如"《近思录》好看","《近思录》一书,无不切人身、救人病者"(《朱子语类》卷第一百五)等等。难怪后人对《近思录》分外重视。

所谓"'四子','六经'之阶梯;《近思录》,'四子'之阶梯",这句话中还蕴含着朱熹道统论的建构。朱熹的道统论认为,"六经"思想的"道"是"尧舜禹传授心法",以《尚书》"人心惟危,道心惟微,惟精惟一,允执厥中"十六字心传为核心。"四书"思想的"道"是"孔门传授心法",主要是《论语》"克己复礼"以及《中庸》"中和"等内容。这个"道"在孟子之后中断千年,一直到周敦颐、二程、张载的时代又重新接续起来,其主要内容就体现在《近思录》当中。《近思录》的最后一卷详细品评了历史上的儒者，其中明显建构出朱熹所谓的道统谱系。

由此，从思想与道统两方面，《近思录》作为"四书"阶梯的地位就被确定下来了，而"四书"又为"六经"的阶梯，故而《近思录》就无可非议地成了理学的"入门书"。

事实也是如此。朱熹一生的各类著作二十余种，其用力最巨、费时最长、对后世影响最大者非《四书章句集注》莫属，但是从注释、续补的角度看，传刻最多、流布最广的著作却可能是《近思录》。据学者统计，《近思录》自问世以来，到清末民国初年，各类注释本、续编本、仿编本、补编本，现存仍多达一百四十余种，这还不包括朝鲜、越南、日本等国家的许多传本。应当说，在历史上《近思录》正是作为理学的最佳入门书而流传的。时至今日，在高校里，中国哲学专业宋明理学原典选读的课程，学者们仍然往往直接采用《近思录》作为选读教材，因为它的确是最佳的现成选本，不必他求。

三

经过朱熹、吕祖谦两位大家的细致安排，《近思录》的内容精炼而全面，逻辑严整，选编的对象虽仅仅范围于理学家眼中最为重要的宗师级人物周、张、二程，但选编的内容则包涵理学思想的方方面面。

《近思录》各卷原本并无标题，《朱子语类》卷第一百五中对各卷有一个纲目，成为学者们遵循的标准。朱熹曰："《近思录》逐篇纲目：（一）道体；（二）为学大要；（三）格物穷理；（四）存养；（五）改过迁善，克己复礼；（六）齐家之道；（七）出处、进退、辞受之义；（八）治国、平天下之道；（九）制度；（十）君子处事之方；（十一）教学之道；（十二）改过及人心疵病；（十三）异端之学；（十四）圣贤气象。"

不难看出，《近思录》从宇宙生成的世界本体到孔颜乐处的圣人气象，循着格物穷理，存养而意诚，正心而迁善，修身而复礼，齐家而正伦理，以至治国平天下及古圣王的礼法制度，最后还辟异端而明圣贤之道统，内容包罗万象，是理学思想的小百科。

　　叶采《近思录集解》在每卷之前有小序，着意阐发出各卷之间的逻辑关系，亦可以参考。在理学学者看来，这样谨严的逻辑体系，不仅仅是《近思录》本身的结构，而且是朱、吕二人建构的北宋四子思想的逻辑体系。因此，此书对于程朱理学就具有了极重要的意义。

　　具体来说，《近思录》从宏观上大致体现出《大学》"三纲领、八条目"的框架。正如茅星来在《近思录集注》序中说："古圣贤穷理正心修己治人之要实具于此，而与《大学》一书相发明者也。故其书篇目，要不外'三纲领、八条目'之间。"这样的框架不仅体现出儒家"内圣外王"的理想，而且还详细指出由"内圣"一步步实现"外王"理想的可以操作的方法。

　　大致说来，《近思录》所体现的理学思想主要有以下几个大的方面：

　　一、《近思录》的第一卷主要阐述理学的宇宙论、本体论与心性论，讨论了太极、阴阳、性命、仁义等理学最核心的内容。在理学看来，宇宙最终极的起点是太极，太极没有对立面，太极运动而生出阳，运动到极点就静止了，静止又生出阴，静止达到极点又开始运动。就这样不断地循环往复，从而产生出天地间的一切万物。宇宙间没有绝对的无，有的只是不断的屈伸往来。这个宇宙间的根本的"道"，从不同角度看可以有不同的称谓：从本体看，就是"易"；从道理看，就是"天道"；从作用看，就是"神明"；体现在人身上则是"人性"。人心在喜怒哀乐等没有表现出来时，处在"中"的状态，是寂然不动的；表现出来如果都符合礼节，就是"和"的状态，又是感而遂通的。从其本源上来说，每个人都具有真实无妄的本性，本性都是至善的。但是由于人禀受不同的气质而出生，因而才有了善恶的差别。善性的根本则是仁爱，也就是大公无私，将天地万物都看作自己的一部分。这样的哲学思想深邃而富有创造性，支撑起理学的整个大厦。

　　二、儒家的圣人之道就是《大学》所体现出来的"内圣外王"之道。而"外王"又要以"内圣"作为基础，所以《近思录》卷二至卷五阐述了详尽的成就"内圣"工夫的理学的修养论与认识论。学习的最终目标是成就圣人之道,因此学习要以圣人之道作为志向。这样的学习就是为己之学,是向内探寻,在自己身上用功,目的是为了提升自己的德行。恭敬、宽宏、仁爱等都是修养的方法,特别是恭敬是最为重要的存养工夫。与佛教、道教等强调的"静""净"等形成对比,理学强调"敬"。"敬"是一种没有邪念、内心专一、内心有主,但同时又虚静的状态。"克己复礼"是修养的重要方面,具体来说就是惩忿窒欲、迁善改过、反躬自省等。理学的认识论,也即"致知",并不是直接研究与分析客观事物,而是要勤于思考,穷尽事物的道理,其中很重要的方面则是读书,特别是认真阅读各类儒家经典。此外,卷十二指出要改正耽于逸乐、猜疑、好利、固执、欲望等人们常犯的过错,可以说是"迁善改过"的具体补充。而与学习相对应的是教学,卷十一特别指明了道德自觉原则、预防教育原则、因材施教原则、快乐学习原则、循序渐进原则等多种教学原则。

三、通过仁爱、恭敬、致知等"内圣"工夫,进一步要实现齐家、处世,并且治国平天下的"外王"理想,因此《近思录》卷六到卷十主要讨论"外王"的内容,体现了理学的伦理学、社会理论、政治理论。在理学看来,孝悌是家庭伦理的准则,也即要做到对父母孝顺、对兄弟友爱,而夫妇之间还要能够夫唱妇随。君子的处世则要符合道义,不可追逐利益,不能汲汲于进取。不能为了摆脱贫贱而进取,要能够泰然地安处于贫贱,接受道义,安于天命。对于治国平天下来说,《近思录》中强调政治的根本原则仍在修身,好的政治就是施行仁政,达到社会和谐的理想。对于好的政治,好的制度是必不可少的,《近思录》卷九特别对礼乐制度、教育制度、家族制度、军队制度、土地制度等进行了阐述。《近思录》卷十还补充了对待君主、对待领导、对待百姓、对待工作、与人相处等有关处世的注意事项。从"内圣"与"外王"的统一上,理学家看到了儒学与佛教的区别("释氏二,吾儒一。释氏以事理为不紧要而不理会",见《朱子语类》卷第一百二十六)。

四、《近思录》第十三卷集中对佛教、道教进行了批评,旨在维护儒学的正统地位，可以说也体现了理学的自觉意识。理学竭力要与被视为异端邪说的佛教、道教划清界限，建议学者完全地拒斥远离。理学认为佛教、道教的学说虽然与儒家的某些学说有一定相似性，但他们的行迹不合儒家学说，所以可以判断他们的存心也一定是不正的。理学思想的自觉，显然也是在参照佛道的基础上而成立的。最核心的即是以"实虚"来分辨儒释（"释氏虚，吾儒实"，见《朱子语类》卷第一百二十六），认为儒家肯定世间的真实性，认为人伦、物理、天命等都是真实存在的，而佛教、道教认为世间是虚幻的，因而是错误的。佛道正因为不明白形上形下、阴阳、道器等道理，所以把"虚"或"无"看作是更根本的实在，而实际上根本是不存在绝对的"虚"或"无"的。

五、《近思录》最后一卷第十四卷，与第一卷形成呼应，肩负着理学的道统论与境界论。追求圣人之道，成为儒家的圣贤是理学的最终目标，因此此卷臧否历代人物，品评其得失。按照圣贤出场的顺序，将儒家的圣人之道的道统一直追溯到尧、舜、禹、汤、文王、武王，然后是孔子及其门下的传承：颜回、曾子、子思、孟子。此卷对周敦颐、程颐、张载等的贡献多有赞扬之词，还特别说明程颢接续了孟子死后不传的圣人之道的道统；相反，对汉唐的儒者却颇有微词，表明他们无缘道统。圣贤的境界是无法用语言传达的，关键在于学者用心体察，所以本卷用各种比喻对圣贤的气象进行了描述。比如，孔子的气象如同上天无所不载；颜回的气象如同温和的风、吉祥的云；孟子的气象则如同泰山巍然耸立的样子；周敦颐的气象如同雨过天晴的明净景象；程颢的气象又如同春天太阳的温和。

总之，《近思录》的内容将《大学》的格局贯彻其中但又更加丰富。可以说，《近思录》各卷内容的编排颇为考究，逻辑丝丝入扣，细致又系统地展现了理学的方方面面，是理学思想的浓缩与精华。

四

本次注译，选取南宋衢州学官刻本杨伯嵒《泳斋近思录衍注》十四卷（北京大学图书馆藏，收入《续修四库全书》）的正文文字作为底本。此版本不仅是现存最早的《近思录》刻本，也是现存最早的《近思录》注本，而且从整体上看，此版本内容完备，比较接近《近思录》原貌。底本文字有误处，参校元刻明修本叶采《近思录集解》等版本改正；其正文之前缺少朱熹序、吕祖谦序，今据叶采《近思录集解》补充。

《近思录》从形式上是零散的条目，为了便于查阅，此次整理注译，每条均编有序号，个别较长的条目，则酌情予以分段。底本中小字夹注前有"旧注"二字，今一律删去。底本中亦有小字夹注说明各条目的出处，本书全部删除，依体例在本条最后加注释说明，主要参考中华书局本《周敦颐集》《二程集》《张载集》。张载语录多有不见今本者，标注其实际出处，若见于四部丛刊本《张子语录》，仍标《张子语录》。

虽然说《近思录》是宋代理学的入门书，但是对于古人与今人却不是很容易读的书。比如，周敦颐、张载的文字言简意赅，不易读明白。本次注释，重点对其中难懂的字义予以注释，难认的字则加以注音。

周张二程的文字或引用或关联《诗经》《周易》《尚书》"三礼""四书"等典籍的文字，不熟悉这些经典也颇不易读，因此指明其中的语言出处对于深入理解《近思录》原文是非常必要的。语言出处本身可能比《近思录》原文还难懂，所以本书在注释中对这些文本也尽量做了简单翻译。

有鉴于朱熹、吕祖谦编订此书的目的是提供一个简约的四子著作的选读本，所以本次注释尽量避免繁琐。尽量不采录前代注释，只有在义理颇难明的地方，少量引用朱熹、叶采、茅星来、张伯行、李文炤等人的解释予以疏通。译文尽量采用直译，但有些内容不是一字一句的直译可以说清的，所以用现代汉语对原文进行转述。为了便于了解总体内容，每一卷之前用题解的形式串讲了本卷的主要内容，方便读者参阅。

北宋四子的问题意识与核心思想与今人差异颇大，不熟悉宋明理学的主要内容，初读也颇有难度。建议参考有关研究宋明理学的学术著作，掌握四子的哲学体系，加深对《近思录》中理学思想的理解。欲进一步深入了解四子以及朱熹的思想，可以阅读中华书局出版的《周敦颐集》《二程集》《张载集》《朱子语类》等书。

对《近思录》进一步的研究，可以参考各种古代注本。在《近思录》的古代注本中，最重要的有宋叶采《近思录集解》、清江永《近思录集注》等。朱熹去世以后，曾经向朱熹高徒陈淳问学的叶采汇集朱熹论说文字，历经三十年，于南宋淳祐八年（1248）完成《近思录集解》，淳祐十二年（1252）表奏于朝，成为后人眼中的定本，在元明两代，是最为流行的本子。清代涌现出一批流行的注本，比如江永《近思录集解》、茅星来《近思录集注》、张伯行《近思录集解》、李文炤《近思录集解》等，影响最大的是江永集解本。江永本出现之后，流行程度超过了叶采本。叶采本今有中华书局出版的整理本，江永本今有《儒藏》"精华编"的整理本（收入第一八六册）。华东师范大学出版社近年更是出版了"近思录专辑"，对历代重要《近思录》注本悉数予以整理。

著名学者陈荣捷先生的《近思录详注集评》是重要的集注㒗评类著作，采录广博，便于参考。近年来，程水龙撰有《〈近思录〉集校集注集评》，其中采录各种版本的异文，对历史上重要的注释与评论进行了辑录，亦便于学者深入研读。

《近思录》国内已有甚多注译版本，比较流行的注释本有于民雄译注《近思录全译》、查洪德注释《近思录》等，本次注译多有参考，谨致谢意。本书在完成初稿后一些章节曾请沙志利老师帮忙审阅，特此感谢。

将古文翻译为白话文，要具体为某一种确定的意义，抑或把单字词转为多字词，往往会失去原文丰富模糊的内涵，加之笔者才力有限，疏漏不确之处在所难免，尚乞专家、学者不吝赐教。

杨浩

2020 年 7 月

朱熹序

　　淳熙乙未之夏①，东莱吕伯恭来自东阳②，过予寒泉精舍③，留止旬日。相与读周子、程子、张子之书④，叹其广大闳博，若无津涯⑤，而惧夫初学者不知所入也，因共掇取其关于大体而切于日用者，以为此编。总六百二十二条，分十四卷。盖凡学者所以求端用力、处己治人，与夫所以辨异端、观圣贤之大略，皆粗见其梗概。以为穷乡晚进有志于学，而无明师良友以先后之者，诚得此而玩心焉，亦足以得其门而入矣。如此，然后求诸四君子之全书，沉潜反复，优柔厌饫⑥，以致其博而反诸约焉⑦，则其宗庙之美、百官之富⑧，庶乎其有以尽得之。若惮烦劳，安简便，以为取足于此而可，则非今日所以纂集此书之意也。五月五日新安朱熹谨识⑨。

【注释】

①淳熙乙未：淳熙二年（1175）。淳熙，宋孝宗赵昚年号（1174—1189）。

②东莱吕伯恭：吕祖谦字伯恭，世称东莱先生。东阳：地名。今浙江东阳。

③寒泉精舍：位于建阳（今福建建阳）崇泰里马伏天湖之北，为朱熹
　创办的第一所书院。精舍，学舍，书斋。

④周子、程子、张子：此指周敦颐、程颢、程颐、张载。即下文之"四
　君子"。

⑤津涯：边际，范围。

⑥优柔厌饫（yù）：比喻为学之从容求索，深入体味。厌饫，饱食。

⑦致其博而反诸约：指做学问从广博出发，继而追求精深，最终达到
　简约。语本《孟子·离娄下》："博学而详说之，将以反说约也。"
　意谓广博地学习，详细地解说，归于简约。

⑧宗庙之美、百官之富：语出《论语·子张》："夫子之墙数仞，不得
　其门而入，不见宗庙之美，百官之富。"意谓孔夫子的墙有数丈高，
　不找到它的门进入，就见不到宗庙的壮美、房屋的众多。此处以
　对孔子的学问的赞美之词来形容四子书中丰富的内容、美妙的思
　想。官，房屋。

⑨新安朱熹：朱熹的祖籍在新安江畔的徽州（今安徽黄山市），因徽
　州前称为新安郡，故朱熹自称"新安朱熹"。有认为二程的祖籍也
　在徽州，故称徽州为"程朱阙里"，称程朱理学为"新安理学"。

【译文】

　　淳熙二年夏天，吕祖谦从东阳来，经过我的寒泉精舍，停留了十多
天。我们一起研读了周敦颐、二程、张载的书，感叹其中的内容广大，思
想渊博，好像没有边界一样，于是担心初学的人不知道从哪里下手，因此
共同选取了其中涉及根本主旨而又切近日常的一些条目，编成这本书。
总共六百二十二条，分成十四卷。大体来说，学者想要找到用功的起点、
修身待人的方法，以及要辨别异端邪说、观察圣贤气象的大概方法，都能
够从中看到一个梗概。我认为，处在穷乡僻壤有志于学习的年轻学者，
如果没有良师益友能够指点学问的话，只要能够认真地研究这本书，细
心体会，就能够找到入门的道路。学习完之后，然后再去研究四位先贤

的全书,仔细研究,反复阅读,从容求索,深入体味,就能够通过广博的学习而最后了解其核心思想,这样,其中美妙的思想、丰富的内容,也差不多能够全部领会到了。如果害怕繁琐,不愿辛苦,只是图方便、求简单,以为这一本书就足够了的话,那么就不是我们今天要编辑这本书的本意了。五月五日新安朱熹谨识。

吕祖谦序

　　《近思录》既成，或疑首卷阴阳变化性命之说，大抵非始学者之事①。祖谦窃尝与闻次缉之意②，后出晚进，于义理之本原虽未容骤语，苟茫然不识其梗概，则亦何所底止③？列之篇端，特使之知其名义，有所向望而已。至于余卷所载讲学之方、日用躬行之实，具有科级④，循是而进，自卑升高，自近及远，庶几不失纂集之指。若乃厌卑近而骛高远，躐等陵节⑤，流于空虚，迄无所依据，则岂所谓"近思"者耶？览者宜详之。淳熙三年四月四日东莱吕祖谦谨书。

【注释】

①或疑首卷阴阳变化性命之说，大抵非始学者之事：《朱子语类》卷第一百五："《近思录》首卷难看。某所以与伯恭商量，教他做数语以载于后，正谓此也。"

②次缉：编辑次序。

③底止：即"厎止"，止境，终点。

④科级：品类，等级。

⑤躐（liè）等陵节：逾越等级，超越节次。

【译文】

《近思录》编成以后，有人担心第一卷讨论阴阳变化性命的内容，大概并不是初学者应该从事的内容。我了解一点编书排序的思路，年轻的学者，对于义理的本原虽然不能突然讨论，但是如果茫然不知道义理的梗概，怎么知道学问的目标是什么呢？将这部分内容放在全书的第一卷，是特意要让他们明白其中的一些核心观点，然后对其产生向往而已。至于其余各卷所记载的讲学的方法、平时可以亲自实践的修行，都有次第顺序，按照这个顺序一步一步从低到高，从近到远，差不多就不会违背我们编辑这本书的目的了。如果厌恶浅近而好高骛远，不按照顺序学习，只追求空疏的道理，最终学问没有任何依据，这哪里是我们将此书命名为"近思"的本意呢？读者应该要明白这一点。淳熙三年四月四日东莱吕祖谦谨书。

卷之一

【题解】

朱熹论此卷纲目曰:"道体。"

叶采曰:卷一道体:此卷论性之本原,道之体统,盖学问之纲领也。

本卷是《近思录》中最具理论色彩的一卷,主要讨论太极、阴阳、性命、仁义等理学最核心的内容。比如一开篇就是周敦颐《太极图说》的内容,描述了太极演变生成万物的过程。吕祖谦在序中称首卷的内容为"阴阳变化性命之说"。朱熹因为担心第一卷过于理论化,曾指出:"看《近思录》,若于第一卷未晓得,且从第二、第三卷看起。久久后看第一卷,则渐晓得。"(《朱子语类》卷第一百五)大致说来,本卷主要有以下几方面内容:

一、阴阳与动静。除了太极以外,世界上的一切事物,都不是独立存在的,一定有它的对立面(1.25)。太极没有极点,太极运动而生出阳,运动达到极点就静止了,静止又生出阴,静止达到极点又开始运动(1.1)。阴与阳两端,不断地循环往复,从而建立了天地的根本原则(1.44)。故而,运动的发端才应该是天地的本心(1.10)。运动与静止的变化没有开端,阳气与阴气的运行也没有开始(1.16)。凡是有产生的就会有灭亡,凡是有开始的就会有结束(1.33)。因此,恒久并不是确定不变,而是一直处在变化当中(1.13)。屈伸往来的道理,只在鼻端的呼吸就能看到

（1.33）。事物由气生成，升起降落四处飞扬，从来没有停息过，没有绝对的虚无（1.43）。事物产生的时候，气一天天强盛，事物盈满的时候，气就一天天地归于消散（1.47）。事物看似消亡，但实际上旋即又产生了，所以君子之道在这世界上不可能彻底消亡（1.9）。鬼神，是天地化育万物的产物（1.8），是阳气与阴气的伸张与回归（1.46）。宇宙间的根本真理，从不同角度看可以有不同的称谓。从本体看，就是"易"，从道理看，就是"天道"，从作用看，就是"神明"，体现在人身上就是"人性"（1.19）；从形体看，就是"天"，从主宰看，就是"帝"，从功用看，就是"鬼神"，从神奇的作用看，就是"神"，从性情看，就是"乾"（1.5）；从上天赋予万物看，就是"命运"，从物的禀受看，就是"本性"（1.7）。

　　二、中和与感应。天地之间，只有一个感发与反应（1.34）。尚未感应的状态并不是在前面，已感应未必就是在后面（1.32）。凡是有运动的地方都会有感应，有感发必定会有反应，不断感应没有停息（1.12）。适中，是天下的根本，是天地之间不偏不倚、上下一贯的正确道理（1.26）。适中是很难理解的，需要自己默默领悟，内心明白才可以（1.30）。人心就处在这样的状态之中，从本体上说，是寂然不动的，从作用上说，又是感而遂通的（1.4）。喜怒哀乐等情感没有表现出来，是"中"的状态，是寂然不动的，表现出来如果都符合礼节，就是"和"的状态，是感而遂通的（1.3）。一旦明白了"中"，一切事物上都自然而然有一个"中"在那里，不需要人故意去安排（1.29）。

　　三、性善与气禀。天下所有的道理，从其本源上来说，没有不是至善的。凡是讨论善与不善，都是先有善，后来才有恶（1.38）。这个善性，也就是人们真实无妄的本性（1.2）。那么恶是怎么回事呢？这是因为人的出生是由于禀受气质而来，才既有善，又有恶（1.21）。气禀也称作材质，材质有善良，有不善良，但是本性则都是善的（1.40），都是自然完备的（1.41）。人的性善，就好像水的清澈，水的混浊是因为夹杂了泥土，而混浊并不是水的本性（1.21）。人与一切事物的本性也都是善的。但是由于通达、遮蔽、开通、闭塞，所以有了人与万物的种种差别（1.51）。人性虽然原本都是善良的，但是有的人却无法改恶为善，其实都是因为自暴自弃造成的（1.14）。天地之性，是一切事物的本源，只有品德崇高的人才能够穷尽（1.48）。

四、仁爱与大公。仁是善性的根本，单说一个"仁"，"仁义礼智信"五常也就在其中了（1.6）。理解"仁"是很重要的。二程建议，应当将孔子、孟子讨论仁的文字聚集在一起，分门别类进行研究，就能够体认出来（1.35、1.37）。仁，是所有人共有的，是一切善行的根本（1.11）。仁是天下的正确的道理，失去这个正确的道理，世界就会失去秩序而不和谐（1.17）。爱只是情，仁是爱的本性，可以在爱上体会仁，但不能把爱当作仁（1.35）。要把性与情分别清楚。心本来是善良的，产生的思虑则有善有不善（1.39），心就好像稻谷的种子，所包含的生长的本性就是仁，阳气生发的地方就是情（1.36）。仁能够体察到一切事物，并且体现在一切事物中（1.45）。医书把手足丧失知觉的麻木看作是不仁，最为形象。手足麻木不仁的时候，气血就不再贯通了，明明是自己身上的一部分，却感觉不到。天地万物与自己是一个整体，对仁德的人来说，没有什么不是他自己（1.20）。因此，要体察仁，可以观察天地生长生成万物的气象（1.22、1.23）。恻隐之心是人生养长育的道理（1.42）。仁也就是大公，大公才能一致，自私则只会千差万别（1.27）。

1.1　濂溪先生曰[①]：无极而太极[②]。太极动而生阳，动极而静，静而生阴[③]，静极复动。一动一静，互为其根，分阴分阳，两仪立焉[④]。阳变阴合，而生水、火、木、金、土。五气顺布，四时行焉。五行[⑤]，一阴阳也；阴阳，一太极也；太极，本无极也。五行之生也，各一其性[⑥]。无极之真，二五之精[⑦]，妙合而凝。乾道成男，坤道成女[⑧]。二气交感，化生万物[⑨]。

万物生生，而变化无穷焉。唯人也，得其秀而最灵⑩。形既生矣，神发知矣；五性感动⑪，而善恶分、万事出矣。圣人定之以中正仁义圣人之道，仁义中正而已矣而主静无欲故静⑫，立人极焉⑬。故圣人与天地合其德，日月合其明，四时合其序，鬼神合其吉凶⑭。君子修之吉，小人悖之凶。故曰："立天之道，曰阴与阳；立地之道，曰柔与刚；立人之道，曰仁与义⑮。"又曰："原始反终，故知死生之说⑯。"大哉《易》也，斯其至矣！⑰

【注释】

①濂溪先生曰：按，按照《近思录》体例，某一条冠以"某某先生曰"，以下诸条为同一人所说，不另外标明。但这样的标明对于二程不一定准确，二程语录有时候难以区分为程颢所说或程颐所说。

②无极而太极：太极是超越一切两极对立的混沌状态，兼具宇宙论与本体论的意义。在"极"上加"太"予以限定，是一种哲学意义上的抽象，表示最终的没有任何对立的状态，不可以认为与万物形成二元对立的关系。一般认为，此处的"无极"并不是在"太极"之上更有"无极"的状态，只是说明太极是没有两极的状态，下文"太极，本无极也"也是这个意思。"无极"概念，见于《老子》第二十八章："知其白，守其黑，为天下式。为天下式，常德不忒，复归于无极。"意谓虽然知道事物光明的一面，却持守在事物黑暗的一面，作为天下的楷模。作为天下的楷模，恒久的德就不会偏差，由此回归到无物的状态。

③"太极动而生阳"几句：阴、阳是古代哲学概念，指矛盾运动中的两个对立面。

④两仪：此处指阴与阳。语出《周易·系辞上》："易有太极，是生两

仪。两仪生四象，四象生八卦。"意谓易的原理是最先只有混沌未分的太极，从太极产生出阴阳两仪，从阴阳两仪产生出太阳、太阴、少阳、少阴四象，从四象产生出分别象征天、地、雷、风、水、火、山、泽的乾、坤、震、巽、坎、离、艮、兑八卦。

⑤五行：水、火、木、金、土五种物质，古人视之为构成万物的基本元素。《尚书·洪范》："五行：一曰水，二曰火，三曰木，四曰金，五曰土。"

⑥五行之生也，各一其性：水、火、木、金、土五行，各自的本性不同。《尚书·洪范》："水曰润下，火曰炎上，木曰曲直，金曰从革，土爰稼穑。润下作咸，炎上作苦，曲直作酸，从革作辛，稼穑作甘。"意谓水的本性是向下润湿，其味为咸；火的本性是向上燃烧，其味为苦；木的本性是可以弯曲或伸直，其味为酸；金的本性是可以改变形状，其味为辛；土的本性是可以生长庄稼，其味为甜。

⑦二五：指阴阳二气与五行。

⑧乾道成男，坤道成女：乾、坤本是《周易》的两个卦名，后借指天地、阴阳、男女等。

⑨化生万物：变化生成万物。语出《周易·咸》象辞："天地感而万物化生。"意谓天地相互感应，万物就变化生成了。

⑩唯人也，得其秀而灵：指人得到最优异的气，所以最具有灵气。语本《尚书·泰誓上》："惟天地，万物父母；惟人，万物之灵。"意谓天地是万物的父母，人是万物中最有灵气的。

⑪五性：指仁、义、礼、智、信，又称"五常"。班固《白虎通》："五性者何？谓仁、义、礼、智、信也。"

⑫中正：不偏不倚。主静：指人的本性原本处在静止的状态。《礼记·乐记》："人生而静，天之性也。"意谓人生来就是安静的，这是天所赋予的本性。无欲故静：人的天性本来是静止的，由于后天染上了欲望，所以需要通过无欲的工夫，才能达到静止的状态。语出

《老子》第三十七章：“无名之朴，夫亦将无欲。不欲以静，天下将自定。”意谓保持无名的质朴状态，能使人没有欲望。没有欲望而趋于静止，天下就会自己安定。

⑬人极：社会的准则。极，纲纪，纲常。

⑭“故圣人与天地合其德”几句：语出《周易·乾》文言：“夫大人者，与天地合其德，与日月合其明，与四时合其序，与鬼神合其吉凶。”意谓君子的德性如同天地一样，他的光明如同日月一样，他能够顺应四时的次序，他能够顺应鬼神掌控的吉凶。

⑮“立天之道”几句：二元对立法则，体现在天地人三才上命名不同，分别为：阴阳、刚柔、仁义。语出《周易·说卦》：“昔者圣人之作《易》也，将以顺性命之理。是以立天之道，曰阴与阳；立地之道，曰柔与刚；立人之道，曰仁与义。”意谓从前圣人创作《易》的时候，是要用来顺从性命的道理。所以确立天道的法则，是阴与阳；确立地道的法则，是柔与刚；确立人道的法则，是仁与义。

⑯原始反终，故知死生之说：追溯其本源，就能理解其终结，在生死方面，通过追溯死亡的本源，从而认识到出生只是开始，死亡只是终结。原，推原。反，反求。语出《周易·系辞上》：“《易》与天地准，故能弥纶天地之道。……原始反终，故知死生之说。”意谓《易》的创作与天地相准拟，能够普遍包涵天地间的道理。……推原事物的初始，反求事物的终结，就能知晓死生的规律。

⑰按：本条见周敦颐《太极图说》。按照《近思录》体例，本书在最后一条注释标明详细出处。

【译文】

周敦颐说：没有极点就是太极。太极运动而生出阳，运动达到极点就静止了，静止又生出阴，静止达到极点又开始运动。运动与静止两者互为彼此的原因，分出阴和阳，两仪就建立起来了。阳变化，阴附和，又生出水、火、木、金、土五行。五行之气顺行流布，春、夏、秋、冬四时就形成了。五行，本质上是阴阳；阴阳，本质上是太极；太极，根本上是没有极点的。五行的产生，都各自有他们的性状。没有极点处所见到的真实，是阴阳二气和五行构成的精华，奇妙地结合并且凝结。从乾道生成男人，从坤道生成女人。阴阳二气相互感应，变化生成万物。万物生生不息，变化无穷无尽。只有人获得优异的气，是最灵通的。形体既然产生了，精神就会产生知觉；仁、义、礼、智、信五性得到感应而运动，于是善恶就能够区分、万事就生发出来。圣人制定了中正仁义的标准圣人之道的内容，只是仁义中正以便达到人性本来静止的状态无欲才能达到静止，以此来确立人与人之间的社会秩序。所以圣人的德性如同天地一样，他的光明如同日月一样，他能够顺应四时的次序，顺应鬼神掌控的吉凶。君子按照它来修行，就吉利；小人违背它，就凶险。所以《周易》中说："确立天道的法则，是阴与阳；确立地道的法则，是柔与刚；确立人道的法则，是仁与义。"又说："追溯源头，返回终点，就知道死亡与生命是怎么回事。"《周易》真是伟大呀，明白了这些才算达到了它的极致。

1.2　诚①，无为②；几③，善恶。德：爱曰仁，宜曰义，理曰礼，通曰智，守曰信。性焉、安焉之谓圣，复焉、执焉之谓贤。发微不可见、充周不可穷之谓神④。⑤

【注释】

①诚：真实无妄的本性，被看作是终极的真实。《中庸》："诚者，天之道也；诚之者，人之道也。诚者，不勉而中，不思而得。从容中道，圣人也。"意谓真诚是天的运行法则，也是做人的准则。所谓真诚，就是没有努力就能够做成，没有思考就能够领悟。从容自在合乎道义，那也就是圣人啊。

②无为：无须人为干预，自然而然。

③几：语出《周易·系辞下》："几者，动之微，吉之先见者也。"即运

动的微妙状态,从中可以看到吉利的征兆。

④发微:阐发微妙之处。充周:充满,充足。

⑤按:本条见周敦颐《通书·诚几德》。

【译文】

真诚的本性是自发的、无所作为的;出现了运动的微妙状态,才有了善与恶的分别。有五个方面的德性:爱人为仁,合宜为义,合理为礼,通达为智,持守为信。自然彰显本性、安处于本性就是圣人,努力复归于本性、持守本性就是贤人。从细微之处发动但是无法观察到、遍布一切但是无法穷尽就是神明。

1.3　伊川先生曰:喜怒哀乐之未发,谓之中。中也者,言"寂然不动"者也①,故曰"天下之大本"②。发而皆中节③,谓之和。和也者,言"感而遂通"者也,故曰"天下之达道"④。⑤

【注释】

①寂然不动:语出《周易·系辞上》:"《易》,无思也,无为也,寂然不动,感而遂通天下之故。"意谓《易》的道理,没有思虑,没有作为,寂静不动,一受到感应就能通达天下的道理。

②天下之大本:语出《中庸》:"喜怒哀乐之未发,谓之中;发而皆中节,谓之和。中也者,天下之大本也;和也者,天下之达道也。"意谓喜怒哀乐尚未表现出来时,称之为中;表现出来都能合乎节度,称之为和。中是天下的根本,和是天下众人应该遵循的准则。大本,事物的根本。

③中(zhòng)节:合乎礼义法度。

④天下之达道:语出《中庸》,见上注②引文。达道,要遵行的永不变易的道理。

⑤按:本条见《二程遗书》卷二十五。

【译文】

　　程颐说：喜怒哀乐还没有表现出来，就处于"适中"的状态。"适中"，就是"处于寂静没有任何变化的状态"，因此称之为"一切事物的根本"。喜怒哀乐表现出来合乎节度，就处于"和谐"的状态。"和谐"的状态，就是"感发之后没有什么地方不能够通达"，因此称之为"人们要遵守的永恒不变的法则"。

　　1.4　心一也，有指体而言者，"寂然不动"是也[1]，有指用而言者，"感而遂通天下之故"是也，惟观其所见如何耳。[2]

【注释】

　　①体：此处与"用"相对。事物的本质谓之体，事物的功能谓之用。

　　②按：本条见《二程文集》卷九。

【译文】

　　心只是一个，但是有从本体来说的，就是"处于寂静没有任何变化的状态"，也有从功用来说的，就是"一受到感应就能通达天下的道理"。讨论心，关键要看从本体来说，还是从功用来说。

　　1.5　乾，天也。天者，乾之形体[1]；乾者，天之性情。乾，健也；健而无息之谓乾[2]。夫天，专言之则"道"也，"天且弗违"是也[3]。分而言之，则以形体谓之"天"，以主宰谓之"帝"，以功用谓之"鬼神"，以妙用谓之"神"，以性情谓之"乾"。[4]

【注释】

　　①"乾"：底本原作"天"，据叶采集解本改。

②“乾，健也”几句：语出《周易·乾》象辞：“天行健，君子以自强不息。”意谓天的运行刚健不已，君子因而要不断奋发上进。健，刚健。

③天且弗违：语出《周易·乾》文言：“天且弗违，而况于人乎？况于鬼神乎？”意谓天尚且不违背他，何况是人呢？何况是鬼神呢？

④按：本条见《周易程氏传·乾》。

【译文】

乾，取象于天。天，就是乾的形体；乾，就是天的性情。乾，象征着刚健；刚健而没有止息就是乾。天，总的来说也就是“道”，就是“天尚且不违背他”中的“天”。分开来说，从它的形体来说可称作“天”，从主宰来说可称作“帝”，从功用来说可称作“鬼神”，从神奇的作用来说可称作“神”，从性情来说可称作“乾”。

1.6　四德之元①，犹五常之仁②。偏言则一事，专言则包四者。③

【注释】

①四德：指《周易·乾》卦辞中的“元、亨、利、贞”。《周易程氏传》卷一：“元、亨、利、贞，谓之四德。元者，万物之始；亨者，万物之长；利者，万物之遂；贞者，万物之成。”

②五常：指仁、义、礼、智、信。

③按：本条见《周易程氏传·乾》。

【译文】

《乾》卦的“元亨利贞”四德中的“元”，犹如“仁、义、礼、智、信”五常中的“仁”一样。与其他三德并列的时候，就只是四德中的一个，但是单独说一个“元”，就包含全部四德在内。

1.7　天所赋为命，物所受为性①。②

【注释】

①天所赋为命，物所受为性：语本《中庸》："天命之谓性。"意谓上
　天赋予人的就是本性。

②按：本条见《周易程氏传·乾》。

【译文】

从上天赋予万物的角度说是命运，从万物所禀受的角度说就是本性。

1.8　鬼神者，造化之迹也①。②

【注释】

①造化：化育万物。

②按：本条见《周易程氏传·乾》。

【译文】

鬼与神，就是天地化育万物的产物。

1.9　《剥》之为卦，诸阳消剥已尽，独有上九一爻尚
存，如硕大之果不见食①，将有复生之理。上九亦变，则纯阴
矣②，然阳无可尽之理，变于上，则生于下，无间可容息也。
圣人发明此理，以见阳与君子之道不可亡也。或曰：《剥》
尽则为纯《坤》，岂复有阳乎？曰：以卦配月，则《坤》当十
月③。以气消息言④，则阳剥为《坤》，阳来为《复》⑤，阳未尝
尽也。《剥》尽于上，则《复》生于下矣。故十月谓之阳月，
恐疑其无阳也⑥。阴亦然，圣人不言耳。⑦

【注释】

①"诸阳消剥已尽"几句：《周易·剥》卦卦象是下五爻皆阴，只有上

九一爻为阳爻,有硕大的果实挂在上面未被摘食之象,故其上九
　爻辞中有"硕果不食"之语。

② 上九亦变,则纯阴矣:《剥》卦上九爻变为阴,则为《坤》卦,六爻全
　都是阴爻。

③ 以卦配月,则《坤》当十月:《周易》有十二消息卦,被视为由
　"乾""坤"二卦各爻的"消"与"息"变化而来的。用十二个卦配
　十二个月,每一卦为一月之主,是谓"十二辟卦",即十二月卦。这
　十二卦是:《复》《临》《泰》《大壮》《夬》《乾》《姤》《遯》《否》《观》
　《剥》《坤》。配以地支排序之月份,就是:《复》主十一(子)月,《临》
　主十二(丑)月,《泰》主正(寅)月,《大壮》主二(卯)月,《夬》主
　三(辰)月,《乾》主四(巳)月,《姤》主五(午)月,《遯》主六(未)月,
　《否》主七(申)月,《观》主八(酉)月,《剥》主九(戌)月,《坤》主
　十(亥)月。

④ 消息:在一个卦体中,凡阳爻去而阴爻来称为"消",阴爻去而阳爻
　来称"息"。

⑤ 阳剥为《坤》,阳来为《复》:在十二消息卦中,《剥》卦上九阳爻剥
　尽,则为《坤》卦。《坤》卦最下一爻变为阳爻,则为《复》卦。

⑥ 故十月谓之阳月,恐疑其无阳也:董仲舒《雨雹对》:"十月阴虽用
　事,而阴不孤立,此月纯阴,疑于无阳,故谓之阳月。"《后汉书·马
　融列传》注:"《尔雅》曰:十月为阳。孙炎注曰:纯阴用事,嫌于无
　阳,故以名云。"

⑦ 按:本条见《周易程氏传·剥》。

【译文】

《剥》这一卦,卦象上的诸阳爻逐渐剥落,只有上九一阳爻还存在,就
像硕大的果实没有被吃掉,又将重新结出新的果实。上九爻如果也变化
的话,就会变成纯阴卦,然而不存在阳爻完全耗尽的道理,在上面消失,
就又会从下面产生,中间并不会有时间间隔。圣人阐明这样的一个道理,

用来说明阳气和君子之道在这世界上不可能会消亡。有人说:《剥》卦的阳爻都剥落之后,就会成为纯阴的《坤》卦,那么还会有阳吗? 回答说:用卦象来匹配月份,《坤》卦对应十月份。按照二气的消息来说,《剥》卦的阳爻都剥落之后会为《坤》卦,一阳爻从下面又产生就是《复》卦,阳气并没有完全消尽。《剥》卦的阳爻从上面消失之后,就变成阳爻又从下面产生的《复》卦。所以十月份被称为阳月,就是怕人们误解这个月没有阳气。阴也是如此,也没有完全消失的道理,只是圣人没有明说而已。

1.10　一阳复于下,乃天地生物之心也①。先儒皆以静为见天地之心②,盖不知动之端乃天地之心也③。非知道者,孰能识之?④

【注释】

①一阳复于下,乃天地生物之心也:《坤》卦最下一爻变为阳爻,则为《复》卦。《周易·复》象辞:"复,其见天地之心乎!"意谓从《复》卦,大概可以看出天地的用心吧!

②先儒皆以静为见天地之心:《复》卦"复其见天地之心乎",王弼注:"复者,反本之谓也。天地以本为心者也。凡动息则静,静非对动者也。语息则默,默非对语者也。然则天地虽大,富有万物,雷动风行,运化万变,寂然至无,是其本矣。"意谓《复》卦,说的是返回本根的意思。天地将本根看作它的用心。凡是运动消失就是静止,但静止并不是相对运动来说的。言语消失就是沉默,沉默并不是相对言语来说的。然而天地虽然非常浩瀚,有各种各样的事物,电闪雷鸣,狂风暴雨,变化万端,但寂静虚无,才是它们的本根。

③动之端:《复》卦下卦为震,震象征运动,《复》卦下的初九爻是震的最下一爻,因此被认为显示出运动变化的端倪。

④按:本条见《周易程氏传·复》。

【译文】

《复》卦中从下面产生的一阳爻,就是天地生成万物的本心。前代儒者都把静止作为天地的本心,只是不知道运动的发端才应该是天地的本心。如果不是了解天地之道的人,谁还能够明白呢?

1.11　仁者,天下之公[1],善之本也。[2]

【注释】

[1]天下之公:语出《礼记·礼运》:"大道之行也,天下为公,选贤与能,讲信修睦。"意谓大道施行的时代,天下是人们所共有的。选举贤德有才能的人来管理,人们之间都讲究信任而和睦相处。

[2]按:本条见《周易程氏传·复》。

【译文】

仁,是所有人共有的,是一切善的根本。

1.12　有感必有应[1]。凡有动皆为感,感则必有应,所应复为感,所感复有应,所以不已也。感通之理[2],知道者默而观之可也。[3]

【注释】

[1]有感必有应:有感发,必然产生相应。语本《周易·咸》彖辞:"二气感应以相与。"意谓阴阳二气互相感应,结合在一起。此条解释《周易·咸·九四》爻辞。

[2]感通:谓此有所感而通于彼。意即一方的行为感动对方,从而导致相应的反应。语出《周易·系辞上》。

[3]按:本条见《周易程氏传·咸》。

【译文】

有感发必定会有反应。凡是有运动的地方就是感发，有感发必定会产生反应，这反应又是新的感发，感发又会产生反应，所以不断感应没有停息。感发就能通达的道理，只有了解天地之道的人才能够冷静地观察。

1.13　天下之理，终而复始，所以恒而不穷。恒非一定之谓也，一定则不能恒矣。唯随时变易^①，乃常道也。天地常久之道，天下常久之理，非知道者，孰能识之？^②

【注释】

①变易：郑玄《序易》："《易》之为名也，一言而函三义，简易一也，变易二也，不易三也。"意谓《易》有三个原则，分别是简易、变易、不易。

②按：本条见《周易程氏传·恒》。

【译文】

天下的道理，结束了又会开始，所以才永恒而没有尽头。永恒并不是确定不变的意思，确定不变就不能永恒。只有顺应时势的变化，才是恒久之道。天地能够长久的道理，天下能够长久的规律，如果不是了解天地之道的人，谁又能够明白呢？

1.14　人性本善^①，有不可革者，何也？曰：语其性则皆善也，语其才则有下愚之不移^②。所谓下愚有二焉：自暴也，自弃也^③。人苟以善自治，则无不可移者，虽昏愚之至，皆可渐磨而进。唯自暴者拒之以不信，自弃者绝之以不为，虽圣人与居，不能化而入也，仲尼之所谓下愚也。然天下自弃、自暴者非必皆昏愚也，往往强戾而才力有过人者，商辛是也^④。

圣人以其自绝于善,谓之下愚,然考其归,则诚愚也。既曰下愚,其能革面,何也? 曰:心虽绝于善道,其畏威而寡罪则与人同也。唯其有与人同,所以知其非性之罪也。⑤

【注释】

①人性本善:性善是孟子最先提出的主张,为宋代理学家所推崇。语出《孟子·告子上》:"人性之善也,犹水之就下也。人无有不善,水无有不下。"意谓人性本来是善的,就像水总是向下流。人性没有不善的,水没有不向下流的。

②下愚之不移:语出《论语·阳货》:"唯上知与下愚不移。"意谓只有上等的智者和下等的愚人不会改变。

③自暴也,自弃也:自暴指自我戕害,自弃指自我抛弃。语出《孟子·离娄上》:"自暴者,不可与有言也;自弃者,不可与有为也。"意谓残害自己的人,不可能和他有所言谈;放弃自己的人,不可能同他有所作为。

④商辛:商朝的末代帝王,即商纣王,号帝辛。

⑤按:本条见《周易程氏传·革》。

【译文】

人性原本都是善良的,但是也有无法改变的,什么原因呢? 回答说:从本性上来说都是善良的,但是从材质上来说,却有下等愚人不会改变的现象。所谓下等的愚人有两种情况:一种是自我戕害,另外一种是自我放弃。人只要用善良来自我修养,就没有什么不可以改变的,即使昏昧愚蠢到了极点,也可以逐渐地改正而不断进步。只是自我戕害的人用不相信来拒绝,自我放弃的人用不行动来隔绝,即便让他们和圣人居住在一起,也不能够改变他们使其向善,这就是孔子所说的下等的愚人。然而天下自我戕害的人、自我放弃的人不一定都是愚笨的人,往往有些是强大有力、才能过人的人,比如商朝的纣王。孔子认为他们都是自己不愿意向善,所以称之为下等的愚人,然而查验他们的结局,则确实是愚人。有人会说:既然称之为下等的愚人,又如何还能够改变呢? 回答说:内心里虽然拒绝向善,但是他仍然害怕惩罚而不愿意犯错,与众人是一样的。也正因为他有与一般人相同的方面,所以就知道这并不是因为他们本性不善造成的。

1.15　在物为理,处物为义①。②

【注释】

①处物:处置事物。

②按:本条见《周易程氏传·艮》。

【译文】

作为事物本身的法则称作"理",按照这个道理来处置事物称作"义"。

1.16　动静无端,阴阳无始,非知道者,孰能识之①? ②

【注释】

①按:此条解说《周易·系辞上》:"一阴一阳之谓道。"意谓阴阳的变化运行叫作道。

②按:本条见《程氏经说·易说》。

【译文】

运动与静止的变化没有开端,阳气与阴气的运行也没有开始,如果不是了解天地之道的人,谁又能够明白呢?

1.17　仁者,天下之正理,失正理则无序而不和①。②

【注释】

①按:此条解释《论语·八佾》:"人而不仁,如礼何? 人而不仁,如乐何?"意谓一个人如果不仁爱,怎样对待礼呢? 一个人如果不仁爱,怎样对待乐呢?

②按:本条见《程氏经说·论语解》。

【译文】

仁是天下的正确的道理,失去这个正确的道理,世界就会失去秩序而不和谐。

1.18　明道先生曰:天地生物,各无不足之理。常思天下君臣、父子、兄弟、夫妇①,有多少不尽分处。②

【注释】

①君臣、父子、兄弟、夫妇:《孟子·滕文公上》:"父子有亲,君臣有义,夫妇有别,长幼有叙,朋友有信。"意谓父子之间要亲爱,君臣之间要有礼义,夫妇之间要有内外之别,长幼之间要有先后尊卑的秩序,朋友之间要有诚信

②按:本条见《二程遗书》卷一。

【译文】

程颢说:天地生成万物,没有不各自具足的道理。我常常想到天下的君臣、父子、兄弟、夫妇,有太多不能够尽其本分的地方。

1.19　"忠信所以进德"①,"终日乾乾"②,君子当终日对越在天也③。盖"上天之载,无声无臭"④,其体则谓之易,其理则谓之道,其用则谓之神,其命于人则谓之性。率性则谓之道,修道则谓之教⑤。孟子去其中又发挥出浩然之气⑥,

可谓尽矣。故说神"如在其上,如在其左右"⑦,大小大事而只曰"诚之不可掩如此夫"⑧。彻上彻下,不过如此。形而上为道,形而下为器⑨,须着如此说:器亦道,道亦器,但得道在,不系今与后、己与人。⑩

【注释】

①忠信所以进德:语出《周易·乾》文言:"君子进德修业。忠信所以进德也,修辞立其诚,所以居业也。"意谓君子应该增进德行与树立功业。做到忠诚而信实,由此可以增进德行,修饰言辞以确保其诚意,由此可以树立功业。

②终日乾乾:语出《周易·乾·九三》:"君子终日乾乾,夕惕若,厉无咎。"意谓君子整天勤奋不休,晚上还戒惕谨慎,有危险,但没有灾难。

③对越在天:与上天相配。语出《诗经·周颂·清庙》:"济济多士,秉文之德,对越在天。"意谓众多参加祭祀的人排列整齐,怀念着文王的德行,遥对文王在天之灵。越,于。

④上天之载,无声无臭:语出《诗经·大雅·文王》。《中庸》:"'上天之载,无声无臭',至矣!"意谓:"天所行之事,既无声也无味。"真是达到极至啊!

⑤率性则谓之道,修道则谓之教:语出《中庸》:"天命之谓性,率性之谓道,修道之谓教。"意谓上天赋予人的就是本性,顺应本性就是人道,遵循人道就是教化。

⑥浩然之气:语出《孟子·公孙丑上》:"我善养吾浩然之气。"意谓我善于培养自己的浩然之气。又说:"其为气也,至大至刚,以直养而无害,则塞于天地之间。其为气也,配义与道,无是馁也。是集义所生者,非义袭而取之也。"意谓那一种气,最盛大也最刚强,以正直去培养而不加妨碍,就会充满在天地之间。那一种气,要

与义行和正道配合。没有这些,它就会萎缩。它是不断集结义行而产生的,不是偶然的义行能假装的。

⑦如在其上,如在其左右:语出《中庸》:"鬼神之为德,其盛矣乎?……使天下之人,齐明盛服以承祭祀,洋洋乎如在其上,如在其左右。"意谓鬼神所发挥的功能,真是盛大啊!它促使天下的人斋戒明洁、衣冠整齐,来举行祭祀仪式。祭祀时它好像洋溢在我们的上方,好像洋溢在我们的左右。

⑧诚之不可掩如此夫:语出《中庸》言鬼神之德:"夫微之显,诚之不可掩如此夫!"意谓隐微的会逐渐明显起来,真诚的心意不可掩蔽也是如此啊!

⑨形而上为道,形而下为器:语出《周易·系辞上》:"形而上者谓之道,形而下者谓之器。"意谓超越在形体之上的就称为道,落实在形体之下的就称为器物。

⑩按:本条见《二程遗书》卷一。

【译文】

"忠诚守信可以增进德行","终日自强不息",君子应当整天与上天的德行相配。因为"上天的运行没有任何声响,没有任何气味",它的本体就是"易",它的道理就是天道,它的作用就是神明,体现在人身上就是人性。顺着人性就是人道,按照人道来修行就是教化。孟子在其中又阐发出浩然之气,可以说详尽透彻了。所以神明"好像在人的上面,又好像在人的左右",无论多么大的事情,只是说"真实地没有任何办法隐藏"。贯彻上下,也都是如此。超越一切形体的就是道理,有形体可见的就是器物,应该这样说:器物就是道理,道理也就是器物,只要有道理在,就不会再执着如今与以后、自己与他人等这些二元的对立。

1.20　医书言手足痿痹为不仁①,此言最善名状②。仁者以天地万物为一体,莫非己也。认得为己,何所不至?若不有诸己,自不与己相干。如手足不仁,气已不贯,皆不属己。故博施济众,乃圣之功用③。仁至难言,故止曰:"己欲立而立人,己欲达而达人。能近取譬,可谓仁之方也已"④。欲令如是观仁,可以得仁之体。⑤

【注释】

①痿痹为不仁:痿痹,肢体不能动作或丧失感觉。《黄帝内经·痹论篇》:"经络时疏,故不痛,皮肤不营,故为不仁。"意谓经络有时还能疏通,所以不疼痛;皮肤得不到营养,所以麻木不仁。《黄帝内经·痿论篇》:"脾气热,则胃干而渴,肌肉不仁,发为肉痿。"意谓脾脏有热,可使胃内津液干燥,口渴,肌肉麻痹不仁,发为肉痿。

②最善名状:特别善于描述。名状,形容,描述。

③故博施济众,乃圣之功用:语本《论语·雍也》:"子贡曰:'如有博施于民,而能济众,何如? 可谓仁乎?'子曰:'何事于仁,必也圣乎? 尧舜其犹病诸!'"意谓子贡说:"如果有人能博施恩惠于老百姓,并且能周济大众,这样如何呢? 可以称得上行仁吗?"孔子说:"这样何止于行仁,一定算是成圣了! 连尧舜都会觉得难以做到啊!"

④"己欲立而立人"几句:语出《论语·雍也》。

⑤按:本条见《二程遗书》卷二上。

【译文】

　　医书上把手足丧失知觉的麻木称作是"不仁",这话说得太形象了。有仁德的人,把天地万物都当作一体,没有什么不是他自己。认识到都是自己,还有什么做不到呢? 如果有什么事物还不是自己,就会认为与自己没有相干。比如手足麻木不仁的时候,气血就不再贯通了,也就感觉不到那是自己的一部分。所以广博地施予,救济众人,就是圣人的行为与作用。仁是特别难以说明的,所以只是说:"自己想成功,也使别人成功，自己想通达，也使别人通达。能够从自己的情况来设想如何与人相处，就可以说是行仁的方法了。"如果人们能以这样的方式来观察仁的话，可以说就了解到仁的本体了。

1.21　"生之谓性"①，性即气，气即性，生之谓也。人生气禀，理有善恶，然不是性中元有此两物相对而生也。有自幼而善，有自幼而恶。后稷之克岐克嶷②，子越椒始生，人知其必灭若敖氏之类③。是气禀有然也。善固性也，然恶亦不可不谓之性也。盖"生之谓性""人生而静"以上不容说④，才说性时便已不是性也。

【注释】

①生之谓性：《孟子·告子上》所载告子之言。实际上，"性"的本义是"生"，指天生的本性，并非告子一家之言。

②克岐（qí）克嶷（yí）：语出《诗经·大雅·生民》："诞实匍匐，克岐克嶷。"意谓后稷刚会爬的时候，就很聪明很乖巧。岐、嶷，峻茂的样子，形容幼年聪慧。

③子越椒始生，人知其必灭若敖氏：子越椒，芈姓，斗氏，名椒，字子越，古时常将名与字连读，故称其为子越椒。据《左传·宣公四年》记载，楚国司马若敖氏的子良生下了一个儿子，即子越椒。令尹子文见其有熊虎之状，断定他长大后必定会使若敖氏灭亡，要求子良杀掉子越椒。子良心疼儿子，没有同意。后来因为子越椒叛乱，若敖氏全族被灭。

④人生而静：语出《礼记·乐记》。

【译文】

"天生的叫作本性"，本性就是气质，气质也就是本性，也是元生的意思。人的出生是由于禀受气质而来,从道理上既有善也有恶,但不是本性当中本来就有这样善恶的事物相对而产生。有从小就是善的,有从小就是恶的。比如后稷,生下来就很聪明,子越椒一生下来,人们就知道他必定会使若敖氏灭亡。这是气禀不同造成的。善固然是本性,但是恶也不可以说就不是本性。所以比"天生的叫作本性""人本来是静止的"更早的状态,就不可言说了。才说本性的时候,就已经不是本性了。

凡人说性,只是说"继之者善也"①,孟子言人性善是也。夫所谓"继之者善也"者,犹水流而就下也②。皆水也,有流而至海,终无所污,此何烦人力之为也?有流而未远,固已渐浊;有出而甚远,方有所浊。有浊之多者,有浊之少者。清浊虽不同,然不可以浊者不为水也。如此,则人不可以不加澄治之功。故用力敏勇则疾清,用力缓怠则迟清。及其清也,则却只是元初水也,亦不是将清来换却浊,亦不是取出浊来置在一隅也。水之清,则性善之谓也。故不是善与恶在性中为两物相对,各自出来。此理,天命也。顺而循之,则道也。循此而修之,各得其分,则教也。自天命以至于教③,我无加损焉④,此舜有天下而不与焉者也⑤。⑥

【注释】

①继之者善也:语出《周易·系辞上》:"一阴一阳之谓道。……继之者善也,成之者性也。"意谓一阴一阳交替变化,就称为道;继承道的运作的,就是善;完成道的运作的,就是性。

②犹水流而就下也:语出《孟子·告子上》:"人性之善也,犹水之就下也。人无有不善,水无有不下。"

③自天命以至于教:语本《中庸》:"天命之谓性,率性之谓道,修道

之谓教。"

④我无加损焉：语出《春秋穀梁传·僖公十九年》："梁亡，郑弃其师，
我无加损焉，正名而已矣。"意谓对"梁亡""郑弃其师"这两段史
料的记载，我没有进行任何的添加或删改，只是使用正确的表述
方式而已。

⑤舜有天下而不与焉：语出《论语·泰伯》："巍巍乎，舜、禹之有天
下也而不与焉！"意谓舜、禹是多么高大啊！他们得到天下，却不
独专其政。

⑥按：本条见《二程遗书》卷一。

【译文】

　　凡是人说这个本性，就只是说"继承道的运作的就是善的"，这就是
孟子所说的人性本善。所谓的"继承道的运作的就是善的"，就如同水的
本性是向下流动的。都是水，有一气儿流到海里的，始终没有污染，又何
必烦劳人去净化呢？有流出不远就已经污浊的；有流出很远，然后才污
浊的。有污浊得比较多的，有污浊得比较少的。清澈污浊虽然不同，但
不可以认为污浊的就不是水。这样，那么人们不可以不对其进行澄清。
所以如果用力敏捷勇猛，会很快澄清，如果用力缓慢懈怠，很慢才能清
澈。但是一旦清澈以后，却只是本来最初的水，也不是把清澈的水替换
了原来的浊水，也不是把污浊的水拿出来放在一边。水的清澈，就像是
本来的性善。所以说，善和恶在本性当中是两个相互对立的东西而各自
发展出来，这个观点是不对的。这个道理，就是天命。顺从而遵循，就是
天道。遵循天道然后去修行，各自获得自己的本分，这就是教化。从天
命到修道，一直到教化，我没有什么能够增加的和减损的，这就像舜虽然
拥有天下，但是并不干预一样。

1.22　观天地生物气象①。周茂叔看②。③

【注释】

①观天地生物气象:《周易·系辞下》:"天地之大德曰生。"意谓天
地最大的功德是创造生命。

②周茂叔:周敦颐,字茂叔。

③按:本条见《二程遗书》卷六。

【译文】

要观察天地生成万物的气象。周敦颐爱观看。

1.23 万物之生意最可观,此"元者,善之长也"①,斯
所谓仁也。②

【注释】

①元者,善之长也:语出《周易·乾》文言。

②按:本条见《二程遗书》卷十一。

【译文】

万物生生不息的精神,最值得观看,这就是《周易》所讲的"元处于
善的第一位",就是所谓的仁。

1.24 满腔子是恻隐之心①。②

【注释】

①恻隐之心:《孟子·公孙丑上》:"恻隐之心,仁之端也。"意谓恻隐
之心是仁的开端。

②按:本条见《二程遗书》卷三。

【译文】

满肚子都充满着恻隐的心。

1.25　天地万物之理,无独必有对^①,皆自然而然,非有
安排也。每中夜以思,不知手之舞之、足之蹈之也^②。^③

【注释】

①无独必有对:"独"指没有对立面的事物。"对"是存在对立面的
事物,比如君臣、父子、夫妇等。

②不知手之舞之、足之蹈之:手、脚舞动跳跃。语出《孟子·离娄上》:
"不知足之蹈之,手之舞之。"

③按:本条见《二程遗书》卷十一。

【译文】

世间一切事物的道理,没有独立的存在,必定有它的对立面,都是自
然而然就是那样,没有由谁有意安排。每当半夜想到这些,不由得激动
得手舞足蹈起来。

1.26　中者,天下之大本,天地之间亭亭当当、直上直
下之正理^①。出则不是,唯敬而无失最尽^②。^③

【注释】

①亭亭当当:妥当,合宜。

②敬而无失:语出《论语·颜渊》:"死生有命,富贵在天。君子敬而
无失,与人恭而有礼,四海之内皆兄弟也。"意谓生死自有命运,
富贵在于上天。君子恭敬而没有失误,待人谦恭而有礼,那么四
海之内到处都是兄弟。

③按:本条见《二程遗书》卷十一。

【译文】

适中,是天下的根本,是天地之间不偏不倚、上下一贯的正确道理。
喜怒哀乐表现出来就不是适中,只有恭敬而不出差错才最接近适中。

1.27　伊川先生曰：公则一，私则万殊。人心不同如面①，只是私心。②

【注释】

①人心不同如面：语出《左传·襄公三十一年》："人心之不同如其面焉，吾岂敢谓子面如吾面乎？"意谓每个人都有自己的想法，就好像人们的面貌各不相同一样。我怎敢说您的面貌同我的一样呢？

②按：本条见《二程遗书》卷十五。

【译文】

程颐说：大公就能一致，自私则会千差万别。人心之间的不同就如同他们面孔的不同一样，原因就在于各自怀着自私的心。

1.28　凡物有本末①，不可分本末为两段事。洒扫应对是其然②，必有所以然。③

【注释】

①物有本末：语出《大学》："物有本末，事有终始，知所先后，则近道矣。"意谓凡物都有本有末，凡事都有始有终，知道事物的先后次序，就接近大道了。

②洒扫应对：洒水扫地，酬答宾客。语出《论语·子张》："子游曰：'子夏之门人小子，当洒扫应对进退可矣，抑末也，本之则无，如之何？'"意谓子游说："子夏的弟子们担当洒扫、应对、进退的仪节那是可以的，但不过是末节而已；论根本则没有，怎么办？"

③按：本条见《二程遗书》卷十五。

【译文】

凡是事物都有根本与枝末，不可以把根本和枝末分为两截事情。洒扫应对是应该去做的，一定还有为什么应该去做的道理。

1.29　杨子拔一毛不为，墨子又摩顶放踵为之^①，此皆是不得中。至如子莫执中^②，欲执此二者之中，不知怎么执得？识得，则事事物物上皆天然有个中在那上，不待人安排也。安排着，则不中矣。^③

【注释】

①杨子拔一毛不为，墨子又摩顶放踵为之：摩顶放踵，从头顶到脚跟都磨伤了。形容不辞劳苦，不顾身体。语出《孟子·尽心上》："杨子取为我，拔一毛而利天下，不为也。墨子兼爱，摩顶放踵利天下，为之。"意谓杨朱主张为我，拔一根汗毛可以对天下有利，他都不去做。墨翟主张兼爱，磨秃头顶、走伤脚跟，只要对天下有利，他都去做。

②子莫执中：子莫，鲁国贤人。语出《孟子·尽心上》："子莫执中，执中为近之。"意谓子莫主张执中，执中就差不多了。

③按：本条见《二程遗书》卷十七。

【译文】

杨朱拔一根汗毛可以对天下有利都不去做，墨翟却为了利于天下把头顶磨秃脚跟走破也要努力去做，这些都是没有把握适中。至于子莫要执中，想在两者之间取中，不知道又怎么取得了中呢？如果能够明白，那么一切事物上都自然而然有一个适中在那里，不需要人特意去安排。特意去安排，那就不是适中了。

1.30　问：时中如何^①？曰：中字最难识，须是默识心通^②。且试言：一厅则中央为中，一家则厅中非中，而堂为中；言一国则堂非中，而国之中为中。推此类可见矣。如三过其门不入，在禹、稷之世为中，若居陋巷，则非中已^③。居陋巷，在颜子之时为中，若三过其门不入，则非中也。^④

【注释】

①时中：立身行事合乎时宜，无过与不及。语出《中庸》："君子之中庸也，君子而时中。"意谓君子之中庸，是因为君子的言行时时刻刻合宜适中。

②默识心通：暗暗记住，内心领悟。语本《论语·述而》："默而识之，学而不厌，诲人不倦。"意谓默默用心记下知识，勤奋学习而不满足，教诲别人而不倦息。

③"如三过其门不入"几句：语出《孟子·离娄下》："禹、稷当平世，三过其门而不入，孔子贤之。颜子当乱世，居于陋巷，一箪食，一瓢饮；人不堪其忧，颜子不改其乐，孔子贤之。"意谓大禹、后稷处在政治清明的时代，应当奋发有为，大禹治水三次路过家门都没有进去，孔子称赞他们。颜回处在政治昏乱的时代，应当修德，住在破旧的巷子里，靠着一竹筐饭、一瓜瓢水活下去，别人都受不了这样的困苦，颜回却不改变他的快乐，孔子也称赞他。

④按：本条见《二程遗书》卷十八。

【译文】

有人问：如何才能时中呢？回答说："中"字最难理解，需要自己默默领悟，内心明白才可以。我尝试说一下：对于一个厅来说，厅的中央就是中，对一个家来说，厅就不是中了，堂才是中；对于一个国家来说，这个堂就不是中了，国家的中心才是中。由此类推就可以明白。三过家门而不入，在大禹、后稷那个时代就是中，如果居住在陋巷，那就不是中了。居住在陋巷，在颜回的时代是中，而三过家门而不入就不是中了。

1.31　无妄之谓诚①，不欺其次矣。一本云：李邦直云②："不欺之谓诚。"便以不欺为诚。徐仲车云③："不息之谓诚。《中庸》言'至诚无息'④，非以无息解诚也？"或以问先生，先生曰云云。⑤

【注释】

①无妄之谓诚：《周易程氏传·无妄》："无妄者，至诚也。至诚者，天之道也。天之化育万物，生生不穷，各正其性命，乃无妄也。人能合无妄之道，则所谓与天地合其德也。"

②李邦直：李清臣（1032—1102），字邦直，安阳（今河南安阳）人。宋哲宗时为中书侍郎。

③徐仲车：徐积（1028—1103），字仲车，楚州山阳（今江苏淮安）人。以孝行闻名。著有《节孝集》。

④至诚无息：语出《中庸》："至诚无息，不息则久，久则征，征则悠远，悠远则博厚，博厚则高明。"意谓至诚没有停息的时候，不停息就能持久，持久就能验证，能验证就能悠长久远，悠长久远就能广博深厚，广博深厚就能高大光明。

⑤按：本条见《二程遗书》卷六。

【译文】

不虚妄就是真诚，其次才是不欺骗。某一个版本说：李清臣说："不欺骗就是诚。"于是他就用不欺骗来解释"诚"。徐积说："没有停息就是'诚'。《中庸》说'至诚没有停息的时候'，不就是用'没有停息'来解释'诚'吗？"有人问程颐，程颐回答了上面的话。

1.32　冲漠无朕①，万象森然已具②，未应不是先，已应不是后。如百尺之木，自根本至枝叶皆是一贯。不可道上面一段事无形无兆，却待人旋安排引入来教入涂辙③。既是涂辙，却只是一个涂辙④。⑤

【注释】

①冲漠无朕：空寂无形，指事物还没有出现之前的状态。冲漠，虚寂的样子。朕，迹象。《朱子语类》卷九十五："今人只见前面一段事

无形无兆,将谓是空荡荡;却不知道'冲漠无朕,万象森然已具'。

如释氏便只是说'空',老氏便只是说'无',却不知道莫实于理。"

②森然:繁密的样子。

③涂辙:路中的轮迹。引申为道路。

④既是涂辙,却只是一个涂辙:《朱子语类》卷九十五,朱熹解释此句

　　说:"如既有君君臣臣底涂辙,却是元有君臣之理也。"

⑤按:本条见《二程遗书》卷十五。

【译文】

在无形无相的虚寂状态当中,万物就已经具备了,尚未感应的状态并不是在先,已感应未必就是在后。如同一棵高达百尺的树,从根部到枝叶都是贯通的。不可以说上面的一段是无形无相,却需要等人专门安排设计,才有了可以教导人们遵循的道路。既然是一条道路,那么彻头彻尾都是这条道路,不可分为两截。

1.33　近取诸身①,百理皆具。屈伸往来之义,只于鼻息之间见之②。屈伸往来只是理,不必将既屈之气复为方伸之气。生生之理,自然不息。如《复》卦言"七日来复"③,其间元不断续。阳已复生,物极必返④,其理须如此。有生便有死⑤,有始便有终。⑥

【注释】

①近取诸身:语出《周易·系辞下》:"古者包牺氏之王天下也,仰则观象于天,俯则观法于地,观鸟兽之文与地之宜。近取诸身,远取诸物。于是始作八卦,以通神明之德,以类万物之情。"意谓古代伏羲氏统治天下时,抬头就观看天体的现象,低头就考察大地的规则,检视鸟兽的花纹与地理的特性。就近取材于自己的经验,并且往远处取材于外物。然后着手制作八卦,用以会通神明的功

能，比拟万物的实况。

②鼻息之间：佛教认为生死只在呼吸之间。比如《四十二章经》："佛问诸沙门：'人命在几间？'……对曰：'呼吸之间。'佛言：'善哉！子可谓为道者矣。'"

③七日来复：指阳气自剥尽至复来共七天。语出《周易·复》："反复其道，七日来复，天行也。"意谓在轨道上反复运行，过不了七日必将转至回复之时，这是天的运行法则。

④物极必返：事物发展到极点，会向相反方向转化。语本《吕氏春秋·博志》："全则必缺，极则必反，盈则必亏。"意谓事物发展到完美就一定会出现缺损，发展到极点就一定会走向反面，发展到圆满就一定会出现亏失。

⑤有生便有死：佛教因缘的理论特别强调有生便有死。比如《增壹阿含经》卷二十六："一切归于尽，果熟亦当堕，合集必当散，有生必有死。"意谓一切最终都归于消亡，果实成熟就会坠落，聚合迟早会消散，有出生必定有死亡。

⑥按：本条见《二程遗书》卷十五。

【译文】

就近取法自身，所有的道理都具备了。屈伸往来的道理，只在鼻端的呼吸就能看到。屈伸往来就是道理，但是不必把已经回归的气当作正在伸展出去的气。不断生长发育的道理，自然发生，永无止境。如《复》卦所说的"七日来复"，期间根本就没有间断。阳气已经又生成了，事物达到极点又返回了，道理就应该如此。有产生就会有灭亡，有开始就会有结束。

1.34 明道先生曰：天地之间，只有一个感与应而已，更有甚事！①

【注释】

①按：本条见《二程遗书》卷十五。

【译文】

程颢说：天地之间，只有一个感发与反应，哪里还有什么别的事情呢！

1.35　问仁，伊川先生曰：此在诸公自思之，将圣贤所言仁处类聚观之，体认出来①。孟子曰："恻隐之心，仁也②。"后人遂以爱为仁。爱自是情，仁自是性，岂可专以爱为仁？孟子言："恻隐之心，仁之端也。"既曰仁之端，则不可便谓之仁。退之言③："博爱之谓仁④。"非也。仁者固博爱，然便以博爱为仁，则不可。⑤

【注释】

①体认：通过亲身体验来认识。

②恻隐之心，仁也：语出《孟子·告子上》。

③退之：韩愈（768—824），字退之，河南河阳（今河南孟州）人，世称昌黎先生。唐代古文运动的倡导者，有《韩昌黎集》等。

④博爱之谓仁：韩愈《原道》："博爱之谓仁，行而宜之之谓义，由是而之焉之谓道，足乎己而无待于外之谓德。"意谓博爱叫作仁，合宜于仁的叫作义，由此而达到的叫作道，自身具有而不依赖于外界获得的叫作德。

⑤按：本条见《二程遗书》卷十八。

【译文】

有人问：什么是仁？程颐说：这需要你自己去思考，将圣贤说"仁"的文字聚集在一起，分门别类进行研究，通过亲身体验来认识。孟子说："恻隐之心，就是仁。"后人于是把爱当作是仁。爱只是情，仁只是本性，怎么能只是把爱当作仁呢？孟子又说："恻隐之心，是仁的发端。"既然说是仁的发端，那么就不应该说就是仁。韩愈说："博爱叫作仁。"这是不对的。有"仁"的人，固然会博爱，但是把博爱看作是仁，是不可以的。

1.36　问：仁与心何异？曰：心譬如谷种，生之性便是仁，阳气发处，乃情也。①

【注释】

①按：本条见《二程遗书》卷十八。

【译文】

有人问：仁与心有什么差别呢？回答：心就好像稻谷种子，它所包含的能生长的本性就是仁，而阳气生发的地方就是情。

1.37　义训宜①，礼训别②，智训知③，仁当何训？说者谓训觉、训人，皆非也。当合孔孟言仁处大概研穷之，二三岁得之，未晚也。④

【注释】

①义训宜：《中庸》："义者，宜也；尊贤为大。"意谓义的意思，就是"宜"，以尊敬有贤德的人为最重要。

②礼训别：《礼记·乐记》："乐者为同，礼者为异。"意谓乐的特性是求同，礼的特征是求异。

③智训知：《论语·颜渊》："樊迟问仁。子曰：'爱人。'问知。子曰：'知人。'"意谓樊迟请教什么是仁。孔子说："爱别人。"请教什么是智。孔子说："了解别人。"

④按：本条见《二程遗书》卷二十四。

【译文】

义解释为合宜,礼解释为区别,智解释为知识,仁解释为什么呢? 有人说应该解释为觉、解释为人,都不对。应当将孔子、孟子讨论"仁"的文字汇集在一起,从总体上透彻地去研究,两三年内弄明白,也不算迟啊。

1.38　性即理也。天下之理,原其所自,未有不善。喜怒哀乐未发,何尝不善? 发而中节,则无往而不善。凡言善恶,皆先善而后恶;言吉凶,皆先吉而后凶;言是非,皆先是而后非。《易传》曰:"成而后有败,败非先成者也,得而后有失,非得何以有失也?"①

【注释】

①按:本条见《二程遗书》卷二十二上。

【译文】

本性就是天理。天下所有的道理,从其本源上来说,没有不善的。喜怒哀乐还没有表现出来,有什么是不善的吗? 表现出来都符合节度,也就没有任何地方是不善的。凡是讨论善恶,都是先有善,后来才有恶;讨论吉凶,都是先有吉,之后才有凶;讨论是非,也都是先有是,后来才有非。《周易程氏传》说:"有成功才有失败,失败并非先于成功而存在;有得到才有失去,如果没有得到,怎么会有失去呢?"

1.39　问:心有善恶否? 曰:在天为命,在义为理,在人为性,主于身为心,其实一也。心本善,发于思虑则有善有不善。若既发,则可谓之情,不可谓之心。譬如水,只可谓之水。至如流而为派,或行于东,或行于西,却谓之流也。①

【注释】

①按：本条见《二程遗书》卷十八。

【译文】

有人问：心有善和恶的区分吗？回答说：在上天的层面来说称作命，在道义的层面来说称作天理，从人身的层面来说称作人性，从身体主宰的层面来说称作人心，本质上其实都是同一个东西。心本来是善的，产生的思虑则有善有不善。已经表现出来的可以叫作情，不可以再说是心了。比如水，只可以说是水。至于流动而成为水流的，有的流向东，有的流向西，就只能称之为是水流。

1.40　性出于天，才出于气。气清则才清，气浊则才浊。才则有善有不善，性则无不善。①

【注释】

①按：本条见《二程遗书》卷十九。

【译文】

本性出于天赋，材质出于气质。气质清澈，材质就清澈，气质污浊，材质就污浊。材质有善良有不善良，但是本性没有不善良的。

1.41　性者自然完具，"信"只是有此者也，故四端不言信①。②

【注释】

①四端：指恻隐之心、羞恶之心、辞让之心、是非之心。《孟子·公孙丑上》："恻隐之心，仁之端也；羞恶之心，义之端也；辞让之心，礼之端也；是非之心，智之端也。"意谓恻隐之心是仁的开端，羞耻心是义的开端，谦让心是礼的开端，是非心是智的开端。

②按：本条见《二程遗书》卷九。

【译文】

本性自然完备，"信"就是确实拥有这个本性，所以四端当中没有"信"。

1.42　心，生道也①。有是心，斯具是形以生。恻隐之心，人之生道也。②

【注释】

①生道：使民生养长育的道理。

②按：本条见《二程遗书》卷二十一下。

【译文】

心，就是生养长育的道理。有了这个心，就具有了这样的形体出生。恻隐之心，就是人生养长育的道理。

1.43　横渠先生曰：气坱然太虚①，升降飞扬，未尝止息。此虚实动静之机、阴阳刚柔之始。浮而上者阳之清，降而下者阴之浊。其感遇聚结②，为风雨，为霜雪。万品之流形③，山川之融结，糟粕煨烬④，无非教也⑤。⑥

【注释】

①坱（yǎng）然：充盛的样子。

②感遇聚结：感应遇合，聚合结集。

③流形：变化成形。语出《周易·乾》象辞："云行雨施，品物流形。"
　　意谓云四处飘行，雨降落下来，各种物类在流动中形成形体。

④煨烬：灰烬，燃烧后的残余物。

⑤无非教也：《礼记·孔子闲居》："天有四时，春秋冬夏，风雨霜露，
　　无非教也。地载神气，神气风霆，风霆流形，庶物露生，无非教也。"

意谓天有四季，春秋冬夏，风雨霜露，这些无不是对人的教化。地载神妙之气，神妙之气化生出风雷，风雷流布，于是众物显露而生长，这些无不是对人的教化。《朱子语类》卷九十八："问：'无非教也'，都是道理在上面发见？曰：然。"

⑥按：本条见张载《正蒙·太和》。

【译文】

张载说：气充满在太虚当中，升起降落，四处飞扬，从来没有停息过。这就是虚实动静的枢纽，阴阳刚柔的开始。浮动上升的是清澈的阳气，下降的是浊重的阴气。有的感应相遇之后发生凝结，形成风雨，形成霜雪。万事万物的变化成形，山川的融化凝结，糟粕灰烬，这些无不是对人的教化。

1.44　游气纷扰①，合而成质者，生人物之万殊；其阴阳两端，循环不已者，立天地之大义②。③

【注释】

①游气：浮动的云气。

②大义：正道，大道理。

③按：本条见张载《正蒙·太和》。

【译文】

游动的气纷乱动荡，有的凝合起来形成形质，就生出了人与万物种种不同的物种；阴与阳两端，不断地循环往复，建立了天地的根本原则。

1.45　天体物不遗①，犹仁体事而无不在也。"礼仪三百，威仪三千"②，无一物而非仁也。"昊天曰明，及尔出王。昊天曰旦，及尔游衍"③，无一物之不体也。④

【注释】

①体物不遗：语出《中庸》："鬼神之为德，其盛矣乎！视之而弗见，听之而弗闻，体物而不可遗。"意谓鬼神所产生的功效，真是盛大啊！要看它却看不见，要听它却听不着，能够体认一切事物而没有任何遗漏。

②礼仪三百，威仪三千：指众多庄重盛大的仪式和礼仪。语出《中庸》："大哉圣人之道，洋洋乎发育万物，峻极于天。优优大哉！礼仪三百，威仪三千，待其人然后行。"意谓圣人所展现的理想，充实洋溢啊！发展及养育万物，高尚的程度抵达了天。从容有余而博大啊！礼节仪式多达三百种，动作威仪多达三千种，都要等待圣人出现才可以施行。

③"昊天曰明"几句：语出《诗经·大雅·板》。昊天，上天。王，同"往"。旦，明。游衍，恣意纵游。

④按：本条见张载《正蒙·天道》。

【译文】

上天能够体认一切事物而没有任何遗漏，犹如仁爱能够体认一切事物，并且没有一个地方不存在仁爱。"各种各样的礼仪，各种各样的威仪"，没有一件事物不是仁爱。"上天眼睛明亮，和你一起来往。上天眼睛明朗，和你一起游逛"，没有一件事物不被体认。

1.46　鬼神者①，二气之良能也②。③

【注释】

①鬼神：张载认为，鬼神是阳气与阴气引起的聚散变化。

②良能：天赋之能。语出《孟子·尽心上》："人之所不学而能者，其良能也。"意谓人不经学习就能做的，那是本能。

③按：本条见张载《正蒙·太和》。

【译文】

鬼神,是阴阳二气的本能。

1.47　物之初生,气日至而滋息。物生既盈,气日反而游散。至之谓神,以其伸也①;反之谓鬼,以其归也②。③

【注释】

①"伸":底本原作"申",据叶采集解本改。

②反之谓鬼,以其归也:《说文》:"鬼,人所归为鬼。"意谓人死后就成为鬼。《礼记·祭义》:"众生必死,死必归土,此之谓鬼。"意谓一切生命都会死去,躯体归于土地,这就是鬼。张载为了去除鬼神的神秘性,从本义上,将"鬼"同音训为"归","神"同音训为"伸",作为气的回归与伸长。

③按:本条见张载《正蒙·动物》。

【译文】

事物刚刚产生的时候,气一天天增长而逐渐兴盛。事物的生成达到圆满,气就一天天返回而最终游离消散。一天天增加,就是"神",是气的伸长;一天天回归,就是"鬼",是气的回归。

1.48　性者,万物之一源,非有我之得私也,惟大人为能尽其道①。是故立必俱立,知必周知,爱必兼爱,成不独成。彼自蔽塞而不知顺吾理者,则亦末如之何矣②。③

【注释】

①大人:与"小人"相对,一般指君子,注重内心修养、品德高尚的人。

②末如之何:没有办法,无可奈何。

③按：本条见张载《正蒙·诚明》。

【译文】

天地之性，是一切事物的本源，不是一个人能够私自独有的，只有君子才能够穷尽天地之性。所以要成功就使一切人都成功，要知道就要使一切人都知道，要仁爱就要广泛地爱一切人，成就不是一个人独自成就。那些自我闭塞而不知道顺应天理的人，拿他们也没什么办法。

1.49　一故神①，譬之人身，四体皆一物，故触之而无不觉，不待心使至此而后觉也。此所谓"感而遂通""不行而至，不疾而速"也②。③

【注释】

①一故神：张载《正蒙·参两》："一物两体，气也。一故神（两在故不测），两故化（推行于一）。"《周易·说卦》："神也者，妙万物而为言者也。"意谓所谓神，就是为了赞美万物的奥妙而说的一个概念。

②不行而至，不疾而速：语出《周易·系辞上》："夫《易》，圣人之所以极深而研几也。唯深也，故能通天下之志；唯几也，故能成天下之务；唯神也，故不疾而速，不行而至。"意谓《易》这本书，是圣人用以探求深奥与研究几微的依据。由于深奥，所以它能贯通天下人的心志；由于几微，所以它能成就天下的功业；由于神妙，所以它不匆忙却很迅速，不行走却能抵达。

③按：本条见张载《横渠易说·系辞上》。

【译文】

万物皆统摄于一个道理，所以就很神妙，比如人的身体，四肢都是一体的，所以接触任何部位，没有不能知觉的，不需要等待心将知觉运送到被接触的部位然后才会有所知觉。这就是《周易》所讲的"感应之后就通达了","不行动就达到,不匆忙却很迅速"。

1.50　心,统性情者也^①。^②

【注释】

①心,统性情者也:朱熹认为心之体为性,心之用为情,其"中和新说"以性为未发,情为已发,以一心统之,因此对"心统性情"特别予以重视。《朱子语类》卷五:"'心统性情',故言心之体用,尝跨过两头未发、已发处说。仁之得名,只专在未发上。恻隐便是已发,却是相对言之。"朱熹并指出程颐的"心一也,有指体而言者,有指用而言者"(本书 1.4)与"心统性情"相似。程颐以五常为性,七情为情。其《颜子所好何学论》说:"其本也真而静,其未发也五性具焉,曰仁、义、礼、智、信。形既生矣,外物触其形而动于中矣。其中动而七情出焉,曰喜、怒、哀、乐、爱、恶、欲。"

②按:本条见《张子语录》后录下。

【译文】

人心将性与情统摄在一起。

1.51　凡物莫不有是性。由通、蔽、开、塞,所以有人物之别;由蔽有厚薄,故有智愚之别。塞者,牢不可开;厚者,可以开,而开之也难;薄者,开之也易。开则达于天道,与圣人一。^①

【注释】

①按:本条见《张子语录》后录下。

【译文】

一切事物没有不具有本来的善性的。由于通达、遮蔽、开通、闭塞，所以有了人与万物的种种差别；由于遮蔽有厚有薄，所以就有了智慧和愚痴的差别。完全闭塞的，牢不可破，无法开通；遮蔽得较厚的，可以开通，但是比较困难；遮蔽得薄的，开通起来比较容易。一旦开通，就能够体悟到天道，与圣人一样了。

卷之二

【题解】

朱熹论此卷纲目曰:"为学大要。"

叶采曰:卷二为学:此卷总论为学之要。盖"尊德性"矣,必"道问学"。明乎道体,知所指归,斯可究为学之大凡矣。

本卷是围绕学习展开的。主要内容有:

一、学习要以圣人之道作为志向。二程向周敦颐学习的时候,周敦颐让他们探索颜回和孔子快乐的地方(2.21),程颐专门写作《颜子所好何学论》,指出颜回的学习是要得到圣人之道(2.3)。所以应当向颜回学习(2.18),将颜回的志向作为自己的志向,学习颜回所学习的(2.1),以追求圣人之道作为志向(2.59)。一个人的眼光和志向不可以不远大(2.22),如果志向不够远大,就容易满足(2.111)。所以要建立坚定的志向(2.38),回归圣人的精要,探寻圣人的本意,不可以随意著作(2.107),不要追求虚名(2.62)。"横渠四句教"就是这样志向的代表(2.95)。如果没有建立志向,就会胡思乱想,产生很多疑惑(2.92)。建立圣人之道的志向之后,不要遗忘,内心不断地沉浸在学习中(2.91)。朋友之间一起讨论,要相互观察批评,吸收对方的长处(2.23),但是只有都有成为圣人的志向,才可以一同学习(2.65)。

二、以圣人之道为目标的学习。想要获得圣人之道,离开儒者的学

问是不可能的（2.56）。只要喜好圣人之道，追求圣人之道，最终一定可
以得到（2.55）。那么怎样学习圣人之道呢？要通过经书来追求圣人之
道，要不断勤奋努力（2.15）。后代的人看圣人的书，首先一定要学习其
中的文章（2.5）。经常听闻前代圣贤的言语和行为（2.9），从耳朵里听
进去，在内心中记下来（2.2）。改掉恶劣的习惯，保全良好的品德，都要
通过学习（2.82）。学习的关键在于明白事理（2.31），如果只是背诵经
典，或追求广博的知识，就是玩物丧志（2.27），甚至写文章也可能变成
玩弄外物（2.57）。学习圣人之道，态度要真诚（2.16、2.17、2.19、2.70），
要勇敢（2.37、2.53），要每天都不断努力（2.74），力争每天都有所进
步（2.67）。不要自恃有知识，知识再多也不足以知道天下所有的事情
（2.99），所以要不耻下问（2.98）。然而只是学习并不够，还要认真去实
行（2.102）。

三、为己之学。学习要向内探寻，在自己身上用功（2.43），为了自己而
学，最终使万物得以成就（2.66）。学问有两个方面，一是提升自己德行的
为己，二是鼓励别人培养德性的为人（2.46）。自己能够有所收获（2.14），
才是真切地有所体会（2.41）。求之不得，要反躬自省（2.11、2.110）。

四、提高德行。崇高的德性，如同天一样高远（2.86），君子除了提高
自己的德行以外，没有什么需要努力去追求的（2.79）。应该努力把提高
德性、追求学问作为自己的用心（2.94）。德行还没有成就，不可以开始
追求建立功业（2.106）。应该让德性战胜气质（2.81）。内心的修养深厚
了，外物的诱惑力就会减少（2.39）。

五、恭敬与道义。修养自己的德行，必须先从敦厚的方面去持守
（2.90）。一个人的德行要盛大，要从建立恭敬和道义入手（2.7）。恭敬
和道义，两者相互辅助（2.34）。恭敬是持守自己的方法，道义使人知道
什么是对的，什么是错的（2.61）。恭敬是涵养的一个内容，但要做一件
事情的话，要用聚集道义的方法（2.60）。

六、宽宏。只是有毅力，但是不宽宏，学问就比较狭隘，根本找不到

可以成就的内容（2.48），所以要使自己的心胸变得开阔（2.24、2.101）。心量广大的话，做任何事情都会顺利通畅（2.103），才能够体察世间万物（2.83）。把内心放得宽和，用公正的态度去追求，才可以见到圣人之道（2.97）。

七、仁爱。不要先考虑收获，只考虑如何去做仁爱的事情就可以了（2.64）。如果有一点利己的私欲，就已经不是仁爱了（2.63）。公心就是仁爱的道理（2.52），忠诚与宽恕是达到大公平等的方法（2.51）。不可以有任何私心，即自私的念头（2.29、2.76）。要明白仁爱的本体，只有靠自己真实体会（2.20）。张载所撰写的《西铭》实际上是在宣扬仁的境界（2.89）。

八、根本。学习的根本需要先培育好（2.33），要从下面一层一层开始（2.73）。只有安宁稳重，学问的根基才能够坚固（2.68、2.71）。学习还没有成就，不可以轻易讨论权变（2.108）。不可好高骛远，要循序渐进（2.75、2.77），学习有先后的次序，要从容不迫，深入体会（2.49）。逆境能够促进人的成长（2.87），所以一个人的思想要想成熟，需要从艰难困苦当中经过（2.25）。

九、变化气质。有形体以后就有了气质之性，要善于恢复自己的本性（2.80），追求气质的改变（2.100）。要学习礼仪，以便可以去除流俗中的那一套习气的纠缠（2.96）。

2.1　濂溪先生曰：圣希天①，贤希圣，士希贤。伊尹、颜渊②，大贤也。伊尹耻其君不为尧舜，一夫不得其所，若挞于市③；颜渊不迁怒，不贰过④，三月不违仁⑤。志伊尹之所志，学颜渊之所学，过则圣，及则贤，不及则亦不失于令名⑥。⑦

【注释】

①希：仰慕。

②伊尹:商初大臣。名伊,尹是官名。曾辅佐商汤攻灭夏桀。颜渊:
　名回,字子渊,鲁国人,是孔子最得意的学生。

③"伊尹耻其君不为尧舜"几句:语本《尚书·说命下》记伊尹说:"予
　弗克俾厥后惟尧舜,其心愧耻,若挞于市。"意谓我不能使自己的
　君王像尧舜那样,心中惭愧羞耻,就像在集市上被鞭打一样。《孟
　子·万章上》记伊尹说:"与我处畎亩之中,由是以乐尧舜之道,吾
　岂若使是君为尧舜之君哉? 吾岂若使是民为尧舜之民哉? 吾岂
　若于吾身亲见之哉?"意谓与其栖身在这耕田中间,由此乐于尧
　舜之道,我何不使这位君主成为尧舜那样的君主呢? 我何不使这
　些民众成为尧舜治下的民众呢? 我何不在我有生之年亲眼见到
　这些呢? 尧舜,唐尧与虞舜的合称,传说是上古的贤明君主,是儒
　家学者心目中理想的圣王形象。

④颜渊不迁怒,不贰过:语出《论语·雍也》:"哀公问:'弟子孰为好
　学?'对曰:'有颜回者好学,不迁怒,不贰过。'"意谓鲁哀公问孔
　子:"你的弟子谁好学?"孔子回答:"有个叫颜回的学生,很好学,
　从不把愤怒迁移到别人身上,从不重犯同样的过错。"

⑤三月不违仁:语出《论语·雍也》:"回也,其心三月不违仁。"意
　谓颜回的心长年累月不离开仁爱。三月,泛指很长时间。

⑥令名:美好的声誉。

⑦按:本条见周敦颐《通书·志学》。

【译文】

　　周敦颐说:圣人仰慕上天,贤人仰慕圣人,士人仰慕贤人。伊尹、颜
渊,是大贤人。伊尹因为不能将他自己的君主辅佐成尧舜那样而感到耻辱,
如果有一个人没有得到合适的位置,他就感觉好像在闹市中被鞭挞一样;
颜渊不迁移愤怒,同样的错误不犯第二遍,长年累月都不违背仁爱的要求。
将伊尹的志向作为自己的志向,学习颜回所学的,超过了他们则成为圣人,
赶上了他们则成为贤人,即使没有赶上他们,也不会失去美好的名声。

2.2　圣人之道，入乎耳，存乎心^①，蕴之为德行，行之为事业。彼以文辞而已者，陋矣。^②

【注释】

①"圣人之道"几句：语本《荀子·劝学》："君子之学也：入乎耳，箸乎心，布乎四体，形乎动静。"意谓君子的学习：进入耳中，记在心中，贯彻到全身，表现在举止上。

②按：本条见周敦颐《通书·陋》。

【译文】

圣人之道，从耳朵里听进去，在内心中记下来，蕴藏起来成为德行，实行起来成为事业。如果仅把它当作文辞来学习，则太浅陋了。

2.3　或问：圣人之门，其徒三千，独称颜子为好学。夫《诗》《书》六艺^①，三千子非不习而通也，然则颜子所独好者，何学也？伊川先生曰：学以至圣人之道也。圣人可学而至欤？曰：然。学之道如何？曰：天地储精^②，得五行之秀者为人。其本也真而静，其未发也五性具焉，曰仁、义、礼、智、信。形既生矣，外物触其形而动于中矣^③。其中动而七情出焉，曰喜、怒、哀、乐、爱、恶、欲^④。

【注释】

①六艺：指礼（礼仪）、乐（音乐）、射（射箭）、御（驾车）、书（识字）、数（计算）等六种科目。《论语·述而》："志于道，据于德，依于仁，游于艺。"意谓以道为志向，以德为根据，以仁以凭藉，在六艺的范围中活动。

②储精：蓄积精灵之气。

③外物触其形而动于中矣：语本《礼记·乐记》："人生而静，天之性也；感于物而动，性之欲也。物至知知，然后好恶形焉。"意谓人生来就是宁静的，这是天赋的本性；感受到外在事物而被牵动，这是本性中派生的欲望。不断感受着外在事物，人对外在事物的知识也在增多，然后心中就形成了爱好和憎恶的欲望。

④曰喜、怒、哀、乐、爱、恶、欲：语出《礼记·礼运》："何谓人情？喜、怒、哀、惧、爱、恶、欲，七者，弗学而能。"

【译文】

有人问：孔子的门下有三千弟子，为什么只单单称颜回是好学的呢？《诗经》《尚书》还有六艺，三千弟子没有不学习而通达的，那么只有颜回特别喜好的，到底是什么学问呢？程颐说：通过学习从而达到圣人之道。那么，圣人是可以学习并达到的吗？回答是：当然可以。那么，学习的方法是如何的呢？回答是：天地聚集精气，得到金木水火土五行最优秀的成为人。他的根本是真实而宁静的，没有表现出来的也都具备了五种本性，即仁、义、礼、智、信。形体一旦产生，与外物接触之后，内心就动摇了。内心动摇了，七种感情就会出现：即喜悦、愤怒、悲哀、快乐、喜爱、厌恶、欲望。

情既炽而益荡，其性凿矣①。是故觉者约其情，使合于中，正其心，养其性；愚者则不知制之，纵其情而至于邪僻②，梏其性而亡之。然学之道，必先明诸心，知所养，然后力行以求至，所谓自明而诚也③。诚之之道，在乎信道笃。信道笃则行之果，行之果则守之固。仁义忠信不离乎心，造次必于是，颠沛必于是④，出处语默必于是⑤。久而弗失，则居之安，动容周旋中礼⑥，而邪僻之心无自生矣。

【注释】

①凿：斫，指遭到伤害。

②邪僻：偏执不正。

③自明而诚：语出《中庸》："自诚明，谓之性；自明诚，谓之教。诚则明矣，明则诚矣。"意谓由真诚而能明了，可称为本性的作用；由明了而能真诚，可称为教化的作用。真诚到一定程度就会明了，明了到一定程度就会真诚。

④造次必于是，颠沛必于是：语出《论语·里仁》。造次，仓促，匆忙。

⑤出处语默：语本《周易·系辞上》："君子之道，或出或处，或默或语。"意谓君子所奉行的原则，是该出仕就出仕，该隐退就隐退，该沉默就沉默，该说话就说话。

⑥动容周旋中礼：语出《孟子·尽心下》："动容周旋中礼者，盛德之至也。"意谓动作容貌与应对进退都合乎礼仪，那是德行的最高表现。

【译文】

感情达到炽烈，内心就会更加动荡，他的本性就受到伤害。所以觉悟的人会约束他的感情，使得符合适中的原则，端正他的内心，滋养他的本性；愚蠢的人不知道去制约情感，所以放纵情感，以至于偏执不正，他的本性被桎梏了，从而完全丧失了。然而学习的方法，首先必须要内心明确，懂得如何修养自身，然后努力去实行，才能够达到，这就是所谓的从明白达到真诚。变得真诚的方法，在于对圣人之道信仰坚定。对圣人之道信仰坚定，行为就会果断；行为果断，那么持守就会坚固。仁义忠信不离开内心，仓促紧迫的时候不忘记，颠沛流离的时候也不忘记，出仕、隐退、说话、沉默也都不忘记。长久保持而不丧失，那么处在仁义忠信其中就会安稳了，动作容貌与应对进退也都合乎礼仪，偏执不正的心也就无从产生了。

故颜子所事,则曰:"非礼勿视,非礼勿听,非礼勿言,非礼勿动①。"仲尼称之,则曰:"得一善,则拳拳服膺而弗失之矣②。"又曰:"不迁怒,不贰过③。""有不善未尝不知,知之未尝复行也④。"此其好之、笃学之道也。然圣人则不思而得,不勉而中⑤,颜子则必思而后得,必勉而后中,其与圣人相去一息。所未至者,守之也,非化之也⑥。以其好学之心,假之以年,则不日而化矣。后人不达,以谓圣本生知,非学可至,而为学之道遂失。不求诸己而求诸外⑦,以博闻强记、巧文丽辞为工⑧,荣华其言⑨,鲜有至于道者。则今之学与颜子所学异矣⑩。⑪

【注释】

① "非礼勿视"几句:《论语·颜渊》载颜回问仁,孔子以此四句对。颜回说:"回虽不敏,请事斯语矣。"

② 得一善,则拳拳服膺而弗失之矣:语出《中庸》:"回之为人也,择乎中庸。得一善,则拳拳服膺而弗失之也。"意谓颜回就是这样一个人,选择了中庸。知道一个好的道理,就牢牢记住永不忘记。拳拳,诚恳、深切的样子。服膺,记在心中,不会忘记。

③ 不迁怒,不贰过:语出《论语·雍也》。

④ 有不善未尝不知,知之未尝复行也:语出《周易·系辞下》:"子曰:颜氏之子,其殆庶几乎?有不善未尝不知之,知之未尝复行。"意谓颜回大概算近于完美的贤能之士了吧?有错误未曾不察觉,察觉之后就不再犯了。

⑤ 不思而得,不勉而中:语出《中庸》:"诚者,不勉而中,不思而得,从容中道,圣人也。"意谓所谓真诚,就是没有努力就能够做成,没有思考就能够领悟。从容自在就合乎道理,那也就是圣人啊。

⑥非化之也：语本《孟子·尽心下》："大而化之之谓圣。"意谓达到
广大而可以教化天下的境界就是圣人。

⑦不求诸己而求诸外：《孟子·离娄上》："孟子曰：'爱人不亲，反其
仁；治人不治，反其智；礼人不答，反其敬。行有不得者，皆反求诸
己。其身正而天下归之。'"意谓孟子说：爱护别人，别人却不来
亲近，就要反问自己仁德够不够；治理别人，却治理不好，就要反
问自己智慧够不够；礼貌待人，别人却没有回应，就要反问自己恭
敬够不够。行为没有达到预期的效果，就要反过来要求自己。自
身端正了，天下的人就会来归附。

⑧巧文：指将文章制作得很精巧。丽辞：华丽的辞藻。

⑨荣华：华美的辞藻。《庄子·齐物论》："道隐于小成，言隐于荣华。"
意谓道被小有见识的人物所隐蔽，言论被巧饰浮华的词句所隐蔽。

⑩所学：叶采集解本作"所好"。

⑪按：本条见《二程文集》卷八。

【译文】

　　所以颜回所做的事情就是："不符合礼仪的就不去看，不去听，不去
说，不去做。"孔子称赞他说："颜回得到一个善的教导，就会牢牢记在心
中，谨慎地奉持，而不会失去。"又说："颜回从不把愤怒迁移到别人身上，
从不犯同样的过错。""有错误未曾不察觉，察觉之后就不再犯了。"这就
是颜回喜好和努力实行的方法。然而圣人则是没有思考就能够领悟，没
有努力就能够做成。颜回则是一定要通过思考才能得到，必须通过努力
才能够做成。这就与圣人有一点差别了。之所以没有达到，是因为他还
要持守，还没有达到大而化之的圣人境界。以他的好学之心，给他一些
时间，很快就会达到大而化之的境界了。后人不理解，以为圣人是天生
就知道的，不是通过学习才达到的，于是为学的方法就丧失了。不在自
己身上追求，却在外在追寻，只是把擅长于广博地听闻，强大地记忆，制
作精巧的文章，运用华丽的言辞当作精巧，把语言修饰得富丽堂皇，很少

有能够达到圣人之道的。可以说今天的学问所追求的与颜回所学习的
是不同的。

　　2.4　横渠先生问于明道先生曰：定性未能不动①，犹累
于外物，何如？明道先生曰：所谓定者，动亦定，静亦定，无
将迎，无内外②。苟以外物为外，牵己而从之，是以己性为有
内外也。且以性为随物于外，则当其在外时，何者为在内？
是有意于绝外诱而不知性之无内外也。既以内外为二本，
则又乌可遽语定哉？夫天地之常，以其心普万物而无心；圣
人之常，以其情顺万事而无情。故君子之学，莫若扩然而大
公③，物来而顺应。《易》曰："贞吉悔亡，憧憧往来，朋从尔
思④。"

【注释】
　①定性：指安处于不动的本性，具体指内心不被妄念牵动。《礼
　　记·乐记》："人生而静，天之性也；感于物而动，性之欲也。"意谓
　　人生来平静，这是上天赋予的本性；感受到外物而心动，这是人的
　　本性产生的欲求。
　②无将迎，无内外：语本《庄子·应帝王》："至人之用心若镜，不将
　　不迎，应而不藏，故能胜物而不伤。"意谓至人的用心就像镜子一
　　样，对外物的来去，既不迎来也不送往，只是反映而不留存，所以
　　能够承受万物变化而没有任何损伤。将迎，送往迎来。
　③扩然：广阔的样子。
　④"贞吉悔亡"几句：语出《周易·咸·九四》。

【译文】
　　张载问程颢说：我想要安定自己的本性，没法达到完全不动摇，仍然

被外物所连累,怎么办呢? 程颢说:所谓安定,是运动的时候也安定,静止的时候也安定,没有迎来也没有送往,也没有内在和外在的区别。如果把外物当作外在的话,牵引着自己去顺从万物,那么就是认为自己的本性是有内外的差别了。如果内在的本性在外在追随外物,那么本性在外的时候,什么东西在内呢? 这就是故意去断绝外在的诱惑,而不知道本性是没有内外之别的。既然把内外当作是两个源头,那么又怎么可以匆忙地谈论安定呢? 天地所以能够恒常不变,是因为天地的心遍布万物,而自己没有私心;圣人所以能够坚定不移,是因为他的感情能够顺应万物,而自己本身没有私情。所以君子追求圣人的学问,最好能够达到心胸广阔而大公无私,事物到来以后都能顺应。正如《周易》所说:"做事吉利而懊恼消失,忙着来来往往,朋友跟从你的想法。"

    苟规规于外诱之除^①,将见灭于东而生于西也。非惟日之不足,顾其端无穷,不可得而除也。人之情各有所蔽,故不能适道^②,大率患在于自私而用智^③。自私则不能以有为为应迹^④,用智则不能以明觉为自然^⑤。今以恶外物之心而求照无物之地,是反鉴而索照也^⑥。《易》曰:"艮其背,不获其身;行其庭,不见其人^⑦。"孟氏亦曰:"所恶于智者,为其凿也^⑧。"

【注释】

①规规:拘泥的样子。

②适道:归向圣人之道。

③用智:运用智谋,这里是贬义,指刻意的。

④应迹:符合心迹。

⑤明觉:清楚地觉知。

⑥反鉴而索照:把镜子反过来,期望能够照见形象。

⑦"艮其背"几句:《周易·艮》卦辞。

⑧所恶于智者,为其凿也:语出《孟子·离娄下》:"天下之言性也,则故而已矣。故者,以利为本。所恶于智者,为其凿也。"意谓天下的人谈论本性,都是就既成事实来说的。既成事实是以顺从自然为基础的。之所以讨厌机巧智慧,是因为它穿凿附会。凿,穿凿附会。

【译文】

如果一味地寻求对外在诱惑的去除,那么将发现它在东边消失了,又会从西边出现。不仅时间不足够,而且各种外在的诱惑也是无穷无尽的,是不可能全部去除的。人的感情是有各种遮蔽的,所以不能够达到圣人之道,大体上来说,问题都在于自私自利与刻意揣摩。自私自利,就不能把自己的行为当作符合心迹;刻意揣摩,就不能认识到心本来明觉的状态就是自然的状态。现在通过厌恶外物的心,来追求观照到没有外物的境界,那么就是反扣镜子却想要照出形象。正如《周易》所说:"安止在背部,没有获得身体;走在庭院中,没有见到人。"孟子也讲:"之所以讨厌机巧智慧,是因为它穿凿附会。"

与其非外而是内,不若内外之两忘也①。两忘则澄然无事矣②。无事则定,定则明,明则尚何应物之为累哉?圣人之喜,以物之当喜;圣人之怒,以物之当怒。是圣人之喜怒不系于心而系于物也。是则圣人岂不应于物哉?乌得以从外者为非,而更求在内者为是也?今以自私用智之喜怒,而视圣人喜怒之正为如何哉?夫人之情,易发而难制者,惟怒为甚。第能于怒时遽忘其怒③,而观理之是非,亦可见外诱之不足恶,而于道亦思过半矣④。⑤

【注释】

①内外之两忘:语本《庄子·大宗师》:"与其誉尧而非桀也,不如两忘而化其道。"意谓与其称颂尧而批评桀,不如忘记两者而一起融合于道中。

②澄然无事:指内心清澈、无所作为的境界。

③第:连词。如果。

④思过半:语出《周易·系辞下》:"知者观其象辞,则思过半矣。"意谓明智的人仔细考察象辞,就会想到一半以上的情况了。

⑤按:本条见《二程文集》卷二。

【译文】

与其否定外在而肯定内在,不如内在外在都忘掉。两者都忘掉以后,内心清澈无比,什么干扰的事情都没有了。什么干扰的事情都没有了,就可以安定,安定了以后就能明白,明白以后,还有什么要顺应外物这些劳累的呢?圣人的喜悦,是因为事物应当喜悦;圣人的愤怒,是因为事物应当愤怒。所以圣人的喜悦与愤怒,并不取决于自己的心,而是取决于外物。所以圣人怎么能够对外物不发生反应呢?怎么能够认为顺从外物就是错误的,而认为在内心追求就是正确的呢?现在怎能以自私自利、刻意揣摩的喜悦与愤怒,认为圣人的正当的喜怒是如何的呢?人的情感当中,易于表现但难以控制的,只有愤怒。如果能够在愤怒的时候,突然忘记愤怒,而观察道理的正确与否,那么不仅可以看到外在的诱惑没有必要去厌恶,而且对于圣人之道,也把握得差不多了。

2.5　伊川先生答朱长文书曰①:圣贤之言,不得已也。盖有是言,则是理明;无是言,则天下之理有阙焉。如彼耒耜陶冶之器②,一不制,则生人之道有不足矣。圣贤之言,虽欲已,得乎?然其包涵尽天下之理,亦甚约也。后之人始执卷,则以文章为先,平生所为动多于圣人,然有之无所补,无之靡所阙③,乃无用之赘言也。不止赘而已,既不得其要,则离真失正④,反害于道必矣。来书所谓欲使后人见其不忘乎善,此乃世人之私心也。夫子"疾没世而名不称焉"者⑤,疾没身无善可称云尔,非谓疾无名也。名者可以厉中人⑥,君子所存,非所汲汲⑦。⑧

【注释】

①朱长文(1039—1098):字伯原,号乐圃,吴县(今江苏苏州)人。于"六经"皆有辨说。著有《乐圃文集》。

②耒耜(sì):翻土所用的农具。陶冶:制作陶器和冶金。

③靡所阙:没有什么缺少的。靡,不,没。阙,缺少,欠缺。

④离真失正:远离真实,丧失中正。

⑤疾没世而名不称焉:语出《论语·卫灵公》。疾,恨。

⑥中人:普通人。语出《论语·雍也》:"中人以上可以语上也,中人以下不可以语上也。"意谓中等以上资质的人,可跟他讲高深的学问,中等以下资质的人则不可以。

⑦汲汲:形容努力求取、不休息的样子。

⑧按:本条见《二程文集》卷九。

【译文】

程颐在答复朱长文的书信当中说道:古代圣贤留下的言语,是不得已才说出的。有这样的语言,道理就可以讲明白;没有这样的语言,天下的道理就有缺失。就好像耕地、制陶的工具,如果缺少一件,对于人们的生活就会有不足。圣贤的言语,虽然不想表达,但是怎么可以呢?然而其中包含了天下所有的道理,却是非常简约的。后代的人刚开始看圣人的书,一定会首先学习其中的文章的,一般人一辈子所写作的,很容易就超过圣人的数量,但是写出来对天下并没有什么补益,没有的话也没有什么欠缺，都是一些毫无用处的废话。不仅仅是废话，甚至不得要领，更有的远离真实甚至丧失中正，对于圣人之道反而是有害的。你来信中提到，你写文章是想要后代的人知道你自己不忘记做善事，这就是世人的自私之心。孔子说的"我担心死了之后，名字不被人们记住"，是担心死了之后没有善行被人们记住，并不是担心没有名声。名声可以激励普通的人，但君子所追求的并不仅仅是名声。

2.6　内积忠信，所以进德也；择言笃志，所以居业也①。"知至至之"，致知也②。求知所至而后至之，知之在先，故"可与几"，所谓"始条理者，知之事也"。"知终终之"，力行也。既知所终，则力进而终之，守之在后，故"可与存义"，所谓"终条理者，圣之事也"③。此学之始终也。④

【注释】

①"内积忠信"几句：语出《周易·乾》文言："忠信，所以进德也；修辞立其诚，所以居业也。知至至之，可与几也；知终终之，可与存义也。"意谓做到忠诚而信实，由此可以增进德行；修饰言辞以确保其诚意，由此可以累积功业。知道时势将会来到，就设法使它来到，这样才可以同他谈论几微之理；知道时势将会终止，就让它终止，这样才可以同他坚守道义。居业，保有功业。

②致知：推极知识。语出《大学》："致知在格物。"朱熹《大学章句》："致，推极也。知，犹识也。推极吾之知识，欲其所知无不尽也。"

③终条理者，圣之事也：语出《孟子·万章下》："孔子，圣之时者也。孔子之谓集大成。集大成也者，金声而玉振之也。金声也者，始条理也；玉振之也者，终条理也。始条理者，智之事也；终条理者，圣之事也。"意谓孔子是圣人中最合时宜的。孔子可以说是集圣人

的大成。所谓集大成，就像开始奏乐时先敲钟，最后击玉来结束。钟的声音，是有条理的开始；玉的声音，是有条理的结束。以有条理的状态开始，需要靠智慧；以有条理的状态结束，需要靠圣德。

④按：本条见《周易程氏传·乾》。

【译文】

在内心当中积累忠诚守信，所以德行能够不断进步；选择恰当的言辞，笃定自己的志向，所以能够保有自己的功业。"知道时势将会来到，就设法使它来到"，就是推极知识。追求知道时势将会来到，然后就能够来到，事先就能够知道，所以"可以谈论几微的道理"，也就是所谓的"以有条理的状态开始，需要靠智慧"。"知道时势将会终止，就让它终止"，就是努力实行。如果知道时势将会如何终止，那么就努力推进，然后终止，之后也继续保持，这样就"可以坚守道义"，也就是所谓的"以有条理的状态结束，需要靠圣德"。这就是学习的开始与结束。

2.7　君子主敬以直其内，守义以方其外①。敬立而内直，义形而外方。义形于外，非在外也②。敬义既立，其德盛矣，不期大而大矣。德不孤也③，无所用而不周，无所施而不利，孰为疑乎？④

【注释】

①主敬以直其内，守义以方其外：语本《周易·坤》文言："君子敬以直内，义以方外，敬义立而德不孤。"意谓君子保持恭敬于是内心正直，符合道义于是外形端正。树立了恭敬、道义的品德，道德上就不孤立。下文的"敬义既立""德不孤"都是出自本句。

②义形于外，非在外也：语本《孟子·告子上》载告子之论："仁，内也，非外也；义，外也，非内也。"意谓仁是生自内心的，不是外因引起的；义是外因引起的，不是生自内心的。告子的"义外"之说

遭到了孟子的反驳。

③德不孤：亦见《论语·里仁》："德不孤，必有邻。"意谓有德行的
人是不会孤单的，他必定得到人们的亲近与支持。

④按：本条见《周易程氏传·坤》。

【译文】

君子保持恭敬的态度于是内心就正直了，符合道义于是外形就端正
了。恭敬建立起来，内心就正直了，道义体现出来，外形就端正了。道义
体现在外面，但并不在外面。恭敬和道义既然建立起来，君子的德行就盛
大了，即使不期望很大，也会非常的盛大。道德从来都不是孤单的，无论在
哪里使用没有不周遍的，无论在哪里实行没有不有利的，谁会怀疑呢？

2.8　动以天为无妄，动以人欲则妄矣。无妄之义大矣
哉①！虽无邪心，苟不合正理，则妄也，乃邪心也。既已无
妄，不宜有往，往则妄也。故《无妄》之象曰："其匪正有眚，
不利有攸往②。"③

【注释】

①无妄之义大矣哉：按，以下底本单列顶格刻版，似为一条。参照他
本，此内容仍归为第 8 条。

②其匪正有眚（shěng），不利有攸往：《周易·无妄》卦辞、象辞。眚，
败，祸患。

③按：本条见《周易程氏传·无妄》。

【译文】

按照天的法则来行动就是不妄动，按照人自己的欲望来行动就是妄
动。不妄动的意义很大！虽然没有邪恶之心，但是如果不符合正理，那
么也是妄动，也是邪心。既然已经达到不妄动了，那么就不应该前进，如
果前进就是妄动。也就是《无妄》卦象辞所说的："动机如果不纯正就不
要行动，一行动就会有灾祸。"

2.9　人之蕴畜^①,由学而大,在多闻前古圣贤之言与行。考迹以观其用^②,察言以求其心^③,识而得之,以畜成其德^④。^⑤

【注释】

①蕴畜:蕴藏,积蓄。

②考迹:考核事迹。

③察言:审察言论。

④畜成其德:积蓄养成德性。语本《周易·大畜》象辞:"天在山中,大畜,君子以多识前言往行,以畜其德。"意谓天处在山里面,这就是大畜卦。君子要广泛学习并记得古人的言行,以培养自己的德性。

⑤按:本条见《周易程氏传·大畜》。

【译文】

人的德性的培养,可以通过学习而不断地增长,也就是要经常听闻与观察前代圣贤的言语和行为。考察他们的行迹来探究他们是如何行动的,考察他们的言语来寻求他们的用心,了解之后再明白他们的用心,就可以逐渐培养自己的德性。

2.10　《咸》之象曰:"君子以虚受人^①。"《传》曰:中无私主,则无感不通。以量而容之,择合而受之,非圣人有感必通之道也。其九四曰:"贞吉悔亡,憧憧往来,朋从尔思^②。"《传》曰:感者,人之动也,故《咸》皆就人身取象。四当心位而不言咸其心,感乃心也。感之道无所不通,有所私系,则害于感通,所谓悔也。圣人感天下之心,如寒暑、往来、雨旸^③,无不通、无不应者,亦贞而已矣。贞者,虚中无我之谓也。若往来憧憧然，用其私心以感物，则思之所及者有能感而动，所不及者不能感也。以有系之私心，既主于一隅一事，岂能廓然无所不通乎④？⑤

【注释】

①君子以虚受人：语出《周易·咸》象辞。受，接受，容纳。

②"贞吉悔亡"几句：语出《周易·咸·九四》。憧憧，往来不绝。

③雨旸（yáng）：谓雨天和晴天。

④廓然：空旷的样子。

⑤按：本条见《周易程氏传·咸》。

【译文】

《咸》卦的象辞说：君子以虚心的态度来接受别人。《周易程氏传》说：如果人的内心没有私心的主宰，那么没有地方不感应而通达。以自己的心量来容纳，选择适合自己的来接受，不是圣人有感应就必定能通达的道理。九四爻辞说："做事吉利而懊恼消失，忙着来来往往，朋友跟从你的想法。"《周易程氏传》说：感应是人的行动，所以《咸》卦就是在人的身上来取象。第四爻处在心的位置上，但不说感应心，因为感应就是心。感应的道理没有什么地方不能通达，一旦有自私的系缚，对于感应并通达就有了妨碍，也就是悔吝。圣人可以感应天下的心，就好像随着寒冷炎热、来来往往、下雨天晴，没有不通达、没有不感应的，也都是吉利的。贞，是虚无当中没有私我的意思。如果内心里忙碌着来来往往，用私心来感应万物，那么思想能够考虑到的事物就能够感应而触动，考虑不到的事物就不能感应。如果是有系缚的私心，就停滞在一个地方一件事情上，又怎么很广阔地对一切事物都通达呢？

2.11　君子之遇艰阻，必自省于身，有失而致之乎？有所未善则改之，无歉于心则加勉①，乃自修其德也②。③

【注释】

①歉：惭愧。

②乃自修其德也：语本《周易·蹇》象辞："山上有水，蹇，君子以反身
修德。"意谓山上面有水，就是《蹇》卦。君子要反省自身，修养德行。

③按：本条见《周易程氏传·蹇》。

【译文】

君子遇到艰难险阻的时候，必定会自我反省，是哪些地方有过失而
导致了困难？ 如果有做得不好的地方就要改正，如果内心没有愧疚，就
要更加努力，这就是自己修养德行的方法。

2.12　非明则动无所之，非动则明无所用①。②

【注释】

①明无所用：语本《周易·丰》象辞："丰，大也，明以动，故丰。"意
谓丰，是盛大的意思。明白而行动，所以丰盛。

②按：本条见《周易程氏传·丰》。

【译文】

内心不明白道理，行动就会没有目的，不去行动的话，内心里明白的
道理就没有什么用处。

2.13　习，重习也①。时复思绎②，浃洽于中③，则说也。以善及人，而信从者众，可乐也④。虽乐于及人，不见是而无闷⑤，乃所谓君子⑥。⑦

【注释】

①习，重习也：解释《论语·学而》"学而时习之"的"习"字。

②思绎：思索演绎。

③浃洽：贯通。

④可乐也："可"上，叶采集解本有"故"。

⑤不见是而无闷：语出《周易·乾·初九》象辞："不易乎世，不成乎名，遁世无闷，不见是而无闷。"意谓他不会为了世俗而改变自己，也不会为了名声而有所作为，避开社会而不觉苦闷，不被社会承认也不觉苦闷。闷，苦闷。程颐将之与"人不知而不愠"的意义对应起来。

⑥按：此条是程颐对《论语·学而》的解读："子曰：'学而时习之，不亦说乎？有朋自远方来，不亦乐乎？人不知而不愠，不亦君子乎？'"

⑦按：本条见《程氏经说·论语解》。

【译文】

习，就是反复的练习。时时反复地思考演绎，在内心感到贯通，那么就会非常愉快。如果用善良的行为去帮助别人，那么信奉遵从的人就会很多，所以是非常快乐的。虽然能帮助别人是件很快乐的事，但是别人如果不接受也没有苦闷，这也就是所谓的君子了。

2.14　"古之学者为己①"，欲得之于己也；"今之学者为人"，欲见知于人也。②

【注释】

①古之学者为己：语出《论语·宪问》："古之学者为己，今之学者为人。"

②按：本条见《程氏经说·论语解》。

【译文】

"古代的学者修养德行是为了自己"，是希望自己有所收获；"现在的学者学习是为了别人"，是想让别人知道自己。

2.15 伊川先生谓方道辅曰①：圣人之道，坦如大路，学者病不得其门耳。得其门，无远之不到也。求入其门，不由于经乎？今之治经者亦众矣，然而买椟还珠之蔽②，人人皆是。经，所以载道也③，诵其言辞，解其训诂，而不及道，乃无用之糟粕耳④。觊足下由经以求道⑤，勉之又勉，异日见卓尔有立于前⑥，后不知手之舞、足之蹈⑦，不加勉而不能自止矣。⑧

【注释】

①方道辅：方元寀（生卒年不详），字道辅，莆田（今福建莆田）人。哲宗元祐三年（1088）特科出身。年少的时候曾从程颐游，往来的书信有十几封，程颐称他是志道之士。

②买椟还珠：典出《韩非子·外储说左上》。楚国有一个人在郑国卖自己的宝珠，用木兰做了匣子，匣子再用肉桂、花椒等香料熏过，用珍珠宝石加以点缀，用玫瑰进行装饰，还将翡翠羽毛编排在上面。郑国人买了他的匣子却把宝珠还给了他。

③载道：宣扬圣人之道。

④无用之糟粕：语本《庄子·天道》。齐桓公在堂上读书，轮扁在堂下做车轮。轮扁放下锥凿，上堂去问桓公说："请问，您所读的是什么人的言论？"桓公说："圣人的言论。"轮扁说："圣人还活着吗？"桓公说："已经死了。"轮扁说："然则君之所读者，古人之糟粕已夫！"意谓那么您所读的，不过是古人糟粕罢了！

⑤觊（jì）：希望，企图。

⑥卓尔有立于前：语本《论语·卫灵公》："立则见其参于前也，在舆则见其倚于衡也。"意谓站着的时候，好像看到这几个字排列在眼前；坐在车中，好像看到这几个字展示在横木上。卓尔，特立突

出的样子。

⑦后不知手之舞、足之蹈：指很高兴，情不自禁地手舞足蹈起来。语出《孟子·离娄上》："生则恶可已也，恶可已，则不知足之蹈之手之舞之。"意谓快乐一产生就抑制不住，抑制不住就会不知不觉地手舞足蹈起来。"后"上，叶采集解本有"然"。

⑧按：本条见程颐《与方元寀手帖》。

【译文】

程颐对方元寀说：圣人的学说，平坦得像大路一样，对于学者，问题在于找不到进入的门径。如果找到进入的门径的话，再远也都能够到达。寻找到进入的门径，难道不是通过经书吗？现在研究经书的人很多，然而买椟还珠的毛病，几乎每个人都有。经书是承载圣人之道的，背诵经书的言辞，解释经书的字义，但是不准备达到圣人之道，那样经书就成了没有用处的垃圾。希望您能通过经书来追求圣人之道，努力又努力，总有一天圣人之道能够特立突出地显现在面前，然后就会情不自禁地手舞足蹈，不再需要刻意努力，进步根本没法自己停下来。

2.16　明道先生曰："修辞立其诚"①，不可不子细理会。言能修省言辞②，便是要立诚。若只是修饰言辞为心，只是为伪也。若修其言辞，正为立己之诚意，乃是体当自家"敬以直内、义以方外"之实事③。道之浩浩④，何处下手？惟立诚才有可居之处⑤。有可居之处，则可以修业也⑥。"终日乾乾"⑦，大小大事⑧，却只是"忠信所以进德"为实下手处⑨，"修辞立其诚"为实修业处。⑩

【注释】

①修辞立其诚：语出《周易·乾》文言。

②修省：修饰，省察。

③体当：犹体会。敬以直内、义以方外：语出《周易·坤》文言。

④道之浩浩：形容圣人之道广阔宏大。《中庸》："肫肫其仁，渊渊其渊，浩浩其天。"意谓以无比诚恳的态度努力行仁，以无比深刻的修养保持宁静，以无比广阔的心思体察上天。

⑤有可居之处：指《周易·乾》文言中"修辞立其诚，所以居业也"中的"居业"。

⑥修业：建立功业。语出《周易·乾》文言："君子进德修业。"

⑦终日乾乾：语出《周易·乾·九三》："君子终日乾乾，夕惕若，厉无咎。"意谓君子整天勤奋不休，晚上还戒惕谨慎，有危险，但没有灾难。

⑧大小大：宋代俗语，意为偌大、那么大。

⑨忠信所以进德：语出《周易·乾》文言："君子进德修业，忠信所以进德也。"意谓君子应该增进德行与树立功业，做到忠诚而信实，由此可以增进德行。

⑩按：本条见《二程遗书》卷一。

【译文】

程颢说："修饰言辞以确保其诚意"，这个道理不可以不仔细去体会。说的是能够修饰与省察自己的言辞，要有真诚的用心。如果只是把修饰言辞作为用心，那就只是虚伪而已。如果修饰言辞，正是要建立自己的诚意，就是要体会自家所谓的"保持恭敬于是内心正直，符合道义于是外形端正"的实事。道广阔浩大，从什么地方下手呢？只有建立在真诚上才会有安处的地方。有了可以安处的地方，就可以进一步建立功业。"整日努力自强不息"那样大的事，都是将"通过忠诚守信来增进德性"作为实际的下手之处，将"修饰言辞以确保其诚意"作为实际进德修业之处。

2.17　伊川先生曰：志道恳切①，固是诚意；若迫切不中理,则反为不诚。盖实理中自有缓急,不容如是之迫。观天地之化乃可知。②

【注释】

①恳切:诚恳而殷切。

②按:本条见《二程遗书》卷二上。

【译文】

程颐说:有志于学习圣人之道,态度诚恳而殷切,固然是有诚意;但如果态度过于迫切不符合道理,反而就不真诚了。真实的道理当中,自然有舒缓有急迫,不应该如此的急迫。观察天地的变化就可以知道这个道理。

2.18　孟子才高,学之无可依据①。学者当学颜子②,入圣人为近③,有用力处。又曰:学者要学得不错,须是学颜子。④有准的。

【注释】

①学之无可依据:《朱子语类》卷五十三:"孟子大段见得敏,见得快,他说话,恰似个狮子跳跃相似。且如他说个恻隐之心,便是仁之端;羞恶之心,便是义之端;只他说在那里底便是。似他说时,见得圣贤大段易做,全无许多等级,所以程子云:'孟子才高,学之无可依据。'"

②学者当学颜子:《朱子语类》卷九十五:"颜子须就己做工夫,所以学颜子则不错。"

③入圣人为近:张伯行解:"颜子则从'博文约礼'上用工夫,随择随守,沉潜切实,学之者以之入圣人之道,其途辙较近。"

④按:本条见《二程遗书》卷二上、卷三。

【译文】

孟子的才能很高,向他学习的话,没有什么可做依据的。学者应当向颜回学习,不仅进入圣人之道的道路比较近,而且也有实际下手的地方。又说:学者想要学得不错,应当向颜回学习。有一定的目标。

2.19　明道先生曰:且省外事,但明乎善,惟进诚心,其文章虽不中,不远矣①。所守不约②,泛滥无功。③

【注释】

①虽不中,不远矣:语出《大学》:"心诚求之,虽不中,不远矣。"意谓内心真诚想去了解百姓的愿望,即使没有很符合,也距离不远了。

②所守:此处指诚心。约:简约。

③按:本条见《二程遗书》卷二上。

【译文】

程颢说:省去外在的杂事,只是去体认什么是善,只要增进自己的诚心,所写的文章虽然不是很恰当,但是也不会差太远。如果不能持守自己的诚心,就会广泛杂乱而没有功效。

2.20　学者识得仁体,实有诸己①,只要义理栽培。如求经义,皆栽培之意。②

【注释】

①有诸己:语出《大学》:"是故君子有诸己而后求诸人,无诸己而后非诸人。"意谓君子自己做到某种善事,然后才去要求别人;自己不做某种恶事,然后才去责怪别人。《孟子·尽心下》:"可欲之谓善,有诸己之谓信,充实之谓美。"意谓值得喜爱的行为,叫作善;自己确实做到善,叫作真;完完全全做到善,叫作美。

②按：本条见《二程遗书》卷二上。

【译文】

学者要明白仁爱的本体是什么，要自己真实体会，只要用儒家的道理不断地培养自己就行。好比寻求经典的含义，都是培养的意思。

2.21　昔受学于周茂叔^①，每令寻颜子、仲尼乐处^②，所乐何事。^③

【注释】

①周茂叔：周敦颐，字茂叔。

②颜子、仲尼乐处：《论语·雍也》："子曰：贤哉，回也！一箪食，一瓢饮，在陋巷，人不堪其忧，回也不改其乐。"周敦颐《通书·颜子》："颜子一箪食，一瓢饮，在陋巷，人不堪其忧，而不改其乐。夫富贵，人所爱也。颜子不爱不求，而乐乎贫者，独何心哉？天地间有至贵至富、可爱可求而异乎彼者，见其大而忘其小焉尔。见其大则心泰，心泰则无不足，无不足则富贵贫贱，处之一也，处之一则能化而齐。故颜子亚圣。"

③按：本条见《二程遗书》卷二上。

【译文】

以前跟从周敦颐学习的时候，他经常让我们自己探索颜回和孔子快乐的地方，寻求让他们快乐的事情是什么。

2.22　所见所期，不可不远且大，然行之亦须量力有渐。志大心劳，力小任重，恐终败事^①。^②

【注释】

①败事：失败。语出《老子》第六十四章："慎终如始，则无败事。"意

谓面对事情结束时，能像开始时那么谨慎，就不会遭受失败了。

②按：本条见《二程遗书》卷二上。

【译文】

一个人的眼光和志向不可以不远大，但是实行起来也要根据自己的力量而逐渐进步。志向很大，内心就会感到劳累，力量微弱而任务却很沉重，恐怕最终会遭受失败。

2.23　朋友讲习，更莫如"相观而善"工夫多①。 ②

【注释】

①相观而善：语出《礼记·学记》："相观而善之谓摩。"意谓互相观察学习而提高叫作观摩。

②按：本条见《二程遗书》卷二上。

【译文】

朋友之间一起讨论，不如"互相观察学习而提高"所得到的工夫多一些。

2.24　须是大其心使开阔，譬如为九层之台①，须大做脚须得②。 ③

【注释】

①九层之台：语出《老子》第六十四章："合抱之木，生于毫末；九层之台，起于累土；千里之行，始于足下。"意谓合抱的大树，是从小芽苗长成的；九层的高台，是从一筐土堆起的；千里的行程，是从脚底下跨出的。

②大做脚：指打一个很大的地基。

③按：本条见《二程遗书》卷二上。

【译文】

　　需要使自己的心胸变得开阔,就像建造九层高的楼台,需要把地基打得很大一样。

　　2.25　明道先生曰:自"舜发于畎亩之中"至"百里奚举于市"①,若要熟,也须从这里过。②

【注释】

　　①"舜发于畎亩之中"至"百里奚举于市":《孟子·告子下》:"舜发于畎亩之中,傅说举于版筑之间,胶鬲举于鱼盐之中,管夷吾举于士,孙叔敖举于海,百里奚举于市。故天将降大任于是人也,必先苦其心志,劳其筋骨,饿其体肤,空乏其身,行拂乱其所为,所以动心忍性,曾益其所不能。"意谓舜在田亩中被提拔,傅说从筑墙的劳役中被提拔,胶鬲从渔业贩子中被提拔,管仲从狱官手中被提拔,孙叔敖从海边被提拔,百里奚从市场中被提拔。所以上天准备把重大任务交给这个人,一定要先折磨他的心智,劳累他的筋骨,饥饿他的肠胃,穷尽他的体力,使他的所为不能如意,这样就可以震撼他的心思,坚韧他的性格,增加他所缺少的才能。
　　②按:本条见《二程遗书》卷三。

【译文】

　　程颢说:《孟子》从"舜在田亩中被提拔"到"百里奚从市场中被提拔"这一段文字说明,一个人的思想要想成熟,也都需要从这类似的艰难困苦当中经过。

　　2.26　参也竟以鲁得之①。②

【注释】

　　①参也竟以鲁得之:鲁钝本为曾参的缺点,但是曾参却因鲁钝,内心

专一,从而体悟到圣人之道。《论语·先进》:"柴也愚,参也鲁。"意谓高柴愚笨,曾参鲁钝。《朱子语类》卷三十九:"曾子以鲁得之,只是鲁钝之人,却能守其心专一。明达者每事要入一分,半上落下,多不专一。"

②按:本条见《二程遗书》卷三。

【译文】

曾参竟然因为鲁钝体悟到圣人之道。

2.27　明道先生以记诵博识为玩物丧志。时以经语录作一册。郑毂云①:尝见显道先生云②:某从洛中学时,录古人善行,别作一册。明道见之曰:"是玩物丧志③。"盖言心中不宜容丝发事④。胡安国云⑤:谢先生初以记问为学,自负该博,对明道举史书,成篇不遗一字。明道曰:"贤却记得许多⑥,可谓玩物丧志。"谢闻此语,汗流浃背,面发赤。及看明道读史,又却逐行看过,不蹉一字⑦,谢甚不服。后来省悟,却将此事做话头,接引博学之士。⑧

【注释】

①郑毂(gǔ):字致远,号九思,建州建安(今福建建瓯)人,谢良佐弟子。

②显道先生:谢良佐(1050—1103),字显道,人称上蔡先生或谢上蔡,蔡州上蔡(今河南上蔡)人。师从程颢、程颐,与游酢、吕大临、杨时号称"程门四先生"。现存著作有门人整理的《上蔡语录》,以及保存在朱熹《论孟精义》中"谢氏曰"部分的《论语说》。

③玩物丧志:语出《尚书·旅獒》:"玩人丧德,玩物丧志。"意谓玩弄人丧失德性,玩弄物丧失志向。

④丝发:一丝一毫。

⑤胡安国(1074—1138)：字康侯，号青山，谥号文定，学者称武夷先生，后世称胡文定公，建宁崇安(今福建武夷山)人。著有《胡氏春秋传》。

⑥贤：敬辞，多指行辈较低的。

⑦蹉：错过，放过。

⑧按：本条见《二程遗书》卷三。

【译文】

程颢把背诵经典与广博的知识看作是玩弄外物而丧失志向。当时谢良佐把经书的一些话抄录成一册。郑毅说：我曾经听谢良佐说：我在洛阳从程颢学习的时候，抄录了古人好的行为，编订为一个小册子。程颢看到以后说："这是玩弄外物而丧失志向。"说的是内心安静到不应该有任何细微的事情。胡安国说：谢良佐一开始认为背诵就是学习，自以为学识渊博，向程颢背诵史书中的记载，一整篇背下来，不落一字。程颢说："你记得那么多，可以说是玩弄外物而丧失志向。"谢良佐听到之后，汗流浃背，满脸通红。后来看到程颢阅读史书，也是每一行仔细阅读，一个字也不轻易放过，于是谢良佐内心很不服气。再后来他突然醒悟，于是将这件事作为自己的一个例子，经常拿来举例教育喜好广博学习的学生。

2.28　礼乐只在进反之间①，便得性情之正。以上明道语。②

【注释】

①进反：《礼记·乐记》："礼主其减，乐主其盈。礼减而进，以进为文；乐盈而反，以反为文。"意谓礼侧重谦让收敛，乐侧重丰满充盈。礼谦让收敛而又能勉力前行，以勉力前行为善；乐丰满充盈而又能反躬自制，以反躬自制为善。

②按：本条见《二程遗书》卷三。

【译文】

礼仪和音乐，只是在勉力前行和反躬自制之间，然后就能获得端正的性情。以上都是程颢说的。

2.29　父子君臣,天下之定理,无所逃于天地之间①。安得天分,不有私心,则行一不义、杀一不辜,有所不为②。有分毫私,便不是王者事。③

【注释】

①无所逃于天地之间:语出《庄子·人间世》:"仲尼曰:'天下有大戒二,其一命也,其一义也。子之爱亲,命也,不可解于心;臣之事君,义也,无适而非君也,无所逃于天地之间。是之谓大戒。'"意谓孔子说:天下有两大戒律:一是命,一是义。子女爱父母,这是自然之命,也是人心所不可解除的;臣子事奉国君,这是人臣之义,无论任何国家都不能没有国君,这在天地之间是无可逃避的。这叫作大戒律。

②行一不义、杀一不辜,有所不为:语出《孟子·公孙丑上》:"行一不义、杀一不辜而得天下,皆不为也。"意谓如果要他们做一件不义的事、杀害一个无辜的人,即便因此得到天下,他们都是不会去做的。

③按:本条见《二程遗书》卷五。

【译文】

父亲与儿子,君主与臣下,都是天下确定的真理,没有人能够有所例外。人要安于天所赋予的本分,不可以有任何私心,即便做一件不义的事、杀害一个无辜的人,都不可以去做。有一分一毫的私心,就不是成就王者事业要做的事情。

2.30　论性不论气,不备;论气不论性,不明。二之则不是。①

【注释】

①按:本条见《二程遗书》卷六。

【译文】

讨论人性而不讨论气质,就不完备;讨论气质而不讨论人性,就不明白。把二者割裂开来,则是错误的。

2.31　论学便要明理,论治便须识体。①

【注释】

①按:本条见《二程遗书》卷五。

【译文】

讨论学问关键在于明白道理,讨论政治关键在于认识为政的根本。

2.32　曾点、漆雕已见大意①,故圣人与之。②

【注释】

①曾点、漆雕已见大意:曾点、漆雕(即漆雕开)均为孔子弟子。《论语·先进》载子路、曾点、冉有、公西华等侍坐,孔子命各言其志,子路、冉有、公西华说过后,孔子问曾点,他说:"莫春者,春服既成,冠者五六人,童子六七人,浴乎沂,风乎舞雩,咏而归。"夫子喟然叹曰:"吾与点也。"意谓暮春时节,春服已经换上,约上青年五六人,少年六七人,在沂水里洗一洗,在舞雩坛上吹吹风,然后唱着歌归来。孔子长长叹了一声说:"我赞同曾点的志向。"《论语·公冶长》:"子使漆雕开仕,对曰:'吾斯之未能信。'子说。"意谓孔子让漆雕开去做官。漆雕开回答说:"我对此事还未能树立起信心。"孔子听了很高兴。"雕"下,叶采集解本有"开"。

②按:本条见《二程遗书》卷六。

【译文】

曾点、漆雕开已经认识到圣人境界的大致意思,所以孔子肯定他们。

2.33　根本须是先培壅^①，然后可立趋向也。趋向既正，所造浅深则由勉与不勉也。^②

【注释】

①培壅：在植物根部覆盖泥土，加强稳固，以免倒伏。

②按：本条见《二程遗书》卷六。

【译文】

学习的根本需要先培育好，然后才可以直立地向上成长。成长的方向如果正确，那么他所研究程度的深浅，就主要看他努力还是不努力了。

2.34　敬、义夹持直上^①，达天德自此。^②

【注释】

①夹持：犹夹辅，匡助。

②按：本条见《二程遗书》卷五。

【译文】

恭敬和道义，两者互相辅助着使人不断进步，达到上天的德行也都是通过这两者。

2.35　懈意一生，便是自弃自暴^①。^②

【注释】

①自弃自暴：语出《孟子·离娄上》："言非礼义，谓之自暴也；吾身不能居仁由义，谓之自弃也。"意谓说话诋毁礼制与义行，就叫作残害自己；认为自己不能以仁居心、由义而行，就叫作放弃自己。

②按：本条见《二程遗书》卷六。

【译文】

懈怠的情绪一旦产生，学习就会自暴自弃。

2.36 不学便老而衰。①

【注释】

①按:本条见《二程遗书》卷七。

【译文】

如果不学习，精神就垂老而衰弱。

2.37 人之学不进，只是不勇。①

【注释】

①按:本条见《二程遗书》卷十四。

【译文】

一个人的学问如果不长进，只是不够勇敢。

2.38 学者为气所胜、习所夺，只可责志①。②

【注释】

①责志:《孟子·公孙丑上》:"志壹则动气，气壹则动志也。今夫蹶者、趋者，是气也，而反动其心。"意谓心志专一就能带动意气，意气专一也能带动心志。譬如跌倒与奔跑，都是意气的运作，反过来却带动了心志。

②按:本条见《二程遗书》卷十五。

【译文】

学者被他的习气所战胜，怪只怪他的心志不够专一。

2.39　内重,则可以胜外之轻;得深,则可以见诱之小。^①

【注释】

①按:本条见《二程遗书》卷六。

【译文】

注重内心的修养,外物的重要性就显得很轻微了;内心的修养深厚了,外物的诱惑力就减少了。

2.40　董仲舒谓^①:"正其义,不谋其利;明其道,不计其功^②。"孙思邈曰^③:"胆欲大而心欲小,智欲圆而行欲方^④。"可以为法矣。^⑤

【注释】

①董仲舒(前179—前104):西汉儒家学者,提出"罢黜百家,独尊儒术"的主张,被汉武帝所采纳,使儒学成为中国社会正统思想,影响长达二千多年。传统认为《春秋繁露》为其著作。

②"正其义"几句:语出《汉书·董仲舒传》:"夫仁人者,正其谊不谋其利,明其道不计其功,是以仲尼之门,五尺之童羞称五伯,为其先诈力而后仁谊也。"意谓有仁爱的人,端正追求道义的态度,不谋求任何利益;阐明正确的道理,不计较任何功效。所以孔子的门下,哪怕是五尺高的孩子,也不愿意讲五霸的事情,就是因为五霸把欺诈与暴力看得很重要,把仁义看得很轻微。

③孙思邈:唐代著名医药学家,京兆华原(今陕西耀州)人。著有《千金要方》。

④胆欲大而心欲小,智欲圆而行欲方:语出《旧唐书·方伎列传·孙思邈列传》。

⑤按：本条见《二程遗书》卷九。

【译文】

董仲舒说："端正追求道义的态度，不谋求任何利益；阐明正确的道理，不计较任何功效。"孙思邈说："胆子要放大，心要放细，智慧要圆满，行为要端正。"他们说的这些话，都是可以取法的。

2.41　大抵学不言而自得者①，乃自得也。有安排布置者，皆非自得也。②

【注释】

①不言：不依靠语言。自得：语出《孟子·离娄下》："君子深造之以道，欲其自得之也。"意谓君子依循正确的方法深入研究，就是希望可以自己领悟道理。

②按：本条见《二程遗书》卷十一。

【译文】

大概来说，学习如果不是依靠语言而自己领悟的，确实是自己有所领悟。如果刻意安排，那一定不是自己有所领悟。

2.42　视听、思虑、动作，皆天也，人但于其中要识得真与妄尔。①

【注释】

①按：本条见《二程遗书》卷十一。

【译文】

观察、听闻、思考、行动，都是天性。但是在这些当中，应该认识到什么是真实的，什么是虚假的。

2.43　明道先生曰：学只要鞭辟近里^①，著己而已。故"切问而近思"，则"仁在其中矣"^②。"言忠信，行笃敬，虽蛮貊之邦，行矣。言不忠信，行不笃敬，虽州里，行乎哉？立则见其参于前也，在舆则见其倚于衡也，夫然后行^③。"只此是学。质美者明得尽，查滓便浑化，却与天地同体^④。其次惟庄敬持养^⑤。及其至，则一也。^⑥

【注释】

①鞭辟近里：意指深入剖析，使靠近最里层。形容探求透彻，深入精微。鞭辟，鞭策，激励。里，最里层。

②"切问而近思"，则"仁在其中矣"：语出《论语·子张》："博学而笃志，切问而近思，仁在其中矣。"意谓广博地学识，坚定志向，恳切地请教，切近地思考，仁就在其中了。

③"言忠信"几句：语出《论语·卫灵公》。蛮貊之邦，四方落后部族。参，罗列。

④查滓便浑化，却与天地同体：《朱子语类》卷四十五："渣滓是私意人欲。天地同体处，如义理之精英。渣滓是私意人欲之未消者。人与天地本一体，只缘渣滓未去，所以有间隔。若无渣滓，便与天地同体。"查滓，即"渣滓"。浑化，浑然消化。

⑤庄敬：庄严恭敬。持养：保养、养育。

⑥按：本条见《二程遗书》卷十一。

【译文】

程颢说：学习要探求透彻，在自己身上用功。也就是要"恳切地请教，切近地思考"，那么"仁就在其中了"。"语言要忠信，行为要恭敬，即使在野蛮的地方，也可以实行。如果语言不忠信，行为不恭敬，那么即使在家乡也行不通。站立的时候，看到在眼前，上车的时候看到就在扶手上，然后就可以实行。"这些都是学习。天资比较好的学得比较彻底，有杂质的缺点都消磨掉了,于是能达到与天地同体的境界。天资不是很好的则需要庄重恭敬,持守涵养。最终到达的境界,则都是一样的。

2.44 "忠信所以进德","修辞立其诚,所以居业"者①,《乾》道也。"敬以直内,义以方外"者②,《坤》道也。③

【注释】

①"忠信所以进德"几句:语出《周易·乾》文言。

②敬以直内,义以方外:语出《周易·乾》文言。

③按:本条见《二程遗书》卷十一。

【译文】

"忠诚守信可以增进德行","修饰言辞以确保其诚意,由此可以累积功业",这是《乾》的法则。"保持恭敬于是内心正直,符合道义于是外形端正",这是《坤》的法则。

2.45 凡人才学,便须知着力处;既学,便须知得力处①。②

【注释】

①得力:得其助力,受益。

②按:本条见《二程遗书》卷十二。

【译文】

一个人刚开始学习的时候,必须知道在哪些地方下工夫;已经开始学习了,必须知道哪些地方能够得到助力。

2.46 有人治园圃,役知力甚劳。先生曰:《蛊》之象:"君子以振民育德①。"君子之事,惟有此二者,余无他焉。二者,为己、为人之道也。②

【注释】

①君子以振民育德:语出《周易·蛊》象辞。振民,鼓励民众,教化
 民众。

②按:本条见《二程遗书》卷十四。

【译文】

有人从事园林种植,耗费脑力和体力,很劳累。程颢说:《蛊》卦象辞
说:"君子要教化民众,培养道德。"君子的事情,只有这两个方面,除此之
外,就没有别的了。这两方面就是:培养自己的道德,鼓励民众培养德性。

2.47 "博学而笃志,切问而近思",何以言"仁在其中
矣"①? 学者要思得之。了此,便是彻上彻下之道。②

【注释】

①"博学而笃志"几句:语出《论语·子张》。

②按:本条见《二程遗书》卷十四。

【译文】

"广博地学习,坚定志向,诚恳地发问,切近地思考",为什么说"仁就
在其中"呢? 学者要对此深加思考。了解了为什么之后,就懂得上下贯
通的方法了。

2.48 弘而不毅①,则难立;毅而不弘,则无以居之。《西
铭》言弘之道②。③

【注释】

①弘而不毅:语本《论语·泰伯》:"士不可以不弘毅,任重而道远。
 仁以为己任,不亦重乎?"意谓士不可不志向远大、意志坚毅,因为
 肩负沉重,路途遥远。以实行仁德为己任,不是很沉重吗?

②《西铭》：《西铭》本张载《正蒙》中《乾称》篇首段，张载曾抄出贴
　　在西窗上，后来自题作《订顽》，程颐改名为《西铭》。本书2.89
　　即《西铭》全文。
③按：本条见《二程遗书》卷十四。

【译文】

　　视野宏大而缺乏毅力，则学业难以成就；毅力坚定但是视野不宏大，
就根本找不到可以成就的内容。《西铭》讨论的就是视野宏大的道理。

　　2.49　伊川先生曰：古之学者，优柔厌饫①，有先后次
序。今之学者，却只做一场话说，务高而已。常爱杜元凯
语②："若江海之浸、膏泽之润，涣然冰释，怡然理顺，然后为
得也③。"今之学者，往往以游、夏为小，不足学。然游、夏一
言一事④，却总是实。后之学者好高，如人游心于千里之外，
然自身却只在此。⑤

【注释】

①优柔厌饫（yù）：比喻为学之从容求索，深入体味。厌饫，饱食。
②杜元凯：杜预（222—285），字元凯，京兆杜陵（今陕西西安）人，
　　西晋学者，著有《春秋左传经传集解》。
③"若江海之浸"几句：语出杜预《春秋左传序》。膏泽，滋润作物的
　　雨水。
④游、夏：指子游、子夏，皆孔子弟子。《论语·先进》："文学：子游、
　　子夏。"
⑤按：本条见《二程遗书》卷十五。

【译文】

　　程颐说：古代的学者，从容不迫，深入体会，学习有先后的次序。现
在的学者，把学问只是当作一场言语，喜欢追求看似高深的内容。我特

别喜欢杜预的一段话："学习就好像江河湖海的浸透，就好像丰厚雨水的滋润，就好像冰在水中逐渐融化，把道理弄明白，心情非常舒畅，然后学习可以说是有所收获了。"现在的学者经常认为子游和子夏的学问比较低级，不值得去学。但是子游、子夏所说的和所做的却都是很实在的。后来的学者好高骛远，就好像一个人内心在千里之外遨游，但是自己的身体只在这里一动也没动。

2.50　修养之所以引年①，国祚之所以祈天永命②，常人之至于圣贤，皆工夫到这里，则有此应。③

【注释】

①引年：延长年寿。

②国祚：国运，国家的福运。祈天永命：古代帝王称其统治为受命于天，故祈求上天能够长久地赐予天命。语出《尚书·召诰》："我非敢勤，惟恭奉币，用供王能祈天永命。"意谓我不敢劳驾王，只是贡献礼物，以供王能够祈求上天赐予永久的大命。

③按：本条见《二程遗书》卷十五。

【译文】

修养德性之所以能够延年益寿，国家之所以能够长治久安，普通人之所以能达到圣贤，都是因为工夫下到了这里，才有了这样的感应。

2.51　忠恕所以公平。造德则自忠恕，其致则公平。①

【注释】

①按：本条见《二程遗书》卷十五。

【译文】

忠诚与宽恕是达到大公平等的方法。在德业方面进步，就会自然做到忠诚与宽恕，达到了极致就能做到大公平等。

2.52　仁之道,要之只消道一"公"字①。公只是仁之理,不可将公便唤做仁。公而以人体之,故为仁。只为公则物我兼照②,故仁,所以能恕,所以能爱,恕则仁之施,爱则仁之用也。③

【注释】

①只消:只需要。"消"是"需要"的合音。

②兼照:都能够察知。

③按:本条见《二程遗书》卷十五。

【译文】

仁爱的道理,关键是只需要明白一个"公"字。公心就是仁爱的道理,但是不可以把公心叫作仁爱。有公心然后自己努力去体会,才是仁爱。只有有了公心,外物和自我就都能察知,所以仁爱,能够宽恕,能够慈爱,宽恕是仁爱的实施,慈爱是仁爱的功用。

2.53　今之为学者,如登山麓①,方其迤逦②,莫不阔步,及到峻处便止。须是要刚决果敢以进③。④

【注释】

①山麓:山基、山脚。

②迤逦(yǐ lǐ):曲折连绵的样子。

③刚决:刚毅果断。果敢:勇敢果决。

④按:本条见《二程遗书》卷十七。

【译文】

现在想要学习的人,就好像在山脚登山,当山路曲折绵延的时候,都能够阔步前行,可是到了崎岖难行的地方就都停下来了。这个时候必须勇敢果断地向前迈进。

2.54　人谓要力行,亦只是浅近语。人既能知见,一切事皆所当为,不必待着意。才着意,便是有个私心。这一点意气,能得几时子①? ②

【注释】

①能得几时子:能到什么时候。

②按:本条见《二程遗书》卷十七。

【译文】

人们经常说,要努力实践,其实是很肤浅的话。一个人既然能够有见识,一切事都应该去做,没必要刻意安排。一旦刻意安排,就是因为有了私心。凭着这一点意气,能够坚持到什么时候呢?

2.55　知之必好之①,好之必求之,求之必得之。古人此个学是终身事,果能颠沛造次必于是②,岂有不得道理? ③

【注释】

①知之必好之:《论语·雍也》:"知之者不如好之者,好之者不如乐之者。"意谓知道它的人,不如爱好它的人;爱好它的人,又不如以它为乐的人。

②颠沛造次必于是:语本《论语·里仁》:"君子无终食之间违仁,造次必于是,颠沛必于是。"意谓君子不会有片刻的时间违背仁,在匆忙急迫时坚持如此,在危险困顿时也坚持如此。

③按:本条见《二程遗书》卷十七。

【译文】

明白道理必定因为喜欢,喜欢就一定会想着去追求,追求的话一定可以得到。古人把学习当作一辈子的事情,于是能够做到危险困顿、匆忙急迫的时候也坚持学习,这样哪里有不能获得的道理呢?

2.56　古之学者一，今之学者三，异端不与焉①。一曰文章之学，二曰训诂之学②，三曰儒者之学。欲趋道，舍儒者之学不可。③

【注释】

①不与：不在其中。

②训诂（gǔ）：解释古书中的词语。

③按：本条见《二程遗书》卷十八。

【译文】

古代的学者只有一种，现在的学者却有三种，异端还不计算在内。第一种是学习写文章，第二种是注释经典，第三种是儒者的学问。想要追求圣人之道，离开儒者的学问是不可能的。

2.57　问：作文害道否？曰：害也。凡为文，不专意则不工；若专意，则志局于此，又安能与天地同其大也？《书》曰："玩物丧志。"为文亦玩物也。吕与叔诗云①："学如元凯方成癖②，文似相如始类俳③。独立孔门无一事，只输颜氏得心斋④。"此诗甚好。昔之学者惟务养情性，其他则不学。今为文者，专务章句悦人耳目，既务悦人，非俳优而何？曰：古者学为文否？曰：人见"六经"，便以谓圣人亦作文，不知圣人亦摅发胸中所蕴⑤，自成文耳，所谓"有德者必有言"也⑥。曰：游、夏称文学，何也？曰：游、夏亦何尝秉笔学为词章也？且如"观乎天文以察时变，观乎人文以化成天下"⑦，此岂词章之文也？⑧

【注释】

①吕与叔：吕大临（1042—1090），字与叔，京兆蓝田（今陕西蓝田）人。为张载、程颐弟子。著作颇丰，现存《考古图》十卷。

②元凯：指杜预。

③相如：司马相如（约前179—前118），字长卿，蜀郡成都（今四川成都）人，西汉辞赋家，代表作为《子虚赋》《上林赋》等。俳：演杂技的艺人。

④心斋：指心境虚静纯一。据《庄子》记载，颜回达到了心斋的境界。《庄子·人间世》："气也者，虚而待物者也。唯道集虚。虚者，心斋也。"意谓至于气，则是空虚而准备响应万物的。只有在空虚状态中，道才会展现出来。空虚状态，就是心斋。

⑤摅发：抒发。

⑥有德者必有言：语出《论语·宪问》。

⑦观乎天文以察时变，观乎人文以化成天下：语出《周易·贲》彖辞。

⑧按：本条见《二程遗书》卷十八。

【译文】

有人问：学习写文章对学道有害处吗？回答说：有害处。写文章，不专心致志的话就写不好；如果专心致志的话，志向又会只局限在文章上面，内心又怎么能够做到与天地一样广大呢？《尚书》说："玩弄外物会丧失志向。"写文章也是一种玩弄外物。吕大临有一首诗："学如元凯方成癖，文似相如始类俳。独立孔门无一事，只输颜氏得心斋。"这首诗写得很好。古代的学者只是努力去修养性情，其他的都不学习。现在写文章的人，专门努力把文章写得很漂亮，想要取悦别人，既然想取悦别人，不是艺人又是什么呢？有人问：古代的人学习写文章吗？回答说：人们看到"六经"，以为圣人也写文章，并不知道圣人实际上只是将内心蕴藏的精神抒发出来，自然而然就成了文章，也就是所谓的"有道德的人一定会有美好的言辞"。有人问：那子游和子夏因为文学为人称道，这是怎么

回事呢？回答说：子游、子夏什么时候拿着笔墨学写文章了？只不过是
"观察天文现象，弄清楚时世的变化，观察人世间事，来教化天下的人"，
这怎么能是言辞写成的文章呢？

2.58　涵养须用敬，进学则在致知。①

【注释】

①按：本条见《二程遗书》卷十八。

【译文】

涵养德性需要用恭敬来成就，增长学问则需要推极知识。

2.59　莫说道将第一等让与别人，且做第二等。才如此说，便是自弃。虽与不能居仁由义者差等不同①，其自小一也。言学便以道为志，言人便以圣为志。②

【注释】

①居仁由义：语出《孟子·尽心上》："居仁由义，大人之事备矣。"意谓内怀仁爱之心，行事遵循道义，君子所该做的事就齐全了。

②按：本条见《二程遗书》卷十八。

【译文】

不要说要将第一等的学问让给别人去做，而自己只做第二等的。才这么说了，就是自暴自弃。虽然与不能安处于仁爱遵循道义的程度不同，但是同样也都是自卑。如果学习就一定要以追求圣人之道为志向，如果做人就一定要以成为圣人为志向。

2.60　问："必有事焉"①，当用敬否？曰：敬是涵养一事，"必有事焉"，须用集义②。只知用敬，不知集义，却是都

无事也。又问：义莫是中理否？曰：中理在事，义在心。^③

【注释】

①必有事焉：语出《孟子·公孙丑上》："必有事焉而勿正，心勿忘，勿助长也。"意谓一定要在行事上努力，但不可预期成效；内心不能忘记它，但不可主动助长。

②集义：行事合乎道义。语出《孟子·公孙丑上》："是集义所生者。"意谓它是不断集结义行而产生的。

③按：本条见《二程遗书》卷十八。

【译文】

有人问："要做一件事情"，一定要恭敬吗？回答说：恭敬是涵养的一个内容，"要做一件事情"，行事必须合乎道义。只知道恭敬，而不知道行事合乎道义，就是什么事也没有做。又问：道义是不是切合事理呢？回答说：切合事理会体现在做事上，道义则只在内心。

2.61　问：敬、义何别？曰：敬只是持己之道，义便知有是有非。顺理而行，是为义也。若只守一个敬，不知集义，却是都无事也。且如欲为孝，不成只守着一个孝字。须是知所以为孝之道，所以侍奉当如何，温清当如何^①，然后能尽孝道也。^②

【注释】

①温清（qìng）：语本《礼记·曲礼上》："凡为人子之礼，冬温而夏清。"意谓凡做儿子之礼，要使父母冬天感到温暖而夏天感到清凉。清，清凉。

②按：本条见《二程遗书》卷十八。

【译文】

问：恭敬和道义有什么区别？回答说：恭敬是持守自己的方法，道义使人知道什么是对的，什么是错的。按照道理而实行，就是道义。如果只是持守一个恭敬，不知道合乎道义，就是什么事情都没有做。比如想要做孝敬的事情，不可以只守着一个"孝"字，需要知道怎么做才是尽孝的方法，应当知道如何侍奉父母，如何使父母冬暖夏凉，然后才能尽孝道。

2.62　学者须要务实，不要近名方是^①。有意近名，则是伪也。大本已失，更学何事？为名与为利，清浊虽不同，然其利心则一也。^②

【注释】

①近名：追求名声。语出《庄子·养生主》："为善无近名，为恶无近刑。"意谓做善事不追求名声，做恶事不触及刑罚。

②按：本条见《二程遗书》卷十八。

【译文】

学者应当致力于实际的学问，不要追求名声才可以。如果想要追求名声，那就是虚伪。根本就已经丧失了，还学习什么事呢？虽然追求名声与追逐利益在清高与污浊方面不一样，但是追求利益的心都是一样的。

2.63　"回也，其心三月不违仁"，只是无纤毫私意，有少私意，便是不仁。^①

【注释】

①按：本条见《二程遗书》卷二十二上。

【译文】

"颜回的心能够长年累月不离开仁爱",只是因为没有丝毫的私欲,如果有一点利已的私欲,就已经不是仁爱了。

2.64 "仁者先难而后获"①,有为而作,皆先获也。古人惟知为仁而已,今人皆先获也。②

【注释】

①仁者先难而后获:语出《论语•雍也》。

②按:本条见《二程遗书》卷二十二上。

【译文】

"仁爱之人先付出劳动,然后才有所收获。"有一定的目标再去做事,肯定首先就会考虑如何有所收获。古代的人只去考虑如何去做仁爱的事情,现在的人却首先考虑如何有所收获。

2.65 有求为圣人之志,然后可与共学;学而善思,然后可与适道;思而有所得,则可与立;立而化之,则可与权①。②

【注释】

①"有求为圣人之志"几句:按,此条是解释《论语•子罕》:"可与共学,未可与适道;可与适道,未可与立;可与立,未可与权。"意谓可以一起学习的人,未必能一起学习道;可以一起学习道的人,未必能一起坚守道;可以一起坚守道的人,未必能可以一起通权达变。适道,追求大道。立,坚持而不动摇。

②按:本条见《二程遗书》卷二十五。

【译文】

有了想成为圣人的志向,然后才可以一同学习;学习的时候善于思考，然后才可以一起追求道；思考并且有所收获，就可以一起坚持道而不动摇；坚持道不动摇，并且融会贯通，就可以通权达变了。

2.66 "古之学者为己"，其终至于成物；今之学者为物，其终至于丧己。①

【注释】

①按：本条见《二程遗书》卷二十五。

【译文】

"古代的学者为了自己"，最终能够使万物得以成就；现在的学者为了外物，最终丧失了自己。

2.67 君子之学必日新①。日新者，日进也。不日新者必日退，未有不进而不退者。唯圣人之道无所进退，以其所造者极也。②

【注释】

①日新：语出《大学》："汤之盘铭曰：苟日新，日日新，又日新。"意谓商汤的澡盆上刻着：如果能做到一天新，就应天天新，新了还要更新。

②按：本条见《二程遗书》卷二十五。

【译文】

君子学习一定要每天有所创新。每天都有所创新，就是每天都有进步。没有每天进步，那一定是每天都在退步，没有不前进还能保持不退步的。只有圣人的学问，没有进步，也没有退步，因为他的造诣已经登峰造极了。

2.68 明道先生曰:性静者可以为学。[1]

【注释】

①按:本条见《二程外书》卷一。

【译文】

程颢说:本性宁静的人可以做学问。

2.69 弘而不毅[1],则无规矩;毅而不弘,则隘陋[2]。[3]

【注释】

①弘而不毅:语据《论语·泰伯》:"士不可以不弘毅,任重而道远。"
意谓士不可不志向远大、意志坚毅,因为责任沉重,路途遥远。

②隘陋:识见狭隘卑陋。

③按:本条见《二程外书》卷二。

【译文】

志向远大而没有毅力,就没有规矩;有毅力但是志向不远大,就狭隘卑陋。

2.70 知性善,以忠信为本,此先立其大者[1]。[2]

【注释】

①先立其大者:"大者"在《孟子》中指"心","小者"指耳目口腹等。
这里的"大者"指忠信。语出《孟子·告子上》:"耳目之官不思,
而蔽于物。物交物,则引之而已矣。心之官则思,思则得之,不思
则不得也。此天之所与我者。先立乎其大者,则其小者不能夺也。
此为大人而已矣。"意谓耳朵眼睛这样的器官是不会思考的,所
以容易被外物蒙蔽。一和外物接触,就容易被引向歧途。而心这

样的器官是会思考的,思考了就有所得,不思考就没有所得。这
是上天赐给我们的。先确立了重要的部分,那次要的部分就没办
法与之抗衡了。这样就成了君子了。

②按:本条见《二程外书》卷二。

【译文】

知道人性本善,是以诚实守信为根本的,这也就是要首先树立诚实
守信这个大的方面。

2.71　伊川先生曰:人安重①,则学坚固。②

【注释】

①安重:安详稳重。

②按:本条见《二程外书》卷六。

【译文】

程颐说:一个人安宁稳重,学问才扎实牢固。

2.72　"博学之,审问之,慎思之,明辨之,笃行之"①,五者废其一,非学也。②

【注释】

①"博学之"几句:语出《中庸》。

②按:本条见《二程外书》卷六。

【译文】

"广博地学习,谨慎地发问,慎重地思考,明白地辨别,切实地实行",
这五个方面,如果废弃任何一个方面,都不是学习。

2.73　张思叔请问①,其论或太高,伊川不答。良久曰:累高必自下。②

【注释】

①张思叔：张绎（1071—1108），字思叔，寿安（今河南宜阳）人。程颐晚年弟子。

②按：本条见《二程外书》卷十一。

【译文】

张绎请程颐解答问题，他的议论有的过于高远，程颐不回答。很久之后才说：要堆叠得很高，必须从下面一层一层开始。

2.74　明道先生曰：人之为学，忌先立标准。若循循不已①，自有所至矣。②

【注释】

①循循：遵循规矩的样子。

②按：本条见《二程外书》卷十二。

【译文】

程颢说：一个人要学习，最忌讳先建立一套衡量事物的标准。如果遵循学习的方法不断努力，自然有到达的时候。

2.75　尹彦明见伊川后半年①，方得《大学》《西铭》看。②

【注释】

①尹彦明：尹焞（1071—1142），字彦明，一字德充，洛阳（今河南洛阳）人。程颐晚年弟子。曾应举，见策题有诛元祐诸臣之语，不对而去，遂终身不再就举。聚徒讲学于洛中，为士人所仰。靖康初，种师道举荐，召对京师，不欲留，赐号和靖处士。金兵陷洛阳，颠沛入川。后历任崇政殿说书、权礼部侍郎兼侍讲，屡上言反对和议，无效，遂致仕隐居平江（今江苏苏州）虎丘。著有《和靖集》《论

语解》《孟子解》等。

②按：本条见《二程外书》卷十二。

【译文】

尹焯见到程颐之后半年，才得到《大学》和《西铭》来阅读。

2.76　有人说无心①，伊川曰：无心便不是，只当云无私心。②

【注释】

①无心：《庄子·大宗师》郭象注："圣人无心，有感斯应。"意谓圣人以没有念头来对待事物，所以有感发就会有回应。唐裴休集《黄檗断际禅师宛陵录》："如今但学无心，顿息诸缘，莫生妄想分别。"意谓现如今只是要学习没有念头，顿然止息各种外缘，不产生虚妄的设想与分别之心。

②按：本条见《二程外书》卷十二。

【译文】

有人说人应该没有念头，程颐说：没有念头是不对的，只应该说没有自私的念头。

2.77　谢显道见伊川①，伊川曰：近日事如何？对曰：天下何思何虑②？伊川曰：是则是有此理，贤却发得太早在。伊川直是会锻炼得人，说了又道：恰好著工夫也。③

【注释】

①谢显道：指谢良佐。

②天下何思何虑：语出《周易·系辞下》："天下何思何虑？日往则月来，月往则日来，日月相推而明生焉；寒往则暑来，暑往则寒来，

寒暑相推而岁成焉。"意谓天下万物思索什么又考虑什么？太阳
落下，月亮升起；月亮落下，太阳升起。日月互相推移而光明自然
产生。寒冬过去，暑夏来临；暑夏过去，寒冬来临。寒暑互相推移
而一年自然形成。

③按：本条见《二程外书》卷十二。

【译文】

　　谢良佐去拜见程颐，程颐说：最近怎么样？回答说：天下万物思索什
么又考虑什么？程颐说：是倒是这个道理，但是你把这话说得有点太早
了。程颐很会锻炼人的，说了前面的话他又说：你恰好应该在这上面花
些工夫了。

　　2.78　谢显道云：昔伯淳教诲①，只管着他言语。伯淳
曰：与贤说话，却似扶醉汉，救得一边，倒了一边。只怕人执
着一边。②

【注释】

①伯淳：指程颢。

②按：本条见《二程外书》卷十二。

【译文】

　　谢良佐说：过去程颢教导我们，我们只关他的言语。程颢说：与你
们说话，就好像搀扶醉汉一样，从一边扶起来了，又倒向另一边了。怕就
怕人执着于一边。

　　2.79　横渠先生曰："精义入神"①，事豫吾内，求利吾
外也；"利用安身"，素利吾外，致养吾内也；"穷神知化"，乃养
盛自至，非思勉之能强②。故崇德而外，君子未或致知也。③

【注释】

①精义入神：此及下文"利用安身""穷神知化"皆出《周易·系辞下》："精义入神，以致用也；利用安身，以崇德也；过此以往，未之或知也；穷神知化，德之盛也。"意谓探究精微义理到神妙的地步，是为了付诸实用；借由各种途径安顿自己，是为了提升道德；超过这些再向前推求，就没有办法清楚知道了；穷尽神妙的道理，懂得变化的法则，德性就会非常盛大。

②非思勉之能强：指不是思考与努力所能强求的。语本《中庸》："诚者，不勉而中，不思而得，从容中道，圣人也。"意谓所谓真诚，就是没有努力就能够做成，没有思考就能够领悟，从容自在而合乎道义，那也就是圣人啊。

③按：本条见张载《正蒙·神化》。

【译文】

张载说："探究精深的义理达到神妙的地步"，事情预先在我内心里打算好，这样就对追求外在的事物有利；"借由各种途径安顿自己"，对外在的事情素来有利，反过来可以对内心有所滋养；"能够穷尽神妙的道理，懂得变化的法则"，养育的德行就很盛大，自然而然就达到了，并不是通过思想与努力所能刻意强求的。所以除了提高自己的德行以外，君子没有什么需要努力去认识的。

2.80　形而后有气质之性，善反之①，则天地之性存焉。故气质之性，君子有弗性者焉。②

【注释】

①善反之：语本《孟子·尽心下》："尧舜，性者也；汤武，反之也。"意谓尧、舜的行为，是出于本性；商汤、周武王的行为，则是经由修身而恢复本性。

②按：本条见张载《正蒙·诚明》。

【译文】

有形体以后就有了气质之性，善于恢复本性，那么天地之性就存在了。所以，对于气质之性，君子并不把他看作是自己的本性。

2.81　德不胜气，性命于气；德胜其气，性命于德。穷理尽性①，则性天德、命天理。气之不可变者，独死生修夭而已。②

【注释】

①穷理尽性：语出《周易·说卦》："穷理尽性以至于命。"意谓穷究事理探求本性，直到认识到天命为止。

②按：本条见张载《正蒙·诚明》。

【译文】

德性不能战胜气质，本性与命运都是由于气质；德性能够战胜气质，本性与命运都由于德性。一个人如果能够穷尽事理，探求本性，就能够将天德作为他的本性，将天理作为他的命运。无法改变的气质，只是活着死去、寿命长短这些事。

2.82　莫非天也。阳明胜，则德性用；阴浊胜，则物欲行。领恶而全好者①，其必由学乎！②

【注释】

①领恶而全好：语出《礼记·仲尼燕居》："言游进，曰：'敢问礼也者，领恶而全好者与？'子曰：'然。'"意谓子游进前说："请问，所谓礼是不是改掉恶劣的习惯，保全良好的品德呢？"孔子说："是

的。"领恶,去除恶的方面。全好,保全好的方面。

②按:本条见张载《正蒙·诚明》。

【译文】

没有什么不是天生的。阳性的光明胜出,德性就在起作用;阴性的污浊胜出,物欲就流行。改掉恶劣的习惯,保全良好的品德,都要通过学习。

2.83　　大其心,则能体天下之物①。物有未体,则心为有外。世人之心,止于见闻之狭;圣人尽性,不以见闻梏其心,其视天下,无一物非我②。孟子谓尽心则知性知天③,以此。天大无外,故有外之心,不足以合天心。④

【注释】

①体天下之物:参见《正蒙·天道》:"天体物不遗,犹仁体事无不在也。"

②无一物非我:语本《孟子·尽心上》:"万物皆备于我矣。反身而诚,乐莫大焉;强恕而行,求仁莫近焉。"意谓一切在我身上都齐备了。反省自己做到了完全真诚,就没有比这更大的快乐了;努力实践推己及人的恕道,就没有比这更近的路可以达到仁德了。

③孟子谓尽心则知性知天:《孟子·尽心上》:"尽其心者,知其性也;知其性,则知天矣。"意谓穷尽内心,就知道人性;知道人性,就知道天性。

④按:本条见张载《正蒙·大心》。

【译文】

扩充你的心,才能够体认世间的一切事物。有一件事情没有得到体认,也就是你的心把事物当作外物了。世人的心,被见闻所限制;圣人能够穷尽人性,不被见闻所限制,他眼中的天下的事物,没有一件不是自己的一部分。孟子所讲的穷尽内心，知道人性，就知道天性，就是这个道理。天广阔无垠而没有什么事物不包含在内，所以如果内心把什么事物当作外在的，就没有获得像天一样广阔的内心。

2.84　仲尼绝四①，自始学至成德，竭两端之教也②。意，有思也；必，有待也；固，不化也；我，有方也。四者有一焉，则与天地为不相似。③

【注释】

①仲尼绝四：语出《论语·子罕》："子绝四：毋意，毋必，毋固，毋我。"意谓孔子杜绝了四个毛病：不主观臆测，不武断绝对，不固执己见，不自以为是。

②竭两端：语本《论语·子罕》："吾有知乎哉？无知也。有鄙夫问于我，空空如也。我叩其两端而竭焉。"意谓我什么都懂吗？不是这样的。假设一个乡下人来问我问题，而我一无所知。我只是就他的问题正反两端详细推敲，然后找到了答案。

③按：本条见张载《正蒙·中正》。

【译文】

孔子没有意、必、固、我四方面的毛病，从刚开始学习一直到成就德行，都是正反两端详细推敲的教导。意，就是先有的成见；必，就是有所凭借；固，就是顽固不化；我，就是局限在一个地方。四个毛病，如果有一个方面，就与天地境界不相似了。

2.85　上达反天理①，下达徇人欲者欤②？③

【注释】

①上达：语出《论语·宪问》："下学而上达，知我者其天乎！"意谓

下学人事而上达天命,了解我的大概是天吧!

②徇人欲:语出《礼记·乐记》:"夫物之感人无穷,而人之好恶无节,则是物至而人化物也。人化物也者,灭天理而穷人欲者也。"意谓事物对人的影响没有穷尽,而人对自己的好恶没有节制,那就是随着事物对人的影响而人被事物所迁化。人被事物所迁化,就是灭绝天性而穷极个人的欲望。

③按:本条见张载《正蒙·诚明》。

【译文】

上达天命就是回归天理的要求,向下堕落难道不就是顺从人的欲望吗?

2.86　知崇,天也①,形而上也。通昼夜而知②,其知崇矣。知及之,而不以礼性之,非己有也。故知礼成性而道义出③,如天地位而《易》行④。⑤

【注释】

①知崇,天也:语本《周易·系辞上》:"知崇礼卑。崇效天,卑法地,天地设位,而《易》行乎其中矣。"意谓智慧崇高而礼节谦卑,崇高是效法天,谦卑是效法地。天地设定了位置,《易》的道理在其中运行。

②通昼夜而知:语本《周易·系辞上》:"范围天地之化而不过,曲成万物而不遗,通乎昼夜之道而知,故神无方而《易》无体。"意谓全盘笼罩天地的变化而没有失误,细致安排万物的形成而没有遗漏,彻底了解昼夜的道理而展现智慧,所以神妙的变化没有固定的方式,而《易》也没有固定的形态。

③知礼成性而道义出:语本《周易·系辞上》:"成性存存,道义之门。"意谓形成万物的本性,保存万物的存在,就是通往道义的门径。

④如天地位而《易》行:语出《周易·系辞上》,见本条注①。

⑤按:本条见张载《正蒙·至当》。

【译文】

智慧崇高,是效法天的,超越于形象之上。彻底了解昼夜的道理而展现智慧,就是智慧崇高。智慧方面达到了,但不能把礼仪当作自己的本性,就是还没有把礼仪当作自己的一部分。所以知道礼仪形成本性道义就能够产生,如同设定了天地的位置,《易》的道理就能在其中运行了。

2.87 困之进人也,为德辨①,为感速,孟子谓"人有德、慧、术智者,常存乎疢疾"②,以此。③

【注释】

①德辨:《周易·系辞下》:"困,德之辨也。"意谓《困》卦谈德行的辨别。

②人有德慧术智者,常存乎疢疾(chèn):语出《孟子·尽心上》:"人之有德慧术智者,恒存乎疢疾。"疢疾,犹忧患。

③按:本条见张载《正蒙·三十》。

【译文】

困境能够促进人的成长,能够辨别人的德性,能够使人迅速振作,这就是孟子所说的"一个人如果有道德、有智慧、有本领、有知识,都是因为他曾经经历过患难"。

2.88 言有教,动有法。昼有为,宵有得。息有养,瞬有存。①

【注释】

①按:本条见张载《正蒙·有德》。

【译文】

说话要遵循教诲,行动要遵循法度。白天要有所作为,晚间要有所收获。止息的时候要涵养自己,瞬息之间也要操持内心。

2.89　横渠先生作《订顽》曰:乾称父,坤称母[1]。予兹藐焉[2],乃混然中处。故天地之塞,吾其体;天地之帅,吾其性。民吾同胞,物吾与也[3]。大君者,吾父母宗子;其大臣,宗子之家相也。尊高年,所以长其长;慈孤弱,所以幼其幼[4]。圣,其合德[5];贤,其秀也。凡天下疲癃残疾、惸独鳏寡[6],皆吾兄弟之颠连而无告者也[7]。于时保之[8],子之翼也[9];乐且不忧,纯乎孝者也。违曰悖德,害仁曰贼[10]。济恶者不才,其践形惟肖者也[11]。知化则善述其事,穷神则善继其志[12]。不愧屋漏为无忝[13],存心养性为匪懈[14]。恶旨酒,崇伯子之顾养[15];育英才,颖封人之锡类[16]。不弛劳而底豫,舜其功也[17];无所逃而待烹,申生其恭也[18]。体其受而归全者,参乎[19]! 勇于从而顺令者,伯奇也[20]。富贵福泽,将厚吾之生也;贫贱忧戚[21],庸玉女于成也[22]。存,吾顺事;没,吾宁也。

【注释】

①乾称父,坤称母:语出《周易·说卦》:"乾,天也,故称乎父;坤,地也,故称乎母。"意谓《乾》卦象征天,所以称为父;《坤》卦象征地,所以称为母。

②兹:此,这。藐:微小,藐小。

③物吾与也:外物是我的同伴。与,党与,朋党。《说文解字》:"与,党与也。"

④"尊高年"几句:语本《孟子·梁惠王上》:"老吾老以及人之老,幼吾幼以及人之幼,天下可运于掌。"意谓尊敬自己的长辈,然后推及尊敬别人的长辈;爱护自己的子弟,然后推及爱护别人的子弟。这样要治理天下,就像在手掌上转动东西一样容易。

⑤合德:语出《周易·乾》文言:"夫大人者,与天地合其德,与日月合其明,与四时合其序,与鬼神合其吉凶。"意谓君子的德性如同天地一样,他的光明如同日月一样,他能够顺应四时的次序,他能够顺应鬼神掌控的吉凶。

⑥疲癃(lóng)残疾:老弱病残。疲癃,年老多病。惸(qióng)独鳏寡:泛指孤苦无依的人。惸,没有兄弟的人。

⑦颠连:困顿不堪,困苦。

⑧于时保之:语出《诗经·周颂·我将》。《孟子·梁惠王下》:"以大事小者,乐天者也;以小事大者,畏天者也。乐天者保天下,畏天者保其国。《诗》云:'畏天之威,于时保之。'"意谓以大国身份事奉小国的,是以天命为乐的人;以小国身份事奉大国的,是对天命敬畏的人。以天命为乐的人可以保住天下,对天命敬畏的人可以保住他的国家。《诗经》上说:"敬畏天的威严,所以保住福佑。"时,是。

⑨翼:小心翼翼,恭敬的样子。

⑩害仁曰贼:语本《孟子·梁惠王下》:"贼仁者谓之贼。"意谓破坏仁德的人,称作贼害。

⑪践形:体现人所天赋的品质。语出《孟子·尽心上》:"形色,天性也,惟圣人然后可以践形。"意谓人的形体容貌是天生的,只有圣人可以完全实践这种形体容貌的一切潜能。肖者:本义指像父亲的儿子。与"不肖者"相对,指有贤德,有才能。《中庸》:"贤者过之,不肖者不及也。"意谓贤良的人所行的超过了中庸,不长进的人所行的未达到中庸。

⑫知化则善述其事,穷神则善继其志:知化、穷神,语出《周易·系辞下》:"穷神知化,德之盛也。"《中庸》:"夫孝者,善继人之志,善述人之事者也。"意谓所谓孝顺,是说善于继承先人的志向,善于延续先人的事业。

⑬不愧屋漏:语出《诗经·大雅·抑》:"不愧于屋漏。"古代室内西北隅施设小帐,安藏神主,为人所不见的地方称作"屋漏"。《中庸》:"《诗》云:'相在尔室,尚不愧于屋漏。'故君子不动而敬,不言而信。"意谓《诗经》说:"看你独处于屋中,在阴暗角落还可无愧。"所以,君子没有行动别人就尊敬他,没有说话别人就相信他。忝:羞辱,有愧于。

⑭存心养性:语出《孟子·尽心上》:"存其心,养其性,所以事天也。"意谓保存本心,养育正性,即可事天。

⑮恶旨酒,崇伯子之顾养:恶旨酒,语出《孟子·离娄下》:"禹恶旨酒而好善言。"意谓大禹讨厌美酒而喜欢合理的言论。旨,美味。崇伯子,指禹,禹的父亲封崇伯。顾养,谓孝顺赡养父母。禹大孝,善于孝顺父母。

⑯育英才,颍封人之锡类:颍封人,指颍考叔,春秋郑国管理颍谷疆界的人。《左传·隐公元年》解释"郑伯克段于鄢":郑庄公因其母包庇弟共叔段叛乱,与母亲决绝。颍考叔听到这件事,就带了些东西去献给庄公。庄公赏赐他吃饭,他吃的时候把肉放在一边不吃。庄公问他原由,他回答说:"小人有个母亲,小人所有的食物她都吃过了,可是从来没吃过国君的肉汤,请允许我把这给她。"最后郑庄公感悟,母子和合如初。锡,同"赐"。锡类,把恩德赐给同类。《左传》评价颍考叔说:"颍考叔,纯孝也,爱其母,施及庄公。《诗》曰:'孝子不匮,永锡尔类。'其是之谓乎!"意谓颍考叔真称得上纯孝,他爱自己的母亲,把爱心推广到庄公身上。《诗经》说:"孝子孝心永不竭,神灵赐你好章程。"说的就是这样

的情况吧！

⑰ 不弛劳而底豫，舜其功也：语出《孟子·离娄上》："舜尽事亲之道而瞽瞍底豫，瞽瞍底豫而天下化。瞽瞍底豫而天下之为父子者定此，之谓大孝。"意谓舜竭尽全力孝顺父母，终于使他的父亲瞽瞍高兴；瞽瞍高兴了，天下的人也受到了感化；瞽瞍高兴了，天下父子之间的伦常也就确定了，这叫作大孝。底豫，得到快乐。

⑱ 无所逃而待烹，申生其恭也：《礼记·檀弓上》：晋献公将杀他的世子申生。公子重耳对申生说："您何不向父亲表白自己呢？"世子说："不可。父亲以骊姬为快乐，我如说出自己被陷害的真相就会伤父亲的心。"重耳说："那么为什么不出走呢？"世子说："不可。君父说我想弑君，天下难道有不要父亲的国家而能容纳我这个背着杀父罪名的人？我还能到哪里去呢？"于是自杀了。申生的谥号为"恭世子"。

⑲ 体其受而归全者，参乎：《礼记·祭义》："曾子闻诸夫子曰：天之所生，地之所养，无人为大。父母全而生之，子全而归之，可谓孝矣；不亏其体，不辱其身，可谓全矣。"意谓曾子听孔子说："天所生的，地所养的，没有比人更伟大的了。父母完整地生下了儿子的身体，儿子死后也完整地把身体归还父母，可以称得上孝了。不损坏父母给的躯体，不使自身受辱，可以称得上完整地保存父母给的躯体。"

⑳ 勇于从而顺令者，伯奇也：《汉书·中山靖王刘胜传》注记载：伯奇是周代尹吉甫的儿子，侍奉后母特别孝顺，后母在吉甫面前诬陷伯奇。吉甫想要杀死伯奇，伯奇于是逃亡到山林之中。《后汉书·黄琼列传》中说：《说苑》记载：君王前妻的儿子叫伯奇，后妻的儿子叫伯封。后母想让自己的儿子立为太子，于是对君王说："伯奇喜欢我。"君王不相信。后母说："你命令伯奇到后花园，我走过他的身旁，您上台观看，就可以知道。"君王听了她的话，伯奇进入园中，后母偷偷取了十几只小蜂放在衣服里，走过伯奇边上

说:"蜂在螫我。"伯奇就从后母衣服里找出蜂杀掉。君王远远地看到后,就驱逐了伯奇。

㉑贫贱忧戚:贫苦微贱,忧愁悲伤。

㉒庸玉女于成:《诗经·大雅·民劳》:"王欲玉女,是用大谏。"意谓君王像爱惜玉一样爱护你,所以我才这样直言进谏。庸,常常。女,汝,你。玉女,像爱惜玉一样爱护、帮助你。玉女于成,爱你如玉,帮助你,使你成功。

【译文】

张载作《订顽》一篇说:象征上天的乾称作父亲,象征大地的坤称作母亲。我这个渺小的人,处在天地的中间。所以充塞于天地之间的,是我的本体;统领天地的,是我的本性。老百姓是我的同胞,万物是我的伙伴。君主是我们天父地母的嫡长子,他的大臣是嫡长子的管家。尊重老年人是尊重我们的兄长,怜悯孤独软弱的人是关怀我们的幼儿。圣人是符合天地德行的人,贤者是我们当中优秀的人。凡是天下衰老多病、鳏寡孤独的人,都是我兄弟当中颠沛流离、求告无门的人。敬畏上天能够自我保护的,是小心翼翼地恭敬的儿子;乐于天命而不忧愁的,是纯粹的孝顺的人。不顺从父母叫作违背道德,戕害仁德叫作贼人。助长恶行的人,是不才的人;在形体上体现品德的人,是优秀的人。通晓天地变化的人,善于成就上天的事业,穷尽天地神妙的人,善于继承上天的意志。在人所不见的地方不做亏心事,是不辱没父母的人,保存本心、养育正性的,是勤奋不懈怠的人。讨厌美酒,大禹善于孝顺父母;培育英才,颖考叔将孝行带给了同族人。不懈怠地勤苦侍奉父亲,以使得冥顽的父亲快乐,是舜的功绩;逃不出孝行的自律而等待父亲的赐死,是申生谥号为"恭"的原因。从父母那里得来的身体,还要完完整整地归还,是孝子曾参;勇于顺从父亲错误的命令,是孝子伯奇。如果富贵福德降临,就能够滋养我们身体;如果遭遇贫贱忧虑,又常常能够帮助我们获得成功。我活着,就做我应该做的事情;我死了,那我就获得了最终的安宁。

　　明道先生曰：《订顽》之言，极醇无杂，秦汉以来学者所未到。又曰：《订顽》一篇，意极完备，乃仁之体也。学者其体此意，令有诸己。其地位已高，到此地位，自别有见处，不可穷高极远，恐于道无补也。又曰：《订顽》立心，便达得天德。又曰：游酢得《西铭》读之①，即涣然不逆于心②，曰：此中庸之理也，能求于语言之外者也。杨中立问曰③：《西铭》言体而不及用，恐其流遂至于兼爱④，何如？伊川先生曰：横渠立言，诚有过者，乃在《正蒙》。《西铭》之书，推理以存义，扩前圣所未发，与孟子性善、养气之论同功⑤，岂墨氏之比哉！《西铭》明理一而分殊⑥，墨氏则二本而无分⑦。分殊之蔽，私胜而失仁；无分之罪，兼爱而无义。分立而推理一，以止私胜之流，仁之方也；无别而迷兼爱，以至于无父之极⑧，义之贼也。子比而同之，过矣。且彼欲使人推而行之，本为用也，反谓不及，不亦异乎！

【注释】

①游酢（1053—1123）：字定夫，建州建阳（今福建建阳）人。师从程颢、程颐，与谢良佐、吕大临、杨时号称"程门四先生"。有《游廌山集》传世。《西铭》：即《订顽》。

②涣然：形容疑虑、积郁等消除。不逆于心：心中没有抵触。指情感一致，心意相投。《庄子·大宗师》："三人相视而笑，莫逆于心，遂相与为友。"意谓三个人相视而笑，内心契合，于是结为朋友。

③杨中立：杨时（1053—1135），字中立，号龟山，南剑将乐（今福建将乐）人。师从程颢、程颐，与游酢、谢良佐、吕大临号称"程门四先生"。有《龟山集》传世。

④兼爱：墨子提倡的一种学说，针对儒家"爱有等差"的说法，主张爱无差别等级，不分厚薄亲疏。《墨子》中有《兼爱》三篇。

⑤性善：指孟子的性善论，孟子认为人性本善。养气：涵养本有的正
　　气。语本《孟子·公孙丑上》："我善养吾浩然之气。"意谓我善于
　　涵养我心中的浩然正气。

⑥理一而分殊：程颐认为，对一切人都应当仁爱，这是"理一"，但
　　对不同的对象，仁爱又有差别，这便是"分殊"。《朱子语类》卷
　　六十四程颢论《中庸》："《中庸》始言一理，中散为万事，末复合为
　　一理。"后世学者认为此处提出"理一"与"万事"的范畴，开了"理
　　一分殊"思想的先河。在二程思想的基础上，经过朱熹的发展，"理
　　一分殊"蕴含着深刻的哲学内涵，成为朱熹哲学的重要内容。

⑦二本而无分：孟子主张"一本"，自己的父母最重要，也就是爱有差
　　等，孝顺要从自己的父母开始。认为墨家的主张是"二本"，认为
　　别人的父母与我的父母同样重要，也就是爱没有差等，形成两个
　　本源。《孟子·滕文公上》批评墨家人物夷子说："且天之生物也，
　　使之一本，而夷子二本故也。"意谓天生万物，只有自己的父母一
　　个本源，而夷子却认为别人的父母也是一个本源，从而就有两个
　　本源了。

⑧无父：语出《孟子·滕文公下》："杨氏为我，是无君也；墨氏兼爱，
　　是无父也。无君无父，是禽兽也。"意谓杨朱主张一切都为自己，
　　这是无视于君主的存在；墨翟主张爱人不分差等，这是无视于父
　　母的存在。无视于父母与君主的存在，那就成了禽兽了。

【译文】

　　程颢说：《订顽》的内容，思想极其醇正，没有半点驳杂，秦汉以来的学者没
人达到这样的水平。又说：《订顽》这一篇，意思极其完备，讨论了仁的本体。学
者要仔细体会其中的意思，能够在自己身上有所领会。其中体现出的境界非常
高，到达这样的境界，自然所见就不同了，不可以好高骛远，对于学道没有什么帮
助。又说：《订顽》从立意上就已经达到天德的境界。又说：游酢得到《西铭》来
阅读，内心涣然明白，和自己内心很契合，说：这是中庸的道理，能够在言语之外

领会它的深意。杨时问:《西铭》只讨论到仁的本体,没有讨论仁的作用,恐怕会流为墨家的兼爱,您怎么看?程颐说:张载的议论,确实有过高的地方,主要在《正蒙》当中。但是《西铭》这篇文章,推究义理,持守道义,说出前代圣人所没有阐发的内容,与孟子的性善论和养气论的功劳是一样的,怎么能是墨翟可以比的呢!《西铭》阐明了理一分殊的道理,而墨翟是有两个本源而没有分殊。分殊的毛病,在于私心胜过了公心,从而失去了仁爱;没有分殊的过错,又在于变成兼爱,从而没有了道义。分殊建立起来了,就能推求到理一,防止私心胜出的流弊,这是达到仁的方法;没有差别而迷失于兼爱当中,以至于导向无视父亲的极端,这是对道义的残害。你把两者进行比较,认为是相同的,这就太过分了。而且张载就是想使别人能够推行,本来就是为了能够有所作用的,而你反而认为没有讨论作用,这不是太奇怪了吗?

　　又作《砭愚》曰:戏言①,出于思也;戏动,作于谋也。发于声,见乎四支,谓非己心,不明也。欲人无己疑,不能也。过言,非心也;过动,非诚也。失于声,谬迷其四体②,谓己当然,自诬也,欲他人己从,诬人也。或者谓出于心者,归咎为己戏;失于思者,自诬为己诚。不知戒其出汝者,归咎其不出汝者。长傲且遂非③,不智孰甚焉?横渠学堂双牖,右书《订顽》,左书《砭愚》。伊川曰:是起争端,改《订顽》曰《西铭》,《砭愚》曰《东铭》。④

【注释】

①戏言:开玩笑的话。
②谬迷:指错谬而迷乱。
③长傲且遂非:滋长骄傲、酿成过错。
④按:本条见张载《正蒙·乾称》。

【译文】

张载又写作了《砭愚》一文：开玩笑的话，出于内心的思考；开玩笑的动作，出于内心的谋划。从语言当中发出，体现在四肢上，如果说并非发自自己的内心，那就是不明白的人。想要别人不怀疑自己，那是不可能的。过分的语言，说明心不在焉；过分的行为，说明不真诚。在语言方面有所错误，就会使肢体行为错乱，如果说这是自己本来要做的，那就是欺骗自己，想要别人遵从自己，那就是欺骗别人。有的人把发自内心的错误，归罪于说是自己在开玩笑；把缺乏考虑的错误，欺骗自己说是出于自己的真诚。不知道要警戒那些出于自己的言行，反而归罪于并不是出于自己的本心。助长傲气，最终酿成错误，没有比这个更不明智的了。

张载在学堂的两个窗户上，右边书写了《订顽》，左边书写了《砭愚》。程颐说：这容易引起争论，就把《订顽》改名为《西铭》，把《砭愚》改名为《东铭》。

2.90　将修己①，必先厚重以自持。厚重知学，德乃进而不固矣。忠信进德，惟尚友而急贤②。欲胜己者亲，无如改过之不吝③。④

【注释】

①修己：语出《论语·宪问》："修己以敬。"意谓修养自己，保持恭敬的态度。

②尚友：语出《孟子·万章下》："以友天下之善士为未足，又尚论古之人；颂其诗，读其书，不知其人，可乎？是以论其世也，是尚友也。"意谓认为与天下的优秀士人交朋友还不够，就再上溯历史，评论古代人物；吟咏他们的诗，阅读他们的书，但不了解他们的为人，可以吗？所以要讨论他们在当时的所作所为，这就是上与古人交朋友。

③改过之不吝：改正自己的过错毫不吝惜。语出《尚书·仲虺之诰》。

吝,吝惜。

④按:本条见张载《正蒙·乾称》。

【译文】

　　要修养自己的德行,必须先从敦厚的方面去持守自己。敦厚而且知道学习,德行就会进步而不固步自封。忠诚守信增进德行,只是上与古人交朋友并且急切地想与贤人相处。想要与胜过自己的人交朋友,最重要的是毫不吝惜地改掉自己的毛病。

　　2.91　　横渠先生谓范巽之曰[①]:吾辈不及古人,病源何在? 巽之请问。先生曰:此非难悟。设此语者,盖欲学者存意之不忘,庶游心浸熟,有一日脱然如大寐之得醒耳[②]。[③]

【注释】

　　①范巽之:范育,字巽之,邠州三水(今陕西旬邑北)人。张载弟子。

　　②脱然:超脱无累的样子。

　　③按:本条见张载《横渠文集》。

【译文】

　　张载对范育说:我们这些人的成就赶不上古人,病根在哪里呢? 范育请问。张载说:这并不难领悟。我提出这个问题,是想让学者对于学习圣人之道不要遗忘,内心沉浸在学习中逐渐纯熟,总有一天就会突然领悟,如同从沉睡的梦中醒来一样。

　　2.92　　未知立心,恶思多之致疑;既知所立,恶讲治之不精。讲治之思,莫非术内,虽勤而何厌? 所以急于可欲者,求立吾心于不疑之地,然后若决江河[①],以利吾往。"逊此志,务时敏,厥修乃来[②]。"故虽仲尼之才之美,然且敏以求之[③]。

今持不逮之资，而欲徐徐以听其自适，非所闻也。^④

【注释】

①若决江河：语出《孟子·尽心上》："舜之居深山之中，与木石居，
　与鹿豕游，其所以异于深山之野人者几希。及其闻一善言，见一
　善行，若决江河，沛然莫之能御也。"意谓舜住在深山里的时候，
　与树木、石头做伴，与野鹿、山猪相处，他与深山里的平凡百姓差
　不了多少。等到他听了一句好的言语，看见一种好的行为，学习
　的意愿就像决了口的江河，澎湃之势没有人可以阻挡。

②"逊此志"几句：语出《尚书·说命下》："学于古训乃有获。事不
　师古以克永世，匪说攸闻。惟学逊志，务时敏，厥修乃来。"意谓
　学习古代贤人的教导才有收获。做事不效法古代贤人，而能长治
　久安，我没有听说过。只有学习，心志谦逊，时时勤勉，学识和修
　养就会到来。

③敏以求之：语出《论语·述而》："我非生而知之者。好古，敏以求
　之者也。"意谓我不是生来就有知识的，我是爱好古代文化，再勤
　奋敏捷地学习以获取知识。

④按：本条见张载《横渠文集》。

【译文】

　　没有建立为学的志向，要避免胡思乱想而产生很多疑惑；一旦志向
确立了，要避免讲习研究得不够精深。讲习研究的思考，没有不在圣人
学术范围内的，即便很辛苦又怎么可以满足呢？所以急于获得所追求的
大道的人，要将内心建立在没有疑惑的境地，然后学习的意愿就好像江
河决堤一样势不可挡，对学习的进步非常有利。"心志谦逊，时时勤勉，
学识和修养就会到来。"所以即使孔子那么优秀、那样有才能，仍要勤奋
敏捷地学习以获取知识。今天我们凭借赶不上孔子的资质，想要慢慢地
自然有所成就，那是从来没有听说过的。

2.93　明善为本①,固执之乃立②,扩充之则大,易视之则小,在人能弘之而已③。④

【注释】

①明善为本:语本《中庸》:"诚身有道,不明乎善,不诚乎身矣。"意谓使自身做到真诚也是有方法的,如果不明白什么是善,那就不能使自身做到真诚了。

②固执之乃立:语本《中庸》:"诚之者,择善而固执之者也。"意谓所谓让自身真诚,就是选择善行并且固守执持下去。

③人能弘之:语本《论语·卫灵公》:"人能弘道,非道弘人。"意谓人能弘扬大道,不是大道来弘扬人。

④按:本条见张载《横渠文集》。

【译文】

明白善是使自身真诚的根本,固守不失才能够确立,扩充才能够逐渐广大,忽视就会逐渐变小,所以关键在于人能够去实行。

2.94　今且只将尊德性而道问学为心①,日自求于问学者有所背否? 于德性有所懈否? 此义亦是博文约礼、下学上达②。以此警策一年③,安得不长? 每日须求多少为益,知所亡④,改得少不善,此德性上之益;读书求义理,编书须理会有所归着,勿徒写过,又多识前言往行⑤,此问学上益也。勿使有俄顷闲度,逐日似此,三年庶几有进。⑥

【注释】

①尊德性而道问学:语出《中庸》:"君子尊德性而道问学,致广大而尽精微,极高明而道中庸。"意谓君子尊崇天生的本性并且努力

请教及学习,追求广博宏大的领域并且详察精细微妙的部分,领
悟最高明的境界并且实践中庸平常的道理。

②博文约礼:语出《论语·子罕》:"夫子循循然善诱人,博我以文,
约我以礼,欲罢不能。"意谓老师循序渐进善于诱导人,用广博的
文化知识充实我,用言行必遵的礼约束我,想停止歇息一下也不
可能。

③警策:用鞭子赶马。引申为教训督促,使之上进。

④知所亡:语出《论语·子张》:"子夏曰:'日知其所亡,月无忘其所
能,可谓好学也已矣。'"意谓子夏说:"每天知道自己所未知的,
每月不要忘记自己所已知的,这样可以说是爱好学习了。"

⑤多识前言往行:语出《周易·大畜》象辞:"君子以多识前言往行,
以畜其德。"意谓君子要广泛学习并记得古人的言论和行为,以
培养自己的深厚道德。

⑥按:本条见张载《论语说》。

【译文】

现在应该把提高德性、追求学问作为你的用心,每天要问自己在学
问方面是否有所背弃? 在德性方面是否有所松懈? 这个道理也是孔子
关于广博的学习,用礼仪来约束自己,向下学习人情事理,向上学问进步
的教导。用这样的道理鞭策自己一年,学问怎么能够不长进呢? 每天都
要追求多少有些收获,知道自己所未知的,改掉一些不好的毛病,这是在
德性方面的成长;读书要寻求儒家的道理,编书要理解编书的目的,不要
徒劳地抄写过去,同时又要广泛学习并记得古人的言论和行为,这就是
在学问方面的进步。不要让片刻的时间白白浪费,每天都这样做的话,
三年时间差不多就可以有很大的进步了。

2.95　为天地立心,为生民立道,为去圣继绝学,为万
世开太平。①

【注释】

①按:本条见《张子语录》卷中。

【译文】

为天地树立远大的志向,为百姓树立圣人之道,为过去的圣贤继承已经断绝的学问,为后世的人们开创太平的基业。

2.96　载所以使学者先学礼者,只为学礼,则便除去了世俗一副当习熟缠绕①。譬之延蔓之物②,解缠绕即上去。苟能除去了一副当世习③,便自然脱洒也④。又学礼,则可以守得定。⑤

【注释】

①一副当:一套,一整套的。《朱子语类》卷六十六:"只认各人自说一副当道理。"习熟:犹熟悉,熟知。

②延蔓:延绵蔓生,牵连不断。

③世习:世俗的习惯。

④脱洒:超脱,无所拘束。

⑤按:本条见《张子语录》卷下。

【译文】

张载说:我之所以建议学者先学习礼仪,只是因为学习了礼仪以后,就可以去除流俗中的那一套习气的纠缠。就好像被藤蔓缠绕的植物一样,解掉这些缠绕就可以向上生长。如果能够去除流俗的那一套习气,就自然会洒脱。再就是学习了礼仪之后,才可以守得住自己的原则。

2.97　须放心宽快①,公平以求之②,乃可见道,况德性自广大。《易》曰:"穷神知化,德之盛也③。"岂浅心可得?④

【注释】

①宽快：宽和，舒畅。

②公平：公正而不偏袒。

③穷神知化，德之盛也：语出《周易·系辞下》。

④按：本条见张载《横渠易说·系辞下》。

【译文】

需要把内心放得宽和，用公正的态度去追求，才可以见到圣人之道，德性也就自然广大了。《周易》所说的"穷尽神妙的道理，懂得变化的法则，德性就会非常的盛大"这些道理，心胸狭隘的人怎么能够了解呢？

2.98　人多以老成则不肯下问^①，故终身不知。又为人以道义先觉处之^②，不可复谓有所不知，故亦不肯下问。从不肯问，遂生百端，欺妄人我，宁终身不知。^③

【注释】

①老成：老练成熟。下问：向地位比自己低、学问比自己差的人请教。

②先觉：先觉悟的人。语出《孟子·万章上》："天之生此民也，使先知觉后知，使先觉觉后觉也。"意谓天生育了这些百姓，就是要使先知道的去开导后知道的，使先觉悟的去启发后觉悟的。

③按：本条见张载《论语说》。

【译文】

人们常常自认为老练成熟，就不肯向年轻晚辈请教，所以终其一生都不知晓圣人之道。有的人自认为是率先觉悟了道义的人，所以就不再承认自己有不知道的地方，所以也不肯向年轻晚辈请教。因为不肯再去学习，所以就产生各种各样欺骗别人与自己的方法，于是宁愿一辈子都不知晓圣人之道。

2.99　多闻不足以尽天下之故,苟以多闻而待天下之变,则道足以酬其所尝知。若劫之不测,则遂穷矣。^①

【注释】

①按:本条见张载《孟子说》。

【译文】

知识很多也不足以知道天下所有的事情,如果一个人凭借自己有很多知识来应对天下的各种变化,那么他也只可以应对那些已经知道的事情。如果强迫去应对那些难以意料的事情,那就无能为力了。

2.100　为学大益,在自求变化气质^①。不尔,皆为人之弊,卒无所发明^②,不得见圣人之奥。^③

【注释】

①变化气质:指通过后天的学习改变人的生理、心理素质。张载认
　　为人的本性有天地之性,有气质之性,天地之性纯粹至善,气质之
　　性则有善有不善。学习就是要改变气质当中的恶,恢复本来的纯
　　粹至善。

②发明:创造性地阐发前人不知的义理。

③按:本条见《张子语录》卷中。

【译文】

做学问的最大收益在于使自己的气质得到改变。不是这样的话,都是人自己的弊病,学到最后都没有新的认识,不可能见到圣人的奥妙之处。

2.101　文要密察^①,心要洪放^②。^③

【注释】

①文:此指外在表现。密察:语出《中庸》:"文理密察,足以有别也。"

意谓讲究条理详细考察,因而足以明辨是非。密,详细。察,明辨。

②洪放:宽宏,开阔。

③按:本条见张载《经学理窟·礼乐》。

【译文】

外在的表现要详细明察,但是内心却要宽宏大量。

2.102　不知疑者,只是不便实作;既实作,则须有疑。有不行处,是疑也。①

【注释】

①按:本条见张载《经学理窟·气质》。

【译文】

学习的时候不知道疑问,只是不愿意认真去实行;如果认真去实行了,就一定会有疑问。实行不了的地方,一定会产生疑问。

2.103　心大则百物皆通,心小则百物皆病。①

【注释】

①按:本条见张载《经学理窟·气质》。

【译文】

心量广大的话,做任何事情都会顺利通畅;心胸狭隘的话,任何事情都会变成行动的障碍。

2.104　人虽有功,不及于学,心亦不宜忘。心苟不忘,则虽接人事,即是实行,莫非道也。心若忘之,则终身由之①,只是俗事。②

【注释】

①终身由之:语出《孟子·尽心上》:"终身由之而不知其道者,众也。"
　意谓一辈子遵循,却不知道什么是道义的人,是很多的。

②按:本条见张载《经学理窟·义理》。

【译文】

一个人有很多的事情要去做,来不及学习圣人之道,也不应该忘掉内心。只要不忘掉内心,那么在待人接物的时候,也是在实行了,没有什么不是学道。但是如果忘掉了内心,自认为一辈子都在遵循着,实际上只是做了一些俗事而已。

　2.105　合内外、平物我,此见道之大端。①

【注释】

①按:本条见张载《经学理窟·义理》。

【译文】

将内在与外在合二为一,将外物与自我平等看待,可以说已经认识到圣人之道的主要方面了。

　2.106　既学而先有以功业为意者,于学便相害。既有意,必穿凿创意①,作起事端也②。德未成而先以功业为事,是代大匠斫,希不伤手也③。④

【注释】

①穿凿创意:牵强附会,为了表现新意与巧思。

②作起事端:制造问题,挑起事端。"端"字,底本原脱,据叶采集解
　本增。

③代大匠斫,希不伤手:语出《老子》第七十四章:"夫代司杀者杀,是谓代大匠斫,夫代大匠斫者,希有不伤其手矣。"意谓代替行刑官去执行杀人,就像代替大木匠去砍木头一样,很少有不伤到手的。

④按:本条见张载《经学理窟·学大原上》。

【译文】

开始学习了,就开始考虑如何追求功业,对学习是很有害的。一旦心里想着功业,就一定会牵强附会,想着创造出新奇的想法,制造问题,哗众取宠。德行还没有成就,就开始追求建立功业,那就是替大木匠砍木头,很少有不伤到手的。

2.107　窃尝病孔孟既没,诸儒嚣然①,不知反约穷源②,勇于苟作,持不逮之资,而急知后世。明者一览,如见肝肺然③,多见其不知量也。方且创艾其弊④,默养吾诚。顾所患日力不足,而未果他为也。⑤

【注释】

①嚣然:扰攘不宁的样子。

②反约:反回来归纳要点。穷源:亦作"穷原",探寻事物的本原。

③如见肺肝然:语出《大学》:"人之视己,如见其肺肝然,则何益矣?"意谓别人看自己,就像看透自己的肺肝一样清楚,这样做又有什么用处呢?

④创艾:畏惧,戒惧。

⑤按:本条见张载《横渠文集》。

【译文】

我经常批评孔孟去世之后,各种儒家学者吵吵闹闹,不知道要归纳要点,探寻事物的本原,反而勇敢地随意著作,凭借着远不及圣人的资质,急

切地想在后世知名。明白的人看一眼,就像看透他们的肺肝一样清楚,知
道他们特别自不量力。还因为畏惧他们造成的弊病,我只是默默地涵养
我的真诚。只是担心时间与力量不够,还有很多重要的事情没有做。

　　2.108　学未至而好语变者,必知终有患。盖变不可轻
议,若骤然语变①,则知操术已不正②。③

【注释】

①骤然:突然,忽然。

②操术:指用心的方式。

③按:本条见张载《经学理窟·义理》。

【译文】

　　学习还没有成就,就喜好讨论权变的,可以确定迟早会有祸患。因
为权变是不可以轻易讨论的,如果忽然讨论权变,可以判断他的用心已
经不端正了。

　　2.109　凡事蔽盖不见底①,只是不求益。有人不肯言
其道义所得所至,不得见底,又非于吾言无所不说②。③

【注释】

①蔽盖:遮蔽掩盖。

②于吾言无所不说:语出《论语·先进》:"子曰:'回也非助我者也,
　　于吾言无所不说。'"意谓孔子说:"颜回不是帮助我的人,他对我
　　所说的话没有不喜悦的。"说,同"悦"。

③按:本条见张载《经学理窟·义理》。

【译文】

　　做事躲躲藏藏不让人看清楚他的水平深浅,其实只是不愿意追求进

步。有的人不肯说出他追求道义所得到的成就,不让人看到他的水平的深浅,根本不是颜回对于孔子的话没有不喜悦的情形。

2.110　耳目役于外,揽外事者^①,其实是自堕。不肯自治^②,只言短长,不能反躬者也^③。^④

【注释】

①揽外事:被外在的事情所招引。

②自治:修养自身的德性。

③不能反躬:语出《礼记·乐记》:"不能反躬,天理灭矣。"意谓不能反躬自省,天理就要灭亡了。

④按:本条见张载《经学理窟·义理》

【译文】

人的耳朵与眼睛受制于外物,被外物所吸引,其实只是自甘堕落。不愿意自己修身,只喜欢讨论别人的短长,都是因为不能够反躬自省的缘故。

2.111　学者大不宜志小气轻^①。志小则易足,易足则无由进;气轻则以未知为已知、未学为已学。^②

【注释】

①气轻:气质轻浮不厚重。

②按:本条见张载《经学理窟·学大原下》。

【译文】

学习的人不应该志向短小,心浮气躁。志向短小就容易满足,容易满足就不会取得进步;心浮气躁就会把不知道的当作已经知道了,把还没有学习的当作已经学过了。

卷之三

【题解】

朱熹论此卷纲目曰:"格物穷理。"

叶采曰:卷三致知:此卷论致知。知之至,而后有以行之。自首段至二十二段,总论致知之方。然致知莫大于读书,二十三段至三十三段,总论读书之法。三十四段以后,乃分论读书之法,而以书之先后为序。始于《大学》,使知为学之规模次序;而后继之以《论》《孟》《诗》《书》;义理充足于中,则可探大本一原之妙,故继之以《中庸》;达乎本原,则可以穷神知化,故继之以《易》;理之明,义之精,而达乎造化之蕴,则可以识圣人之大用,故继之以《春秋》;明乎《春秋》之用,则可推以观史,而辨其是非得失之致矣。《横渠易说》以下,则仍语录之序,而《周官》之义,因以具焉。

本卷讨论致知的方法。主要内容有以下三个方面:

一、总的致知方法。主要有两点:

(一)要勤于思考。学问来源于思考(3.6),如果思考确实有收获,内心就会充满喜悦,气力也会非常充沛(3.4)。沉下心来默默体验,持久地玩索,自然会有所获得(3.7)。思考时间久了以后,智慧自然会产生(3.10)。人刚开始思考的时候,思绪混浊,时间久了,自然会明快起来(3.13)。发现自己与先贤有不同的地方时,不应该忽视,而应该深入去思考（3.2）。如果一个人思考问题到了不可言说的地方，就应该更加认真地辨别，才可以说是善于学习（3.22）。

（二）要穷尽事物的道理。凡是一件事物上就会有一件事物的道理，所以需要穷尽其中的道理（3.9）。事物与自己都是一个道理，明白了这个，就明白了那个（3.12）。知道之后才能够有所实行（3.8）。需要沉潜下来研究，才能够有所成就（3.18），不可以粗心（3.19）。

二、具体的读书方法。如果不读书的话，义理终究是看不明白的（3.74）。凡是阅读文字，首先要理解文字的字面意义（3.23），不可以拘泥于文字的字面意义，也不可以完全背离文字的字面意思（3.26）。要把内心放平和，才能够领悟到其中的道理（3.25）。凡是解释经文，解说不同并没有什么妨碍，但要紧地方的解释不可以不相同（3.32）。书不必看得太多，但是要明白书中的精华（3.33）。阅读之后，还要仔细去思考如何有所作为（3.30、3.31）。儒家的经典需要不断反复地去领会（3.76），读书要尽量背诵（3.75）。

三、阅读各类儒家经典要注意的方面。初学增进德行，首先要阅读《大学》，其他的书没有比《论语》和《孟子》更为重要的（3.34-3.42）。此外，《诗经》（3.43-3.46、3.72）、《尚书》（3.47、3.73）、《中庸》（3.48、3.77）、《周易》（3.49-3.60、3.70）、《春秋》（3.61-3.65、3.78）、《周礼》（3.71）都有特定的学习内容与方法。阅读史书的时候，也建议采用特别的方法（3.66-3.69）。

3.1　伊川先生答朱长文书曰①：心通乎道，然后能辨是非，如持权衡以较轻重②，孟子所谓"知言"是也③。心不通于道，而较古人之是非，犹不持权衡而酌轻重，竭其目力，劳其心智，虽使时中，亦古人所谓"亿则屡中"④，君子不贵也。⑤

【注释】

①朱长文（1039—1098）：字伯原，吴县（今江苏苏州）人。于"六经"皆有辨说。著有《乐圃文集》。

②权衡：称量物体轻重的器具。权，秤锤。衡，秤杆。

③知言：语出《孟子·公孙丑上》："'何谓知言？'曰：'诐辞知其所蔽，淫辞知其所陷，邪辞知其所离，遁辞知其所穷。'"意谓"什么叫作能够辨析他人言辞？""偏颇的言辞，我知道它的盲点；过度的言辞，我知道它的缺点；邪僻的言辞，我知道它的偏差；闪躲的言辞，我知道它的困境。"

④亿则屡中：语出《论语·先进》："赐不受命而货殖焉，亿则屡中。"意谓端木赐不安身立命偏偏去经商，而货财不断增加，瞎猜而常常能猜中。亿，通"臆"。中，正中，料事总是能与实际相符。

⑤按：本条见《二程文集》卷九。

【译文】

程颐给朱长文的书信中说道：心与圣人之道相通，然后才能辨别是非，就好像拿着秤去称东西，才能知道事物的轻重，这就是孟子所谓"能够辨析他人言辞"的意思。如果心不能与圣人之道相通，而想要评价古人的是非，就好像不用秤而想要衡量事物的轻重一样，竭尽了眼力，耗费了心思，即便有时猜对了，也不过是古人所说的"瞎猜而每每能猜中"的意思，这并不是君子所看重的。

3.2　伊川先生答门人曰：孔孟之门，岂皆贤哲，固多众人。以众人观圣贤，弗识者多矣，惟其不敢信己而信其师，是故求而后得①。今诸君于某言，才不合，则置不复思，所以终异也。不可便放下，更且思之，致知之方也。②

【注释】

①求而后得：语本《孟子·尽心上》："求则得之，舍则失之，是求有益于得也，求在我者也。"意谓追求就会得到，放弃就会失去，这说明追求有益于获得，因为追求在于自己的努力。

②按：本条见《二程文集》卷九。

【译文】

程颐回答门人的信中说道：孔子与孟子的弟子，难道都是贤明睿智的人吗？当然更多的是普通人。以普通人的角度去观察圣贤，不理解的地方会有很多，只是他们不敢相信自己而愿意相信老师，所以通过追求而后能够获得。现在你们对于我说的话，有不同的地方就放在一边，不再去思考，所以最终还是不同。不可以把不相同的地方放下，而应该深入去思考，这就是推极知识的方法。

3.3　伊川先生答横渠先生曰：所论大概，有苦心极力之象①，而无宽裕温厚之气②。非明睿所照，而考索至此③，故意屡偏而言多窒，小出入时有之。明所照者，如目所睹，纤微尽识之矣。考索至者，如揣料于物④，约见仿佛尔，能无差乎？更愿完养思虑⑤，涵泳义理，他日自当条畅⑥。⑦

【注释】

①苦心极力：费尽心机，使出了全部力量。

②宽裕：宽大，宽容。温厚：温和宽厚。

③考索：考查探究。

④揣料：预料，猜测。

⑤完养：完备，滋养。

⑥条畅：通畅，畅达。

⑦按：本条见《二程文集》卷九。

【译文】

程颐回答张载的信当中说：从您所讨论的大概内容，看出有穷尽力气的样子，却缺少宽厚温和的气象。不是聪明睿智的观察，而考查探究到这样的地步，所以意思常有偏颇，言语多有窒碍，时常出现一些小的偏差。聪明睿智的观察，就好像眼睛所看到的那样，各种细微之处都能够辨别。思考所达到的地步，就好像对事物进行猜测一样，只能够看到一个仿佛的模样，怎么能没有误差呢？所以希望您进一步完备地思索考虑，深入地体会义理，日后有一天自然会条理畅达。

3.4　欲知得与不得，于心气上验之。思虑有得，中心悦豫①，沛然有裕者，实得也；思虑有得，心劳气耗者，实未得也，强揣度耳。尝有人言：比因学道②，思虑心虚。曰：人之血气，固有虚实，疾病之来，圣贤所不免；然未闻自古圣贤因学而致心疾者。③

【注释】

①悦豫：喜悦，愉快。

②比：近日，近来。

③按：本条见《二程遗书》卷二上。

【译文】

要想知道自己是不是真的有收获，可以从自己心气上得到验证。思考确实有收获时，内心会充满喜悦，心气充沛而宽裕，这就是真实有得；思考看似有收获时，心气有很多耗损，就是并没有真实的获得，只是努力揣测而已。有人曾经说过：近来由于学习圣人之道，思虑过重而心气空虚。回答说：人的血气确实有虚有实，疾病来时，圣贤也不可能避免；但是从来没有听说古代的圣贤因为学习圣人之道而得了心病。

3.5　今日杂信鬼怪异说者①,只是不先烛理②。若于事上一一理会,则有甚尽期③?须只于学上理会。④

【注释】

①鬼怪异说:如《论语·述而》:"子不语怪力乱神。"意谓孔子不谈论怪异、暴力、悖乱、神鬼等违背情理的事。

②烛理:考察事理。

③有甚:有什么。

④按:本条见《二程遗书》卷二下。

【译文】

现在相信鬼怪乱说的人,只是因为不先考察事理。如果在事情上一件一件去理解领会,什么时候才会有一个尽头呢?只需要在学习上去理会就可以了。

3.6　学原于思。①

【注释】

①按:本条见《二程遗书》卷六。

【译文】

学问来源于思考。

3.7　所谓"日月至焉"与"久而不息"者①,所见规模虽略相似,其意味气象迥别。须心潜默识②,玩索久之③,庶几自得。学者不学圣人则已,欲学之,须熟玩味圣人之气象④,不可只于名上理会,如此只是讲论文字。⑤

【注释】

①日月至焉：语本《论语·雍也》："回也，其心三月不违仁，其余则日月至焉而已矣。"意谓颜回的心长年累月不离开仁爱，其余的学生只不过哪日哪月偶尔念及而已。久而不息：语本《中庸》："故至诚无息，不息则久。"意谓所以真诚到极点的人，行善没有片刻止息，不肯止息，就会持续长久。

②默识：谓默默用心记下知识。默而识之，语出《论语·述而》。

③玩索：玩味探索。

④玩味：研习体味。

⑤按：本条见《二程遗书》卷十五。

【译文】

所谓"或一天或一月有一次思考"，与"持久的、不停息的体察"，所观察到的学问规模虽然相似，但意味和气象确实有很大的差别。所以需要沉下心来默默记忆，持久地玩索，差不多会有所获得。学者如果不学习成为圣人就罢了，如果要学习，就需要纯熟地研习体味圣人的气象，不可以只是在语言文字上体会，那样的话就只是讲解与讨论文字而已。

3.8　问：忠信进德之事，固可勉强①，然致知甚难。伊川先生曰：学者固当勉强，然须是知了方行得。若不知，只是觑却尧②，学他行事，无尧许多聪明睿智，怎生得如他动容周旋中礼③？如子所言，是笃信而固守之④，非固有之也。未致知，便欲诚意，是躐等也⑤。勉强行者，安能持久？除非烛理明，自然乐循理。性本善，循理而行，是顺理事，本亦不难，但为人不知，旋安排着，便道难也。知有多少般数⑥，煞有深浅，学者须是真知，才知得是，便泰然行将去也。某年二十时，解释经义，与今无异。然思今日，觉得意味与少时自别。⑦

【注释】

①勉强：尽力而为，努力去做。语出《中庸》："或安而行之，或利而行之，或勉强而行之，及其成功一也。"意谓有些人顺其自然就践行这些，有些人明白有利而践行这些，有些人受到勉强才践行这些，等到践行了这些，所成就的都是一样的。

②觑（qù）却：窥伺，偷看。

③动容周旋中礼：语出《孟子·尽心下》："动容周旋中礼者，盛德之至也。"意谓动作容貌与应对进退都合乎礼仪，那是德行的最高表现。

④笃信而固守之：真诚地相信并牢固地守持。语本《论语·泰伯》："笃信好学，守死善道。"意谓以坚定的信心爱好学习，为了实现人生理想可以牺牲生命。

⑤躐（liè）等：逾越等级，不按次序。躐，逾越，超越。语出《礼记·学记》："学不躐等也。"意谓学习不能超越次序，应循序渐进。

⑥般数：种类，数量。

⑦按：本条见《二程遗书》卷十八。

【译文】

有人问：忠诚守信、增进德行一类事情，差不多可以努力做到，但是推极知识却很困难。程颐说：学者当然要努力，然而必须是在知道之后才能够有所实行。如果不知道，只是看见尧，就学着像尧那样做事，但是没有尧那样多的聪明才智，怎么能够像尧那样举止行为都符合礼的要求呢？就好像你所说的，是笃实诚信坚持固守，并不是本来所固有的。如果没有推极知识，就想要做到真诚，这就是跨越学习的阶段。勉强去行动，怎么能够持久呢？除非你对于儒家的道理考察明白，那么自然可以快乐地遵循儒家的道理。人的本性都是善良的，遵循着儒家的道理去实行，就是顺应道理的事情，根本上并不困难，但是因为人们并不知道，刻意安排着去做，就会感觉到很困难。认识有许许多多种，这里边确实有深有浅，学者需要有真正的认识，才知道什么是正确的道理，这样就可以泰然地去实行。我二十多岁的时候，分析儒家经典的意义与现在并没有什么差别。但是今天来看，觉得其中的意味与年轻时候的差别还是很大的。

　　3.9　凡一物上有一理，须是穷致其理①。穷理亦多端：或读书讲明义理；或论古今人物，别其是非；或应接事物，而处其当。皆穷理也。或问：格物须物物格之②，还只格一物而万理皆知？曰：怎得便会贯通？若只格一物便通众理，虽颜子亦不敢如此道。须是今日格一件，明日又格一件，积习既多③，然后脱然自有贯通处④。又曰：所务于穷理者，非道尽穷了天下万物之理，又不道是穷得一理便到，只要积累多后，自然见去。⑤

【注释】

①穷致：竭力追求。

②格物：穷究事物的道理。

③积习：积累，熟习。

④脱然：超脱无累的样子。

⑤按：本条见《二程遗书》卷十八。

【译文】

　　凡是一件事物上就会有一件事物的道理，所以需要穷尽其中的道理。穷尽道理的方法也有很多种：或者读书讲明儒家的义理；或者讨论古今人物，分别他们做事的是与非；或者为人处事，做到恰如其分。这些都是穷尽道理的方法。有人问：研究事物的道理需要一件事物一件事物去研究，还是只需要研究一件事物，一切道理就都可以通达呢？回答说：怎么可能会贯通？如果只去研究一件事物，就通达了一切道理，即便是颜回也不敢这样说。需要今天去研究一件,明天再去研究一件,积累得多了,自然就会有豁然贯通的时候。又说:努力穷尽义理,并不是说穷尽天下所有事物的道理,也不是说研究清楚一个道理就可以,而是要不断地积累,积累得多了,自然就会明白。

3.10　"思曰睿"①,思虑久后,睿自然生。若于一事上思未得,且别换一事思之,不可专守着这一事。盖人之知识于这里蔽着,虽强思亦不通也②。③

【注释】

①思曰睿:语出《尚书·洪范》:"貌曰恭,言曰从,视曰明,听曰聪,思曰睿。"意谓仪容要恭敬,言论要合乎道理,观察要明白,听闻要聪敏,思考要睿智。

②强思:勤勉地思考。

③按:本条见《二程遗书》卷十八。

【译文】

"思考要睿智",思考时间久了以后,智慧自然会产生。如果在一件事物上没有思考明白,那么就暂且换另外一件事情去思考,不可以只就这一件事情上钻牛角尖。人的知识往往在某一处有遮蔽,再怎么努力思考也不一定能够通达。

3.11　问:人有志于学,然知识蔽固①,力量不至,则如之何? 曰:只是致知。若智识明,则力量自进。②

【注释】

①蔽固:掩盖,隐匿。

②按:本条见《二程遗书》卷十八。

【译文】

有人问:有志于学习圣人之道,但是知识有所遮蔽,能力也有所不足,那怎么办呢? 回答说:只是要去推极知识。如果见识明白,那么能力自然会有所进步。

3.12   问:观物察己,还因见物反求诸身否^①? 曰:不必如此说。物我一理,才明彼,即晓此,此合内外之道也^②。又问:致知,先求之四端如何^③? 曰:求之情性,固是切于身。然一草一木皆有理,须是察。又曰:自一身之中,至万物之理,但理会得多,相次自然豁然有觉处^④。^⑤

【注释】

①反求诸身:语出《孟子·离娄上》。

②合内外之道:语出《中庸》:"诚者,非自成己而已也,所以成物也。成己,仁也;成物,知也。性之德也,合内外之道也,故时措之宜也。"意谓真诚不是止于成就自己而已,还可以成就万物。成就自己是仁德,成就万物是智慧。这两者都是出于本性的德行,是融合自身与外物的准则,所以要配合时机做适当的处置。

③四端:语出《孟子·公孙丑上》:"恻隐之心,仁之端也;羞恶之心,义之端也;辞让之心,礼之端也;是非之心,智之端也。"

④相次:依照次序。茅星来注:"相次者,渐次之意。"

⑤按:本条见《二程遗书》卷十八、卷十七。

【译文】

有人问:观察事物体察自己,会因为理解了事物而反过来要求自己吗? 回答说:不应该这么说。事物与自己都是一个道理,明白了这个,就明白了那个,这就是将内在与外在合二为一的道理。又问:推究知识,先从孟子所讲的四端出发,可以吗? 回答说:如果要探究性情,当然要契合自身。但是一草一木都有道理,都要去体察。又说:从自己一身当中,一直到天下万物的道理,如果理会得多了,依照次序自然会有突然都领悟的时候。

　　3.13　"思曰睿","睿作圣"①。致思如掘井②,初有浑水,久后稍引动得清者出来。人思虑始皆溷浊③,久自明快。④

【注释】

①"思曰睿","睿作圣":语出《尚书·洪范》。

②掘井:语出《孟子·尽心上》:"有为者辟若掘井,掘井九轫而不及泉,犹为弃井也。"意谓有所作为的人就像挖一口井,挖到九仞深还没有出现泉水,仍然是一口废井。

③溷(hùn)浊:混乱污浊。

④按:本条见《二程遗书》卷十八。

【译文】

　　"思考要睿智","睿智就能成为圣人"。努力思考就好像挖井一样,刚开始挖出来只有混浊的水,再接着挖,挖得久了就会把清澈的水挖出来。人刚开始思考的时候,也都是混乱污浊的,思考得久了,自然会明白通畅起来。

　　3.14　问:如何是"近思"①?曰:以类而推。②

【注释】

①近思:语出《论语·子张》。

②按:本条见《二程遗书》卷二十二上。

【译文】

　　有人问:如何才能"切近地思考"?回答说:可以通过认识当前事情的道理,类推类似的道理。

3.15　学者先要会疑。^①

【注释】

①按：本条见《二程外书》卷十一。

【译文】

学者先要学会怀疑。

3.16　横渠先生笞范巽之曰：所访物怪神奸^①，此非难语，顾语未必信耳。孟子所谓知性知天^②，学至于知天，则物所从出当源源自见^③。知所从出，则物之当有当无，莫不心谕^④，亦不待语而后知。诸公所论，但守之不失，不为异端所劫，进进不已^⑤，则物怪不须辨、异端不必攻，不逾期年，吾道胜矣。若欲委之无穷，付之以不可知，则学为疑挠、智为物昏，交来无间，卒无以自存，而溺于怪妄必矣。^⑥

【注释】

①物怪：怪异事物。神奸：能害人的鬼神怪异之物。语出《左传·宣公三年》："远方图物，贡金九牧，铸鼎象物，百物而为之备，使民知神奸。"意谓远方的人把各种东西画成图像，九州的长官贡献了铜，铸成鼎，把各种东西的图像铸在鼎上，各种事物都得以备载，让人民认识神与奸。

②知性知天：语本《孟子·尽心上》："尽其心者，知其性也；知其性，则知天矣。"意谓尽自己的善心，就是了解自己的本性；了解自己的本性，就了解了上天。

③源源：连续不断的样子。

④心谕：内心明白。谕，告知，晓喻。

⑤进进：奋力前进的样子。

⑥按：本条见张载《横渠文集》。

【译文】

张载回答范育说：你来信询问的物怪神奸等事情，并不是难以说明，只是说出来人们未必相信。孟子所谓了解自己的本性，了解上天，学习达到了解上天的地步，那么事物是从哪里产生的，就会连续不断地自然认识到。知道事物是从哪里产生的，那么事物是应当有或者应当无，内心没有不明白的，不需要专门去说就会知道。诸位先生们所讨论的，都是持守内心而不放逸，不被异端所劫持，奋力前进而不停止，所以奇怪的事物就不需要去辨别，异端邪说也不需要去攻击，过不了一年，我们儒家的道理自然会取得胜利。如果想要不断地追究，推究到不可知的地步，那么学习就会被疑惑骚扰，智慧就会被外物迷惑，二者不断来骚扰，终究没有办法明白，就必定会陷到怪诞当中去了。

3.17　子贡谓："夫子之言性与天道，不可得而闻①。"既言"夫子之言"，则是居常语之矣。圣门学者以仁为己任，不以苟知为得，必以了悟为闻②，因有是说。③

【注释】

①夫子之言性与天道，不可得而闻：语出《论语·公冶长》。

②了悟：明了，领悟。

③按：本条见《张子语录》卷上。

【译文】

子贡说："孔子对于性与天道的言语没有办法听到。"他既然说到"孔子的言语"，那么就是平常所说的话。圣人门下的学者，都将仁爱作为自己的责任，并不将仅仅有所了解作为收获，必然将有所了悟作为真正的听闻,所以才会有这样的说法。

3.18 义理之学,亦须深沉方有造①,非浅易轻浮之可得也②。③

【注释】

①深沉:沉着稳重。有造:有造就,有成就。

②浅易:浅显容易。轻浮:轻飘,肤浅。

③按:本条见张载《经学理窟·义理》。

【译文】

义理方面的学问,需要沉潜下来研究才能够有所成就,不是简单肤浅地了解一下就可以得到的。

3.19 学不能推究事理①,只是心粗②,至如颜子未至于圣人处,犹是心粗。③

【注释】

①推究:推求研究。

②心粗:犹粗心。

③按:本条见张载《经学理窟·义理》。

【译文】

学习如果不能够推究事物的道理,只是因为比较粗心,至于颜回之所以还没有达到圣人的境界,也是因为比较粗心。

3.20 博学于文者①,只要得习坎心亨②。盖人经历险阻艰难,然后其心亨通。③

【注释】

①博学于文：语出《论语·雍也》："君子博学于文,约之以礼。"意
　谓君子广泛学习文化知识,再以礼仪来约束自己的行为。

②习坎心亨：《周易·习坎》："有孚,维心亨,行有尚。"意谓《习坎》
　卦,有诚信,因为内心通达,行动表现了上进。习坎,《周易·习坎》
　卦为两坎相重,故称"习坎"。坎,即险。习坎,即险阻重重的意思。
　心亨,内心通达。

③按：本条见张载《经学理窟·学大原下》。

【译文】

广博地学习儒家文献的人,只有经历重重坎坷,内心才能够通达。
因为一个人经历了人世间的艰难险阻,然后他的心才能够通达。

　　3.21　义理有疑,则濯去旧见①,以来新意。心中有所
开,即便札记②,不思则还塞之矣。更须得朋友之助,一日间
朋友论著,则一日间意思差别。须日日如此讲论,久则自觉
进也③。④

【注释】

①濯（zhuó）去：清洗,祛除。

②札（zhá）记：记录心得。

③按：底本本卷卷尾此条重出,并多出"心中有所开"以下文字,今
　参照叶采集解本合并为一条。

④按：本条见张载《经学理窟·学大原下》。

【译文】

　　如果对于儒家的道理有疑问,就去除陈旧的见解,以便能够接纳新的
意思。内心当中如果有所领悟,应该随时记录下来,如果不继续思考,思
路就会阻塞。这个时候还需要朋友的帮助,与朋友讨论一天,这一天的认

识就会有所不同。如果天天这样讨论,时间久了自然会感觉到有所进步。

　　3.22　凡致思到说不得处,始复审思明辨^①,乃为善学也。若告子,则到说不得处遂已^②,更不复求。^③

【注释】

①审思明辨:仔细地思考,明确地分辨。

②若告子,则到说不得处遂已:《孟子·公孙丑上》:"告子曰:'不得于言,勿求于心;不得于心,勿求于气。'不得于心,勿求于气,可;不得于言,勿求于心,不可。"意谓告子说:"言论上有所不通,不必求助于思想;思想上有所不通,不必求助于意气。"思想上有所不通,不必求助于意气,这是可以的;言论上有所不通,不必求助于思想,这是不可以的。

③按:本条见张载《孟子说》。

【译文】

　　如果一个人思考问题到了不可言说的地方,就应该更加仔细地思考,明确地辨别,这就是善于学习。比如告子,到不可言说的地方就停止了,就不再去探寻了。

　　3.23　伊川先生曰:凡看文字,先须晓其文义,然后可求其意。未有文义不晓而见意者也。^①

【注释】

①按:本条见《二程遗书》卷二十二上。

【译文】

　　程颐说:凡是阅读文字,需要首先理解文字的字面意义,然后才能够领会其中的深层意思。没有不理解文字的字面意义,就能够领会文字的深层意思的。

3.24　学者要自得。"六经"浩渺^①，乍来难尽晓^②。且见得路径后，各自立得一个门庭^③，归而求之可矣。^④

【注释】

①浩渺：广大辽阔的样子。

②乍来：刚开始的时候。

③门庭：门径，方法。

④按：本条见《二程遗书》卷二十二上。

【译文】

学者要自己有所收获。儒家"六经"的文字，非常繁多，刚开始学习是很难全部了解的。如果明白学习的路径之后，就可以自己确立一个读书方法，按照这个方法去寻求就可以了。

3.25　凡解文字，但易其心，自见理。理只是人理，甚分明，如一条平坦底道路。《诗》曰："周道如砥，其直如矢^①。"此之谓也。或曰：圣人之言，恐不可以浅近看他。曰：圣人之言，自有近处，自有深远处。如近处，怎生强要凿教深远得^②？扬子曰^③："圣人之言远如天，贤人之言近如地^④。"颐与改之曰："圣人之言，其远如天，其近如地。"^⑤

【注释】

①周道如砥，其直如矢：见《诗经·小雅·大东》。

②怎生：怎么。教：犹如得。

③扬子：扬雄（前53—18），字子云，蜀郡成都（今四川成都）人。西

汉文学家、哲学家。著有《法言》。

④圣人之言远如天，贤人之言近如地：语出扬雄《法言·五百》。

⑤按：本条见《二程遗书》卷十八。

【译文】

凡是理解文字，要把内心放平和，自然能够领悟到其中的道理。道理只是关于人的道理，非常明白，就像一条平坦的道路。《诗经》说："大路平坦得像磨刀石一样，直得像箭杆一样。"就是这个意思。有人说：圣人的语言，恐怕不可以看得太简单了。程颐回答说：圣人的语言，自然有简单的地方，也有深奥的地方。比如简单的地方，怎么可以硬是穿凿得很深奥呢？扬雄说："圣人的语言高远得如同天空一样，贤人的语言浅近得像大地一样。"我把它稍微改动了一下："圣人的语言，高远得像天空一样，浅近得如大地一样。"

3.26　学者不泥文义者，又全背却远去；理会文义者，又滞泥不通。如子濯孺子为将之事①，孟子只取其不背师之意，人须就上面理会事君之道如何也。又万章问舜完廪浚井事②，孟子只答他大意③。人须要理会浚井如何出得来？完廪又怎生下得来？若此之学，徒费心力。④

【注释】

①子濯孺子为将之事：典出《孟子·离娄下》。郑人派子濯孺子侵犯卫国，卫国派庚公之斯追击他。子濯孺子说："今天我犯病，拿不了弓，我要没命了！"便询问他的车手说："追赶我的是谁？"他的车手说："是庚公之斯。"子濯孺子说："我有生路了。"他的车手说："庚公之斯是卫国最优秀的射手，先生说有生路，是什么道理呢？"子濯孺子说："庚公之斯向尹公之他学习射技，尹公之他向

我学习射技。尹公之他是正派人,他选取的朋友必定正派。"庚公之斯追上了,说:"先生为什么不拿弓?"子濯孺子说:"今天我犯病,拿不了弓。"庚公之斯说:"在下向尹公之他学习射技,尹公之他向先生学习射技。我不忍心用先生的技艺反过来伤害先生。虽然如此,今天的事情是国家公务,我不敢废弃。"就抽出箭来,在车轮上磕去箭头,射了四箭之后回去了。

②万章问舜完廪浚井事:典出《孟子·万章上》。舜的父母叫舜去整修谷仓,抽掉了梯子,父亲瞽瞍放火焚烧谷仓。要他去淘井,等其他人出来后,就堵塞了井口。万章曾与孟子讨论这件事情。万章,战国时齐国人,孟子弟子。完,治理。浚井,淘井。井用久了,井底会积存淤泥,要定期淘洗。

③孟子只答他大意:《孟子·万章上》:"君子可欺以其方,难罔以非其道。彼以爱兄之道来,故诚信而喜之,奚伪焉?"意谓君子能用合乎情理的方法欺骗,却难以用违背常规的手段诳骗。象用喜爱兄长的做法来表示,所以舜真诚地相信而感到高兴,为什么要假装呢?

④按:本条见《二程遗书》卷十八。

【译文】

学者不拘泥于文字的字面意义,却又完全背离文字的字面意义;领会文字的大意,却又拘泥于文字表面而不通达。比如孟子的书谈到子濯孺子做将领的事情,孟子只是选取了庚公之斯不愿意背叛老师的意思,有的人却硬是要在这上面理论事奉君主的方法应该如何。又比如孟子书中提到万章讨论舜修建仓库、淘井的事情,孟子只是回答了一个大概。有的人却硬是要去猜测舜在淘井的时候怎么才能出来呢?在仓库被撤去梯子又被点燃后怎么能够下来呢?如此学习,就会徒然耗费很多的力气。

3.27　凡观书，不可以相类泥其义，不尔，则字字相梗①。当观其文势上下之意。如"充实之谓美"②，与《诗》之"美"不同③。④

【注释】

①相梗：互相梗塞，彼此障碍。

②充实之谓美：语出《孟子·尽心下》："可欲之谓善，有诸己之谓信，充实之谓美，充实而有光辉之谓大，大而化之之谓圣，圣而不可知之之谓神。"意谓值得追求的是善，自己有善叫作信，善充盈全身叫作美，充实而有光辉叫作大，光大而能感化天下人叫作圣，圣而高深莫测叫作神。根据后文的"圣""神"，此处的"美"是一种人格方面的优美。

③《诗》之"美"：《毛诗》有"美刺说"，认为《诗经》中的作品，或赞美或讽刺。

④按：本条见《二程遗书》卷十八。

【译文】

凡是看书，不可以拘泥于书中类似的文字，不然的话，每一个字都无法理解得通。应当从文章上下文的气势来观察其中的意思。比如孟子所讲的"充实之谓美"的"美"，与《毛诗》所讲的"美"是不同的。

3.28　问：莹中尝爱《文中子》①："或问学《易》，子曰：'终日乾乾可也②。'"此语最尽。文王所以圣，亦只是个不已。先生曰：凡说经义，如只管节节推上去，可知是尽。夫终日乾乾，未尽得《易》，据此一句，只做得九三使③。若谓乾乾是不已，不已又是道，渐渐推去，则自然是尽。只是理不如此。④

【注释】

①莹中:陈瓘(1057—1124),字莹中,南剑州沙县(今福建沙县)人。程颐门人。著有《了斋易说》等。《文中子》:王通(584—617)的著作。王通,字仲淹,号文中子,隋朝名儒。

②终日乾乾可也:语出《中说·周公》。乾乾,自强不息貌。

③九三:《周易·乾·九三》:"君子终日乾乾,夕惕若,厉无咎。"

④按:本条见《二程遗书》卷十九。

【译文】

　　有人问:陈瓘喜欢读《文中子》的一句话:"有人问如何才能够学懂《周易》呢?文中子说:'只需要做到终日自强不息就可以了。'"这句话讲得特别透彻。周文王之所以能够成为圣人,也只是因为这样一个永不止息。程颐说:凡是要解说经典的义理,如果只是一节一节地推究上去,当然是可以穷尽的。终日自强不息,并不能够穷尽《周易》的全部义理,依据这一句话,只能够把它看作是《乾·九三》这一爻的义理。如果说自强不息就是永不止息,永不止息又是圣人之道,这样渐渐地推究上去,自然能够穷尽。只是按道理不可以这样推究。

　　3.29　"子在川上曰:逝者如斯夫"①,言道之体如此,这里须是自见得。张绎曰②:此便是无穷。先生曰:固是道无穷,然怎生一个"无穷"便道了得他?③

【注释】

①子在川上曰:逝者如斯夫:语出《论语·子罕》。

②张绎(1071—1108):字思叔,程颐晚年弟子。

③按:本条见《二程遗书》卷十九。

【译文】

　　"孔子在河边感叹说:流水逝去永不止息。"讨论的就是圣人之道的本体是这样的,这里需要自己有所领会才可以。张绎说:这就是无穷的意思。程颐说:圣人之道固然是没有穷尽的,然而怎么能用"无穷"二字就把其中的义理都说尽了呢?

3.30　今人不会读书。如:"诵《诗》三百,授之以政,不达;使于四方,不能专对。虽多,亦奚以为[①]?"须是未读《诗》时,不达于政,不能专对;既读《诗》后,便达于政,能专对四方,始是读《诗》。"人而不为《周南》《召南》,其犹正墙面"[②],须是未读《诗》时如面墙,到读了后,便不面墙,方是有验。大抵读书只此便是法。如读《论语》,旧时未读是这个人,及读了后来,又只是这个人,便是不曾读也。[③]

【注释】

①"诵《诗》三百"几句:语出《论语·子路》。

②人而不为《周南》《召南》,其犹正墙面:语出《论语·阳货》。

③按:本条见《二程遗书》卷十九。

【译文】

现在的人不会读书。比如读孔子所说的:"背诵了《诗经》三百篇,让他去从事政事却办不成;派他去出使别的国家,也不能够独立去应对。读得多,又有什么用处呢?"会读书的人应该在没有读《诗经》的时候,不能通达政事,不能够独立出使;读了《诗经》以后,便可以通达政事,可以独立出使,这才可以说是读了《诗经》。"一个人不去研究《诗经》中《周南》《召南》当中的修身齐家的道理,就好像面对墙壁站立,什么也看不到,也没有办法行动一样",这应该是没有读《诗经》的时候,如同面对墙壁,读了《诗经》以后就不面对墙壁,才能有所体会。大体上读书都应该采用类似的办法。比如读《论语》,以前没有读的时候是这个人,等到读了以后,还是这个人,可见他根本没有读。

3.31　凡看文字,如"七年""一世""百年"之事①,皆当思其如何作为,乃有益。②

【注释】

①七年:语出《论语·子路》:"善人教民七年,亦可以即戎矣。"意谓善人教育人民达七年之久,也就可以让他们参军作战了。一世:《论语·子路》:"如有王者,必世而后仁。"意谓如果有王者出现,也一定要经过三十年才能使仁德普遍实行。一世,古代以三十年为一世。百年:《论语·子路》:"善人为邦百年,亦可以胜残去杀矣。"意谓行善之人治理国政,连续一百年下来,也可以做到化解残暴了。

②按:本条见《二程遗书》卷二十二上。

【译文】

凡是阅读文字,比如《论语》中"七年""一世""百年"这些地方,都应该仔细去思考如何有所作为才能做到,才会有所收益。

3.32　凡解经不同,无害,但紧要处不可不同尔。①

【注释】

①按:本条见《二程外书》。

【译文】

凡是解释经文,解说不同并没有什么妨害,但要紧的地方的解释不可以不相同。

3.33　焞初到①,问为学之方。先生曰:公要知为学,须是读书。书不必多看,要知其约;多看而不知其约,书肆耳^②。颐缘少时读书贪多^③,如今多忘了。须是将圣人言语玩味,入心记着,然后力去行之,自有所得。^④

【注释】

①焞:尹焞(1071—1142),字彦明,程颐晚年弟子。

②书肆:书店。肆,店铺。

③少(shào)时:年轻的时候。

④按:本条见《二程外书》。

【译文】

尹焞刚到程颐门下学习的时候,询问为学的方法。程颐说:你要知道为学的方法,是需要读书的。书不必看得太多,但是要明白书中的要领;多看书而不知道其中的要领,就只是一个卖书的铺子而已。因为我年轻的时候读书贪图多,现在很多都忘记了。应该仔细地去玩味圣人的言语,记在心里,然后努力去实行,自然会有所收获。

3.34　初学入德之门^①,无如《大学》,其他莫如《语》《孟》。^②

【注释】

①入德:进入圣人品德修养的境域。语出《中庸》:"君子之道,淡而不厌,简而文,温而理。知远之近,知风之自,知微之显,可与入德矣。"意谓君子的作风是平淡而不惹人厌,简单而富于文采,温和而条理井然。一个人知道远处的情况是从近处推广出去的,知道风俗的演变是由哪里开始出现的,知道隐微的细节反映了明显的事实,这样就可以进入修德的途径了。

②按:本条见《二程遗书》卷二十二上。

【译文】

初学进入德行修养的门径,没有比阅读《大学》更重要的,其他的书没有比《论语》和《孟子》更为重要的。

3.35　学者先须读《论》《孟》。穷得《语》《孟》,自有要约处[①],以此观他经,其省力。《论》《孟》如丈尺权衡相似,以此去量度事物,自然见得长短轻重。[②]

【注释】

①要约:简要约略。

②按:本条见《二程遗书》卷十八。

【译文】

学者需要先读《论语》和《孟子》。等读透了《论语》和《孟子》之后,自然能找到其中的要领,根据这个的要领,再去看其他的经典,就会非常省力气。《论语》和《孟子》就好像尺子与称一样,用它们度量事物,自然能够看得出长短与轻重。

3.36　读《论语》者,但将诸弟子问处便作己问,将圣人答处便作今日耳闻,自然有得。若能于《论》《孟》中深求玩味,将来涵养成甚生气质[①]![②]

【注释】

①甚生:什么样。

②按:本条见《二程遗书》卷二十二上。

【译文】

阅读《论语》,需要将其中弟子询问孔子的地方,想象成自己在发问,将孔子回答弟子的地方想象成今天亲耳听到,自然会有所收获。如果能在《论语》与《孟子》当中深入地玩味,将来能涵养成什么样的气质真是不可估量啊!

3.37　凡看《语》《孟》,且须熟玩味,将圣人之言语切己,不可只作一场话说。人只看得此二书,切己终身尽多也①。②

【注释】

①切己:犹切身,密切联系自身。

②按:本条见《二程遗书》卷二十二上。

【译文】

凡是阅读《论语》与《孟子》,需要仔细地玩味,将圣人的语言放在自己身上来体会,不可以把它们只当作是一场言说。人们只要把这两本书,能够放在自己身上有所体会,一辈子的收益是非常多的。

3.38　《论语》有读了后全无事者,有读了后其中得一两句喜者,有读了后知好之者,有读了后不知手之舞之、足之蹈之者①。②

【注释】

①不知手之舞之、足之蹈之:指情不自禁地双手舞动,两只脚也跳起来,形容极其高兴的样子。语出《孟子·离娄上》:"生则恶可已也,恶可已,则不知足之蹈之手之舞之。"意谓快乐一产生就抑制不住,抑制不住,就会情不自禁地手舞足蹈起来。

②按:本条见《二程遗书》卷十九。

【译文】

同样是阅读《论语》，有的人读了以后好像什么事也没有发生，有的人读了以后因为其中一两句感到非常开心，有的人读了以后理解了并且喜欢，还有的人读了以后会开心得情不自禁地手舞足蹈起来。

3.39　学者当以《论语》《孟子》为本。《论语》《孟子》既治，则"六经"可不治而明矣。读书者当观圣人所以作经之意，与圣人所以用心，与圣人所以至圣人，而吾之所以未至者，所以未得者。句句而求之，昼诵而味之，中夜而思之，平其心①，易其气②，阙其疑③，则圣人之意见矣。④

【注释】

①平其心：用心公平，态度公正。

②易其气：改变态度，态度冷静。

③阙其疑：有所疑问则暂时搁置，不做主观推测。语本《论语·为政》："多闻阙疑，慎言其余，则寡尤。"意谓多多听闻，有疑问之处姑且勿论，其余有把握的部分，谨慎地发表意见，这样就能减少错误。

④按：本条见《二程遗书》卷二十五。

【译文】

学者应当以《论语》《孟子》作为他们学习的根本。《论语》《孟子》研究清楚了，那么儒家的"六经"不用研究也都可以明白了。读书人应当体察圣人创作经书的用意，以及圣人具体是什么样的想法，以及圣人之所以成为圣人，而我之所以没有达到圣人，没有得到圣人之道的原因。一句一句仔细地去探求，白天诵读并且认真地去玩味，然后半夜里仔细地去思考，用心公平，态度冷静，产生疑问暂且先保留，那么圣人的意思就会显现出来。

3.40　读《论语》《孟子》而不知道,所谓"虽多,亦奚以为"①。②

【注释】

①虽多,亦奚以为:语出《论语·子路》:"诵《诗》三百,授之以政,不达;使于四方,不能专对。虽多,亦奚以为?"

②按:本条见《二程遗书》卷六。

【译文】

阅读《论语》和《孟子》却不理解圣人之道,也可以说"纵然读了很多,又有什么用呢"?

3.41　《论语》《孟子》,只剩读着①,便自意足,学者须是玩味;若以语言解着,意便不足。某始作此二书文字,既而思之,又似剩。只有些先儒错会处②,却待与整理过。③

【注释】

①只剩读着:只去阅读本文。

②只有些先儒错会处:比如本书4.41:"子在川上曰:'逝者如斯夫!不舍昼夜。'自汉以来,儒者皆不识此义。"认为后来的学者将孔子感叹人应该像流水不止息一样追求进步错认为感叹时间如流水一去不返之类。

③按:本条见《二程外书》卷五。

【译文】

《论语》和《孟子》这两本书,省去注释,只去理解本文,意思就非常充足,学者需要仔细地玩味;如果用语言来解说,其中的意思就不充足了。我刚开始做了这两本书的文字解释,后来又思考,觉得自己的解释也是多余。只是有些前代儒者理解错误的地方，却需要我把它们整理出来。

3.42　问：且将《语》《孟》紧要处看，如何？伊川曰：固是好，然若有得，终不浃洽①。盖吾道非如释氏，一见了便从空寂去②。③

【注释】

①浃洽：贯通，透彻。

②空寂：佛教用语，指诸法无有自性，没有起灭。佛陀所证悟的涅槃境界即是一种空寂的状态。

③按：本条见《二程遗书》卷十二。

【译文】

有人问：只是对《论语》与《孟子》书中紧要的地方进行研究，怎么样呢？程颐说：当然很好，但是如果想要有所收获，终究还是不能够融会贯通。我们儒家之道并不像佛教那样，一旦有所领会，就说证悟到空寂的境界了。

3.43　"兴于《诗》"者①，吟咏情性，涵畅道德之中而歆动之②，有"吾与点"之气象③。④又云："兴于《诗》"，是兴起人善意，汪洋浩大，皆是此意。

【注释】

①兴于《诗》：语出《论语·泰伯》："兴于《诗》，立于礼，成于乐。"意谓启发上进的意志，要靠读《诗经》；具备处世的条件，要靠学礼；达成教化的目标，要靠习乐。

②涵畅：滋润化育，使之发扬。歆动：欣喜动心。

③吾与点：语出《论语·先进》。孔子与四位弟子言志，当问及曾点
时，曾点称其志向为："莫春者，春服既成，冠者五六人，童子六七
人，浴乎沂，风乎舞雩，咏而归。"孔子说："吾与点也。"

④按：本条见《二程遗书》卷三。

【译文】

程颐说："从《诗经》当中有所兴起"，歌咏性情，在其中的道德内容
当中涵养，而感到内心喜悦，就会有孔子所说的"我赞赏曾点"那样的气
象。又说：从《诗经》当中有所兴起，是兴起人的善良的意志，这里面的意思非常
广阔浩大。

3.44　　谢显道云①：明道先生善言《诗》。他又浑不曾
章解句释，但优游玩味②，吟哦上下③，便使人有得处。"瞻彼
日月，悠悠我思。道之云远，曷云能来④？"思之切矣。终曰："百
尔君子，不知德行。不忮不求，何用不臧⑤？"归于正也。⑥又云：
伯淳常谈《诗》，并不下一字训诂，有时只转却一两字⑦，点掇
地念过⑧，便教人省悟。石曰⑨：古人所以贵亲炙之也⑩。⑪

【注释】

①谢显道：谢良佐（1050—1103），字显道，二程门人。

②优游：闲暇自得的样子。

③吟哦：有节奏地诵读。

④"瞻彼日月"几句：语出《诗经·邶风·雄雉》。瞻，远望。日月，
日月往来，以兴君子久行在外不归。云，语气词。曷，何。

⑤"百尔君子"几句：语出《诗经·邶风·雄雉》。百，所有的。尔，
你们。忮，忌恨。求，贪求。何用，何以，为何。臧，善，好。

⑥按：底本、叶采集解本至此单独一条，今据其他版本与下合并为

一条。

⑦转却：改变，替换。

⑧点掇（duō）地念过：茅星来注："点掇地，宋时方言。点，点缀。掇，拈取。地，俗语助也。"应当指选取一两个字重读强调一下念诵过去。

⑨石曰："石"，有版本作"又"。茅星来怀疑"石"是谢良佐儿子的名字，但不可考。

⑩古人所以贵亲炙之也：语本《孟子·尽心下》："百世之下闻者莫不兴起也，非圣人而能若是乎？而况于亲炙之者乎？"意谓百世以后听说的人没有不感动振作的，不是圣人能如此吗？更何况亲身受到熏陶的人呢？亲炙，亲受教育熏陶。

⑪按：本条见《二程外书》卷十二。

【译文】

谢良佐说：程颢善于讨论《诗经》。但他又完全不对其中的文字进行解释，只是悠然自得地玩味，上上下下地吟诵，就能使人有所领会。"远望着太阳和月亮，心中的思念悠悠。相隔的道路太遥远，怎样才能回到我的身旁？"这是思念的迫切。最后结束的地方说："所有你们这些君子呀，不懂得道德修养。如果能不忌恨不贪求，走到哪里能不顺利呢？"这就是归于端正。又说：程颢经常谈论《诗经》，但是又不解释一个字，有的时候只是替换一两个字，重读一下念诵过去，便能够让人有所醒悟。有人说：这就是为什么古代的人特别看重能够亲自接受教育熏陶。

3.45　明道先生曰：学者不可以不看《诗》，看《诗》便使人长一格价。①

【注释】

①按：本条见《二程外书》卷十二。

【译文】

程颢说：学者不可以不读《诗经》，读了《诗经》以后，能够使人的品味提高一个档次。

3.46　"不以文害辞"①，文，文字之文，举一字则是文，成句是辞。《诗》为解一字不行，却迁就他说，如"有周不显"②。自是作文当如此。③

【注释】

①不以文害辞：语出《孟子·万章上》："故说《诗》者，不以文害辞，不以辞害志。"意谓所以解释《诗经》的时候，不要拘泥于文字的意思，来影响对文句的理解，也不能拘泥于文句的理解，来影响对意义的理解。

②有周不显：语出《诗经·大雅·文王》，意谓周朝前途辉煌。《毛诗正义》："不显，显也。"清儒将"不"读为"丕"，《说文》："丕，大也。"叶采解："言周家岂不显乎？盖言其显也。苟直谓之不显，则是以文害辞。"

③按：本条见《二程外书》卷一。

【译文】

孟子所说"不要拘泥于文字的意思"，"文"，就是文字的"文"，单举一个字就是"文"，一个完整句子才是"辞"。《诗经》中，如果解释一个字解释不通，就用其他的意思来迁就，比如"有周不显"。写文章的时候自然应当是这样。

3.47　看《书》须要见二帝三王之道①，如二《典》②，即求尧所以治民、舜所以事君。③

【注释】

①二帝三王：二帝，唐尧、虞舜。三王，夏商周三代的开国君主夏禹、
　商汤、周文王。

②二《典》：《尧典》《舜典》，《尚书》篇名。

③按：本条见《二程遗书》卷二十四。

【译文】

在阅读《尚书》的时候，需要体会二帝三王治理天下的方式，比如阅读
《尧典》《舜典》，就要去探究尧是如何治理民众的，舜是如何事奉君主的。

3.48　《中庸》之书，是孔门传授，成于子思、孟子。其
书虽是杂记，更不分精粗，一衮说了①。今之语道，多说高便
遗却卑，说本便遗却末。②

【注释】

①一衮（gǔn）：谓混杂在一起。

②按：本条见《二程遗书》卷十五。

【译文】

《中庸》这本书是孔子门下传授的，最终成书于子思与孟子。这本书
虽然是杂多内容的记录，也不是特别区分精致的或粗略的内容，只是一
股脑都说了出来。现在的人讨论圣人之道，大多数讨论高深的地方，就
把浅近的地方遗弃了，讨论根本的地方，就把细节的东西给遗弃了。

3.49　伊川先生《易传序》曰：易，变易也，随时变易以
从道也。其为书也，广大悉备，将以顺性命之理①，通幽明之
故②，尽事物之情，而示开物成务之道也③。圣人之忧悬后
世，可谓至矣。去古虽远，遗经尚存，然而前儒失意以传言，
后学诵言而忘味。自秦而下，盖无传矣。予生千载之后，悼

斯文之湮晦^④，将俾后人沿流而求源，此《传》所以作也。

【注释】

①性命：语出《周易·说卦》："穷理尽性以至于命。"意谓穷极万物之理，穷尽生灵特性，以至于通达天下万物运动的规律性。

②幽明：有形和无形的事物。语出《周易·系辞上》："仰以观于天文，俯以察于地理，是故知幽明之故。"意谓圣人抬头观察天文的现象，低头考察地理的形势，所以知道幽暗与明亮的缘故。

③开物成务：通晓万物之理，使人事各得其宜。语出《周易·系辞上》："夫《易》，开物成务，冒天下之道，如斯而已者也。"意谓《易》的哲理可以开发万物，成就功业，涵盖天下的法则，如此而已。

④斯文：语出《论语·子罕》："天之将丧斯文也，后死者不得与于斯文也。"意谓天如果要消灭这种文化，我这晚死之人便不能得到这种文化。湮晦：埋没，消失。

【译文】

程颐《周易程氏传序》说：易，是变易的意思，随时变易才能符合道的运行法则。《周易》这本书，它内容极其广博，无所不备，能够顺应性命的道理，阐明有形与无形的原因，穷尽天下万物的真实，阐明理解万物与成就事业的方法。圣人忧虑后世的人们，可以说达到了极致。虽然离古代非常遥远，但是这部遗留下来的经书仍然存在，然而前代的儒者，不明白其中的意思，只是把语言传下来了，后代的学者只是背诵语言，而不理解其中的意味。从秦代以来，其中的深意就不再流传了。我生在千年之后，哀悼《周易》的深意将会湮灭无闻，希望帮助后人沿着河流追溯到它的本源，这就是写作《周易程氏传》的原因。

"《易》有圣人之道四焉：以言者尚其辞，以动者尚其变，以制器者尚其象，以卜筮者尚其占^①。"吉凶消长之理、进退存亡之道备于辞。推辞考卦,可以知变,象与占在其中矣。"君子居则观其象而玩其辞,动则观其变而玩其占②。"得于辞,不达其意者有矣,未有不得于辞而能通其意者也。至微者理也,至著者象也,体用一源,显微无间。观会通以行其典礼③,则辞无所不备。故善学者,求言必自近。易于近者,非知言者也。予所传者辞也,由辞以得意,则在乎人焉。④

【注释】

①"《易》有圣人之道四焉"几句:语出《周易·系辞上》。

②君子居则观其象而玩其辞,动则观其变而玩其占:语出《周易·系辞上》。

③观会通以行其典礼:语出《周易·系辞上》:"圣人有以见天下之动,而观其会通,以行其典礼。"意谓圣人见到天下事物的变动发展,就观察融会贯通之处,从而实行典法礼仪。

④按:本条见《二程文集》卷八。

【译文】

"《周易》当中包含的圣人之道有四个方面:用来言语时,推崇它的言辞;用来行动时,推崇它的变化;用来制作器具时,推崇它的卦象;用来卜筮推算时,推崇它的占卜。"祸福变化的道理,前进后退、存在灭亡的方法,在言辞当中完备了。推究卦辞、考察卦爻,可以知道变化的道理,卦象与占卜也就在其中了。"君子静处的时候就观察卦爻的图像,并且玩味其中的语辞,行动的时候就观察卦爻的变化,并且玩味其中的占验。"理解了言辞,不明白其中的意义的人是有的,但是没有不理解言辞,就能够明白其中意义的。最微妙的是道理,最显著的是形象,本体和作用是一个源头,显现和隐微是没有间隔的。能够观察到万物会通的地方,进而遵循普遍的规则,在这些方面,言辞已经非常完备了。所以善于学习的人,探究言语必从切近的言辞开始。认为切近的言辞是非常容易的,就是不明白言语的人。我所传达的只是言辞,能否通过言辞得到其中的意义,就在于学者自己了。

3.50　伊川答张闳中书曰①:《易传》未传,自量精力未衰,尚觊有少进尔。来书云:《易》之义本起于数,谓义起于数,则非也。有理而后有象,有象而后有数。《易》因象以明理,由象而知数。得其义,则象数在其中矣②。理无形也,故因象以明理。理既见乎辞矣,则可由辞以观象。故曰:得其义,则象数在其中矣。必欲穷象之隐微、尽数之毫忽③,乃寻流逐末,术家之所尚,非儒者之所务也。④

【注释】

①张闳中:二程弟子。

②得其义,则象数在其中矣:在《周易》中,“象”指卦象、爻象,即卦爻所象之事物及其时位关系。“数”指阴阳数、爻数,是卜筮的基础。义,则是卦爻要表达的宇宙人生的义理。程颐认为,义理在逻辑上先于象数,《周易》是通过象数来阐明义理,并不是义理从象数产生。

③毫忽:谓极微小的一点点。忽、毫均是微小的度量单位。

④按:本条见《二程文集》卷九。

【译文】

程颐在回答张闳中的书信中说:我所写作的《周易程氏传》,还没有传给弟子,因为我感觉自己精力还没有衰退,还希望能够修改得更好一些。你来信中说:《周易》的义是从数产生的,认为义产生于数,这是不对的。有道理之后才有象,有象之后才有了数。《周易》是通过象来阐明道理的,通过象才能够了解数。明白其中的义,象与数也就在其中了。道理是没有形象的,所以通过象才能阐明道理。道理显现在言辞上,那么就可以通过言辞来观察象。所以说:明白了其中的义,象与数就在其中了。如果一定要穷尽象的隐微之处,穷尽数的细枝末节,那就是舍本逐末了,是术数家所推崇的,不是儒家学者所应该从事的。

3.51　知时识势①,学《易》之大方也。②

【注释】

①知时识势:能看清当时的时机和了解发展的趋势,而不去违背。势,发展的趋势。

②按:本条见《周易程氏传·夬》。

【译文】

认识到时机与趋势,是学习《周易》的大致方法。

3.52　《大畜》初二,乾体刚健而不足以进,四五阴柔而能止①。时之盛衰、势之强弱,学《易》者所宜深识也。②

【注释】

①"《大畜》初二"几句:《大畜》的下卦为乾卦,上卦为艮卦。第一爻、第二爻是两阳爻,第四爻、第五爻则是阴爻。

②按:本条见《周易程氏传·大畜》。

【译文】

《大畜》卦的初九、九二两爻,下卦乾卦的体性非常刚坚强健,但是却不能够上进,是因为上面的六四、六五两个阴爻在那里阻碍。时机的兴盛与衰落,趋势的增强与削弱,是学习《周易》的人应该深入思考的。

3.53　诸卦二五,虽不当位①,多以中为美②,三四虽当

位,或以不中为过。中常重于正也。盖中则不违于正,正不必中也。天下之理莫善于中,于九二、六五可见③。④

【注释】

①当位:《周易》每卦由六爻组成,自下而上,分别为初、二、三、四、五、上。初、三、五为阳位,二、四、上为阴位。阳爻处在阳位,阴爻处在阴位,为当位,为正。反之则不当位,不正。

②中:《周易》每卦六爻中,初、二、三为下卦,四、五、上为上卦。第二爻、第五爻分别处在下卦与上卦的中间。

③于九二、六五可见:叶采解:"《坤·六五》非正也,而曰'黄裳元吉';《泰·九二》非正也,而曰'得尚于中行',盖以中为美也。"

④按:本条见《周易程氏传·震》。

【译文】

各卦的第二爻、第五爻,即使阴爻、阳爻不当位,也大多数会以得到中为吉利,第三爻、第四爻阴爻、阳爻处在正当的位置上,有时也会因为不得中而有所过失。所以"中"常常比"正"更重要。因为"中"不会违背"正",但是"正"却不一定能得"中"。天下的道理,没有比"中"更好的了,可以从一些卦的九二和六五看出来。

3.54　问:胡先生解九四作太子①,恐不是卦义。先生云:亦不妨,只看如何用。当储贰则做储贰使②,九四近君,便作储贰亦不害。但不要拘一,若执一事,则三百八十四爻只作得三百八十四件事便休也。③

【注释】

①胡先生:胡瑗(993—1059),字翼之,称安定先生,著有《周易口

义》《洪范口义》。解九四作太子：胡瑗《周易口义》卷一解《乾》
卦"九四，或跃在渊，无咎"："今九四近于天位，已出人臣之上，是
乾道革变之始也。夫太子者，天下之本，生民之望也。"

②储贰：储副，太子。

③按：本条见《二程遗书》卷十九。

【译文】

有人问：胡瑗解释《乾》卦，将九四爻解释为太子，这恐怕不是卦义
本身。程颐说：解释成太子也没什么妨碍，只是看在什么情况下来使用。
如果占卜的人处在太子的位置上，可以当作太子解。九四一爻的位置离
象征君主的九五一爻比较接近，就说是太子也没有什么妨碍。但是不要
拘泥于一种事物，如果只拘泥于一种事物，那么《周易》三百八十四爻就
只象征三百八十四件事就算完了。

3.55　　看《易》且要知时。凡六爻，人人有用：圣人自
有圣人用，贤人自有贤人用，众人自有众人用，学者自有学
者用，君有君用，臣有臣用，无所不通。因问：《坤》卦是臣
之事，人君有用处否？ 先生曰：是何无用？ 如厚德载物①，人
君安可不用？②

【注释】

①厚德载物：语出《周易·坤》象辞："地势坤，君子以厚德载物。"意
　谓君子应像大地一样，以宽厚的德行承载万物。

②按：本条见《二程遗书》卷十九。

【译文】

学习《周易》的时候，需要懂得因时而变化。其中的六爻，每个人都
有自己的运用：圣人自有圣人的运用，贤人自有贤人的运用，普通人自有
普通人的运用，学者自有学者的运用，君主有君主的运用，臣下有臣下的

运用,没有什么地方不能够通达。有人问:《坤》卦是讲臣下的事情,君主有能运用的地方吗?程颐说:怎么能说没法运用呢?比如敦厚自己的德行可以承载万物,君主怎么能不用呢?

3.56 《易》中只是言反复往来上下[①]。[②]

【注释】

①反复:循环往复。往来:语出《周易·系辞上》:"往来不穷谓之通。"意谓往来不已就称为通达。

②按:本条见《二程遗书》卷十四。

【译文】

《周易》只是讨论反复、往来、上下的道理。

3.57 作《易》,自天地幽明至于昆虫草木微物,无不合。[①]

【注释】

①按:本条见《二程外书》卷七。

【译文】

圣人创作的《周易》,大到天地间有形或无形的事物,小到昆虫草木等各种微小的事物,没有一件是不符合的。

3.58 今时人看《易》,皆不识得《易》是何物,只就上穿凿。若念得不熟,与就上添一德亦不觉多,就上减一德亦不觉少。譬如不识此兀子[①],若减一只脚,亦不知是少;若添一只,亦不知是多。若识,则自添减不得也。[②]

【注释】

①兀子：小矮凳。

②按：本条见《二程外书》卷五。

【译文】

现在的人看《周易》，都不知道《周易》是什么东西，只会在上面任意牵强附会。如果了解得不熟练，在它上面添加一种意思，也不感觉多，在上面减去一种意思，也不觉得少。比如，一个人不认识这个小矮凳，如果去掉它的一条腿，也不知少了一条腿；如果再加上一条腿，也不知道多出来一条腿。如果认识的话，自然知道无法增加，也无法减少。

3.59　游定夫问伊川"阴阳不测之谓神"①，伊川曰：贤是疑了问，是拣难底问？②

【注释】

①游定夫：指游酢。阴阳不测之谓神：语出《周易·系辞上》。

②按：本条见《二程外书》卷十二。

【译文】

游酢问程颐什么是"阴阳运作不可测度就是神妙"？程颐回答说：你是有疑问了以后才询问的呢？还是专门挑难懂的来发问呢？

3.60　伊川以《易传》示门人，曰：只说得七分，后人更须自体究。①

【注释】

①按：本条见《二程外书》卷十一。

【译文】

程颐把他写的《周易程氏传》给弟子们看，说：我这部书只把《周易》

的道理讲了七分,剩下的内容还需要你们自己去体会研究。

　　3.61　伊川先生《春秋传序》曰:天之生民,必有出类之才起而君长之。治之而争夺息,导之而生养遂,教之而伦理明,然后人道立,天道成,地道平。二帝而上,圣贤世出,随时有作,顺乎风气之宜。不先天以开人,各因时而立政。暨乎三王迭兴,三重既备①。子丑寅之建正②,忠质文之更尚③。人道备矣,天运周矣。圣人既不复作,有天下者,虽欲仿古之迹,亦私意妄为而已。事之谬,秦至以建亥为正④;道之悖,汉专以智力持世⑤。岂复知先王之道也?

【注释】

①三重:指夏、商、周三王之礼。语出《中庸》:"王天下有三重焉,其寡过矣乎?"意谓统治天下有三件重要的礼仪,目的就是要减少过错吧?

②子丑寅之建正:夏代建寅,以寅月(农历正月)为一年之始。殷代建丑,以丑月(农历十二月)为正月。周代建子,以子月(农历十一月)为正月。根据古人的说法,天开于子,地辟于丑,人生于寅,所以夏商周三代,建寅、建丑、建子,分别是人正、地正、天正,象征分别得天、地、人三才之正。

③忠质文之更尚:夏代尚忠,商代尚质,周代尚文。

④事之谬,秦至以建亥为正:秦代建亥,以亥月(十月)为正月,不得天、地、人三才之正,所以是错谬的。

⑤道之悖,汉专以智力持世:汉代尚智力,不尚忠、尚质、尚文,所以是悖乱的。

【译文】

程颐《春秋传序》说:上天生育了万民,一定要由出类拔萃的英才出来当他们的君主。统治他们使各种争夺平息,引导他们使生息养育得以进行,教化他们使他们懂得人伦道德之理,然后人与人之间的原则建立了,天的法则确定了,地的法则实行了。尧舜二帝以上,圣贤每世都出现,顺应时代有所作为,适宜地顺应着风俗。不在时机未成熟的时候开导人民,每个人都按照时节去处理政务。等到夏禹、商汤、周文王三王接连兴起的时候,三王之礼已经完备了。三代,或者以子,或者以丑,或者以寅作为一年的起首,或者崇尚忠诚,或者崇尚质朴,或者崇尚文采。人道完备了,天的运行也就周全了。圣人不再出现,那么拥有天下的人,虽然想要仿照古代圣王的行迹,但也都是按照自己私意的想象肆意妄为。事情的错谬,到了秦代以亥月为一年的起首;大道的悖乱,到汉代专门用智力统治天下。哪里还懂得先王治世的道理呢?

夫子当周之末,以圣人不复作也,顺天应时之治不复有也,于是作《春秋》,为百王不易之大法,所谓"考诸三王而不谬,建诸天地而不悖,质诸鬼神而无疑,百世以俟圣人而不惑"者也[1]。先儒之传曰:"游、夏不能赞一辞[2]。"辞不待赞也,言不能与斯耳。斯道也,惟颜子尝闻之矣。"行夏之时,乘殷之辂,服周之冕,乐则《韶舞》[3]。"此其准的也。后世以史视《春秋》,谓褒善贬恶而已,至于经世之大法,则不知也。

【注释】

①"考诸三王而不谬"几句:语出《中庸》。

②游、夏不能赞一辞:语本《史记·孔子世家》:"至于为《春秋》,笔

则笔,削则削,子夏之徒不能赞一辞。"意谓《春秋》应写的一定写
上去,应删的一定删除,子夏他们也不能增删一句。游、夏,指子
游、子夏,皆为孔子弟子,以文学著称。赞,参与。

③"行夏之时"几句:语出《论语·卫灵公》:"颜渊问为邦。子曰:'行
夏之时,乘殷之辂,服周之冕,乐则《韶舞》。放郑声,远佞人。郑
声淫,佞人殆。'"意谓颜渊问怎样治国。孔子说:"用夏代的历法,
乘殷代的车子,戴周代的礼帽,音乐则用舜时的《韶舞》。排斥郑
国的乐曲,远离巧嘴的小人。郑国的乐曲淫荡,巧嘴的小人危险。"

【译文】

　　孔子出生在周代末期,他考虑到圣人不会再出现,顺应天时的治理
也不会再有了,于是写作了《春秋》这本书,作为后代帝王治理天下不可
更改的根本法则,就像《中庸》上所讲的:"考察夏商周三代圣王的治理
之道,没有错谬;建立天地的法则,没有违背;用鬼神的隐蔽之道来验证,
没有可疑;在后世百代实行一直到圣人再次出现,没有疑惑。"先代的儒
者说:"子游、子夏这些人都不能够对其中的一个词语进行修改。"言辞不
需要他们修改,说的是他们没有能力参与这件事情。这其中的道理,只
有颜回曾经听说过。"使用夏代的历法,乘坐商代的车子,带着周朝的帽
子,音乐用舜时的《韶舞》。"这是孔子定的标准。后代的人把《春秋》看
作是一本史书,认为其中体现的只不过是褒奖善行、贬斥恶行而已,对于
其中治理国事的基本法则完全不了解。

　　《春秋》大义数十,其义虽大,炳如日星①,乃易见也。
惟其微辞隐义、时措从宜者②,为难知也。或抑或纵,或与或
夺,或进或退,或微或显,而得乎义理之安、文质之中、宽猛
之宜、是非之公③,乃制事之权衡、揆道之模范也④。夫观百
物然后识化工之神⑤,聚众材然后知作室之用,于一事一义

而欲窥圣人之用心，非上智不能也。

【注释】

①炳：光明。

②时措从宜：指因时制宜。语本《中庸》："成己，仁也；成物，知也；性之德也，合内外之道也，故时措之宜也。"意谓成就自己是仁，成就事物是智。仁和智是出自本性的德性，是融合自身与外物的准则，所以是适宜的。

③文质：华美与质朴。宽猛：宽大与严厉。

④揆道：道理，准则。

⑤化工：自然造化而成。

【译文】

《春秋》中包含的根本道理有几十条，道理都非常重要，像日月星辰一样璀璨，所以非常容易明白。只有那些微妙的言辞、隐晦的意义、合适的时机、适宜的做法是非常难以认识的。其中有的贬低，有的放任，有的赞扬，有的抨击，有的鼓励，有的打击，有的隐微，有的明显，但是都符合义理准确、文字恰当、批评适宜、是非公正等要求，这些都是用来衡量事物的标准、把握道义的模范。如果观察万物，然后认识自然造化的神妙，聚集众多的原材料，然后知道各种材料在造房子当中的用处，在一件事情一个道理上，就想明白圣人的用心，除非是大智之人，否则是不能够的。

故学《春秋》者，必优游涵泳、默识心通①，然后能造其微也。后王知《春秋》之义，则虽德非禹、汤，尚可以法三代之治。自秦而下，其学不传。予悼夫圣人之志不明于后世也，故作《传》以明之。俾后之人通其文而求其义②，得其意而法其用，则三代可复也。是《传》也，虽未能极圣人之蕴奥^③，庶几学者得其门而入矣。^④

【注释】

①优游涵泳：指从容求索，深入体会。优游，悠闲自得。涵泳，沉浸，沉潜。默识：默默地记在心中。心通：内心通达。

②俾：使。

③蕴奥：精深的涵义。

④按：本条见《二程文集》卷八。

【译文】

所以想要学《春秋》的人，一定要从容不迫，深入体会，默默记住并且内心明白，然后才能了解其中的微妙之处。后代的圣王，知道了《春秋》的大义，虽然德行达不到与大禹、商汤一样，但是也可以效法三代的政治。自秦代以后，这个学问就不再流传。我为圣人的意愿不被后代所了解而悲伤，所以写作《春秋传》加以阐明。以使后代的人能够懂得他的文字，明白其中的义理，获得其中的大意，取法于它的功用，这样的话三代的圣明政治就可以恢复了。这部《春秋传》，虽然没有能够穷尽圣人思想中蕴含的深奥义理，但是学者或许可以通过此书找到入门的办法。

3.62　《诗》《书》载道之文，《春秋》圣人之用。《诗》《书》如药方，《春秋》如用药治病。圣人之用，全在此书，所谓"不如载之行事深切著明"者也^①。有重叠言者，如征伐、盟会之类。盖欲成书，势须如此，不可事事各求异义。但一字有异，或上下文异，则义须别。^②

【注释】

①不如载之行事深切著明：语本《史记·太史公自序》："我欲载之

空言，不如见之于行事之深切著明也。"意谓我想与其用空话记
载下来，不如通过具体的事件来阐明更加深刻而显明。

②按：本条见《二程遗书》卷二上。

【译文】

《诗经》与《尚书》是承载圣人之道的文字，《春秋》是圣人的功用。
《诗经》《尚书》就像看病的方子一样，而《春秋》就是用药来治病。圣人
的功用，全部都在《春秋》这本书里，也就是"不如通过具体事件来阐明
更加深刻而显明"。其中有近义词重叠使用的，比如征伐、盟会之类的。
想要写成一本书，势必也要如此，不可以每一件事物都使用不同的含义。
如果有一字不同，或者上下文有不同，那么具体的意义应该就是不同的了。

3.63　"五经"之有《春秋》，犹法律之有断例也①。律
令唯言其法，至于断例，则始见其法之用也。②

【注释】

①断例：断案的案例。

②按：本条见《二程遗书》卷二上。

【译文】

"五经"当中的《春秋》，就好像法律当中断案的案例一样。法律条
文只是讨论法律，至于如何断案，只有看到这些案例才能够知道法律如
何应用。

3.64　学《春秋》亦善，一句是一事，是非便见于此。
此亦穷理之要。然他经岂不可以穷理①？但他经论其义，《春
秋》因其行事，是非较著，故穷理为要。尝语学者且先读《论
语》《孟子》，更读一经，然后看《春秋》。先识得个义理，方

可看《春秋》。《春秋》以何为准？无如中庸。欲知中庸，无如权。须是时而为中，若以手足胼胝②、闭户不出二者之间取中③，便不是中。若当手足胼胝，则于此为中；当闭户不出，则于此为中。权之为言，秤锤之义也。何物为权？义也，时也。只是说得到义，义以上更难说，在人自看如何。④

【注释】

①然他经岂不可以穷理："理"字底本原脱，据叶采集解本补。

②手足胼胝（pián zhī）：手脚因长期劳动摩擦而生的厚茧。

③闭户不出：语本《孟子·离娄下》："今有同室之人斗者，救之，虽被发缨冠而救之，可也。乡邻有斗者，被发缨冠而往救之，则惑也。虽闭户可也。"意谓如果现在有同住一屋的人打架，即使披散着头发没有系上帽带就去阻止，也是可以的。如果是同乡的邻人打架，也披散着头发没有系上帽带就赶去阻止，那就是糊涂了。这时即使关上门不管，也是可以的。

④按：本条见《二程遗书》卷十五。

【译文】

　　学习《春秋》是很好的，一句话就是一件事，是非也就从这句话当中可以看出来，这也是穷尽道理的关键。可是其他的经书难道就不能穷尽道理了吗？别的经书主要讨论义理，《春秋》则侧重于讲述历史事迹，是非的评判比较明显，所以对于穷尽道理很关键。我曾经告诉学生们要先读《论语》《孟子》，然后再读一本经，然后就可以看《春秋》了。先认识到儒家的义理，才可以来看《春秋》。《春秋》以什么作为准则呢？是以中庸作为准则。需要明白中庸是什么，就好像需要知道权衡一样。需要因时而处于中道，如果在手脚生出厚茧地做事与闭门不出二者之间取中，就并不是中。如果应当手脚生出厚茧地做事就手脚生出厚茧地做事，那么这就是中；如果应当闭门不出就闭门不出，那么这也就是中。所谓的权衡,就是秤砣的意思。什么是权衡呢?就是道义,就是时机。只是说到道义就可以,道义以上就很难说了,这需要人自己去领悟。

3.65　《春秋》,传为按,经为断。又云:某年二十时,看《春秋》,黄聱隅问某如何看①,某答曰:以传考经之事迹,以经别传之真伪。②

【注释】

①黄聱(áo)隅:黄晞(? —1057),字景微,自号聱隅子,建安(今福建建瓯)人。

②按:本条见《二程遗书》卷十五、卷二十二上。

【译文】

《春秋》,传文好比案例,经文好比断语。程颐说:我二十岁的时候,看《春秋》,黄晞曾经问我如何看。我回答道:用传文来考察经文的事迹,用经文来辨别传文的真假。

3.66　凡读史,不徒要记事迹,须要识治乱安危兴废存亡之理。且如读《高帝》一纪①,便须识得汉家四百年终始治乱当如何,是亦学也。②

【注释】

①《高帝》一纪:指《史记·高祖本纪》。

②按:本条见《二程遗书》卷十八。

【译文】

凡是阅读史书,不要只是记住其中的事迹,还需要认识到其中治理与混乱、安宁与危亡、兴盛与衰落、存在与灭亡的道理。比如阅读《史记·高帝本纪》，就需要认识到汉代四百年来，从头至尾，治理与混乱是什么样子的，这才是学习。

3.67　先生每读史到一半，便掩卷思量，料其成败，然后却看。有不合处，又更精思。其间多有幸而成、不幸而败。今人只见成者便以为是，败者便以为非，不知成者煞有不是^①，败者煞有是底。^②

【注释】

①煞有：的确有。

②按：本条见《二程遗书》卷十九。

【译文】

程颐读史读到一半的时候，经常放下书本来思考，来推测后来的成功与失败，然后再接着看。如果推测的结果与历史事实有不符合的地方，就进一步深入思考。其中有侥幸成功的，也有不幸失败的。现在的人看到成功了就以为是对的，看见失败了就以为是不对的，不知道其中成功的也有很多不对的，失败的也有不少是正确的。

3.68　读史须见圣贤所存治乱之机，贤人君子出处进退，便是格物。^①

【注释】

①按：本条见《二程遗书》卷十九。

【译文】

读历史书，要看到圣贤如何把握治理混乱局面的时机，贤人和君子如何出仕与退隐，这就是研究事物的道理。

3.69　元祐中①,客有见伊川者,几案间无他书,惟印行《唐鉴》一部②。先生曰:近方见此书,三代以后,无此议论。③

【注释】

①元祐:北宋哲宗年号,1086—1094。

②《唐鉴》:范祖禹所著编年体史书,共十二卷。范祖禹(1041—1098),字淳甫,成都华阳(今四川成都)人,司马光奉诏修《资治通鉴》,范祖禹为编修官,分掌唐史。以其所自得者,著成此书。《二程外书》卷十一:"范淳夫尝与伊川论唐事,及为《唐鉴》,尽用先生之论。先生谓门人曰:淳夫乃能相信如此。"《二程外书》卷十二:"伊川使人抄范纯夫《唐鉴》,先生问曰:'此书如何?'伊川曰:'足以垂世。'《唐鉴》议论多与伊川同。"

③按:本条见《二程外书》卷十二。

【译文】

元祐年间,有客人来拜见程颐。看到程颐桌子上没有别的书,只有一部范祖禹所著的《唐鉴》。程颐说:最近刚看到有这本书,三代以来没有见过这么好的议论。

3.70　横渠先生曰:《序卦》不可谓非圣人之缊①。今欲安置一物,犹求审处②,况圣人之于《易》。其间虽无极至精义,大概皆有意思。观圣人之书,须布遍细密如是③。大匠岂以一斧可知哉④!⑤

【注释】

①《序卦》:指《周易·序卦》,为"十翼"之一,解释《周易》六十四卦排列的顺序。缊(yùn):通"蕴"。深奥之处。

②审处:审慎处理。

③遍布细密：处处都要仔细严密。

④大匠：技艺高明的工匠。

⑤按：本条见张载《横渠易说·序卦》。

【译文】

　　张载说：《周易·序卦》不能说没有体现圣人的意蕴。现在想要安排一个事物的位置，尚且小心谨慎地处理，何况是圣人对于《周易》呢。卦序当中虽然说没有极致的精深义理，大致上说来都是有深意的。所以看圣人的书，需要非常认真仔细才可以。就像要了解技艺高超的工匠，从他一斧子的削砍上怎么能够了解得到呢！

　　3.71　天官之职，须襟怀洪大方看得。盖其规模至大，若不得此心，欲事事上致曲穷究①，凑合此心②，如是之大，必不能得也。释氏锱铢天地③，可谓至大，然不尝为大，则为事不得。若畀之一钱④，则必乱矣。又曰：太宰之职难看⑤，盖无许大心胸包罗⑥，记得此，复忘彼。其混混天下之事⑦，当如捕龙蛇、搏虎豹，用心力看方可。其他五官便易看，止一职也。⑧

【注释】

①致曲穷究：周遍、详尽地深入研究。

②凑合：聚合，汇集。

③锱铢：锱和铢。比喻微小的数量。

④畀（bì）：予，给予。

⑤太宰：为天官之长，掌建邦之六典，以佐王治邦国。

⑥许大：这般大。

⑦混混：混杂的样子。

⑧按：本条见张载《经学理窟·周礼》。

【译文】

要理解《周礼》所讲的天官的职责，需要宏大的胸襟才能够看得明白。因为它的规模特别大，如果没有这样的胸襟，想对每件事情都进行细致考察的话，集聚此心，如此广大，也一定不能做到。佛教在微尘当中看到有天地，可以说是非常大了，然而却不是很大，因为他们做不了任何事情。如果给他钱币一样大的事情，他们就会混乱而不知道该怎么做了。又说：太宰这个位置，不容易看明白。如果没有如此广大的心胸，容纳一切，就会记得这一件事，却忘记别的事情。天下的事情混乱复杂，就好像捕获龙蛇、和虎豹搏斗一样，要用很大的心力去看，才能够明白。其他的五种官职，却比较容易看，因为每一种只有一种职责。

3.72　古人能知《诗》者唯孟子，为其以意逆志也[①]。夫诗人之志至平易，不必为艰崄求之。今以艰崄求《诗》，则已丧其本心，何由见诗人之志？诗人之情性温厚、平易、老成，本平地上道着言语。今须以崎岖求之，先其心已狭隘了，则无由见得。诗人之情本乐易[②]，只为时事拂着他乐易之性，故以诗道其志。[③]

【注释】

①以意逆志：语出《孟子·万章上》："故说《诗》者，不以文害辞，不以辞害志。以意逆志，是为得之。"意谓所以解释《诗经》的时候，不要拘泥于文字的意思，来影响对文句的理解，也不能拘泥于文句的理解，来影响对意义的理解。要用自己的体会去推测作者的原意，这样才能得到其中的义理。

②乐易：和乐平易，蔼然可亲。

③按：本条见张载《经学理窟·诗书》。

【译文】

古代的人能够理解《诗经》的只有孟子,是因为只有孟子能够"用自己的体会去揣测作者的原意"。诗人的意志是非常平易的,不应该用艰深的方法去探求。现在的人用艰深的方法去求取《诗经》的意思,从一开始就已经失去了《诗经》的本意,怎么能够了解到诗人的意志呢?诗人的情绪非常温厚、平易、老成,就像站在平地上说话一样。现在却要通过崎岖的山路来找寻,自己的心就先狭隘了,因此就没有办法获得。诗人的性情本来是愉快而平易的,只是因为他所遭遇的事情触动了他愉快而平易的本性,所以用诗歌来抒发自己的意志。

3.73　《尚书》难看,盖难得胸臆如此之大。只欲解义,则无难也。①

【注释】

①按:本条见张载《经学理窟·诗书》。

【译文】

《尚书》这本书是很难读懂的,因为很难有如此广阔的心胸。如果只是想理解其中的文义,却并不困难。

3.74　读书少,则无由考校得义精①。盖书以维持此心,一时放下,则一时德性有懈。读书则此心常在,不读书则终看义理不见。②

【注释】

①考校:查考比较。

②按:本条见张载《经学理窟·义理》。

【译文】

如果读书比较少的话，就没有办法把义理考察得非常精细。因为读书可以用来持守内心，一时把书本放下，一时在修养德性方面就有所松懈。读书可以长久持守此心，不读书的话，终究看不明白义理。

3.75　书须成诵。精思多在夜中，或静坐得之。不记则思不起，但通贯得大原后^①，书亦易记。所以观书者，释己之疑，明己之未达，每见每知新益，则学进矣。于不疑处有疑，方是进矣^②。^③

【注释】

①通贯：通晓，贯通。大原：根源，根本。

②按：底本中，此条与上一条为一条，今据叶采集解本分之。

③按：本条见张载《经学理窟·义理》。

【译文】

读书要尽量背诵。精深的思考多出现在夜里，或者静坐的时候。如果不记得的话，精深的思考就不会出现。但是如果能够贯通书中的基本思想以后，书也容易背会。所以看书，能够消解自己的疑问，明白自己还没明白的地方，每一次阅读都能够获得新的体会，这样学问就有进步了。能够在没有任何疑问的地方产生疑问，才可以说是有了进步。

3.76　"六经"须循环理会，义理尽无穷。待自家长得一格，则又见得别。^①

【注释】

①按：本条见张载《经学理窟·义理》。

【译文】

儒家的"六经"需要不断反复去领会,其中的义理无穷无尽。等到自己的水平提高了一步,那么所获得的见解又会是不一样的。

　　3.77　如《中庸》文字辈,直须句句理会过,使其言互相发明^①。^②

【注释】

①发明:犹印证。

②按:本条见张载《经学理窟·学大原下》。

【译文】

像《中庸》这样的文字,是需要一句一句仔细去体会的,使得其中前后的文字可以相互参照。

　　3.78　《春秋》之书,在古无有,乃仲尼所自作,惟孟子能知之。非理明义精^①,殆未可学。先儒未及此而治之,故其说多凿。^②

【注释】

①理明义精:道理很明白,义理很精通。

②按:本条见张载《横渠文集》。

【译文】

《春秋》这本书,在古代是没有的,是孔子自己写的,只有孟子能够理解。如果不是特别精通儒家道理,大概是无法学懂《春秋》的。前代的儒者没有达到这样的水平就去研究它,所以他们的解释有很多穿凿附会的地方。

卷之四

【题解】

朱熹论此卷纲目曰:"存养。"

叶采曰:卷四存养:此卷论存养。盖穷格之虽至,而涵养之不足,则其知将日昏,而亦何以为力行之地哉! 故存养之功,实贯乎知行,而此卷之编,列乎二者之间也。

本卷反复讨论了恭敬作为存养工夫的重要性。恭敬就是没有邪念,内心专一,内心有主,也可以说是一种虚静的状态。下面简略叙述:

一、恭敬。孔子教导的修养方法主要就是恭敬,"居处恭,执事敬"(4.13),学习圣人之道最好的方法是恭敬(4.25)。只要按照恭敬去做,就可以战胜一切邪恶(4.38),心自然能够达到恬淡寂静(4.47),就可以侍奉上天与祭祀天帝(4.30、4.37),面对巨大的震动,也可以泰然自若(4.5)。保持恭敬,就是在做善事(4.50)。无时不间断地恭敬就是"中"的状态(4.18),恭敬本身就是学习(4.22),一个人的聪明与睿智也都是从恭敬当中产生的(4.30)。那么什么是恭敬呢? 所谓恭敬,就是专一,所谓专一,就是内心不向外奔驰(4.48)。外表严肃而庄重,并不就是恭敬,但是也要从这里做起(4.49)。

二、内心有主宰。一般学者的内心没有主宰,就会思虑纷飞,念头杂乱,得不到片刻宁静,甚至把心看作是盗贼一样(4.21、4.25、4.27、

4.43)，要避免这样的毛病，就要执持一个人的心志（4.21）。如果内心实在而有主宰，那么外面的祸患就不能进入（4.10），说话的时候就会稳重而舒缓（4.61），内心就会光明而不昏暗（4.68）。怎样才能内心有主宰呢？就要把心思专注在具体的事情上，如同君主应该专注在仁上（4.27）。

三、防范邪念。专一就是没有邪恶念头的干扰（4.45）。防范邪念，真诚就自然存在了（4.44）。如果念头的涌现不合时机，纷乱而没有秩序，虽然看似是端正的，但也是邪念（4.52）。梦是判断人心安定与否的标志，比如梦多而杂乱，就是说明心志还不稳定（4.54、4.55）。

四、虚静。没有欲望才能静处时虚静，行动时正直（4.1），内心没有束缚与障碍，就是虚静的状态（4.70）。注意力集中在看不见的地方，就不会产生欲望扰乱内心，也就可以静止而安宁了（4.6）。如果内心与言语不能相应，静坐是很好的方法。程颐看到有人在静坐，就会感叹这个人善于学习（4.63）。只有内心宁静，才能够看到一切事物都充满了春天的气象（4.29）。

具体要做到恭敬，又有许多注意事项，重要的有以下四点：

一、不可以有间断。圣人的心纯一不杂，永不止息（4.41），恭敬不可以有间断（4.36）。只是使心意勤奋努力而坚持不懈，做到长久都不违背之后，工夫就自然而然不断进步了（4.64）。平日涵养的时间久了，喜怒哀乐自然会适中（4.53）。

二、要纯熟。不要刻意恭敬，要自然而然地从内心生发出来（4.16），这就要时时涵养心性，时间久了自然会熟练（4.9、4.31）。如果内心涵养得还不纯熟，外来的杂念就会很多（4.65）。记不住事情，做事不够严谨，都是因为涵养得不够完备与坚固（4.23）。要反复练习，才能够做到专一（4.53）。

三、不可过于着急。对于持守此心，不可以太过着急（4.14），内心操持就存在，放弃就会失去，但是操持得太过了，内心也会没有快乐。就是因为急于求成，心里有了预期（4.17）。

四、不可刻意。有人刻意追求端坐而物我两忘的坐忘境界，但是实际上只能是形体端坐而杂念飞驰（4.19），程颢曾体验到，越是用心刻意把握，反而越不准确（4.20）。

4.1　或问：圣可学乎？濂溪先生曰：可。有要乎？曰：有。请问焉。曰：一为要。一者，无欲也，无欲则静虚动直[①]。静虚则明，明则通；动直则公，公则溥[②]。明通公溥，庶矣乎！[③]

【注释】

①静虚动直：静止时虚静，运动时刚直。

②溥（pǔ）：广大。

③按：本条见周敦颐《通书·圣学》。

【译文】

有人问：圣人可以学习吗？周敦颐说：可以。问：有要点吗？回答：有的。问：要点是什么？回答：要点就是一。一，就是没有欲望。没有欲望才能静处时虚静，行动时正直。静处时虚静，就能明智，明智就能通达；行动时正直，正直就能公正，公正就能广大。明智、通达、公正、广大，差不多就是圣人了。

4.2　伊川先生曰：阳始生甚微，安静而后能长。故《复》之象曰："先王以至日闭关[①]。"[②]

【注释】

①先王以至日闭关：《周易·复》象辞。至日，指冬至日或夏至日，这里特指冬至日。闭关，闭塞关门。

②按：本条见《周易程氏传·复》。

【译文】

程颐说:《复》卦的一阳在下面刚出现,还很微弱,只有安静才能成长。所以《复》卦的象辞说:"古代的圣王在冬至这一天关闭城门。"

4.3　动息节宣①,以养生也;饮食衣服,以养形也;威仪行义,以养德也;推己及物,以养人也。②

【注释】

①节宣:节制言语。

②按:本条见《周易程氏传·颐》。

【译文】

行止适宜,言语谨慎,可以养育生命;饮食衣服,可以保养形体;仪容庄重,躬行仁义,可以修养德行;推己及人,可以惠及他人。

4.4　"慎言语"以养其德,"节饮食"以养其体①。事之至近而所系至大者,莫过于言语饮食也。②

【注释】

①"慎言语"以养其德,"节饮食"以养其体:《周易·颐》象辞:"山下有雷,颐,君子以慎言语,节饮食。"意谓山下有雷在震动,这就是《颐》卦。君子言语要谨慎,饮食要有节制。

②按:本条见《周易程氏传·颐》。

【译文】

"言语谨慎",来修养自己的德行;"节制饮食",来保养自己的身体。事情最切近且关系最大的,没有超过言语和饮食的了。

4.5　"震惊百里,不丧匕鬯"①,临大震惧,能安而不自失者②,唯诚敬而已,此处震之道也。③

【注释】

①震惊百里,不丧匕鬯(chàng):《周易·震》卦辞。匕,古代指勺、匙之类的取食用具。鬯,古代祭祀、宴饮用的香酒,用郁金草酿黑黍而成。

②自失:若有所失,茫然无措。

③按:本条见《周易程氏传·震》。

【译文】

"雷霆震动百里,镇定到手中勺子盛的酒没有洒出来",面对巨大的震动与恐惧,能够镇定自若不受影响,只是保持真诚与恭敬,这就是对待巨大震动的态度。

4.6　人之所以不能安其止者,动于欲也。欲牵于前而求其止,不可得也。故《艮》之道当"艮其背"①,所见者在前,而背乃背之,是所不见也。止于所不见,则无欲以乱其心,而止乃安。"不获其身",不见其身也,谓忘我也。无我则止矣。不能无我,无可止之道。"行其庭,不见其人",庭除之间②,至近也,在背则虽至近不见,谓不交于物也。外物不接,内欲不萌,如是而止,乃得止之道,于止为无咎也。③

【注释】

①艮其背:与下文"不获其身""行其庭,不见其人"皆见《周易·艮》卦辞:"艮其背,不获其身,行其庭,不见其人。"意谓安止在背部,没有获得身体。走在庭院中,没有见到人。

②庭除:大厅前台阶下的院子。

③按：本条见《周易程氏传·艮》。

【译文】

　　人之所以无法安处于他所在的位置，是因为受到欲望的驱动。欲望在前面牵引而想要安处，是不可能的。所以《艮》卦的道理就是应该"安止在背部"，所看到的在前面，而背在背后，是看不见的。安处于看不见的地方，就不会被欲望扰乱内心，也就可以止息在安宁之处了。"没有获得身体"，就是看不见自己的身体，也就是忘记自我。没有自我，就能安处了。不能无我，就没有安处的道理。"走在庭院中，没有见到人"，到庭院的距离很近，但是人的背虽然特别近但是却看不见，这就是内心不与外物交接。不与外物交接，内心的欲望就不会萌发，如此保持安处的状态，就是获得了安处的方法，如果能够安处，也就没有祸患了。

4.7　明道先生曰：若不能存养①，只是说话。②

【注释】

　　①存养：存心养性，意为保持人的本心，扩充人的善性。语出《孟子·尽心上》："存其心，养其性。"意谓保存本心，养育正性。
　　②按：本条见《二程遗书》卷一。

【译文】

　　程颢说：如果不能够存心养性，那么古代圣贤的千言万语也就只是说话而已。

4.8　圣贤千言万语，只是欲人将已放之心①，约之使反复入身来，自能寻向上去②，下学而上达也③。④

【注释】

　　①已放之心：语本《孟子·告子上》："学问之道无他，求其放心而已

矣。"意谓学习及请教的方法没有别的,只有找回丧失的心而已。

②寻向上去:朝着向上的方向前进。

③下学而上达:语出《论语·宪问》:"不怨天,不尤人,下学而上
　达。"意谓不埋怨上天,不责备别人,向下学习人情事理,向上认
　识到自然法则。

④按:本条见《二程遗书》卷一。

【译文】

古代圣贤的千言万语,只是要人把已经丧失的心找回来,约束起来,返回并恢复到自己身体的本来位置,这样就可以自己朝着向上的方向进步了,也就是"向下学习人情事理,向上认识到自然法则"的意思。

4.9　李籲问①:每常遇事,即能知操存之意②。无事时如何存养得熟?曰:古之人,耳之于乐,目之于礼,左右起居,盘盂几杖,有铭有戒③,动息皆有所养。今皆废此,独有理义之养心耳④。但存此涵养意,久则自熟矣。"敬以直内"⑤,是涵养意。⑥

【注释】

①李籲(yù,?—1088):字端伯,洛阳缑氏(今河南偃师)人,二程
　门人。

②操存:执持心志,不使丧失。语本《孟子·告子上》:"操则存,舍
　则亡。"意谓把握着,它就存在;舍弃它,它就消失。

③有铭有戒:铭、戒指在器物上刻写的警戒性文辞。

④理义之养心:语本《孟子·告子上》:"故理义之悦我心,犹刍豢之
　悦我口。"意谓正理和义行使我的内心感到愉悦,就如同猪狗牛
　羊肉使我的味觉感到愉悦。

　　⑤敬以直内：语出《周易·坤》文言。

　　⑥按：本条见《二程遗书》卷一。

【译文】

　　李籲问道：每次遇到各种事情的时候，就能够懂得操持内心的修养方法。但是无所事事的时候，怎样才能熟练地存心养性呢？程颢回答说：古代的人，耳朵经常听到符合礼仪的音乐，眼睛经常看到符合礼仪的行为，生活起居中，盘子上、钵盂上、茶几上、手杖上，都刻上铭文或告诫，时时提醒自己，这样动止起居都能涵养心性。现在这些都没有了，就只有用正理与义行来涵养心性了。只要还有涵养心性的意愿，时间久了自然就会很熟练。"保持恭敬于是内心正直"，就是涵养的意思。

　　4.10　吕与叔尝言患思虑多①，不能驱除。曰：此正如破屋中御寇，东面一人来，未逐得，西面又一人至矣。左右前后，驱逐不暇。盖其四面空疏，盗固易入，无缘作得主定②。又如虚器入水，水自然入。若以一器实之以水，置之水中，水何能入来？盖中有主则实，实则外患不能入，自然无事。③

【注释】

　　①吕与叔：吕大临（1042—1090），字与叔。为张载、程颐弟子。

　　②无缘作得主定：没有办法做出决定。

　　③按：本条见《二程遗书》卷一。

【译文】

　　吕大临曾经说，因为私心杂念多而感到苦恼，不知道怎样才能够去除。回答说：你这情况，就好比在一个破败的屋子里防御盗贼，东边一个盗贼来了，还没有驱逐，西边一个盗贼又来了。前后左右，很多盗贼，根本驱赶不及。这是因为四面都是空旷的，盗贼非常容易进入，你没有办法做出决定。又比如一个空的器皿放在水里面，水自然会进入。但是如果你把一个已经装满水的器皿放在水中，水还能进来吗？如果内心实在而有主宰，那么外面的祸患就不能进入，自然也就不会有什么麻烦事。

4.11　邢和叔言①：吾曹常须爱养精力②，精力稍不足则倦，所临事皆勉强而无诚意③。接宾客语言尚可见，况临大事乎！④

【注释】

①邢和叔：邢恕，字和叔，郑州原武（今河南原阳西）人，早年曾从二程学，后趋附章惇等人，陷害忠良。

②吾曹：犹我辈，我们。

③临事：遇事或处事。

④按：本条见《二程遗书》卷一。

【译文】

邢恕说：我们应该常常爱护与保养自己的精力，精力如果稍微不足的话就会感到疲倦，在处理事情的时候就会很吃力而且会显得没有诚意。接待宾客时的话语就很容易体现出来，何况处理更大的事情呢？

4.12　明道先生曰：学者全体此心①，学虽未尽，若事物之来，不可不应，但随分限应之②，虽不中，不远矣。③

【注释】

①全体此心：《朱子语类》卷九十六："'学者全体此心'，只是全得此心，不为私欲汩没，非是更有一心能体此心也。此等当以意会。"

②分限：本分，天分。

③按:本条见《二程遗书》卷二上。

【译文】

程颢说:学者如果能够完全体察自己的内心的话,即便学习还没有成就,当遇到事情不得不应对的时候,只是按照自己应当承担的本分来应对,虽然不一定合适,但也差得不太多了。

4.13　"居处恭,执事敬,与人忠"①,此是彻上彻下语②。圣人元无二语③。④

【注释】

①居处恭,执事敬,与人忠:语出《论语·子路》孔子答樊迟问仁。

②彻上彻下:贯通上下,通达上下。

③元无二语:原本没有二种说法。

④按:本条见《二程遗书》卷二上。

【译文】

"平时要谦恭,做事要认真,与人相处要忠诚",这三方面是贯通上下的话。孔子所讲的道理原本就没有二套说法。

4.14　伊川先生曰:学者须敬守此心,不可急迫①,当栽培深厚,涵泳于其间,然后可以自得②。但急迫求之,只是私己,终不足以达道。③

【注释】

①不可急迫:即《孟子·公孙丑上》"勿助长"之意。

②自得:自己有心得体会。

③按:本条见《二程遗书》卷二上。

【译文】

程颐说：学者应该采取恭敬的态度来持守此心，不可以太过着急，应当打好深厚的基础，深入领会，然后就会有心得体会。如果很急迫地追求，就只是出于一己之私，终究不能够达到圣人之道。

4.15　明道先生曰："思无邪"①，"毋不敬"②，只此二句，循而行之，安得有差？有差者，皆由不敬、不正也。③

【注释】

①思无邪：语出《论语·为政》。

②毋不敬：语出《礼记·曲礼上》："毋不敬，俨若思，安定辞，安民哉。"意谓不要不恭敬认真，庄重若有所思，说话态度安详、言词确定，这样就可以使民众安定了。

③按：本条见《二程遗书》卷二上。

【译文】

程颢说："思想上不要有邪念"，"行为上不要不恭敬"，只是这两句话，遵循着去行动，怎么会出现偏差呢？如果有偏差，都是因为还不够恭敬、还不够端正。

4.16　今学者敬而不见得，又不安者，只是心生，亦是太以敬来做事得重，此"恭而无礼则劳"也①。恭者，私为恭之恭也。礼者，非体之礼，是自然底道理也。只恭而不为自然底道理，故不自在也，须是恭而安。今容貌必端、言语必正者，非是道独善其身②，要人道如何，只是天理合如此，本无私意，只是个循理而已。③

【注释】

①恭而无礼则劳:语出《论语·泰伯》:"恭而无礼则劳,慎而无礼则
　葸,勇而无礼则乱,直而无礼则绞。"意谓恭敬而不符合礼就会忧
　烦不安,谨慎而不符合礼就会畏缩不前,勇敢而不符合礼就会违
　法作乱,直率而不符合礼就会尖刻伤人。

②独善其身:本指注重自身修养,保持节操。后亦指怕招惹是非,只
　顾自己好,不关心身外事。

③按:本条见《二程遗书》卷二上。

【译文】

　　如今的学者,按照恭敬的要求做了,但没有获得体会,内心有所不
安,只是因为对于内心的持守不熟练,也是因为太刻意用恭敬来做事了,
这就是孔子所说的"恭敬而不符合礼就会忧烦不安"。这里的恭敬,是
指按照自己的理解而表现出来的恭敬。礼,并不指身体上鞠躬作揖之类
的动作,而是内心自然而然生发出的精神。只有恭敬的行为,而没有体
现出自然而然生发出的精神,所以就会显得拘束而不自在,应该做到恭
敬并且内心坦然才可以。如今容貌一定要端庄,言语一定要得体,并不
是说只要保持自己的节操修养就好,也不是要别人评价你做得好还是不
好,只是觉得天理本来就应该如此,没有任何私心杂念参杂在其中,只是
按照天理来做而已。

4.17　今志于义理而心不安乐者,何也? 此则正是剩
一个助之长①。虽则心"操之则存,舍之则亡"②,然而持之
太甚,便是"必有事焉"而正之也。亦须且恁去,如此者只
是德孤。"德不孤,必有邻"③,到德盛后,自无窒碍④,左右
逢其原也⑤。⑥

【注释】

①助之长：语本《孟子·公孙丑上》："必有事焉而勿正，心勿忘，勿助长也。"意谓一定要在行事上努力，但不可预期成效，内心不能忘记它，但不可主动助长。

②操之则存，舍之则亡：语本《孟子·告子上》。

③德不孤，必有邻：语出《论语·里仁》。

④窒碍：阻塞不通。

⑤左右逢其原：指学问到家后，则触处皆得益。语出《孟子·离娄下》："资之深，则取之左右逢其原。"意谓积累得深厚，就能在运用的时候左右逢源、得心应手。

⑥按：本条见《二程遗书》卷二上。

【译文】

如今有志于学习儒家义理的人，内心却没有感到安宁快乐，这是怎么回事儿呢？这是因为太过急于求成了。虽然内心"操持就存在，放弃就会失去"，然而持守得太过了，就是对于"一定要发生的事情"事先有所预期了。应该不带预期，只是那样去做，这么做的缺点就是德行比较孤单。然而"德行不会孤单，一定会有其他德行相作伴"，等到德行非常兴盛的时候，就自然畅通无碍，在运用的时候左右逢源。

4.18　敬而无失，便是"喜怒哀乐未发谓之中"①。敬不可谓中，但敬而无失，即所以中也。②

【注释】

①喜怒哀乐未发谓之中：语出《中庸》。

②按：本条见《二程遗书》卷二上。

【译文】

恭敬而不间断，就是所谓"喜怒哀乐没有表现出来就是'中'"。恭敬不可以称之为"中",但是恭敬并且不间断就是"中"的状态。

4.19　司马子微尝作《坐忘论》^①,是所谓"坐驰"也^②。^③

【注释】

①司马子微:司马承祯(639—735),字子微,唐代道士,著有《坐忘论》等。坐忘:端坐而浑然忘却物我的精神状态。语出《庄子·大宗师》:"堕肢体,黜聪明,离形去知,同于大通,此谓坐忘。"意谓摆脱肢体,除去聪明,离开形骸,消解知识,混同在万物相通的状态,这样就叫坐忘。

②坐驰:形体端坐而杂念飞驰。《二程遗书》卷三:"未有不能体道而能无思者,故坐忘即是坐驰,有忘之心乃思也。"

③按:本条见《二程遗书》卷二上。

【译文】

司马承祯曾写《坐忘论》一文,主旨论述端坐而物我两忘的境界,但是实情却是形体端坐而杂念飞驰。

4.20　伯淳昔在长安仓中闲坐^①,见长廊柱,以意数之,已尚不疑。再数之,不合,不免令人一一声言数之,乃与初数者无差。则知越着心把捉越不定^②。^③

【注释】

①长安:地名。在今陕西西安。

②"见长廊柱"几句:朱熹《晦庵集》卷四十六:"盖人心至灵,主宰万变,而非物所能宰,故才有执持之意,即是此心先自动了。此程夫子所以每言坐忘即是坐驰。又因默数仓柱发明其说,而其指示学者操存之道,则必曰'敬以直内',而又有'以敬直内,便不直矣'

之云也。"着心,用心。把捉,抓住,捉住。

③按:本条见《二程遗书》卷二上。

【译文】

　　程颢有一次在长安粮仓悠闲无事地坐着,看见长廊有很多柱子,就用意念默默数了一遍,自己没有怀疑。再数了一遍,竟然与第一次数的不同,于是请人一个一个读着数了一遍,结果与第一次数的是一样的。这就说明越是用心刻意把握,反而越不能确定。

　　4.21　人心作主不定,正如一个翻车①,流转动摇,无须臾停。所感万端,若不做一个主,怎生奈何?张天祺昔尝言②:"自约数年,自上着床,便不得思量事。"不思量事后,须强把他这心来制缚,亦须寄寓在一个形象③,皆非自然。君实自谓④:"吾得术矣,只管念个'中'字。"此又为中所系缚,且"中"字亦何形象?有人胸中常若有两人焉,欲为善,如有恶以为之间;欲为不善,又若有羞恶之心者。本无二人,此正交战之验也。持其志,使气不能乱⑤,此大可验。要之,圣贤必不害心疾。⑥

【注释】

①翻车:农耕用的水车。

②张天祺:张戬(1030—1076),字天祺,张载之弟。

③寄寓:寄托,借助。

④君实:司马光(1019—1086),字君实,陕州夏县(今山西夏县)人。北宋史学家。宋神宗时,反对王安石变法,离开朝廷十五年,主持编纂了中国历史上第一部编年体通史《资治通鉴》。著作颇丰,主要有《温公易说》《潜虚》《温国文正司马公文集》等。

⑤持其志，使气不能乱：语本《孟子·公孙丑上》："夫志，气之帅也；气，体之充也。夫志至焉，气次焉。故曰：持其志，无暴其气。"意谓心志是意气的统帅，意气是充满体内的。心志关注到哪里，意气就追随到哪里。所以说：要持守心志，不要妄动意气。

⑥按：本条见《二程遗书》卷二下。

【译文】

人的内心没有主宰而动摇不定，就好像一个不停转动的水车，水不断推动叶片旋转，没有片刻的停息。心对外物的感应千头万绪，如果没有一个主宰，怎么做才好呢？张戬过去曾说："这些年来，我与自己有这样一个约定，每天上床以后，就不再考虑事情了。"不考虑事情之后，就需要制约束缚内心，也需要借助于一个外在事物，并不是自然而然的。司马光也说："我有一个方法，脑子里只管念一个'中'字。"这又是被"中"这个字所束缚了，况且"中"的形象又是什么样的呢？有些人内心经常好像有两个人，一个人想要做善事，但是恶人又要从中作梗；想要做不善的事，好像又有羞恶之心不允许他做。根本不存在这两个人，这就是善恶的意念在交战的表现。执持一个人的心志，使气不胡乱运行，在这里可以得到很好的验证。要而言之，圣贤不会有这样内心无主的毛病。

4.22　明道先生曰：某写字时甚敬，非是要字好，只此是学。①

【注释】

①按：本条见《二程遗书》卷三。

【译文】

程颢说：我写字的时候充满了恭敬，并不是为了把字写得很漂亮，只是这个恭敬本身就是学习。

4.23　伊川先生曰：圣人不记事，所以常记得①；今人忘事，以其记事。不能记事、处事不精，皆出于养之不完固。②

【注释】

①圣人不记事，所以常记得：《论语·卫灵公》："子曰：'赐也，女以予为多学而识之者与？'对曰：'然，非与？'曰：'非也，予一以贯之。'"意谓孔子说："赐，你以为我是广泛学习，并且记住各种知识的人吗？"答道："是的，难道不是吗？"孔子说："不是的，我用一个中心思想来贯穿所有的知识。"

②按：本条见《二程遗书》卷三。

【译文】

程颐说：孔子不刻意记住事情，所以常常什么都记得；现在的人经常忘记事情，正是因为刻意去记住事情。不能记住事情，做事不够仔细，都是因为涵养得不够完备与坚固。

4.24　明道先生在澶州日①，修桥少一长梁，曾博求之民间。后因出入，见林木之佳者，必起计度之心②。因语以戒学者：心不可有一事。③

【注释】

①澶州：地名，在今河南濮阳。时为镇宁军所在地。熙宁初，程颢为签书镇宁军判官，住澶州。

②计度：计较，衡量。

③按：本条见《二程遗书》卷三。

【译文】

程颢在澶州的时候，修桥的时候缺少一根长梁，曾经在民间广泛搜求而没有获得。后来因为有事外出，在路上看到长得好的树木，就不由

自主地想丈量一下看看是否可以做修桥的长梁。于是就告诫学者说：心
里不可以常常装着一件事。

4.25　伊川先生曰：入道莫如敬，未有能致知而不在敬
者。今人主心不定，视心如寇贼而不可制，不是事累心，乃
是心累事。当知天下无一物是合少得者，不可恶也。①

【注释】

①按：本条见《二程遗书》卷三。

【译文】

程颐说：学习圣人之道没有比恭敬更好的方法了，不存在能够推极
知识但是内心却不恭敬的。现在的人内心没有主宰，动摇不定，把心看
作是盗贼一样，没有办法制伏，并不是事情让心感到疲惫，而是心把事情
变得复杂。应当知道天下没有一个事物是可以缺少的，所以不可以厌恶
任何事物。

4.26　人只有一个天理①，却不能存得，更做甚人也？②

【注释】

①人只有一个天理：《二程遗书》卷十八原文上文为："问：孟子曰：
　　'人之所以异于禽兽者几希。庶民去之，君子存之。'且人与禽兽
　　甚悬绝矣，孟子言此者，莫是只在'去之''存之'上有不同处？曰：
　　固是。……"孟子所言人与禽兽不同之处就在于人有仁义之心。
②按：本条见《二程遗书》卷十八。

【译文】

人只有仁义之心这样一个天理，如果不能够保持，还能是人吗？

4.27　人多思虑，不能自宁，只是做他心主不定。要作得心主定，惟是止于事，"为人君止于仁"之类①。如舜之诛四凶②，四凶已作恶，舜从而诛之，舜何与焉？人不止于事，只是揽他事，不能使物各付物。物各付物，则是役物；为物所役，则是役于物。有物必有则，须是止于事。已上伊川语。③

【注释】

①为人君止于仁：语出《大学》："为人君止于仁，为人臣止于敬，为人子止于孝，为人父止于慈，与国人交止于信。"意谓作为人君要做到仁爱，作为人臣要做到恭敬，作为人子要做到孝顺，作为人父要做到慈爱，与国人交往要做到诚信。

②舜之诛四凶：相传舜流放了四个恶名昭彰的部族首领。典出《左传·文公十八年》。舜做了尧的臣子后，开辟四面的城门，流放四凶家族浑敦、穷奇、梼杌、饕餮，把他们赶到四边边远之地，让他们去抵御魑魅。因此，尧死后天下还是一样，同心拥戴舜做天子，因为他举拔了十六相，去掉了四凶。《尚书·舜典》记载，舜把共工流放到幽州，把驩兜放逐到崇山，把三苗驱逐到三危，把鲧流放到羽山，四个罪人受到惩罚，天下人都心悦诚服了。

③按：本条见《二程遗书》卷十五。

【译文】

人的思虑很多，不得安宁，只是因为他内心没有确定的主宰。如果要让内心有主宰，获得安定，就要把心思专注在具体的事情上，如同"做君主应该仁爱"之类的。比如舜诛灭四凶，四凶自己作恶，舜因而流放了他们，这和舜有什么关系呢？人不能把思虑专注在一件事情上，只是因为兜揽着别的事情，不能按事情自身的法则去做。按照事情自身的法则去做事情，就是人心役使外物；如果受到事情所影响，那么就是被外物役使。有一件事情就必然有这一件事情的道理，人心应该专注在事情上。以上都是程颐的话。

4.28　不能动人，只是诚不至。于事厌倦，皆是无诚处。①

【注释】

①按：本条见《二程遗书》卷五。

【译文】

与人交往的时候，不能感动别人，只因为诚意还不到。对于要做的事情感到厌倦，都是因为没有真诚。

4.29　静后见万物自然皆有春意。①

【注释】

①按：本条见《二程遗书》卷六。

【译文】

内心宁静以后才能够看到一切事物自然而然都充满了春天的气象。

4.30　孔子言仁，只说"出门如见大宾，使民如承大祭"①。看其气象，便须心广体胖②，动容周旋中礼自然③。惟慎独便是守之之法④。圣人修己以敬，以安百姓⑤，笃恭而天下平⑥。惟上下一于恭敬，则天地自位，万物自育⑦，气无不和，四灵何有不至⑧？此体信达顺之道⑨，聪明睿智皆由是出，以此事天飨帝⑩。⑪

【注释】

①出门如见大宾，使民如承大祭：语出《论语·颜渊》孔子答仲弓问仁。

②心广体胖：语出《大学》："富润屋，德润身，心广体胖。"意谓财富可以装潢屋子，德行可以滋润身体，心胸开阔而体态舒适。广，宽广，坦率。胖，安泰舒适。

③动容周旋中礼：语出《孟子·尽心下》："动容周旋中礼者，盛德之至也。"意谓动作容貌与应对进退都合乎礼仪，那是德行的最高表现。

④慎独：闲居独处时，行为仍然谨慎不苟。《大学》："毋自欺也，如恶恶臭，如好好色，此之谓自谦，故君子必慎其独也。"意谓不要欺骗自己，就像讨厌难闻的味道、喜欢美丽的色彩那样自然真实。这样诚实不欺，才称得上是自我满足，所以君子自己一人独处的时候必须戒慎。又："此谓诚于中，形于外，故君子必慎其独也。"意谓心中的真正情况会显示于外在的言行上，因此君子在独处的时候一定要特别谨慎。《中庸》："莫见乎隐，莫显乎微，故君子慎其独也。"意谓隐蔽的事会被看到，细微的事会显现出来。因此君子在独处时特别谨慎。

⑤修己以敬，以安百姓：语出《论语·宪问》："子路问君子，子曰：'修己以敬。'曰：'如斯而已乎？'曰：'修己以安人。'曰：'如斯而已乎？'曰：'修己以安百姓。修己以安百姓，尧舜其犹病诸？'"意谓子路请教怎样才是君子。孔子说："修养自己而恭慎从事。"子路再问："这样就够了吗？"孔子说："修养自己，以致能安抚别人。"子路又问："这样就够了吗？"孔子说："修养自己，以致能安抚所有的百姓。修养自己，以致能安抚所有的百姓，尧舜也会觉得很难做到啊！"

⑥笃恭而天下平：语出《中庸》："《诗》曰：'不显惟德，百辟其刑之。'是故君子笃恭而天下平。"意谓《诗经·周颂·烈文》说："德行光大显扬出来，诸侯就会起而效法。"因此，君子笃实恭敬，天下就会太平。

⑦天地自位，万物自育：语本《中庸》："致中和，天地位焉，万物育焉。"意谓天下众人完全做到中与和，天地就各安其位，万物就生育发展了。

⑧四灵：麟、凤、龟、龙四种灵兽。《礼记·礼运》："何谓四灵？麟、凤、龟、龙谓之四灵。"

⑨体信达顺：语出《礼记·礼运》："先王能修礼以达义，体信以达顺故，此顺之实也。"意谓由于先王能够施行礼教以达到道义，体现诚信以达到和顺。这种种祥瑞的出现，就是达到和顺的结果。

⑩禘帝：祭祀天帝。语出《礼记·祭义》："唯圣人为能禘帝，孝子为能禘亲。"意谓只有圣人才能使天帝禘用祭祀，只有孝子才能使双亲禘用祭祀。

⑪按：本条见《二程遗书》卷六。

【译文】

孔子讨论仁，只是说到"外出办事恭敬得如同去接见贵宾一样，使役百姓恭敬得如同承办盛大的祭典"。观察这样的气象，一定是内心宽广，身体安详，动作容貌与待人接物没有不符合礼仪要求的地方，并且也都是自然而然表现出来的。只有在独处的时候仍然谨小慎微才是持守恭敬的方法。圣人用恭敬的方法修养自己，用恭敬的态度来安定百姓，通过笃实与恭敬使天下得以太平。只有处在上位的人与处在下位的人都非常恭敬，世界上的一切事物都会自然处在它原本的位置上，万物都会自然地生养长育，各类气的运行自然没有不和谐的地方，麟、凤、龟、龙这四种象征天下太平的灵兽又怎么能够不显现呢？这就是体现诚信、达到和顺的方法，一个人的聪明与睿智都是从恭敬当中产生的，并且也只有用恭敬的态度才能事奉上天与祭祀天帝。

4.31   存养熟后，泰然行将去①，便有进。②

【注释】

①泰然：闲适自若的样子。

②按：本条见《二程遗书》卷六。

【译文】

存养心性非常娴熟之后，对事情都泰然处之，就一定会有进步。

4.32　不愧屋漏①，则心安而体舒。②

【注释】

①屋漏：语出《诗经·大雅·抑》："不愧于屋漏。"古代室内西北隅施设小帐，安藏神主，为人所不见的地方称作"屋漏"。《中庸》："《诗》云：'相在尔室，尚不愧于屋漏。'故君子不动而敬，不言而信。"意谓《诗经·大雅·抑》说："看你独处于屋中，在阴暗角落还可无愧。"所以，君子没有行动别人就尊敬他，没有说话别人就相信他。

②按：本条见《二程遗书》卷六。

【译文】

在人所不见的暗屋子里也不做愧对于内心的事，内心就可以安宁，身体就可以舒泰。

4.33　心要在腔子里。①

【注释】

①按：本条见《二程遗书》卷七。

【译文】

要让心在自己的肚子里。

4.34　只外面有些隙罅①，便走了。②

【注释】

①隙罅（xià）：孔隙。

②按：本条见《二程遗书》卷七。

【译文】

如果外面有一些缝隙，心便会从缝隙中走失了。

4.35　人心常要活，则周流无穷，而不滞于一隅。①

【注释】

①按：本条见《二程遗书》卷五。

【译文】

人的心常常要灵活自如，这样可以到处流动没有穷尽，就不会只是停滞在一个地方。

4.36　明道先生曰："天地设位，而《易》行乎其中"①，只是敬也。敬则无间断。②

【注释】

①天地设位，而易行乎其中：语出《周易·系辞上》。

②按：本条见《二程遗书》卷十一。

【译文】

程颢说："天地的位置确定了，《易》的道理就在其中运行"，只是恭敬而已。能够恭敬，这样的运行就不会有间断。

4.37　"毋不敬"，可以对越上帝①。②

【注释】

①对越：指帝王祭祀天地神灵。

②按：本条见《二程遗书》卷十一。

【译文】

"内心里如果没有任何的不恭敬"，就可以祭祀天帝。

4.38   敬胜百邪。①

【注释】

①按：本条见《二程遗书》卷十一。

【译文】

恭敬可以战胜一切邪恶。

4.39   "敬以直内，义以方外"①，仁也。若以敬直内②，则便不直矣。"必有事焉，而勿正"③，则直也。④

【注释】

①敬以直内，义以方外：语出《周易·坤》文言。

②以敬直内：这里区别"敬以直内"与"以敬直内"的不同。"敬以直内"是指保持恭敬，内心自然正直。"以敬直内"则是想通过恭敬以使内心正直，但是内心有预期，内心反而不能正直了。

③必有事焉，而勿正：语出《孟子·公孙丑上》。

④按：本条见《二程遗书》卷十一。

【译文】

"保持恭敬于是内心正直，符合道义于是外形端正"，这就是仁。如果期望通过恭敬以使得内心正直，反而不能够正直了。"对于一定要做的事，不要事先有所预期"，就是正直。

4.40　涵养吾一①。②

【注释】

①吾一:《朱子语类》卷十二:"只敬,则心便一。"叶采解:"心存则不二。"

②按:本条见《二程遗书》卷十五。

【译文】

要涵养我本来唯一的内心。

4.41　"子在川上曰:'逝者如斯夫! 不舍昼夜。'①"自汉以来,儒者皆不识此义②。此见圣人之心纯亦不已也③。纯亦不已,天德也。有天德便可语王道,其要只在慎独。④

【注释】

①"子在川上曰"几句:语出《论语·子罕》。二程认为此句的原义是追求进步应该像流水一样,昼夜永不止息。《论语·子罕》有此义:"子谓颜渊,曰:'惜乎! 吾见其进也,未见其止也。'"意谓孔子谈到颜渊时,说:"可惜啊! 我只见他进取不已,从未见他停止不前。"

②自汉以来,儒者皆不识此义:汉代以来的学者往往将"逝者如斯夫"理解为孔子感叹时间像河水一般流逝,一去不复返。当代学者亦多作此解。据皇侃《论语义疏》,江熙说:"言人非南山,立德立功,俯仰时过,临流兴怀,能不慨然乎?"孙绰说:"川流不舍,年逝不停,时已晏矣,而道犹不兴,所以忧叹也。"皇侃说:"孔子在川水之上,见川流迅迈,未尝停止,故叹人年往去,亦复如此。"邢昺《论语注疏》说:"此章记孔子感叹时事既往,不可追复也。"

③纯亦不已:语出《中庸》:"'於乎不显,文王之德之纯。'盖曰文王之所以为文也。纯亦不已。"意谓《诗经》说:"啊! 大显光明,文

王的德行多么纯粹！"这里说的是：文王就是如此才称为"文"的，他的纯粹也是无穷尽的。

④按：本条见《二程遗书》卷十四。

【译文】

"孔子在河边感叹道：'追求进步就应该像流水这样啊，日日夜夜永不止息。'"自汉代以来，儒者都不懂得这个道理。这其中可见圣人的心纯一不杂，永不止息。纯一不杂，永不止息，就是上天的德行。了解了上天的德行，就可以谈论以仁义统治天下的王道，关键在于独处时也要谨慎。

4.42　"不有躬，无攸利"①。不立己②，后虽向好事，犹为化物③，不得以天下万物挠己④。己立后，自能了当得天下万物。⑤

【注释】

①不有躬，无攸利：语出《周易·蒙·六三》。

②立己：语本《论语·雍也》："夫仁者，己欲立而立人，己欲达而达人。"

③化物：语出《礼记·乐记》："夫物之感人无穷，而人之好恶无节，则是物至而人化物也。人化物也者，灭天理而穷人欲者也。"意谓事物对人的影响没有穷尽，而人对自己的好恶没有节制，那就是随着事物对人的影响而人被事物所迁化。人被事物所迁化，就是灭绝天性而穷极个人的欲望。

④挠：阻挠，扰乱。

⑤按：本条见《二程遗书》卷六。

【译文】

"不能保持自身，没有任何好处"。如果不成就自己，即便后来向好的方向去做，仍然被外物所影响，内心不得不被天下万物所扰乱。成就自己以后，自然能够处理天下万物。

4.43　伊川先生曰：学者患心虑纷乱，不能宁静，此则天下公病。学者只要立个心，此上头尽有商量[1]。[2]

【注释】

①学者只要立个心，此上头尽有商量：按：叶采解："朱子曰：'学者不先立个心，恰似作室无基址。今求此心正为要立基址。得此心有个存主处，为学便有归着，可以用功。'"

②按：本条见《二程遗书》卷十五。

【译文】

程颐说：学者们的主要祸患就是思虑纷飞，念头杂乱，得不到片刻宁静，这是天下人的通病。学者只是要安定自己的内心，在这上面才能大有作为。

4.44　闲邪则诚自存[1]，不是外面捉一个诚将来存着。今人外面役役于不善，于不善中寻个善来存着，如此则岂有入善之理？只是闲邪则诚自存。故孟子言性善皆由内出[2]，只为诚便存，闲邪更着甚工夫？但惟是动容貌、整思虑[3]，则自然生敬，敬只是主一也。主一则既不之东，又不之西，如是则只是中；既不之此，又不之彼，如是则只是内。存此则自然天理明。学者须是将"敬以直内"涵养此意，直内是本。[4]尹彦明曰[5]：敬有甚形影？只收敛身心便是主一。且如人到神祠中致敬时，其心收敛，更着不得毫发事，非主一而何？

【注释】

①闲邪则诚自存：语出《周易·乾》文言："闲邪存其诚，善世而不伐，德博而化。"意谓防范邪恶以保持内心的真诚，为善于世而不夸

耀,德行广被而感化世人。闲,防范。

②孟子言性善皆由内出:语本《孟子·告子上》:"仁义礼智,非由外铄我也,我固有之也,弗思耳矣。"意谓仁、义、礼、智,不是由外界加给我的,而是我本来就具备的,只是没有去反省而已。

③动容貌:语出《论语·泰伯》。

④按:本条见《二程遗书》卷十五。

⑤尹彦明:尹焞(1071—1142),字彦明,程颐晚年弟子。

【译文】

防范邪念,真诚就自然存在了,不是从外面捉一个真诚来放在心里。今天的人在外面劳苦不息地干坏事,然后在坏事当中寻找一个善事来放在心里,这样哪里有向善的道理?只是防范邪念,真诚就自然存在了。所以孟子说本性的善良都是从内心发出的,只因为真诚在内心存在了,防范邪念还需要费什么工夫么?只需要修整外貌、端正思想,内心里自然能够生发出恭敬,恭敬只是专一。专一就是既不到东边去,也不到西边去,只是这样在中间;既不到这里去,也不到那里去,只是这样在里面。这样持守内心,天地的根本法则自然就能够明白。学者必须用"保持恭敬于是内心正直"的方法来涵养这个道理,使内心正直是根本。尹焞说:恭敬有什么形象吗?只是将身心收敛起来就是专一。比如人到祠堂去表达敬意的时候,收敛内心,一丝一毫杂乱的想法都不敢有,这不是专一是什么呢?

4.45　闲邪则固一矣,然主一则不消言闲邪①。有以一为难见,不可下工夫,如何?一者无他,只是整齐严肃②,则心便一。一则自是无非僻之奸③。此意但涵养久之,则天理自然明。④

【注释】

①不消:不需要。

②整齐严肃:内心端正,不放逸。

③非僻:邪恶。

④按:本条见《二程遗书》卷十五。

【译文】

防范邪念可以使思虑更加专一,如果思虑能够专一,就不必再防范邪念了。有的人以为专一难以达到,于是不愿意下工夫,怎么办呢? 专一并不是什么别的,只是端正态度,严肃认真,心就自然专一了。专一就是没有邪恶念头的干扰。依照这个道理,内心涵养的时间久了,天地的根本原则也自然就能够明白。

4.46　有言:未感时,知何所寓? 曰:"操则存,舍则亡,出入无时,莫知其乡",更怎生寻所寓? 只是有操而已。操之之道,"敬以直内"也。①

【注释】

①按:本条见《二程遗书》卷十五。

【译文】

有的人说:当心还没有与事情接触的时候,如何知道心在哪里呢? 回答说:"持守它,它就存在;舍弃它,它就消失;出去和进来都没有确定的时间,没有人知道它的走向",怎么能够找到心在哪里呢? 只是要持守它,不让它消失罢了。持守心的方法,就是做到"保持恭敬于是内心正直"。

4.47　敬则自虚静①,不可把虚静唤做敬。②

【注释】

①虚静:内心恬淡寂静的状态,是道家追求的境界。

②按:本条见《二程遗书》卷十五。

【译文】

一个人恭敬则心自然能够达到恬淡寂静，但不可以把心的恬淡寂静看作是恭敬。

4.48　学者先务，固在心志。然有谓欲屏去闻见知思，则是"绝圣弃智"①。有欲屏去思虑，患其纷乱，则须坐禅入定②。如明鉴在上③，万物毕照，是鉴之常，难为使之不照；人心不能不交感万物，难为使之不思虑。若欲免此，惟是心有主。如何为主？敬而已矣。有主则虚，虚谓邪不能入；无主则实，实谓物来夺之。大凡人心不可二用，用于一事，则他事更不能入者，事为之主也。事为之主，尚无思虑纷扰之患。若主于敬，又焉有此患乎？所谓敬者，主一之谓敬④；所谓一者，无适之谓一⑤。且欲涵泳主一之义，不一则二三矣。至于不敢欺、不敢慢，尚不愧于屋漏，皆是敬之事也。⑥

【注释】

①绝圣弃智：谓摒弃聪明智巧。语出《老子》第十九章："绝圣弃智，民利百倍。"意谓抛弃聪明智巧，百姓会得到百倍的好处。《庄子·胠箧》："故绝圣弃知，大盗乃止。"意谓抛弃聪明智巧，社会就没有盗乱。

②坐禅入定：佛教的主要修行方法。一心审考为禅，息虑凝心为定。佛教修行者以为静坐敛心，专注一境，久之达到身心安稳、观照明净的境地，即为禅定。

③明鉴：明镜。

④主一：专一，专心。

⑤无适：指内心不向外驰走。适，归向，归从。语出《论语·里仁》：

"君子之于天下也，无适也，无莫也，义之与比。"意谓君子对于天下的事，不盲目适从，也不盲目否定，始终以义为依据。朱熹《晦庵集》卷五十九："只是持守得定，不驰骛走作之意耳。"

⑥按：本条见《二程遗书》卷十五。

【译文】

学者首先要做的事情，是持守心志。但是有的人想要摒除所有的见闻和念头，达到"断绝聪明抛弃智巧"的境界。有的人想要通过摒除念头，厌恶念头的扰乱，所以主张要打坐进入禅定的状态。好比明亮的镜子在前，映照出一切外物，这是镜子的本来状态，很难使镜子不去映照；类似地，人心不可能不与万物相互感应，所以也很难使心不去思虑。如果想要思虑不纷乱，只有让心有主宰。如何让心有主宰呢？只要恭敬就可以了。心有了主宰，那么内心就会空虚，空虚之后，邪恶就不能进入；内心如果没有主宰，内心就充满了杂念，充满了杂念，那么事物就会来夺取。一般来讲，人心不可以三心二意，同时做两件事情，如果专注在一件事情上，那么就没有办法做其他的事情，这就是一件事情成为心的主宰。一件事情成为心的主宰，就不会有思虑纷乱的祸患。如果内心能够专注在恭敬上，又怎么会有思虑纷乱的祸患呢？所谓恭敬，就是专一，所谓专一，就是内心不向外奔驰。想要涵养专一的内心，如果不专一就会三心二意。至于不敢欺骗、不敢怠慢，在人们看不到的暗室也能问心无愧，都是恭敬的事情。

4.49　严威俨恪①，非敬之道，但致敬须自此入。②

【注释】

①严威：严肃威重。俨恪：庄严恭敬。

②按：本条见《二程遗书》卷十五。

【译文】

外表严肃而庄重，并不是达到恭敬的方法，但是要达到内心的恭敬应当从这里做起。

4.50　"舜孳孳为善"①，若未接物，如何为善？只是主于敬，便是为善也。以此观之，圣人之道，不是但嘿然无言②。③

【注释】

①舜孳孳（zī）为善：语本《孟子·尽心上》："鸡鸣而起，孳孳为善者，舜之徒也。"意谓听到鸡叫就起床，努力不倦地行善，是舜一类的人。孳孳，勤勉不息。

②嘿（mò）然无言：圣人的默然无言，并不只是什么话也不说，而是在不说话的同时，内心时时刻刻保持着恭敬。嘿，同"默"，不说话。语出《维摩经》卷二："时维摩诘默然无言，文殊师利叹曰：'善哉！善哉！乃至无有文字、语言，是真入不二法门。'"意谓这时候，维摩诘沉默不说话，文殊师利感叹道："好啊！好啊！没有文字、语言，才是真正的进入不二状态的法门。"

③按：本条见《二程遗书》卷十五。

【译文】

舜孜孜不倦地做善事，但是还没有接触外物的时候，怎么做善事呢？其实只要内心保持恭敬，就是在做善事。用这个观点来看，圣人之道并不只是完全沉默不说话的。

4.51　问：人之燕居①，形体怠惰②，心不慢，可否？曰：安有箕踞而心不慢者③？昔吕与叔六月中来缑氏④，闲居中某尝窥之，必见其俨然危坐，可谓敦矣。学者须恭敬，但不可令拘迫⑤,拘迫则难久也。⑥

【注释】

①燕居:闲居。

②怠惰:懈怠懒惰。

③箕踞:席地而坐,随意伸开两腿,像个簸箕,是一种不拘礼节、傲慢
不敬的坐法。

④缑(gōu)氏:县名,今河南偃师。

⑤拘迫:束缚,拘谨。

⑥按:本条见《二程遗书》卷十八。

【译文】

有人问:人在闲居的时候,身体很慵懒,但是内心不散漫,这样可以
吗? 程颐回答说:哪有伸长两腿坐着,内心还能不散漫的呢? 之前吕大
临六月份来到缑氏的时候,他闲居的时候,我曾经偷偷地观察过,看见他
正襟危坐,可以说确实敦厚了。学者就应该恭敬,但也不能太过拘谨,如
果很拘谨,不可能坚持很久。

4.52　思虑虽多,果出于正,亦无害否? 曰:且如在宗
庙则主敬,朝廷主庄,军旅主严,此是也。 如发不以时,纷然
无度,虽正亦邪。①

【注释】

①按:本条见《二程遗书》卷十八。

【译文】

有人问:人的念头很多,如果这些念头都是端正的,是不是也没有什
么妨碍? 程颐回答说:就好像在宗庙祭祀,重点在恭敬,在朝廷议事,重

点在庄重,在军队训练,重点在严肃,只有如此才对。如果念头的涌现不合时机,纷乱而没有秩序,虽然看似是端正的但也是邪念。

4.53　苏季明问[1]:喜怒哀乐未发之前求中[2],可否?曰:不可。既思于喜怒哀乐未发之前求之,又却是思也。既思即是已发,思与喜怒哀乐一般,才发便谓之和,不可谓之中也。又问:吕学士言[3],当求于喜怒哀乐未发之前,如何?曰:若言存养于喜怒哀乐未发之前则可,若言求中于喜怒哀乐未发之前则不可。又问:学者于喜怒哀乐发时,固当勉强裁抑[4];于未发之前,当如何用功?曰:于喜怒哀乐未发之前,更怎生求?只平日涵养便是。涵养久,则喜怒哀乐发自中节。[5]

【注释】

①苏季明:苏昞(生卒年不详),字季明,武功(今陕西武功)人。张载、二程门人。

②喜怒哀乐未发:语出《中庸》:“喜怒哀乐之未发,谓之中;发而皆中节,谓之和。”意谓喜怒哀乐尚未表现出来时,称之为中;表现出来都能合乎节度,称之为和。

③吕学士:指吕大临。

④裁抑:制止,遏止。

【译文】

苏昞问:喜怒哀乐还没有表现出来的时候,寻求“中”的道理,可以吗?回答说:不可以。因为你一旦思考要在喜怒哀乐没有表现出来之前寻求,就又是思考了。既然思考了,就是已经表现出来了,思虑与喜怒哀乐都是一样的,才表现出来,就只能称之为“和”了,不能称之为“中”了。

又问：吕大临说：应当在喜怒哀乐未表现出来之前探求，说得如何呢？回答说：如果说在喜怒哀乐没有表现出来之前运用存心养性的功夫，这是可以的。但是如果是说在喜怒哀乐没有表现出来之前寻求"中"，则是不可以的。又问：学者在喜怒哀乐表现出来的时候，固然要努力去取舍抑制，那么当喜怒哀乐没有表现出来时，应该如何下工夫呢？回答说：喜怒哀乐没有表现出来之前，你怎么能够寻求？只是平日涵养就是了。涵养的时间久了，喜怒哀乐表现出来自然会合乎节度。

曰：当中之时，耳无闻、目无见否？曰：虽耳无闻、目无见，然见闻之理在始得。贤且说静时如何？曰：谓之无物则不可，然自有知觉处。曰：既有知觉，却是动也，怎生言静？人说"《复》，其见天地之心"[1]，皆以谓至静能见天地之心，非也。《复》之卦，下面一画便是动也，安得谓之静？或曰：莫是于动上求静否？曰：固是，然最难。释氏多言定[2]，圣人便言止，所谓止，如"为人君止于仁，为人臣止于敬"之类是也。《易》之《艮》言止之义曰："艮其止，止其所也[3]。"人多不能止。盖人万物皆备[4]，遇事时，各因其心之所重者更互而出。才见得这事重，便有这事出。若能物各付物，便自不出来也。

【注释】

①复，其见天地之心：《周易·复》象辞中王弼注："《复》者，反本之谓也。天地以本为心者也。凡动息则静，静非对动者也。语息则默，默非对语者也。然则天地虽大，富有万物，雷动风行，运化万变，寂然至无，是其本矣。"意谓《复》卦，说的是返回本根的意思。天地将本根看作他的用心。凡是运动消失就是静止，但静止并不

是相对运动来说的。言语消失就是沉默,沉默并不是相对言语来说的。然而天地非常浩瀚,有各种各样的事物,电闪雷鸣,狂风暴雨,变化万端,寂静空无,才是他们的本根。

②释氏多言定:定,佛教指心止于一处,不使散乱的状态。《大学》亦有"定":"知止而后有定,定而后能静,静而后能安,安而后能虑,虑而后能得。"意谓知道停止然后才能稳定,稳定然后才能冷静,冷静然后才能平心静气,平心静气然后才能仔细考虑,仔细考虑然后才能有所收获。

③艮其止,止其所也:语出《周易·艮》象辞。

④盖人万物皆备:语出《孟子·尽心上》:"万物皆备于我矣。"意谓一切在我身上都齐备了。

【译文】

问:当"中"的时候,耳朵没有听闻,眼睛没有看见,对吗? 回答说:虽然耳朵没有听闻,眼睛没有看见,然而听闻和看见的道理已经有了。问:您说宁静的时候如何呢? 回答说:当作什么都没有,是不可以的,然而自然有知觉的地方。问:既然有知觉,已经是运动了,怎么能说是静止呢? 回答说:人们说"《复》,能够看到天地的心",都认为彻底的静止,才能够见到天地的本心,这是不对的。《复》卦下面第一爻是阳爻,就是已经运动了,怎么能够认为是静止的呢? 又问:难道是要在运动上来灭静止吗? 回答说:固然是这样,但是很难。佛教经常讨论"定",圣人却只是说"止",比如说"做人君的应该止于仁爱,做臣下的应该止于恭敬"这一类。《周易》的《艮》卦,谈到"止"的意义说:"艮就是指停止。停止在它应该停止的地方。"人们往往不能够停止。在人身上,万物都具备了,遇到事情的时候,事情就会根据这个人内心所重视的程度不断涌现出来。一旦重视这件事情,这件事情便出现了。如果能够将事物按照它们本来应该所处的地方处置,事物自然不会出现。

或曰:先生于喜怒哀乐未发之前,下动字,下静字? 曰:

谓之静则可,然静中须有物始得,这里便是难处。学者莫若
且先理会得敬,能敬则知此矣。或曰:敬何以用功? 曰:莫
若主一①。季明曰:昞尝患思虑不定,或思一事未了,他事如
麻又生,如何? 曰:不可,此不诚之本也。须是习,习能专一
时便好。不拘思虑与应事,皆要求一。②

【注释】

①主一:专一,专心。

②按:本条见《二程遗书》卷十八。

【译文】

有人问:在喜怒哀乐没有表现出来之前,您认为是运动的,还是静止
的呢? 回答说:说静止是可以的,但是静止当中要有东西才行,这里就是
难理解的地方。学者不如先仔细理会怎样才能做到恭敬,能够恭敬就明
白这个道理了。又问:怎么在恭敬上下工夫呢? 回答说:没有比专一更
重要的了。苏昞说:我常忧患我的思虑不安定,有时候一件事情还没思
考完,其他事情就如同麻一样产生了,怎么办呢? 回答说:不可以这样,
这是不能真诚的根本所在。要反复练习,能够做到专一的时候就可以了。
无论是思考还是处事,都应该求得专一。

4.54　人于梦寐间亦可以卜自家所学之浅深①。如梦
寐颠倒②,即是心志不定、操存不固。③

【注释】

①卜:测度。

②梦寐颠倒:指人由于思念情切,心神恍惚,失去常态。

③按:本条见《二程遗书》卷十八。

【译文】

一个人在自己的梦中,也可以衡量出学问的深浅。比如梦多而杂乱,就是说明心志还不稳定,对心的持守还不牢固。

4.55　问:人心所系着之事果善,夜梦见之,莫不害否? 曰:虽是善事,心亦是动。凡事有朕兆入梦者却无害①,舍此皆是妄动。人心须要定,使他思时方思乃是。今人都由心。曰:心谁使之? 曰:以心使心则可。人心自由,便放去也。②

【注释】

①朕兆:征兆,预兆。

②按:本条见《二程遗书》卷十八。

【译文】

有人问:一个人内心里一直在盘算着某件好的事情,结果晚上就梦到这件事情,应该没有什么妨碍吧? 程颐回答说:虽然是好的事情,但还是说明内心已经动摇了。凡是事情已经有所征兆然后被梦到才是没有妨碍的,除此以外就都是胡乱的妄动。人心必须要安定,只有命令心思考的时候才去思考才是对的。现在的人都放任心去胡思乱想。问:谁在命令心呢? 程颐回答说:用心命令心是可以的。但是任由心自己去胡思乱想,心就放逸而走失了。

4.56　"持其志,无暴其气"①,内外交相养也。②

【注释】

①持其志,无暴其气:语出《孟子·公孙丑上》。

②按：本条见《二程遗书》卷十八。

【译文】

"要持守心志，不要妄动意气"，就是从内部与外部两方面同时来涵养。

4.57　问："出辞气"①，莫是于言语上用工夫否？曰：须是养乎中，自然言语顺理。若是慎言语、不妄发，此却可着力。②

【注释】

①出辞气：语出《论语·泰伯》："出辞气，斯远鄙倍矣。"意谓要注重言辞与语气，如此可以使自己避免鄙陋与狂妄。辞气，言辞语气。

②按：本条见《二程遗书》卷十八。

【译文】

有人问："要注重言辞与语气"，是不是说要在言语方面下工夫呢？程颐回答说：应该涵养内心，言语自然而然就符合道理的要求了。如果要在言语方面谨慎，不胡言乱语，倒是可以下力气。

4.58　先生谓绎曰①：吾受气甚薄，三十而浸盛②，四十、五十而后完。今生七十二年矣，校其筋骨，于盛年无损也。绎曰：先生岂以受气之薄，而厚为保生邪？夫子默然，曰：吾以忘生徇欲为深耻③。④

【注释】

①绎：张绎（1071—1108），字思叔，程颐晚年弟子。

②浸盛：逐渐旺盛。浸，逐渐。

③忘生徇欲：不顾性命，追求欲望。

④按：本条见《二程遗书》卷二十一上。

【译文】

　　程颐对张绎说：我先天禀气比较薄，三十岁的时候逐渐强盛，四五十岁之后才逐渐完满。现在我七十二岁了，看看我这筋骨，与壮年的时候相比没有太多损耗。张绎说：您是不是因为先天禀气比较薄，所以在养生方面特别重视呢？程颐沉默了一会儿，然后说：我把不顾性命放纵欲望看作是很大的耻辱。

4.59　大率把捉不定①，皆是不仁。②

【注释】

①把捉：把住，捉住。

②按：本条见《二程外书》卷一。

【译文】

大致说来，把持不住内心，都是因为不仁爱的缘故。

4.60　伊川先生曰：致知在所养，养知莫过于"寡欲"二字①。②

【注释】

①寡欲：语出《孟子·尽心下》："养心莫善于寡欲。其为人也寡欲，虽有不存焉者，寡矣；其为人也多欲，虽有存焉者，寡矣。"意谓想要修养心性，没有比减少欲望更好的办法了。那些只有很少欲望的人，虽然也有迷失本性的，但为数却很少；那些有较多欲望的人，虽然也有本性没有迷失的，但为数也很少。

②按：本条见《二程外书》卷二。

【译文】

程颐说:推极知识关键在于要涵养什么,涵养知识没有什么比"节制欲望"更为重要的了。

4.61　心定者,其言重以舒;不定者,其言轻以疾。^①

【注释】

①按:本条见《二程外书》卷十一。

【译文】

内心安定的人,说话的时候稳重而舒缓;内心不安定的人,说话的时候轻佻而急躁。

4.62　明道先生曰:人有四百四病^①,皆不由自家,则是心须教由自家。^②

【注释】

①四百四病:佛教对所有疾病的总称。《大智度论》卷五十八:"四百四病者,四大为身,常相侵害。一一大中,百一病起。冷病有二百二,水、风起故;热病有二百二,地、火起故。"意谓四百四种病,说的是四大组成的身体,常常互相侵害。一一大当中,生出一百一种病。冷病有二百二,是由水大、风大引起的;热病有二百二,是由地大、火大引起的。《注维摩经》:"肇曰:'一大增损则百一病生,四大增损则四百四病同时俱作,故身为灾聚也。'"意谓僧肇说:"一大增加或减损,一百一种病生,四大增加或减损,四百四种病同时产生,所以身体就是各种灾难的集聚。"

②按:本条见《二程外书》卷十二。

【译文】

程颢说:人的身体会出现各种各样的疾病,都由不得自己,只有内心可以由得了自己。

4.63　谢显道从明道先生于扶沟①。明道一日谓之曰:尔辈在此相从,只是学颢言语,故其学心口不相应,盍若行之? 请问焉,曰:且静坐②。伊川每见人静坐,便叹其善学。③

【注释】

①谢显道:谢良佐(1050—1103),字显道,二程弟子。扶沟:县名,今河南扶沟。

②静坐:在佛教中,静坐即指坐禅。禅,梵语 dhyana,音译"禅那",指静思。坐禅,就是跌坐而修禅,是佛教修持的主要方法之一。此处指排除杂念,闭目安坐,是一种形式上借自佛教的涵养方法。

③按:本条见《二程外书》卷十二。

【译文】

谢良佐在扶沟跟随程颢学习。程颢有一天对谢良佐说:你们这些人在这里跟随我,只是学到了我的一些言语,所以内心与言语不能相应,还不如去实行。谢良佐问如何实行。程颢说:去静坐吧。程颐每次看到有人在静坐,就会感叹这个人善于学习。

4.64　横渠先生曰:始学之要,当知"三月不违"与"日月至焉"内外宾主之辨①。使心意勉勉循循而不能已②,过此,几非在我者③。④

【注释】

①"三月不违"与"日月至焉":语出《论语·雍也》:"回也,其心三

月不违仁,其余则日月至焉而已矣。"意谓颜回的心长年累月不离开仁爱,其余的学生只不过哪日哪月偶尔念及而已。内外宾主之辨:《朱子语类》卷三十一:"且以屋喻之:'三月不违'者,心常在内,虽间或有出时,然终是在外不稳便,才出即便入。盖心安于内,所以为主。'日月至焉'者,心常在外,虽间或有入时,然终是在内不安,才入即便出。盖心安于外,所以为宾。日至者,一日一至此;月至者,一月一至此,自外而至也。不违者,心常存;日月至者,有时而存。"

②勉勉:力行不倦的样子。循循:遵循规矩的样子。

③过此,几非在我:《朱子语类》卷三十一:"言不由我了。如推车子相似,才着手推动轮子了,自然运转不停。如人吃物,既得滋味,自然爱吃。"

④按:本条见张载《横渠文集》。

【译文】

张载说:刚开始学习的时候,关键就在于要知道"三个月都不违背仁"以及"或一日或一月会想起仁"之间的或在内或在外、或主人或宾客的分别。使心意勤奋努力而坚持不懈,做到长久都不违背之后,工夫就不由自主地开始进步了。

4.65　心清时少,乱时常多。其清时,视明听聪,四体不待羁束①,而自然恭谨。其乱时反是,如此何也?盖用心未熟,客虑多而常心少也;习俗之心未去,而实心未完也。人又要得刚,太柔则入于不立。亦有人生无喜怒者②,则又要得刚,刚则守得定不回,进道勇敢。载则比他人自是勇处多。③

【注释】

①羁束:约束。羁,马络头。

②亦有人生无喜怒者：生，有版本作"主"。

③按：本条见张载《经学理窟·学大原下》。

【译文】

内心清静的时候比较少，内心纷乱的时候比较多。在内心清静的时候，眼睛明亮，耳朵灵敏，四肢不需要约束，就自然能做到恭敬。可是思虑纷乱的时候却恰恰相反，这是为什么呢？这是因为内心涵养得还不纯熟，外来的杂念很多，安定的内心比较少；沾染世俗习气的心还没有去除，遵从真实的内心还不完备。人内心要刚强，太柔弱则会不独立。也有人不要喜悦也不要愤怒，但能够刚强，刚强就能坚定不移，追求圣人之道就会勇猛精进。我自己只是比别人更加勇猛而已。

4.66　戏谑不惟害事①，志亦为气所流②。不戏谑亦是持气之一端。③

【注释】

①戏谑：以诙谐的话取笑，开玩笑。

②志亦为气所流：语本《孟子·公孙丑上》："志壹则动气，气壹则动志也。今夫蹶者、趋者，是气也，而反动其心。"意谓心志专一就能带动意气，意气专一也能带动心志。譬如跌倒与奔跑，都是意气的运作，反过来却带动了心志。

③按：本条见张载《经学理窟·学大原上》。

【译文】

开玩笑不仅仅会妨碍做事，心志也会被意气所冲动。不开玩笑也是控制意气冲动的一个方面。

4.67　正心之始①，当以己心为严师②。凡所动作，则知所惧。如此一二年间，守得牢固，则自然心正矣。③

【注释】

①正心：使人心归向于正。语出《大学》："欲修其身者，先正其心；欲正其心者，先诚其意。"意谓想要修炼自身的人，要先端正自己的思想；而要端正思想，要先使自己的意念真诚。

②严师：要求严格的老师。

③按：本条见张载《经学理窟·学大原上》。

【译文】

内心端正的开始，应当把自己的心当作要求严格的老师。任何的行为举止，都要害怕得到老师的批评。这样努力持守一二年后，心持守得牢固之后，内心自然就端正了。

4.68　定，然后始有光明。若常移易不定，何求光明？《易》大抵以艮为止，止乃光明①。故《大学》"定"而至于"能虑"②，人心多③，则无由光明。④

【注释】

①《易》大抵以艮为止，止乃光明：《周易·艮》象辞："艮，止也。时止则止，时行则行。动静不失其时，其道光明。"意谓艮，是止住的意思。该停止时就停止，该行动时就行动。动与静都没有错过时机，道路就会坦荡光明。

②故《大学》"定"而至于"能虑"：语本《大学》："知止而后有定，定而后能静，静而后能安，安而后能虑，虑而后能得。"

③人心多：念头纷乱杂多，思虑不定。

④按：本条见张载《横渠易说·大畜》。

【译文】

内心安定之后，才会光明而不昏暗。如果内心经常动摇不定，怎么能够获得光明？《周易》中的"艮"大体上可以解释为停止，停止就能获得光明。所以《大学》内心安定之后就能够深思熟虑,普通人思虑杂多,没有办法获得光明的境界。

4.69　"动静不失其时,其道光明^①。"学者必时其动静^②,则其道乃不蔽昧而明白。今人从学之久,不见进长,正以莫识动静,见他人扰扰,非关己事,而所修亦废。由圣学观之,冥冥悠悠^③,以是终身,谓之"光明",可乎?^④

【注释】

①动静不失其时,其道光明:语出《周易·艮》象辞。

②动静:行动与止息。

③冥冥:昏暗的样子。悠悠:安闲暇适的样子。

④按:本条见张载《横渠易说·艮》。

【译文】

"动与静都没有错过时机,道路就会坦荡光明。"意思是:学者的行动必须把握一定的时机,那么他遵循的道路就不是昏暗的而是光明的。如今的人学习了很久,也不见有所长进,正是因为不知道如何行动,看见别的人忙忙乱乱,本来与自己没有关系,也跟着忙乱起来,结果自己所要修行的内容也就废弃了。从圣人之学来观察这些人的行为,只能说是浑浑噩噩地度过了一生,认为他们遵循着光明的道路,可以吗?

4.70　敦笃虚静者^①,仁之本。不轻妄,则是敦厚也。无所系阂昏塞^②,则是虚静也。此难以顿悟,苟知之,须久于道实体之,方知其味。夫仁亦在乎熟之而已^③。^④

【注释】

①敦笃:敦厚笃实。

②系阂：束缚，阻碍。昏塞：昏聩闭塞。

③夫仁亦在乎熟之而已：语出《孟子·告子上》："五谷者，种之美者
也；苟为不熟，不如荑稗。夫仁，亦在乎熟之而已矣。"意谓五谷
是各类种子中的精华，如果没有长到成熟阶段，反而比不上荑草
与稗草。至于仁爱，也在于使它成熟罢了。

④按：本条见张载《孟子说》。

【译文】

敦厚与虚静，是仁爱的根本。不轻浮妄为，即是敦厚的状态。内心
没有束缚与障碍，就是虚静的状态。这样的境界很难瞬间领悟，如果要
体会到，需要长久地对圣人之道有真实的体会，才能品尝到其中的滋味。
所以仁爱的境界，就是通过不断地体会达到的成熟的状态。

卷之五

【题解】

朱熹论此卷纲目曰："改过迁善，克己复礼。"

叶采曰：卷五克治：此卷论力行。盖穷理既明，涵养既厚，及推于行己之间，尤当尽其克治之力也。

本卷第三条是程颐对"克己复礼"的具体内容的解释，并且附有四首箴言，因而本卷的主要内容即是围绕"克己复礼"的具体内容展开的，即要对视、听、言、动都要谨慎，不符合礼仪要求的，就不要去看，不要去听，不要去说，不要去做（5.3）。特别是眼睛在最前面，所以"非礼勿视"很重要（5.28），对于视线，也都是要遵循法度。视线的高低可以表现出内心的傲慢或恭敬，应当适当放低视线，从而表现出恭敬与诚信（5.40）。

具体而言，其中第一条中周敦颐指出一个人要勤奋不息地"惩忿窒欲、迁善改过"，正好点出了本卷内容的几个重要方面：

一、惩忿窒欲。改掉容易愤怒的毛病很困难，只有去除私欲才能平息愤怒（5.14）。不迁移愤怒看似容易做到，但其实很难，圣人是根据事物本身是否应该愤怒而愤怒，但实际上自身并没有愤怒（5.27）。寡欲固然很好，但是还要更进一步达到没有欲望才行（5.2）。欲望只是不适中，所以要减损过分而趋向中正，要减损人欲，复归天理（5.6）。人心一旦有了欲望，就远离了中正之道（5.7）。同样，一旦有了对私利的欲望，也就不是在学习圣人之道了(5.39)。欲望的根本是自私之心,所以要去除自私之心,才能够摆脱对私利的欲望(5.20、5.22)。去除欲望,要从节制欲望做起,比如对于外物的取用,只要足够就可以了(5.33)。程颐特别指出,并不是说沉溺于其中才是欲望,内心有了趋向就已经是欲望了(5.24)。

二、改过迁善。一旦内心升起不善的念头,就要察觉,一旦察觉,就要立即改正(5.4、5.35)。人的自我修养,就是要刚强、坚守,努力向善(5.5)。哪怕是很小的过错,也一定要努力改正(5.34)。不仅要舍弃自己的错误观点,还要善于听从别人的正确意见(5.18),子路就是这方面的榜样,别人指出自己的错误会很开心(5.25)。要反省自己有什么样的毛病,比如谢良佐努力改掉自己"矜"的毛病,得到了程颐的肯定(5.30)。很多过错往往是因为旧的习气,所以要努力摆脱旧习气(5.37)。在改过方面,朋友之间应该指出对方的过错,相互辅佐,在仁德方面得到进步(5.40)。

与此关系密切的内容就是要反躬自省。比如圣人对自己要求比较严(5.29),看到别人的过错要自我反省是否自己也有类似的毛病(5.32)。哪怕是小人,对于君子修身也是很有必要的,君子只有与小人相处,被小人所欺凌,才能反躬自省,远离伤害,通过动心忍性,才能改正缺点,预防侵害(5.15)。张绎谴责奴仆,程颐正是要他反省自己,要动心忍性(5.31)。反省自己而达到不怪罪别人的境地很重要(5.36),但是程颐也强调虽然不可以不反省自己,但是也不可以有悔恨(5.23)。

5.1　濂溪先生曰:君子乾乾①,不息于诚②,然必惩忿窒欲、迁善改过而后至③。《乾》之用,其善是④,《损》《益》之大莫是过⑤,圣人之旨深哉!"吉凶悔吝生乎动⑥。"噫,吉一而已,动可不慎乎!⑦

【注释】

①君子乾乾：语出《周易·乾·九三》："君子终日乾乾，夕惕若，厉，无咎。"意谓君子整天勤奋不息，晚上还戒惕谨慎，有危险，但没有灾难。

②不息于诚：语出《中庸》："至诚无息。"意谓至诚没有停息的时候。

③惩忿窒欲：遏止忿怒，窒塞情欲。语出《周易·损》象辞："君子以惩忿窒欲。"迁善改过：改正过失而向善。语出《周易·益》象辞："君子以见善则迁，有过则改。"意谓君子看到善行就要跟着去做，自己有错就要立即改正。

④善是："是"指"君子乾乾不息"。

⑤莫是过："是"指"惩忿窒欲、迁善改过"。

⑥吉凶悔吝生乎动：语出《周易·系辞下》。悔，过失。吝，遗憾。

⑦按：本条见周敦颐《通书·乾损益动》。

【译文】

周敦颐说：君子对于真诚的追求要勤奋不息，只有遏止愤怒、断绝欲望、改正错误、努力向善才可以做到。《乾》卦的功用，好处就在强调要勤奋不息，《损》卦、《益》卦提到的要点也没有比遏止愤怒、断绝欲望、改正错误、努力向善更重要的了。圣人的思想真是深刻啊！"只要行动，就会出现吉利、凶险、过失、遗憾四种结果。"唉，四种结果只有一种是吉利的，行动怎么能够不谨慎呢！

5.2 濂溪先生曰：孟子曰："养心莫善于寡欲①。"予谓养心不止于寡而存耳，盖寡焉以至于无，无则诚立明通②。诚立，贤也；明通，圣也。③

【注释】

①养心莫善于寡欲：语出《孟子·尽心下》。

②诚立明通:真诚得以确立,明智才能通达。

③按:本条见周敦颐《养心亭说》。

【译文】

周敦颐说:孟子说:"想要修养心性,没有比减少欲望更好的办法了。"我认为,修养心性不仅仅要减少欲望并且使内心不迷失,应该不断减少欲望,一直到没有欲望的境界才可以,没有欲望才能做到真诚无妄与明智通达。做到真诚无妄,就是贤人;做到明智不昧,就是圣人。

5.3　伊川先生曰:颜渊问克己复礼之目,夫子曰:"非礼勿视,非礼勿听,非礼勿言,非礼勿动①。"四者身之用也,由乎中而应乎外。制于外,所以养其中也。颜渊事斯语②,所以进于圣人。后之学圣人者,宜服膺而勿失也③。因箴以自警。

【注释】

①"非礼勿视"几句,语出《论语·颜渊》。

②颜渊事斯语:"事"上,叶采集解本有"请"字。

③服膺:记在心中,不会忘记。

【译文】

程颐说:颜渊问克制自己复归礼仪的具体内容,孔子说:"如果不是礼仪所要求的,就不要去看,不要去听,不要去说,不要去做。"这四个方面,都是人身体的作用,都受制于人内心而表现在外在。在外在约束自己的这些行为,就是修养自己内心的方法。颜渊实践了孔子的这些话,所以能够几乎达到圣人的境界。后来的学者学习圣人,应该牢牢记在心中,不要忘记。所以我写了四首箴言来提醒自己。

《视箴》曰:"心兮本虚,应物无迹。操之有要,视为之则。

蔽交于前，其中则迁。制之于外，以安其内。克己复礼，久
而诚矣。"

【译文】

《视箴》说："人心原本是空虚的，感应外物不留踪迹。操持内心有要
领，眼睛的看是准则。眼睛在前面受到蒙蔽，内心就会随之迁移。从外
在进行制约，内心就会安宁。克制自己复归礼仪，时间久了定能真诚。"

《听箴》曰："人有秉彝①，本乎天性。知诱物化②，遂亡
其正。卓彼先觉，知止有定③。闲邪存诚④，非礼勿听。"

【注释】

①秉彝：人心所持守的常道。语出《诗经·大雅·烝民》："天生烝
　民，有物有则，民之秉彝，好是懿德。"意谓上天生育万民，事物都
　有法则。民众把握常规，崇尚美好品德。

②知诱物化：语出《礼记·乐记》："人生而静，天之性也；感于物而
　动，性之欲也。物至知知，然后好恶形焉。好恶无节于内，知诱于
　外，不能反躬，天理灭矣。夫物之感人无穷，而人之好恶无节，则
　是物至而人化物也。人化物也者，灭天理而穷人欲者也。"意谓
　人初生而无情欲，这是天赋的本性；受到事物的影响而产生情欲，
　这是本性中的欲望所致。事物不断地来影响人而人对事物的知
　识不断地增多，然后产生好恶。好恶之情在内心得不到节制，事
　物又不断从外界来诱惑人，使人不能反回自身的本性，人所禀赋
　的天性就灭绝了。事物对人的影响没有穷尽，而人对自己的好恶
　没有节制，那就是随着事物对人的影响而人被事物所迁化。人被
　事物所迁化，就是灭绝天性而穷极个人的欲望。

③知止有定：语出《大学》："知止而后有定，定而后能静，静而后能

安，安而后能虑，虑而后能得。"意谓明白停止之后才能安定，安
定之后才能平静，平静之后才能安心，安心之后才能考虑问题，考
虑问题才能有所收获。

④闲邪存诚：语出《周易·乾》文言："闲邪存其诚。"意谓防范邪恶
以保持内心的真诚。闲，防止，限制。

【译文】

《听箴》说："人天生就有应该持守的常道，来自本来的天性。在外物
的引诱之下而随物迁化，就失去了本来的正确。那些卓越的先觉的圣人
们，指出停止才能够安定。防范邪念，守住内心的真诚，只要不符合礼仪
的就不去听。"

《言箴》曰："人心之动，因言以宣。发禁躁妄，内斯静专。
矧是枢机^①，兴戎出好^②。吉、凶、荣、辱，惟其所召。伤易则
诞，伤烦则支。己肆物忤^③，出悖来违^④。非法不道^⑤，钦哉
训辞。"

【注释】

①矧（shěn）是枢机：语出《周易·系辞上》："言行，君子之枢机；枢
机之发，荣辱之主也。"意谓言语与行为是君子处世的枢纽机关。
枢纽机关一发动，就决定了是获得荣耀还是受到耻辱。矧，何况，
况且。

②兴戎出好：语出《尚书·大禹谟》："惟口出好兴戎。"意谓言语能
够表达善意或者引起战争。戎，兵，战争。好，善。

③肆：放纵，不加约束。忤：违逆，触犯。

④出：此指话说出口。悖：违背。来：此指对方对语言的反应。违：
邪行，不正。

⑤非法不道：语出《孝经·卿大夫章》："非先王之法言不敢道，非先

王之德行不敢行。是故非法不言,非道不行。"意谓不合乎先王礼法的言语不敢说出口,不合乎先王所遵循的道德行为不敢做出来。因此不敢乱说不合礼法的话语,不敢乱做不合礼法的事情。

【译文】

《言箴》说:"人内心的活动,通过言语表达出来。言语表达要禁绝狂躁和虚妄,内心才能够安静专一。何况言语就是做人的枢纽机关,能够挑起战争,也能够表达善意。吉利、凶险、荣耀、耻辱也都是言语所招致的。轻易说话,别人会觉得荒诞,说话繁琐,别人就会感觉到支离。自己说话放肆,事物就会成为障碍,说出的话违背道理,收到的回应就邪僻不正。不符合礼法的就不要说,这样的训词真令人钦佩。"

《动箴》曰:"哲人知几①,诚之于思。志士厉行②,守之于为。顺理则裕③,从欲惟危。造次克念④,战兢自持⑤。习与性成⑥,圣贤同归。"⑦

【注释】

①知几:谓有预见,看出事物发生变化的隐微征兆。

②厉行:砥砺操行。厉,同"砺"。

③裕:充足,充裕。此指处境安全,有回旋余地。

④造次:匆忙,仓猝。克念:语出《尚书·多方》:"惟圣罔念作狂,惟狂克念作圣。"意谓虽然聪明,但如果没有敬念,就是愚狂;虽然愚狂,但如果有敬念,就是聪明的人。克,能够。念,敬念。

⑤战兢:语出《诗经·小雅·小旻》:"战战兢兢,如临深渊,如履薄冰。"意谓战战兢兢,如同面临深渊,如同践履薄冰。战兢,戒慎恐惧的样子。

⑥习与性成:长期习惯于怎样,就会形成怎样的性格。语出《尚书·太甲上》:"王未克变。伊尹曰:'兹乃不义,习与性成。'"意

谓商王太甲不能改变旧恶习。伊尹说："这是你的不义,习惯成性。"习,习性,习惯。性,性格。

⑦按:本条见《二程文集》卷八。

【译文】

《动箴》说:"明智的哲人知道事情发展变化的征兆,思虑的时候非常真诚。有志向的人砥砺操行,在做事情的时候坚持自己的原则。顺应道理则能够安全有余,放纵欲望则只有危险。仓促匆忙的时候要控制自己的欲念,谨慎小心坚持原则。习惯能够养成人的本性,修养完善就能与圣贤一样。"

5.4 《复》之初九曰:"不远复,无祗悔,元吉①。"《传》曰:阳,君子之道②,故复为反善之义。初,复之最先者也③,是不远而复也④。失而后有复,不失则何复之有?唯失之不远而复,则不至于悔,大善而吉也。颜子无形显之过,夫子谓其"庶几",乃"无祗悔"也。过既未形而改,何悔之有?既未能不勉而中⑤,所欲不逾矩⑥,是有过也。然其明而刚,故一有不善,未尝不知;既知,未尝不遽改⑦。故不至于悔,乃"不远复"也。学问之道无他也⑧,唯其知不善,则速改以从善而已。⑨

【注释】

①"不远复"几句:语出《周易·复·初九》。祗(qí)悔,大悔。

②阳,君子之道:此指《复》卦初九为阳爻,代表君子之道。

③初,复之最先者也:《复》卦的初九爻最先回复。

④不远而复:指迷途未远即能回复。《周易·复·初九》正义曰:"不远复者,最处《复》初,是始复者也。……迷而不远,即能复也。"

⑤不勉而中：语出《中庸》："诚者，不勉而中，不思而得，从容中道，圣人也。"意谓所谓真诚，就是没有努力就能够做成，没有思考就能够领悟，从容自在就合乎道理，那也就是圣人啊。勉，努力。中，得到。

⑥所欲不逾矩：语出《论语·为政》："七十而从心所欲，不逾矩。"意谓到了七十岁就可以从心所欲而不逾越规矩。

⑦"故一有不善"几句：语出《周易·系辞下》："颜氏之子其殆庶几乎？有不善未尝不知，知之未尝复行也。"意谓颜回的修养大概差不多了吧？有错误很快就能察觉，察觉之后就不再犯了。遽（jù），赶紧，疾速。

⑧学问之道无他：语出《孟子·告子上》："学问之道无他，求其放心而已矣。"意谓学习及请教的方法没有别的，只有找回丧失的心而已。

⑨按：本条见《周易程氏传·复》。

【译文】

《复·初九》说："走得不远就返回，没有到大为悔恨的程度，最为吉利。"《周易程氏传》说：阳，代表君子的道，所以《复》卦就是返回善道的意思。初，指《复》卦中初九的阳爻，走得还不远就返回。错失之后才会有复归，没有错失哪里会有复归呢？只有错失得还不远就复归，才不至于会后悔，所以很美好，很吉利。颜回没有表现出来的过错，孔子说他的道德修养"差不多"了，就是"没有到悔恨"的程度。过错还没有形成就改正了，会有什么悔恨呢？既然还未能做到不努力就从容中道，也未能做到从心所欲而不逾越规矩，那么就还是会有过错的。但是如果智慧而且刚强，那么一旦有不善出现，就没有不知道的；一旦知道了，就没有不改正的。所以不至于后悔，这也就是"走得不远就返回"的意思。学问的方法没有别的，只是知道出现不善的苗头，然后迅速改正回到善路上来而已。

5.5　《晋》之上九："晋其角，维用伐邑。厉，吉，无咎，贞吝①。"《传》曰：人之自治，刚极则守道愈固，进极则迁善愈速。如上九者，以之自治，则虽伤于厉，而吉且无咎也。严厉非安和之道②，而于自治则有功也。虽自治有功，然非中和之德，所以贞正之道为可吝。③

【注释】

①"晋其角"几句：语出《周易·晋·上九》。本爻意思是说《晋》卦的上九爻已经进至极点过了中正之处，仍然继续上进不已，只能采取如攻伐城邑一样激烈的手段，虽然最终取胜，但过程危险困难。晋，进。

②安和：安定平和。

③按：本条见《周易程氏传·晋》。

【译文】

《晋·上九》："进展到头上的角，可以用来征伐属国。有危险，吉利，没有灾难，虽然成功但还有困难。"《周易程氏传》说：人的自我修养，刚强到了极致，守道就会更加坚固，进取到了极致，向善就会更加迅速。像《晋·上九》所言，就是用这样的方式自我修养，虽然有过分严厉的缺点，但是也是吉利而没有过错的。严厉虽然不符合安详和平的道理，但对于自我修养则是有效果的。虽然对于自我修养有效果，但是由于不是中和的德性，所以对正道来说还是有遗憾的。

5.6　《损》者，损过而就中，损浮末而就本实也。天下之害，无不由末之胜也。峻宇雕墙①，本于宫室；酒池肉林，本于饮食；淫酷残忍②，本于刑罚；穷兵黩武③，本于征讨。凡人欲之过者，皆本于奉养，其流之远，则为害矣。先王制其本者，天理也；后人流于末者，人欲也。《损》之义，损人欲以复天理而已。④

【注释】

①峻宇雕墙：高大的屋宇和彩绘的墙壁。形容豪华奢侈的居所。

②淫酷残忍：滥用酷刑，凶狠毒辣。

③穷兵黩武：随意使用武力，不断发动侵略战争。形容极其好战。穷，竭尽。黩，随便，任意。

④按：本条见《周易程氏传·损》。

【译文】

《损》卦的意思，就是减损过度而趋向适中，减损虚浮的枝末而接近根本的真实。对天下有害的事情，没有不是因为枝末占据了上风。高峻的楼宇、彩绘的墙壁，根本源于房屋；用池子装酒、挂肉如树林，根本源于饮食；滥用酷刑、残忍无道，根本源于刑罚；随意使用武力、不断发动战争，根本源于征讨。大凡人的过度的欲望，其根本都出于正常的奉养，因为末流远离了根本，所以才成为伤害。先王制礼作乐，根本源于天理；后人流为枝末失其根本，都是因为人欲。《损》卦的意义，就在于减损人欲而恢复天理。

5.7　夫人心正意诚①，乃能极中正之道，而充实光辉②。若心有所比③，以义之不可而决之，虽行于外，不失其中正之义，可以无咎，然于中道未得为光大也。盖人心一有所欲，则离道矣。故《夬》之九五曰："苋陆夬夬，中行无咎④。"而象曰："中行无咎，中未光也⑤。"夫子于此，示人之意深矣。⑥

【注释】

①心正意诚：语出《大学》："物格而后知至，知至而后意诚，意诚而

后心正，心正而后身修，身修而后家齐，家齐而后国治，国治而后天下平。"

②充实光辉：语出《孟子·尽心下》："充实之谓美，充实而有光辉之谓大。"意谓完完全全做到善，叫作美；完完全全做到善，并且发出光辉照耀别人，叫作大。

③比：偏私，不端正。

④苋（xiàn）陆夬夬（guài），中行无咎：语出《周易·夬·九五》。苋陆，一种柔脆的草。夬夬，果决的样子。

⑤中行无咎，中未光也：语出《周易·夬·九五》象辞。意谓《夬》卦的九五爻为至尊，上六为至贱，以至尊敌至贱，虽胜也算不上光大。只不过其处于中正之道，所以"无咎"而已。

⑥按：本条见《周易程氏传·夬》。

【译文】

一个人内心端正态度真诚，才能穷极中正的道路，从而内心充实，光辉撒播于外。如果内心有所偏私，只是由于道义不允许才与之决裂，虽然在外在行为上并不失于中正的道义，可以没有妨碍，但是对于中正之道没有起到弘扬光大的作用。因为人心一旦有欲望，就会偏离正道。所以《夬·九五》说："如斩断柔脆的苋陆草一样，刚毅果断地清除小人，居中行正，没有过错。"而《夬·九五》象辞说："居中而行仅无过错，是因为中道尚未光大。"孔子在这里要告诉人的道理很深刻啊。

5.8　方说而止①，《节》之义也。②

【注释】

①说：同"悦"。

②按：本条见《周易程氏传·节》。

【译文】

正当愉悦的时候懂得适可而止，就是《节》卦的意义。

5.9　《节》之九二，不正之节也①。以刚中正为节②，如惩忿窒欲、损过抑有余是也。不正之节，如啬节于用、懦节于行是也。③

【注释】

①《节》之九二，不正之节也：《节》卦的九二爻以阳爻居阴位，没有处于正位。

②刚中正：指《节》卦的九五爻。九五爻是阳爻，表示"刚"；处在上卦的中位，表示"中"；九五爻是阳爻，处在阳位，表示"正"。

③按：本条见《周易程氏传·节》。

【译文】

《节》卦的九二爻，是不中正的节制。刚强中正是中正的节制，比如平息愤怒、消除私欲、消解过分、抑制有余。不中正的节制，比如在费用上过分的节约、该行动的时候懦弱不前。

5.10　人而无克、伐、怨、欲，惟仁者能之。有之而能制其情不行焉，斯亦难能也，谓之仁则未可也。此原宪之问，夫子答以知其为难，而不知其为仁也①。此圣人开示之深也。②

【注释】

①"人而无克、伐、怨、欲"几句：《论语·宪问》："宪问耻。子曰：'邦有道，谷，邦无道，谷，耻也。''克、伐、怨、欲不行焉，可以为仁

矣？'子曰：'可以为难矣，仁则吾不知也。'"意谓原宪问什么是
羞耻。孔子说："国家治道清明，可以做官得俸禄；国家治道昏乱，
做官得俸禄，就是耻辱。"原宪又说："好胜、自夸、怨恨、贪欲这四
种毛病在实际作为中无所表现，可以算是仁了吧？"孔子说："可
以算是难能可贵的了，能否算是仁，那我还不知道呢。"克，好胜。
伐，自夸。欲，贪欲。
②按：本条见《程氏经说·论语解》。

【译文】

没有好胜、自夸、怨恨、贪欲这些毛病，只有仁爱的人才能做到。有
这些毛病，但是能够抑制自己的冲动不去做，这也是很难做到的了，但称
作是仁爱则是不可以的。这是原宪的问题，孔子回答说：做到这样可以
说已经很困难了，但是如果说这就是仁爱，我是不赞同的。这可以说是
孔子启示后学很深刻的地方了。

5.11　明道先生曰：义理与客气常相胜①，只看消长分
数多少②，为君子、小人之别。义理所得渐多，则自然知得；
客气消散得渐少，消尽者是大贤。　③

【注释】

①客气：外来的邪气。
②消长分数：减少与增加的比例。
③按：本条见《二程遗书》卷一。

【译文】

程颢说：义理与邪气常常相互斗争，只需要看各自减少与增加的比
例多少如何，就是君子与小人的差别。义理所得到的越来越多，就自然
而然能够感觉到义理在增长；外来的邪气消散得越来越少，邪气完全消
散尽，就成为有贤德的人了。

5.12　或谓人莫不知和柔宽缓①，然临事则反至于暴厉②。曰：只是志不胜气，气反动其心也③。④

【注释】

①和柔宽缓：宽和柔顺，宽容缓和。

②暴厉：粗暴严厉。

③气反动其心：语出《孟子·公孙丑上》："志壹则动气，气壹则动志也。今夫蹶者趋者，是气也而反动其心。"意谓心志专一就能带动意气，意气专一也能带动心志。譬如跌倒与奔跑，都是意气的运作，反过来却带动了心思。气，意气。

④按：本条见《二程遗书》卷十七。

【译文】

有人说：没有人不知道待人应该温和与宽容，但是遇到事情的时候又常常表现得暴躁、严厉。程颐说：这只是心志不能够战胜意气，反而让意气动摇了心志。

5.13　人不能祛思虑，只是吝①，吝故无浩然之气②。③

【注释】

①吝：贪婪，鄙俗。

②浩然之气：指浩大刚正的精神。浩，盛大、刚直的样子。气，指精神。

③按：本条见《二程遗书》卷十五。

【译文】

一个人不能够排除私心杂念，只是因为贪婪鄙俗，贪婪鄙俗就不可能有盛大刚正的精神力量。

5.14　治怒为难，治惧亦难。克己可以治怒，明理可以治惧①。②

【注释】

①明理：明察事理，懂得道理。

②按：本条见《二程遗书》卷一。

【译文】

　　改掉容易生气的毛病很难，改掉经常害怕的毛病也很难。克制自己可以改掉容易生气的毛病，明察事理可以改掉经常害怕的毛病。

　　5.15　尧夫解"他山之石，可以攻玉"①，玉者温润之物，若将两块玉来相磨，必磨不成，须是得他个粗砺底物②，方磨得出。譬如君子与小人处，为小人侵凌③，则修省畏避④，动心忍性，增益预防⑤，如此便道理出来。⑥

【注释】

①尧夫：邵雍（1012—1077），字尧夫，号安乐，北宋著名理学家、易学家。北宋五子之一。著有《皇极经世》《观物内外篇》《伊川击壤集》等。他山之石，可以攻玉：语出《诗经·小雅·鹤鸣》，意谓别的山上的石头，能够用来琢磨玉器。攻，琢磨。比喻能帮助自己改正缺点的人或意见。

②粗砺：粗糙，不光滑。底：犹"的"。

③侵凌：侵犯欺凌。

④修省：修身省察。畏避：因畏惧而躲避。

⑤动心忍性，增益预防：语出《孟子·告子下》："所以动心忍性，曾益其所不能。"意谓可以震撼他的心思，坚忍他的性格，由此增加他所缺少的才干。预防，指预防小人造成的侵害发生。

⑥按：本条见《二程遗书》卷二上。

【译文】

邵雍解释"他山之石，可以攻玉"这句话的时候指出，玉是质地温润的东西，如果拿两块玉来相互摩擦，必定没有办法雕琢好，必须拿一个坚硬的东西来磨砺，才能雕琢出好的玉来。就好像君子与小人相处，被小人所欺凌，然后反躬自省，远离伤害，通过震撼心志，坚韧性情，才能改正缺点，预防侵害，这样才能够体会出道理来。

5.16　目畏尖物，此事不得放过，便与克下①。室中率置尖物②，须以理胜他，尖必不刺人也，何畏之有？③

【注释】

①克下：制服，克制。

②率：皆，都。

③按：本条见《二程遗书》卷二下。

【译文】

眼睛看到尖锐的东西就很害怕，这种恐惧不应该随随便便就被忽视，应该努力克服。房间里都放上尖锐的东西，需要用道理战胜它，尖锐的东西不是必然要刺人，为什么要害怕呢？

5.17　明道先生曰：责上责下①，而中自恕己②，岂可任职分③？④

【注释】

①上：此指上级领导。下：此指下属。

②恕己：宽宥自己，不自我反省。

③职分：职务，官职。

④按：本条见《二程遗书》卷五。

【译文】

程颢说：一个人对上谴责他的领导，对下谴责他的属下，但是在中间对自己却非常宽容，这样的人怎么能胜任职责呢？

5.18　"舍己从人"①，最为难事。己者，我之所有，虽痛舍之，犹惧守己者固而从人者轻也。②

【注释】

①舍己从人：语出《孟子·公孙丑上》："大舜有大焉，善与人同，舍己从人，乐取于人以为善。"意谓舜更是了不起，善行与别人分享，舍弃自己而追随别人，乐于吸取别人的优点来自己行善。

②按：本条见《二程遗书》卷九。

【译文】

"舍弃自己，听从别人"，这是非常难以做到的事情。自己，就是我所有的全部，虽然忍痛割爱要舍弃，但是仍然担心持守自己还是会很顽固，听从别人还是会很轻微。

5.19　九德最好①。②

【注释】

①九德：语出《尚书·皋陶谟》曰："宽而栗，柔而立，愿而恭，乱而敬，扰而毅，直而温，简而廉，刚而塞，强而义。"意谓宽宏而严肃，和柔而卓立，谨慎而庄重，整治而认真，和顺而坚毅，正直而温和，宏大而简约，刚正而敦厚，强大而善良。宽，宽宏大量。栗，严肃恭谨。柔，指性情温和。立，敢于坚持自己的主见。愿，小心谨慎。恭，庄重。乱，治理，指具有排乱解纷、治理国家的才干。敬，指办事认真。扰，柔顺，意指能听取别人意见。毅，果断。直，正直。

温,指态度温和。简,大。廉,廉约。刚,刚正。塞,充实。强,强勇。义,善。

②按:本条见《二程遗书》卷七。

【译文】

《尚书》提及的九种德行是最好的。

5.20　饥食渴饮,冬裘夏葛,若致些私吝心在,便是废天职^①。^②

【注释】

①天职:上天的职任,指四时运行与万物生长等。语出《荀子·天论》:"不为而成,不求而得,夫是之谓天职。"意谓不去做就成功,不求取就得到,这叫天的职能。

②按:本条见《二程遗书》卷六。

【译文】

饿了就要吃饭,渴了就要饮水,冬天要穿皮衣,夏天要穿粗布,如果夹杂一些私心在其中,就背离了上天赋予的天性。

5.21　猎,自谓今无此好。周茂叔曰^①:何言之易也?但此心潜隐未发,一日萌动,复如前矣。后十二年因见,果知未也。^②一本注云:明道先生年十六七时好田猎。十二年暮归,在田野间见田猎者,不觉有喜心。

【注释】

①周茂叔:周敦颐,字茂叔。

②按:本条见《二程遗书》卷七。

【译文】

程颢说：我年轻的时候喜欢打猎，后来自以为已经没有这个爱好了。周敦颐说：话怎么说得这么容易呀？只是这样的心思隐藏没有显露出来，有一天萌动了，又会和以前一样了。十二年以后，我看到有打猎的，果然知道这种爱好没有断除。有一个本子注解道：程颢十六七岁的时候喜欢打猎。十二年之后有一天晚上回家，在田间看到有打猎的人，情不自禁有一种很喜欢的心理。

5.22　伊川先生曰：大抵人有身①，便有自私之理，宜其与道难一。②

【注释】

①有身：语出《老子》第十三章："吾所以有大患者，为吾有身；及吾无身，吾有何患？"意谓我之所以有祸患，是因为我有自身需求；如果我没有自身需求，我又有什么祸患呢？

②按：本条见《二程遗书》卷三。

【译文】

程颐说：大致说来，只要人有了自身需求，就会有自私的现象，他与大道融为一体很困难也是很正常的。

5.23　罪己责躬不可无①，然亦不当长留在心胸为悔。②

【注释】

①责躬：反躬自责。

②按：本条见《二程遗书》卷三。

【译文】

犯了过错，能够引咎自责、反躬自省是不可缺少的，但也不应该把对自己的责备变成悔恨一直留在心中。

5.24 所欲不必沉溺，只有所向，便是欲^①。^②

【注释】

①只有所向，便是欲：《孟子·尽心下》："养心莫善于寡欲。"程颐此言即就此而发。

②按：本条见《二程遗书》卷十五。

【译文】

喜欢某个东西不一定要到沉迷其中的地步才算是欲望，只要心对某个东西有了趋向，就已经是欲望了。

5.25 明道先生曰：子路亦百世之师。^①人告之以有过则喜^②。

【注释】

①按：本条见《二程遗书》卷三。

②人告之以有过则喜：语出《孟子·公孙丑上》："子路，人告之以有过则喜。"意谓子路，别人指出他的过错，他就感到很开心。

【译文】

程颢说：子路也有值得其后千百世学习的地方。别人指出子路所犯的错误，他会感到很开心。

5.26 人语言紧急^①，莫是气不定否^②？曰：此亦当习，习到自然缓时，便是气质变也。学至气质变^③，方是有功。^④

【注释】

①紧急：急迫，匆忙。

②气：气质。

③也学至气质变：此六字原脱，据叶采集解本补。

④按：本条见《二程遗书》卷十八。

【译文】

一个人说话说得很快，是不是他的气质不稳定呢？程颐回答说：这也应该不断地练习，练习到说话自然而然很舒缓的时候，气质就会发生变化。学习到气质发生变化的时候，才算有成效。

5.27　问："不迁怒，不贰过"①，何也？《语录》有怒甲不迁乙之说，是否？伊川先生曰：是。曰：若此则甚易，何待颜子而后能？曰：只被说得粗了，诸君便道易，此莫是最难②。须是理会得因何不迁怒，如舜之诛四凶③，怒在四凶，舜何与焉？盖因是人有可怒之事而怒之，圣人之心本无怒也。譬如明镜④，好物来时，便见是好，恶物来时，便见是恶，镜何尝有好恶也？世之人固有怒于室而色于市⑤。且如怒一人，对那人说话，能无怒色否？有能怒一人而不怒别人者，能忍得如此，已是煞知义理⑥。若圣人因物而未尝有怒，此莫是甚难。君子役物，小人役于物⑦。今见可喜可怒之事，自家着一分陪奉他，此亦劳矣。圣人之心如止水。⑧

【注释】

①不迁怒，不贰过：语出《论语·雍也》："有颜回者好学，不迁怒，不贰过。"意谓有个叫颜回的学生好学，从不把愤怒发泄到别人身上，从不重犯同样的过错。

②莫是：或许是。

③舜诛四凶：相传舜流放了当时四个恶名昭彰的部族首领。

④譬如明镜：语本《庄子·应帝王》："至人之用心若镜，不将不迎，

应而不藏,故能胜物而不伤。"意谓至人的用心就像镜子一样,对外物的来去,既不迎来,也不送往,只反映而不留存,所以能够承受万物变化而没有任何损伤。

⑤怒于室而色于市:语出《左传·昭公十九年》:"谚所谓室于怒市于色者,楚之谓矣。"意谓谚语所谓的"在家里发火却到街上给人脸色看,说的就是楚国了"。《战国策·韩策二》亦有:"语曰:怒于室者色于市。"

⑥煞:极,非常。

⑦君子役物,小人役于物:《荀子·修身》:"志意修则骄富贵,道义重则轻王公,内省而外物轻矣。《传》曰:'君子役物,小人役于物。'此之谓矣。"意谓志向美好就蔑视富贵,以道义为重就轻视王公,注重内在修养就会看轻外物。古书上说:"君子役使外物,小人为外物所役使。"说的就是这个道理。

⑧按:本条见《二程遗书》卷十八。

【译文】

有人问:"不把愤怒迁移发泄到别人身上,不第二次犯同样的错",这是什么意思?《语录》当中提到说:对甲生气,不把这种怒气迁移到乙身上,这种说法对不对呢?程颐说:对。又问:如果是这样的话,那做起来很容易,为什么只有像颜回这样的大贤人才能做到呢?程颐说:那只是因为说得太粗略了,所以你们才认为很简单,这其实或许是最困难的。需要理解因为什么才不迁移愤怒,比如舜诛灭四凶,愤怒的对象是四凶,与舜有什么关系呢?只因为这个人做的事情令人愤怒,于是才愤怒,圣人的心里本来并没有愤怒。比如明镜,美好的事物来到镜子面前,镜子就反映出美好,丑陋的事物来到镜子面前,镜子就反映出丑陋,镜子本身又有什么喜好还是厌恶呢?世上确实有人在家里生了气,跑到闹市上给别人脸色看。就好像对一个人生气,对别的人说话能做到没有生气的脸色吗?能够做到对一个人生气,但是不迁怒于别人的人,能够像这样怒住愤怒，已经是特别能明白义理了。像圣人那样因为事物本身值得生气，但是内心并不是真的有怒气，这恐怕是最困难的。君子能够役使外物，小人则被外物所役使。如果现在遇到可以喜欢可以愤怒的事情，自己也用一分喜怒去奉陪，这也就太劳累了。圣人的心只是像静止的水一样。

　　5.28　人之视最先，非礼而视①，则所谓开目便错了。次听，次言，次动，有先后之序。人能克己，则心广体胖②，仰不愧、俯不怍③，其乐可知。有息则馁矣④。⑤

【注释】

①非礼而视：语出《论语·颜渊》："非礼勿视，非礼勿听，非礼勿言，非礼勿动。"

②心广体胖：语出《大学》："富润屋，德润身，心广体胖。"意谓财富可以装潢屋子，德行可以滋润身体，心胸开阔而体态舒适。广，宽广，坦率。胖，安泰舒适。

③仰不愧、俯不怍：语出《孟子·尽心上》："仰不愧于天，俯不怍于人，二乐也。"意谓抬头无愧于天，低头无愧于人，这是第二件乐事。怍，惭愧。

④有息则馁（něi）：语出《孟子·公孙丑上》："其为气也，配义与道；无是，馁也。是集义所生者，非义袭而取之也。行有不慊于心，则馁矣。"意谓作为气，要和义行与正道配合；没有这些，它就会萎缩。它是不断集结义行而产生的，不是偶然的义行就能装扮成的。如果行为让内心不满意，它就萎缩了。息，停止，止息。馁，萎缩。

⑤按：本条见《二程外书》卷三。

【译文】

人总是最先用眼睛看东西，去看不符合礼仪的事，那么睁开眼睛便会犯错。其次是听闻，其次是言说，其次是行为，这些都是有先后顺序的。一个人如果能够克制自己的私欲，就可以心情愉快，外貌安泰，抬起头来无愧于天，低下头去无愧于人，其中的快乐可想而知。一旦停止克制自己的私欲，气的运行就萎缩了。

5.29　圣人责己感也处多①，责人应也处少②。③

【注释】

①责己感：要求自己以感动别人。责己，反求诸己。如《孟子·离娄上》："爱人不亲，反其仁；治人不治，反其智；礼人不答，反其敬。行有不得者，皆反求诸己。"意谓爱护别人，别人却不来亲近，就要反问自己够不够仁德；管理别人，却管理不好，就要反问自己够不够明智；礼貌待人，别人却没有回应，就要反问自己够不够恭敬。行为没有达到预期的效果，就要反过来要求自己。

②责人应：要求别人回应自己。责人，语本《左传·闵公二年》："修己而不责人，则免于难。"意谓自己修身而不责备别人，就能够免于祸难。又，《论语·卫灵公》："躬自厚而薄责于人，则远怨矣。"意谓责备自己多而责备别人少，就可以远离怨恨了。

③按：本条见《二程外书》卷七。

【译文】

圣人要求自己感动别人的地方比较多，要求别人回应自己的地方比较少。

5.30　谢子与伊川先生别一年①，往见之，伊川曰：相别又一年，做得甚工夫？谢曰：也只去个"矜"字②。曰：何故？曰：子细点检得来③，病痛尽在这里。若按伏得这个罪过④，方有向进处。伊川点头,因语在坐同志者曰:此人为学,切问近思者也⑤。⑥

【注释】

①谢子:谢良佐(1050—1103),字显道,二程弟子。

②矜:骄傲。

③子细:仔细,认真。

④按伏:抑制。

⑤切问近思:语出《论语·子张》:"博学而笃志,切问而近思,仁在其中矣。"意谓广泛学习、坚守志向,恳切请教、思考与自己切近的事,仁德就在这之中。

⑥按:本条见《二程外书》卷十二。

【译文】

谢良佐与程颐分别一年之后,又去拜见程颐。程颐问道:分别一年以来,在什么方面下工夫呢?谢良佐回答说:我只是从自己身上去除一个"矜"字。程颐问道:这是什么原因呢?谢良佐说:我仔细地检点自己,发现我各种毛病的病根都在这里。如果能纠正这个错误,应该就会有所进步。程颐点点头,对在座的其他的弟子说:这个人的学习方法,可以称得上是"恳切地请教,切近地思考"了。

5.31　思叔诟骂仆夫①,伊川曰:何不动心忍性②?思叔惭谢。③

【注释】

①思叔:张绎(1071—1108),字思叔,程颐晚年弟子。诟骂:辱骂,责骂。仆夫:驾驭车马之人。

②动心忍性：以外在的困厄，震撼其心志，使其性格愈发坚强。语出《孟子·告子下》："行拂乱其所为，所以动心忍性，增益其所不能。"意谓使他的所作所为都不能如意，这样就可以震撼他的心思，坚忍他的性格，由此增加他所缺少的才干。

③按：本条见《二程外书》卷十二。

【译文】

张绎辱骂马夫，程颐说：为什么不因为马夫的错误而造成的困难增强自己的心志、使自己的性格更坚韧呢？张绎感到惭愧并且认错。

5.32　见贤便思齐，有为者若是；见不贤而内自省，盖莫不在己①。②

【注释】

①"见贤便思齐"几句：语出《论语·里仁》："见贤思齐焉，见不贤而内自省也。"叶采解："见人有善即思自勉，则谁不可及；见人不善惟当自省，亦无非反己之地。"江永注："'莫不在己'，谓反躬自省，人之不善，己皆有之也。"

②按：本条见《二程外书》卷二。

【译文】

见到贤德的人就想着要像他一样有贤德，有作为的人就是这样的；看到不贤德的人就要自我反省，因为没有什么不应该反省自己。

5.33　横渠先生曰：湛一①，气之本，攻取，气之欲。口腹于饮食、鼻口于臭味，皆攻取之性也。知德者属厌而已②，不以嗜欲累其心，不以小害大、末丧本焉尔③。④

【注释】

①湛一：清澈纯一。

②知德者：注重德行的人。属厌而已：即适可而止，无贪心。语出《左传·昭公二十八年》："愿以小人之腹为君子之心，属厌而已。"意谓希望以我们小人的肚腹作为君子的内心，正好满足就行了。属，足。厌，饱。

③以小害大：语出《孟子·告子上》："体有贵贱，有小大。无以小害大，无以贱害贵。养其小者为小人，养其大者为大人。"意谓身体有重要的部分，有次要的部分，有口腹之欲这种小的欲求，也有心志完满这种大的追求。不应该因为小欲望而损害大追求，因为次要的部分而损害重要的部分。滋养小欲望的人是小人，而滋养大追求的人是君子。小，指口腹之欲。大，指心志。

④按：本条见张载《正蒙·诚明》。

【译文】

张载说：清静纯粹是气的本体，进攻夺取是气的欲望。口腹对于饮食、口鼻对于气味与滋味，都是出于进攻夺取外物的本性。注重德行的人对于外物的取用正好足够就可以了，不会因为过分的嗜欲影响到内心，不会是因为小的伤害大的，因为枝末的丧失根本的。

5.34　纤恶必除，善斯成性矣；察恶未尽，虽善必粗矣。①

【注释】

①按：本条见张载《正蒙·诚明》。

【译文】

哪怕微小的邪恶也务必要去除，善良的本性才能逐渐养成；察觉到邪恶的行为不能完全去除，虽然有善良的言行，但还是很粗糙的。

5.35　恶不仁①,故不善未尝不知②。徒好仁而不恶不仁,则习不察、行不著③。是故徒善未必尽义,徒是未必尽仁,好仁而恶不仁,然后尽仁义之道。④

【注释】

①恶不仁:语出《论语·里仁》:"我未见好仁者、恶不仁者。好仁者,无以尚之;恶不仁者,其为仁矣,不使不仁者加乎其身。"意谓我没有见到过喜好仁德的人和厌恶不仁的人。喜好仁德的人,那是至高无上的了;厌恶不仁的人,他行仁德,表现在不使不仁的东西出现在自己身上。

②不善未尝不知:语出《周易·系辞下》:"颜氏之子,其殆庶几乎?有不善未尝不知,知之未尝复行也。"意谓颜回的修养大概差不多了吧?有错误很快就能察觉,察觉之后就不再犯了。

③习不察、行不著:语出《孟子·尽心上》:"行之而不著焉,习矣而不察焉。"意谓就这么去做了,但是并不明白;习惯了,却没有察觉。

④按:本条见张载《正蒙·中正》。

【译文】

只有厌恶不仁爱的行为,不善的事情才没有不被察觉的。仅仅是喜好仁爱的行为,但并不厌恶不仁爱的行为,那么就是习惯了却不察觉,行动了却不明白。所以只是践行善良的行为尚不能符合道义的要求,只是做正确的事情尚不能符合仁爱的要求,只有喜好仁爱的行为而厌恶不仁爱的行为,才是实践仁义的方式。

5.36　责己者,当知无天下国家皆非之理,故学至于不尤人①,学之至也。②

【注释】

①不尤人：不怪罪别人。语出《论语·宪问》："不怨天，不尤人。"尤，责备，怪罪。

②按：本条见张载《正蒙·中正》。

【译文】

要求自己的人，应当知道没有天下国家都不对的道理，所以学习到达不怪罪别人的地步，可以说是学习的极点了。

5.37　有潜心于道，忽忽为他虑引去者，此气也。旧习缠绕，未能脱洒①，毕竟无益，但乐于旧习耳。是故古人欲得朋友与琴瑟简编，常使心在于此。惟圣人知朋友之取益为多，故乐得朋友之来②。③

【注释】

①脱洒：超脱，无所拘束。

②故乐得朋友之来：语本《论语·学而》："有朋自远方来，不亦乐乎？"

③按：本条见张载《论语说》。

【译文】

有的人潜心于圣人之道，忽然就被其他的私心杂念牵引而去，是因为被习气所牵动了。旧的习气缠绕着他，无法摆脱束缚，毕竟没有好处，只是陶醉在旧的习气里。因此古代的人想要得到朋友与琴瑟、书册，经常把自己的心放在这上面。只有圣人知道从朋友那里得到的益处很多，所以朋友到来会感到很快乐。

5.38　矫轻警惰①。②

【注释】

①轻：随便，不庄重。

②按：本条见张载《经学理窟·气质》。

【译文】

矫正轻率，警惕懒惰。

5.39　"仁之难成久矣，人人失其所好"①，盖人人有利欲之心，与学正相背驰，故学者要寡欲②。③

【注释】

①仁之难成久矣，人人失其所好：语出《礼记·表记》。所好，喜欢的东西，此指仁德。

②寡欲：语出《孟子·尽心下》："养心莫善于寡欲。"意谓修养心性没有比减少欲望更好的了。

③按：本条见张载《经学理窟·学大原上》。

【译文】

"仁爱之德难以成就由来已久了，每个人都失去了喜好仁德的天性"，这是因为每个人都有私利欲求之心，与圣人之学正好背道而驰，所以学道的人要减少自己的欲望。

5.40　君子不必避他人之言，以为太柔太弱。至于瞻视①，亦有节：视有上下，视高则气高，视下则心柔。故视国君者，不离绅带之中②。学者先须去其客气③。其为人刚行④，终不肯进。"堂堂乎张也，难与并为仁矣⑤。"盖目者，人之所常用，且心常托之，视之上下，且试之，己之敬傲，必见于视。所以欲下其视者，欲柔其心也。柔其心，则听言敬且信。

【注释】

①瞻视：观看，顾盼。

②绅带：古时士大夫束腰之大带。

③客气：外来的邪气。

④刚行：行为刚强。

⑤堂堂乎张也，难与并为仁矣：语出《论语·子张》曾子语。堂堂，形容人的容貌端正庄严。

【译文】

君子不必回避别人对自己的议论，认为如果回避自己就太温柔、太软弱。对于眼睛向哪里看，也是要有节度的：视线有高有低，如果视线高就显得心气高傲，视线低就显得内心柔和。所以面对国君的时候，视线不能离开绅带的中线。学者们应该去除外来的邪气。一个人为人刚强，终究不会有所进步。就像曾子所说的："高大威严的子张，很难和他一起增进仁德。"所以眼睛是人们经常使用的，而内心真情实感经常通过眼睛表现出来。视线的高低可以测试出人心，可以自己去尝试，自己的恭敬或傲慢，都可以从视线高低当中体现出来。所以想要放低视线，一定要使内心变得柔和。内心柔和，那么听别人说话就会恭敬而且诚信。

人之有朋友，不为燕安①，所以辅佐其仁②。今之朋友，择其善柔以相与③，拍肩执袂以为气合④，一言不合，怒气相加。朋友之际，欲其相下不倦⑤。故于朋友之间，主其敬者，日相亲与，得效最速。仲尼尝曰："吾见其居于位也，与先生并行也，非求益者，欲速成者⑥。"则学者先须温柔，温柔则可以进学。《诗》曰："温温恭人，惟德之基⑦。"盖其所益之多。⑧

【注释】

①燕安：安适满足，引申为逸乐。

②辅佐其仁：语出《论语·颜渊》："君子以文会友，以友辅仁。"意谓君子用文章学问来聚会朋友，用朋友来辅助仁德的修养。

③相与：相交往，相处。

④执袂：拉住衣袖。形容非常亲密。气合：情投意合。

⑤相下：互相谦让。不倦：不懈。倦，倦怠。

⑥"吾见其居于位也"几句：语出《论语·宪问》："阙党童子将命。或问之曰：'益者与？'子曰：'吾见其居于位也，见其与先生并行也。非求益者也，欲速成者也。'"其居于位，指童子本当隅坐随行，却和先生并行，是不守礼仪。

⑦温温恭人，惟德之基：语出《诗经·大雅·抑》。恭人，宽厚谦恭的人。

⑧按：本条见张载《经学理窟·气质》。

【译文】

　　人们交朋友，不是为了在一起玩乐，而是要相互辅佐成就仁德。现在的朋友，都是选择和善温柔的人在一起相处，拍着肩膀，拉着袖子，表示意气相投，可是如果一句话说不到一块，就会生对方的气。朋友之间，应该相互谦让不懈怠。所以朋友之间，根本精神在于恭敬，一天比一天更亲密，相互辅佐成就仁德的效果也就最快。孔子曾经说："我看到那个童子坐在不该坐的位置上，和长辈并肩行走，他不是一个求上进的人，而是一个想要速成的人。"所以学者首先应当温柔，温柔才能够增进学问。《诗经》说："温和恭敬的人，品德根基深厚。"温柔所获得的好处是很多的。

　　5.41　世学不讲①，男女从幼便骄惰坏了②，到长益凶狠。只为未尝为子弟之事③，则于其亲已有物我④，不肯屈下。病根常在，又随所居而长，至死只依旧。为子弟，则不能安洒扫应对⑤；在朋友，则不能下朋友；有官长，则不能下官长；为宰相，不能下天下之贤。甚则至于徇私意，义理都丧，也只为病根不去，随所居所接而长。人须一事事消了病，则义理常胜。⑥

【注释】

①世学：指家学，世代相传的学问。

②骄惰：骄纵怠惰。

③子弟之事：语出《论语·学而》："弟子入则孝，出则悌，谨而信，泛爱众，而亲仁。"意谓年少子弟在家应该孝顺父母，出外应该尊敬兄长，谨慎做事，言而有信，博爱民众而亲近仁人。

④物我：彼此，外物与自身。

⑤洒扫应对：洒水扫地，酬答宾客。语出《论语·子张》。

⑥按：本条见载《经学理窟·学大原上》《经学理窟·学大原下》。

【译文】

不再讲求世代相传的学问，男孩和女孩就从小被娇惯坏了，长大以后就会残忍狠毒。只是因为他们没有做过孩子们应该做的事情，对于他们的亲人就有了你与我的分别，不肯委屈自己。这种毛病的病根一直都在，伴随着他们长大，到死也依旧如此。有了这个毛病，他们还是孩子的时候，就不可能安心做打扫卫生、应酬对答的事情；与朋友相处的时候，就不可能会谦让朋友；做官的时候，就不可能会尊敬上司；做宰相的时候，就不可能会礼敬天下贤能的人。严重的甚至顺从自己的私心，义理都丧失了，也只是因为所养成的病根没有去除，随着他们的为人处事待人接物而发展。人应该一件事情一件事情地消除自己的旧毛病，那么义理才能经常战胜私欲。

卷之六

【题解】

朱熹论此卷纲目曰："齐家之道。"

叶采曰：卷六家道：此卷论齐家。盖克己之功既至，则施之家而家可齐矣。

本卷主要讨论齐家有关的内容。主要内容有：

一、孝顺父母。孝顺是年轻人的本分，需要优先修习（6.1），顺从是侍奉双亲的根本原则（6.4），特别侍奉母亲尤其要如此（6.3）。本卷还特别举了舜（6.19）、曾子（6.2）等例子作为孝顺父母的典范。

二、夫唱妇随。世人常把亲昵看作是夫妇应有的关系，二程则主张以"贞静"作为夫妇之道（6.8）。二程的父母夫唱妇随，相敬如宾（6.17），是夫妇之道的典范。本卷强调女人要从一而终，不可改嫁，提出对后世影响深远，但又臭名昭著的"饿死事小，失节事大"的主张（6.13）。值得注意的是，二程为父母所作的传记中，却又写到父亲堂姐的女儿守寡，父亲曾将她领回来，予以改嫁（6.17）。二程认为，媳妇的德行对于一个家庭很重要（6.9）。二程的母亲是这方面的典范，她不仅很好地相夫教子，而且很好地恪守妇道，比如夜不外出、不为辞章等（6.17）。

三、兄弟友爱。本卷特别强调兄弟之间要友爱，不要效法彼此的毛病缺点（6.20），还要将兄弟的孩子看作是自己的孩子，特别举了第五伦的故事来说明(6.12)。二程的父母本身就是这方面的榜样,如二程的父亲将朝廷庇荫(即因先世有功劳封其子孙为官)给了兄弟的儿子们,对待堂姐的孩子也与自己的子侄们一样。二程母亲对待庶子与自己的孩子也一样(6.17)。

四、善待奴仆。二程的母亲不喜欢鞭打奴仆,对待小奴仆像自己的孩子一样(6.17),也强调要让奴仆勤勉努力,要时常地提醒(6.22)。

本卷也专门讨论孝悌与穷理尽性至命相统一的道理(6.11),使学者不可以忽视孝悌的重要作用。

6.1　伊川先生曰:弟子之职①,力有余则学文②,不修其职而学,非为己之学也③。④

【注释】

①弟子之职:年轻人的本分。弟子,泛指年轻人。职,职责,常道。

②力有余则学文:语出《论语·学而》:"弟子入则孝,出则悌,谨而信,泛爱众,而亲仁。行有余力,则以学文。"意谓年少子弟在家应该孝顺父母,出外应该尊敬兄长,谨慎做事,言而有信,泛爱民众而亲近仁人。躬行之后尚有余力,就用来学习文化。

③为己之学:学习是为了提高自己的德性,而不是为了在别人面前炫耀。语出《论语·宪问》:"古之学者为己,今之学者为人。"《论语·卫灵公》:"君子求诸己,小人求诸人。"

④按:本条见《程氏经说·论语解》。

【译文】

程颐说:青少年们的本分,在孝敬父母、尊敬兄长、谨慎守信、爱众亲仁之外还有精力的话,再去学习文献典籍,没有做到应该做的就去学习文献典籍,就不是成就自己德行的学习。

6.2　孟子曰："事亲若曾子可也①。"未尝以曾子之孝为有余也。盖子之身所能为者，皆所当为也。②

【注释】

①事亲若曾子可也：语出《孟子·离娄上》："曾子养曾皙，必有酒肉；将彻，必请所与；问有余，必曰：'有。'曾皙死，曾元养曾子，必有酒肉；将彻，不请所与；问有余，曰：'亡矣。'将以复进也。此所谓养口体者也。若曾子，则可谓养志也。事亲若曾子者，可也。"意谓曾子奉养他的父亲曾皙时，每餐必定有酒有肉。撤去食物时，一定要请示剩下的给谁；父亲问有没有多余的，他一定说"有"。曾皙死后，曾元奉养他的父亲曾子，每餐也必定有酒有肉。但是撤去食物时，不再请示剩余的给谁；父亲问有没有多余的，他说"没有了"，是准备留到下一顿再给父亲吃。这叫作奉养父亲的口腹。像曾子那样，才可称为奉养父亲的心意。侍奉父母做到像曾子那样，就可以了。

②按：本条见《周易程氏传·师》。

【译文】

孟子说："侍奉父母像曾子那样就可以了。"孟子并没有认为曾子对父母的孝敬过度了。凡是作为儿子应该做的，都是应当去做的。

6.3　"干母之蛊，不可贞"①，子之于母，当以柔巽辅导之②，使得于义。不顺而致败蛊③，则子之罪也。从容将顺④，岂无道乎？若伸己刚阳之道，遽然矫拂⑤，则伤恩，所害大矣，亦安能入乎⑥？在乎屈己下意⑦，巽顺相承，使之身正事治而已。刚阳之臣事柔弱之君，义亦相近。⑧

【注释】

①干母之蛊,不可贞:语出《周易·蛊·九二》。九二阳爻居下爻之
　　中,故能干预母亲做事,但应减少自己的刚正,用柔顺委婉的方式
　　劝导她。干,干涉,干预。蛊,事。贞,正。此指刚正。

②柔巽:犹柔顺。巽,卑顺。

③败蛊:失败的事。

④将顺:顺势助长、促成。将,奉行,秉承。顺,顺从。

⑤遽然:骤然,突然。矫拂:拂逆,违背。

⑥入:此指使人接受自己的意见。

⑦下意:虚心和顺。

⑧按:本条见《周易程氏传·蛊》。

【译文】

　　"救治母亲留下的积弊,不可强硬",说的是儿子对于母亲,应当以柔顺的原则来引导她,使得所做的事情符合道义的要求。如果不柔顺导致事情失败,就是儿子的罪过了。从容不迫地顺势而为,怎么会没有办法做成事情呢?如果儿子按照自己的阳刚的气质,骤然违背母亲,就会伤害母子之间的恩情,所造成的后果很严重,又怎么能够劝说母亲呢?关键在于委屈自己虚心和顺,用柔顺的原则顺从母亲,从而使得自己行为端正,事情得以完成。气质刚强的臣下对于性格柔弱的君王,道理也与此类似。

　　6.4　《蛊》之九三,以阳处刚而不中,刚之过也,故小有悔①。然在巽体,不为无顺②。顺,事亲之本也,又居得正③,故无大咎。然有小悔,已非善事亲也。④

【注释】

①"《蛊》之九三"几句:《蛊》卦的九三爻以阳爻处于下卦的最
　　上爻,所以是"刚而不中",是阳刚过度了,所以有小过失。《周

易·蛊·九三》:"干父之蛊,小有悔,无大咎。"意谓救治父亲留
下的积弊,有小的懊恼,没有大的灾难。悔,过失,灾祸。

②然在巽体,不为无顺:《蛊》卦的下卦是巽,九三爻处于巽中,巽为
顺,所以说"不为无顺"。

③居得正:指九三爻阳爻处于阳位。

④按:本条见《周易程氏传·蛊》。

【译文】

《蛊》卦的九三爻,阳爻处在阳刚的位置上,但是没有处在正中的位
置,这就是过分的刚强了,因此会有小的过失。但是《蛊》的下卦是巽,
九三爻处于巽体之中,有巽所代表的柔顺。顺从,是侍奉父母的根本原
则,而九三爻又处在正确的位置上,所以没有大的灾祸。但是因为有小
的过失,已经算不上是好的侍奉父母的做法了。

6.5 正伦理①,笃恩义②,《家人》之道也③。④

【注释】

①伦理:指父子、君臣、夫妇、长幼、朋友各类等级尊卑关系及其相应
的道德规范。

②恩义:深厚的恩情义气。

③《家人》之道也:《周易·家人》象辞:"王假有家,交相爱也。"

④按:本条见《周易程氏传·家人》。

【译文】

端正各类人伦规范,加深亲人之间的恩情,就是《家人》卦包含的道理。

6.6   人之处家,在骨肉父子之间,大率以情胜礼、以恩
夺义。惟刚立之人,则能不以私爱失其正理,故《家人》卦
大要以刚为善①。②

【注释】

①以刚为善：指《周易·家人》卦的初九、九三、上九都是在刚正状态下有利。如初九爻辞说："闲有家，悔亡。"意谓治家以法度防范混乱，就不会有过失。上九爻辞说："有孚，威如，终吉。"意谓有诚信，有威严，终究是吉利的。

②按：本条见《周易程氏传·家人》。

【译文】

与亲人相处，在骨肉相连的父子兄弟之间，大多会将亲情凌驾在礼法之上，注重恩情而废弃道义。只有刚强正直的人，才能不因为私情丧失公正的原则，所以《家人》卦大致上要刚强才比较有利。

6.7　《家人》上九爻辞，谓治家当有威严①，而夫子又复戒云，当先严其身也②。威严不先行于己，则人怨而不服。③

【注释】

①《家人》上九爻辞，谓治家当有威严：《周易·家人·上九》："有孚，威如，终吉。"意谓有诚信而有威严的样子，最终吉利。威严，严肃，庄严。

②夫子又复戒云，当先严其身也：《家人·上九》象辞："'威如'之'吉'，反身之谓也。"意谓"威严"获得的"吉利"，是说要首先对自身严格要求。《周易》的象辞，传统认为是孔子所作，所以这里说"夫子又复戒云"。严其身，指修身。严，整饬，整备。

③按：本条见《周易程氏传·家人》。

【译文】

《家人·上九》说的是管理家事要有使人敬畏的庄严气势。孔子又提醒说，应当首先自己要修身立德。如果使人敬畏的庄严气势不首先在自己身上施行，那么别人就会抱怨而不服从。

6.8　《归妹·九二》[①],守其幽贞[②],未失夫妇常正之道。世人以媒狎为常[③],故以贞静为变常[④],不知乃常久之道也。[⑤]

【注释】

①《归妹·九二》:《周易·归妹·九二》:"眇能视,利幽人之贞。"意谓眼盲而勉强瞻视,利于幽静安恬的人守持正固。

②幽贞:指高洁坚贞的节操。

③媒狎:狎昵,不庄重。指特别亲密可以不尊重彼此。

④贞静:坚贞,纯洁。变常:反常。

⑤按:本条见《周易程氏传·归妹》。

【译文】

《归妹·九二》,持守高洁坚贞的节操,没有失去丈夫与妻子之间正常与正当的法则。普通人常常把亲密无间当作夫妻之间的常态,反而认为坚贞纯洁的相敬如宾很不正常,但是不知道这才是夫妻长久相处的正道。

6.9　世人多慎于择婿,而忽于择妇,其实婿易见,妇难知[①]。所系甚重,岂可忽哉![②]

【注释】

①妇难知:古代女子居于深闺之中,品德不为人所知。

②按:本条见《二程遗书》卷一。

【译文】

世间的人大多在选择女婿的时候小心谨慎,但是选择媳妇的时候却疏忽大意。实际上女婿的品德比较容易衡量,媳妇的品德却难以了解。妇人的品德关系重大,怎么可以疏忽呢!

6.10　人无父母,生日当倍悲痛,更安忍置酒张乐以为

乐？若具庆者^①，可矣。^②

【注释】

①具庆：谓父母俱存。

②按：本条见《二程遗书》卷六。

【译文】

父母过世以后，自己生日的那一天，应该因为思念父母比平日更加悲伤，怎么忍心摆设酒席演奏音乐寻欢作乐呢？如果父母还健在，欢庆一下自己生日则是可以的。

6.11　问：《行状》云^①："尽性至命^②，必本于孝弟。"不识孝弟何以能尽性至命也？曰：后人便将性命别作一般事说了^③。性命、孝弟，只是一统底事，就孝弟中，便可尽性至命。如洒扫应对与尽性至命^④，亦是一统底事，无有本末、无有精粗，却被后来人言性命者别作一般高远说。故举孝弟，是于人切近者言之。然今时非无孝弟之人，而不能尽性至命者，由之而不知也^⑤。^⑥

【注释】

①《行状》：行状，是记述死者生平概略的文章。此指程颐为程颢所写的《明道先生行状》，是对其一生治学思想与成就的总结。其中说程颢"知尽性至命，必本于孝悌"。

②尽性至命：语出《周易·说卦》："穷理尽性以至于命。"意谓穷尽学理与本性直到认识天命。

③性命：中国古代哲学范畴。指万物的天赋和禀受。《周易·乾》彖辞："乾道变化，各正性命。"朱熹本义："物所受为性，天所赋为

命。"别作一般：当作另外的。

④洒扫应对：洒水扫地，酬答宾客。语出《论语·子张》。

⑤由之而不知：语本《论语·泰伯》："民可使由之，不可使知之。"意谓对于老百姓，可以使他们走在正确的道路上，却没有办法让他们知道其中的道理。又，《孟子·尽心上》："终身由之而不知其道者，众也。"意谓一辈子遵循着，却不知道遵循着什么道路的人，是很多的。

⑥按：本条见《二程遗书》卷十八。

【译文】

有人问程颐：您写的《明道先生行状》当中说："程颢知道穷尽本性直到认识天命，根本上在于孝敬父母友爱兄弟。"不知道孝敬父母友爱兄弟怎么就能够穷尽本性直到认识天命呢？程颐回答说：只是后代的人把本性与天命当作另外的事情说了。穷尽本性直到认识天命和孝敬父母友爱兄弟，它们只是一回事儿，在孝敬父母友爱兄弟当中，就可以穷尽本性直到认识天命。比如洒水扫地、酬答宾客与穷尽本性直到认识天命，也是一回事，压根儿没有根本与枝末，精细与粗糙的差别，却被后来的人把讨论本性与天命当作很特别的事情说得很高远。所以我举出孝敬父母友爱兄弟，这是就人们切近能够做的事来说的。然而如今并不是缺少做到孝敬父母友爱兄弟的人，之所以不能够穷尽本性直到认识天命，是由于他们实际已经在这个道路上，但是不自知罢了。

6.12　问：第五伦视其子之疾与兄子之疾不同①，自谓之私，如何？曰：不待安寝与不安寝②，只不起与十起，便是私也。父子之爱本是公，才着些心做③，便是私也。又问：视己子与兄子有间否？曰：圣人立法，曰：兄弟之子犹子也④，是欲视之犹子也。又问：天性自有轻重，疑若有间然。曰：

只为今人以私心看了。孔子曰："父子之道，天性也⑤。"此只就孝上说，故言父子天性，若君臣、兄弟、宾主、朋友之类，亦岂不是天性？只为今人小看却，不推其本所由来故尔。己之子与兄之子，所争几何⑥？是同出于父者也。只为兄弟异形，故以兄弟为手足。人多以异形故，亲己之子异于兄弟之子，甚不是也。⑦

【注释】

①第五伦：复姓第五，名伦，字伯鱼。《后汉书·第五伦列传》记载，第五伦说："吾兄子常病，一夜十往，退而安寝；吾子有疾，虽不省视而竟夕不眠。若是者，岂可谓无私乎？"意谓第五伦说："我兄长的儿子曾经生病，一天晚上我去探望了十次，回来之后安然入睡；我的儿子生了病，虽然我一次也没有去探望，但是一晚上我都没有睡着。这样的话，怎么能说我没有私心呢？"

②不待：不想，不愿意。

③着些心：用心，刻意。

④兄弟之子犹子也：语出《礼记·檀弓上》："丧服，兄弟之子犹子也，盖引而进之也。"意谓按规矩，兄弟的儿子死后也要像自己的儿子死后一样为他服一年的丧，这是为了加重、拉近叔伯与侄子的关系。犹子，与自己的儿子一样。后世因称侄子为"犹子"。

⑤父子之道，天性也：语出《孝经·圣治章》。

⑥争：相差。

⑦按：本条见《二程遗书》卷十八。

【译文】

　　问：第五伦对待他儿子的疾病与对待他兄长儿子的疾病不同，他自己认为这是有私心，是这样吗？回答说：不想睡和睡不着，不起床与起来十次，这本身就是私心。父子的爱本来是大公无私的，一刻意去做，就是自私。又问：对待自己的儿子与兄弟的儿子可以有区别吗？回答说：圣人建立法度，说：兄弟的儿子也相当于是自己的儿子。所以要把兄弟的儿子当作是自己的儿子。又问道：天性感觉自然是有轻重之别的，所以怀疑两者是有区别的。回答说：这只是现在的人用私心去看待了。孔子说："父子遵循的法则出于天性。"这只是从孝这个方面来说的，所以说父子遵循的法则是出于天性的，像君臣、兄弟、宾主、朋友这一类的，难道不也都是出于天性？只是现在的人把这个天性看得小了，没有追究它本来是从哪里来的缘故。自己的儿子与兄长的儿子，差别能有多大呢？都是出于父亲。因为兄弟的形体不同，所以把兄弟比作是手足。人们经常因为形体不同，就爱自己的儿子与爱兄弟的儿子不同，这是非常不对的。

又问：孔子以公冶长不及南容，故以兄之子妻南容，以己之子妻公冶长①，何也？曰：此亦以己之私心看圣人也。凡人避嫌者②，皆内不足也。圣人自至公，何更避嫌？凡嫁女，各量其才而求配，或兄之子不甚美，必择其相称者为之配，己之子美，必择其才美者为之配，岂更避嫌邪？若孔子事，或是年不相若③，或时有先后，皆不可知。以孔子为避嫌，则大不是。如避嫌事，贤者且不为，况圣人乎！④

【注释】

①以兄之子妻南容，以己之子妻公冶长：《论语·公冶长》："子谓公冶长：'可妻也。虽在缧绁之中，非其罪也。'以其子妻之。子谓南容：'邦有道，不废；邦无道，免于刑戮。'以其兄之子妻之。"意谓孔子谈论公冶长，说："可以把女儿嫁给他做妻子。他虽然被关在监狱之中，并不是他的罪过。"于是把自己的女儿嫁给他。孔

子谈论南容,说:"国家政道清明,他就会被任用;国家政道昏乱,他又能免遭刑罚。"于是把自己兄长的女儿嫁给他。南容,春秋时鲁国人,孔子弟子。姬姓,孟孙氏,名括,字子容。大夫孟僖子之子,因居南宫,故又以南宫为氏。《论语》作"南宫适"。公冶长,春秋时鲁国(一说齐国)儒者,孔子弟子。姬姓,公冶氏,名长,一作"苌",字子长(一说字子芝),鲁公族季冶(字公冶)后裔。

②避嫌:为了怕惹人怀疑而预先避开,不参与其事。

③相若:相似,相当。

④按:本条见《二程遗书》卷十八。

【译文】

又问道:孔子认为公冶长比不上南容,所以将兄长的女儿嫁给南容,把自己的女儿嫁给公冶长,这是怎么回事儿呢?回答说:这也是用自己的私心去看待圣人。一般人避嫌都是因为自己内心有问题。圣人达到了大公无私的境界,不需要避嫌。大凡嫁女儿的时候,只是衡量她们各自的资质,然后予以许配。也许是兄长的女儿不够漂亮,必须许配相貌相称的,也许自己的女儿漂亮,必须许配给有才华的,怎么需要避嫌呢?就孔子这件事来说,或许是年龄不太相符,或者许配的时间先后不同,这些现在都不知道。如果认为孔子是出于避嫌才这么做的,那就非常不对了。像避嫌这类事情,贤能的人都不去做,何况是圣人呢?

6.13　问:孀妇于理似不可取①,如何?曰:然。凡取,以配身也。若取失节者以配身②,是己失节也。又问:或有孤孀贫穷无托者,可再嫁否?曰:只是后世怕寒饿死,故有是说。然饿死事极小,失节事极大。③

【注释】

①孀妇:指寡妇,丧偶的妇女。取:同"娶"。

②失节：指女子失去贞操。儒家学者提倡女人应当从一而终，终身只嫁一个丈夫，丈夫死了也不再嫁人。

③按：本条见《二程遗书》卷二十二下。

【译文】

有人问：按道理似乎不可以迎娶寡妇，是这样吗？回答说：是这样的。凡是娶妻，是给自己找匹配的人。如果迎娶失去节操的女人，自己也就失去了节操。又问道：比如有孤单的寡妇，贫穷无依无靠，可不可以改嫁呢？回答说：这是后代有些人为害怕冻死或饿死找借口，所以才有了可以改嫁这套说辞。其实因饥饿而死微不足道，但是再嫁而失去节操事关重大。

6.14　病卧于床，委之庸医，比之不慈不孝。事亲者亦不可不知医。①

【注释】

①按：本条见《二程外书》卷十二。

【译文】

父母亲卧病在床，把他们交到庸医手上，与不慈爱、不孝敬差不了太多。所以奉养父母不可以一点医也不懂。

6.15　程子葬父，使周恭叔主客①。客饮酒②，恭叔以告，先生曰：勿陷人于恶③。④

【注释】

①周恭叔：周行己（生卒年不详），字恭叔，号浮沚，永嘉（今浙江温州）人。程门弟子。为学重世务，开永嘉学派之先。主客：接待宾客。

②客饮酒：饮，叶采集解本作"欲"。

③勿陷人于恶：据《礼记·檀弓下》："行吊之日，不饮酒食肉焉。"

　恶：罪过，过错。

④按：本条见《二程外书》卷七。

【译文】

　　程颐安葬父亲，请周行己接待宾客。有客人想要饮酒，周行己告诉程颐。程颐说：不要让别人陷入做违背礼仪之事的过错中。

　　6.16　买乳婢多不得已①，或不能自乳，必使人。然食己子而杀人之子，非道。必不得已，用二乳食三子，足备他虞②。或乳母病且死，则不为害，又不为己子杀人之子，但有所费。若不幸致误其子，害孰大焉？③

【注释】

①乳婢：即乳母。

②虞：忧虑，忧患。

③按：本条见《二程外书》卷十。

【译文】

　　购买乳母大多是出于迫不得已，比如不能够给孩子哺乳，必须请别人代为哺乳。然而如果为了给自己的孩子哺乳，害死了别人家的孩子，就很不符合道义了。出于迫不得已，可以用两个乳母哺乳三个孩子，这样可以以防万一。如果其中一个乳母生病了或者死亡，就不会有大的妨碍，而且也不至于为了自己的孩子害死别人家的孩子，但是花费要多一些。可是如果不幸害死了别人家的孩子，这与花费多相比，哪一种害处更大呢？

　　6.17　先公太中①，讳珦，字伯温，前后五得任子②，以均诸父子孙。嫁遣孤女,必尽其力。所得俸钱,分赡亲戚之贫者③。伯母刘氏寡居,公奉养甚至。其女之夫死,公迎从女兄以归④,教养其子,均于子侄。既而女兄之女又寡,公惧女兄之悲思,又取甥女以归,嫁之。时小官禄薄,克己为义,人以为难。公慈恕而刚断⑤,平居与幼贱处,惟恐有伤其意,至于犯义理,则不假也⑥。左右使令之人,无日不察其饥饱寒燠⑦。

【注释】

①先公太中:指二程已过世的父亲程珦(1006—1090)。

②任子:因父兄的功绩,得保任授予子弟官职。

③赡:资助,救济。

④从女兄:堂姐。

⑤慈恕:仁慈宽厚。恕,推己及人,仁爱待物。刚断:刚毅决断,果断。

⑥假:宽容,宽饶。

⑦寒燠(yù):冷热。燠,暖,热。

【译文】

程颐说:我已去世的父亲曾官至太中大夫,名字叫程珦,字伯温,先后五次朝廷因为祖辈功绩要保任授予他儿子官职,他都把机会给了我的伯父叔叔的子孙们。他送我伯父们留下的孤女出嫁,一定竭尽全力为她们置办嫁妆。拿到了俸禄,他也都要分给救济亲戚当中贫穷的人。他的伯母刘氏寡居,他奉养得很周全。刘氏女儿的丈夫死了,他把这位堂姐接回家,教养堂姐的孩子,和自己的儿子侄儿们一样。不久这位堂姐的女儿又守了寡,先父害怕他的堂姐悲哀思念,又把这位外甥女接回来,重新嫁了人。当时他的官小,俸禄也少,能够克制自己、奉行道义,人们都认为非常难得。先父不仅仁慈宽厚,而且做事刚毅果断,平时与晚辈或地位低下的人相处，生怕会不小心伤害了他们的感情，但是谁如果做了违背义理的事情，则绝不会宽恕。对于身边使唤的人，每天都会关心他们的饥寒温饱。

娶侯氏。侯夫人事舅姑以孝谨称①，与先公相待如宾客。先公赖其内助，礼敬尤至。而夫人谦顺自牧②，虽小事未尝专，必禀而后行。仁恕宽厚，抚爱诸庶③，不异己出；从叔幼姑，夫人存视④，常均己子。治家有法，不严而整。不喜笞扑奴婢⑤，视小臧获如儿女⑥，诸子或加呵责，必戒之曰："贵贱虽殊，人则一也。汝如是大时，能为此事否？"先公凡有所怒，必为之宽解⑦，唯诸儿有过，则不掩也。常曰："子之所以不肖者，由母蔽其过而父不知也。"

【注释】

①舅姑：古代妻子称丈夫的父母为舅姑。

②自牧：自我修养。语出《周易·谦·初六》象辞："谦谦君子，卑以自牧。"意谓谦而又谦的君子，以谦卑的态度要求自己。

③诸庶：指各位庶出的子女。

④存视：照顾。

⑤笞扑：拷打。

⑥臧获：奴婢。

⑦宽解：宽慰劝说。

【译文】

先父迎娶侯氏夫人为妻。侯夫人侍奉公婆以孝敬谨慎著称，与先父相敬如宾。先父依靠她作为内助，对她非常恭敬。而侯夫人也能以谦卑顺从来要求自己，即使是小事也不自作主张，一定都先禀告先父以后才去做。她仁厚宽容,对于妾室所生的孩子也都非常慈爱,和自己生的孩子一样。堂叔和小姑姑们,侯夫人也都细心照顾,与自己生的孩子一样。她治家有法,不很严厉,但是却很齐整。她不喜欢打骂奴婢,把小奴婢也当作自己的儿女一样,孩子们如果谁要呵斥小奴婢,她一定会告诫说:"人的贵贱虽然不同,但是作为人都是一样的。你都这么大了,能做这样的事情吗?"先父有什么事情发怒,她一定要劝解,然而如果是儿子们做错了,她却不遮掩。她常常说:"孩子们之所以不成器,都是因为母亲隐瞒他们的过错,以至于父亲不知道。"

　　夫人男子六人,所存惟二。其爱慈可谓至矣,然于教之之道不少假也①。才数岁,行而或踣②,家人走前扶抱,恐其惊啼,夫人未尝不呵责,曰:"汝若安徐,宁至踣乎?"饮食常置之坐侧,常食絮羹③,即叱止之,曰:"幼求称欲④,长当何如?"虽使令辈,不得以恶言骂之。故颐兄弟平生于饮食衣服无所择,不能恶言骂人,非性然也,教之使然也。与人争忿,虽直不右⑤,曰:"患其不能屈,不患其不能伸。"及稍长,常使从善师友游,虽居贫,或欲延客,则喜而为之具⑥。夫人七八岁时,诵古诗曰:"女子不夜出,夜出秉明烛⑦。"自是日暮则不复出房阁。既长,好文而不为辞章,见世之妇女以文章笔札传于人者⑧,则深以为非。⑨

【注释】

①不少假:一点也不纵容。假,宽恕,宽容。

②踣(bó):向前扑倒。

③絮(chù)羹:加盐、梅于羹中以调味。絮,调拌,调制。

④称欲:符合自己的欲望。称,相当,符合。

⑤直：有理。右：袒护。

⑥具：备办，准备。此指准备酒食。

⑦女子不夜出，夜出秉明烛：不详所出。此诗当据《公羊传·襄公三十年》，伯姬曰："妇人夜出，不见傅、母不下堂。"又《礼记·内则》："女子出门……夜行以烛，无烛则止。"秉，执，持。

⑧笔札：借指文章、书画。

⑨按：本条见《二程文集》卷十二《先公太中家传》《上谷郡君家传》。

【译文】

夫人一共生了六个儿子，但是存活的只有两个。她对孩子们的慈爱是无以复加的，但她教育孩子时却一点都不纵容。孩子们刚刚几岁，走路有时候还会跌倒，家人们跑过去扶抱，害怕孩子受惊啼哭，夫人经常会呵斥孩子说："你如果安安稳稳地慢走，怎么会跌倒呢？"吃饭的时候，经常让孩子们坐在自己的身边，如果孩子们挑食或者把汤味调浓，她就会斥责说："小时候就追求满足口腹之欲，长大以后将会怎么样？"即使对使唤的仆人，也不许孩子们用恶言恶语相加。所以我们兄弟一生对于衣服饮食都没有什么挑剔，也不会用恶言恶语骂人，并非出自天性，是母亲教导我们的原因。孩子们与别人争斗生气，即使有理她也不替孩子说话，她说："担心的是孩子长大以后不能委屈自己，不用担心他们不能张扬自己。"等孩子稍大一点，常常让他们跟良师益友学习，虽然处在贫困当中，有时候孩子们想请客，她也会高兴地为孩子们去准备。夫人七八岁的时候读到一篇古诗说："女子不夜出，夜出秉明烛。"从此以后她一到晚上就不再出闺房。长大以后，喜好文学，但是不写文章，看到当时妇女将文章或者书画传给别人看的，就深深地认为是错误的做法。

6.18　横渠先生尝曰：事亲奉祭，岂可使人为之？①

【注释】

①按：本条见吕大临《横渠先生行状》。

【译文】

张载说：侍奉双亲，祭奠父母，怎么可以请别人代替自己去做呢？

6.19　舜之事亲，有不悦者，为父顽母嚚①，不近人情②。若中人之性③，其爱恶略无害理，姑必顺之。亲之故旧，所喜者当极力招致，以悦其亲。凡于父母、宾客之奉，必极力营办，亦不计家之有无④。然为养，又须使不知其勉强劳苦⑤，苟使见其为而不易，则亦不安矣。⑥

【注释】

①父顽母嚚（yín）：语出《尚书·尧典》："瞽子；父顽，母嚚，象傲、克谐。"意谓舜是瞽瞍的儿子。他的父亲愚蠢，他的母亲暴虐，他的弟弟象傲慢，而舜和他们却能和睦相处。顽，愚蠢。嚚，暴虐。克谐，能和谐、调合。

②不近人情：不合乎人的常情。

③中人：中等资质的人。

④计：考虑。有无：指家计的富裕或贫穷。

⑤勉强：尽力而为。

⑥按：本条见张载《记说》。

【译文】

舜竭力侍奉父母，但是父母仍然不开心，是因为他的父亲愚蠢，母亲暴虐，是不合乎人情的父母。如果你的父母亲是普通人，他们的爱好只要没有违背道义，就一定要顺从他们。父母喜欢交往的老朋友们，都要尽力邀请来，让父母开心。对父母以及所邀请的客人的奉养，一定要尽力去操办，不要考虑家里是富裕还是贫穷。但是奉养父母，又不可以让父母知道你的竭尽全力、操劳辛苦，如果让他们看到你的不容易，他们可能就会不安心了。

6.20　《斯干》诗言："兄及弟矣，式相好矣，无相犹矣^①。"言兄弟宜相好，不要厮学。犹，似也。人情大抵患在施之不见报则辍^②，故恩不能终。不要相学，己施之而已。^③

【注释】

①"兄及弟矣"几句：语出《诗经·小雅·斯干》。意谓哥哥与弟弟，应该相亲相爱，不要互相效仿。式，发语词。犹，一般认为通"訧"，欺诈，但程颐将"犹"解释为类似，指不效仿彼此的毛病。

②施：给予，施恩。报：报答。辍：中断，废止。

③按：本条见张载《诗说》。

【译文】

《斯干》诗："兄及弟矣，式相好矣，无相犹矣。"说的是兄弟之间应该彼此亲密，不要效仿彼此不好的行为。犹，是类似意思。人们常常犯这样的毛病：给予别人关爱如果得不到回报就会放弃，因此兄弟之情常常不能持久。不要效仿彼此不好的行为，只是自己主动关爱兄弟就可以了。

6.21　"人不为《周南》《召南》，其犹正墙面而立"^①，常深思此言，诚是。不从此行，甚隔着事^②，向前推不去。盖至亲至近，莫甚于此，故须从此始。^③

【注释】

①人不为《周南》《召南》，其犹正墙面而立：语出《论语·阳货》。朱熹《论语集注》曰："《周南》《召南》，《诗》首篇名。所言皆修身齐家之事。正墙面而立，言即其至近之地，而一物无所见，一步不可行。"

②隔：阻隔。此指阻碍、障碍。

③按：本条见张载《诗说》。

【译文】

《论语》说："人如果不去做《诗经》的《周南》《召南》所言的修身齐家，就好像面对墙壁站立一样，什么都看不到，哪儿都去不了。"我常常深入思考这句话，确实如此啊。如果不从修身齐家一类的事情去做，就会有很多障碍，做事情就无法向前推进。最为亲近最为切近的，没有什么比修身齐家更重要的了，所以要从修身齐家开始。

6.22　婢仆始至者，本怀勉勉敬心①，若到所提掇更谨②，则加谨，慢则弃其本心，便习以性成③。故仕者，入治朝则德日进，入乱朝则德日退，只观在上者有可学无可学尔。④

【注释】

①勉勉：力行不倦的样子。

②提掇：提起，振作。

③习以性成：长期习惯于某种环境，就会养成某种性格。语出《尚书·太甲上》："王未克变。伊尹曰：'兹乃不义，习与性成。'"意谓商王太甲不能改变旧恶习。伊尹说："这是你的不义，习惯成性。"习，习性，习惯。

④按：本条见张载《经学理窟·学大原上》。

【译文】

仆人刚来的时候，都会怀着要努力工作尊敬主人的想法，如果得到督促说干活要更加谨慎，仆人就会更加谨慎；如果放松要求，仆人就会放弃最初的想法，从而逐渐养成消极怠工的习惯。从政当官也是如此，在政治清明的朝廷，德行就会日益进步，在政治混乱的朝廷，德行就会一天天退步，因此需要观察处在上位的人是否追求上进。

卷之七

【题解】

朱熹论此卷纲目曰:"出处、进退、辞受之义。"

叶采曰:卷七出处:此卷论出处之道。盖身既修,家既齐,则可以仕矣。然去就取舍,惟义之从,所当审处也。

本卷讨论处世的原则与方法。比如:

一、喻于义。对于义的重要性,要真正理解接受。如果做到了真正理解接受,片刻都不会处在不义的境地。义与利相去不远,只应该考虑合不合道义,不应该考虑利益。利益不仅仅是外在的财货,更为根本的是贪图利益的心(7.25、7.26、7.28)。

二、知天命。只有知天命,才能安处于贫困(7.13)。有贤德的人,只是按照道义的要求去做,天命就在其中了(7.22)。知天命的人,在天下形势颓废的情况下,也要尽力去做,至于结果如何则归于天命(7.9)。

三、进取。有贤德的人,不可以迫切地追求得到君主的任用,必定要等君主致敬尽礼才肯进取(7.1)。程颐本人任职时,不主动去领取俸禄,认为朝廷应该主动让人将俸禄送来(7.31)。对于有世禄的人,应该以荫袭为荣,不应该通过科举等方式汲汲于功名(7.36)。内心没有向有权势的人求助的想法,就不会在意别人的权势(7.37)。关于人才选拔,经由他人推荐的方法是值得肯定的(7.32)。

四、谨慎追随。要追随具有一定品质的领导，要追随正确的人，远离邪佞的人（7.3、7.6）。选择要信任的人时，内心要没有偏见，才能得出正确的推测（7.21）。

五、安处自守。在没有得到任用的时候，要能够安静自守（7.2）。在境地不亨通的时候，也能持守高尚的节操，而不与贪图利益的小人同流合污（7.5）。处身之道，在于保持自己高尚的志向（7.8）。在刚开始进取的时候，不可能一下子得到在上位的人的信任，要安处自守（7.11）。只有贤德、智慧的人才可以安行与固守。不被任用，也不可以迫切地想有所作为，要安处于自己的位置（7.12、7.15、7.19）。

六、安于贫贱。一个人只有能够安于贫贱，他的进取才不是为了摆脱贫贱（7.4）。对待贫贱，要泰然处之，接受道义，安于天命（7.23）。要内心真切地可以安于贫贱，不能因为能力不足、计谋不够而假装安于贫贱（7.38）。安于贫贱，不能害怕别人笑话，无论富贵还是贫穷，都可以坦然接受（7.39）。

七、参加科举。可以修习科举学业，参加科举，但是不能一味地研究如何才能考中（7.33）。科举本身并不能妨碍学习圣人之道，关键要注意不能改变学习圣人之道的志向（7.35）。科举能否考中，内心往往患得患失，要坚定心志，安于天命（7.34），谢良佐在参加科举时的表现就是这方面的例子（7.24）。

7.1　伊川先生曰：贤者在下，岂可自进以求于君①？苟自求之，必无能信用之理。古人之所以必待人君致敬尽礼而后往者②，非欲自为尊大，盖"其尊德乐道之心，不如是，不足与有为也"③。④

【注释】
①自进：谓不经荐举，自谋仕进。

②致敬尽礼：语出《孟子·尽心上》："古之贤王好善而忘势；古之贤士何独不然？乐其道而忘人之势，故王公不致敬尽礼，则不得亟见之。"意谓古代的贤君爱好行善而忘记了自己的权势；古代的贤士又何尝不是如此？他们乐于行道，而忘记了别人的权势，所以王公不恭敬尽礼，就不能常常见到他们。

③"盖其尊德乐道之心"几句：语出《孟子·公孙丑下》："故将大有为之君，必有所不召之臣；欲有谋焉，则就之。其尊德乐道，不如是，不足与有为也。"意谓因此想要大有作为的君主，必定有他不能召唤的臣子；想要谋划什么事，就要亲自去请教。他尊重德性而乐于行道，如果不是这样，就不能与臣下一起有所作为。

④按：本条见《周易程氏传·蒙》。

【译文】

程颐说：贤能的人即便处在下位，怎么可以自我推荐请求君主给他职位呢？如果自己去请求职位，一定没有能够得到信任并且被任用的道理。古代的人之所以一定要等待君主表达敬意、按照礼节来邀请才去接受官职，并不是想要表现自己很尊贵伟大，而是如果君主尊重德性与乐于行道的愿望不是这样，就不能够与臣下一起有所作为。

7.2　君子之需时也①，安静自守。志虽有须②，而恬然若将终身焉，乃能用常也③。虽不进而志动者④，不能安其常也。⑤

【注释】

①需时：等待时机。需，等待。

②志虽有须：志向的实现虽然有所推迟。须，迟缓。

③用常：保持恒常的状态。

④不进而志动：没有进取的动作但有了进取的心志。

⑤按：本条见《周易程氏传·需》。

【译文】

君子需要等待时机，处在平静的自我持守的状态。志向的实现虽然有所推迟，但是心态要恬淡，仿佛终其一生都可以如此，只有这样才能保持恒常的状态。虽然没有进取的动作而心志却已经蠢蠢欲动，就不能够安于恒常的状态了。

7.3 《比》："吉，原筮，元永贞，无咎①。"《传》曰：人相亲比②，必有其道，苟非其道，则有悔咎。故必推原占③，决其可比者而比之，所比得元、永、贞，则无咎。元，谓有君长之道；永，谓可以常久；贞，谓得正道。上之比下，必有此三者；下之从上，必求此三者，则无咎也。④

【注释】

①"吉，原筮"几句：语出《周易·比》卦辞。疏曰："欲相亲比，必能原穷其情、筮决其意，唯有元大、永长、贞正乃得无咎。"原，推究，研究。元，大。永，长久。贞，正，正大。

②亲比：亲近依附。

③原占：推究占卜的结果。

④按：本条见《周易程氏传·比》。

【译文】

《比》卦说："吉利，推究、占筮以弄清对方的意图，只有符合'元大、永长、贞正'的条件，才没有灾害。"《周易程氏传》说：人与人相互亲近、依靠，要符合一定的原则。如果不符合原则，就会带来祸患或灾难。所以必须推究占卜的结果，判断哪些人可以依靠然后去依靠，可以依靠的人需要具备元、永、贞三种品德，就不会带来大的灾难。元，指的是具有君主师长的品质；永，指的是可以长久地依靠；贞，指的是具有正确的道义原则。在上位的人要使在下位的人依靠自己,必须具有这三种品德;在下位的人去依靠在上位的人,要寻求具有这样三种品德的人,才不会带来大的灾难。

7.4　《履》之初九曰:"素履,往无咎①。"《传》曰:夫人不能自安于贫贱之素②,则其进也③,乃贪躁而动,求去乎贫贱耳,非欲有为也,既得其进,骄溢必矣④,故往则有咎。贤者则安履其素,其处也乐,其进也将有为也,故得其进则有为而无不善。若欲贵之心与行道之心交战于中,岂能安履其素乎?⑤

【注释】

①素履,往无咎:语见《周易·履·初九》。注曰:"处《履》之初,为《履》之始。履道恶华,故素乃无咎。"素履,白色无文采的鞋子;一说指平常的行走方式。后用以比喻质朴无华、清白自守的处世态度。

②安于贫贱之素:语本《中庸》:"君子素其位而行,不愿乎其外。素富贵行乎富贵,素贫贱行乎贫贱。"意谓君子就他现在所处的位置而采取行动,不会期盼在此之外的一切。他平常处于富贵中,就做富贵者该做的事;他平常处于贫贱中,就做贫贱者该做的事。素,平素,向来。

③进:进仕,出仕。

④骄溢:骄傲自满。

⑤按:本条见《周易程氏传·履》。

【译文】

《履》之初九爻辞说:"按平常的行走方式,前往没有灾难。"《周易程

《氏传》说：如果一个人不能够安处于原本贫贱的位置，那么他追求官位，就是出于贪图利禄、内心浮躁才去追求，只是想改变贫贱的地位，并不是想要有所作为，那么一旦他得到官位，就会骄傲自满，所以这样的任职会带来灾难。贤德的人会安处于他原本的位置，并且在这样的位置上很快乐，他要获得官位是为了有所作为，所以一旦获得官位就会有所作为，而且不会有不好的事情发生。如果想要追求富贵的想法与实践道义的愿望在内心不断斗争的话，又怎么能够安处于原本的位置呢？

7.5　大人于否之时①，守其正节，不杂乱于小人之群类②，身虽否而道之亨也③。故曰："大人否，亨④。"不以道而身亨，乃道否也。⑤

【注释】

①否（pǐ）：困厄，不顺利。

②杂乱：混同。

③亨：通达。

④大人否，亨：语出《周易·否·六二》象辞："大人否，亨，不乱群也。"

⑤按：本条见《周易程氏传·否》。

【译文】

君子在时运不济的时候，仍然持守正直的节操，不会与众多利益小人们同流合污，虽然自身时运不济，但是道义却可以通达顺利。所以说："君子时运不济，道义却可以通达顺利。"如果采取有悖于道义的手段使自己飞黄腾达，道义的施行则要变得艰难了。

7.6　人之所随，得正则远邪，从非则失是，无两从之理。

《随》之六二,苟系初,则失五矣①,故象曰:"弗兼与也②。"所以戒人从正当专一也。③

【注释】

①"《随》之六二"几句:《周易·随·六二》:"系小子,失丈夫。"意谓系住小孩,失去丈夫。《随》卦的六二爻,与下面的初九爻是相从关系,与九五爻是正应关系。初九爻居下位,象征小子,九五爻处在尊位,象征丈夫。六二爻或者从初九爻,或者应九五爻,不可兼得。

②弗兼与也:语出《周易·随·六二》象辞。兼与,兼得。

③按:本条见《周易程氏传·随》。

【译文】

选择要追随的人的时候,选择正直的人,就会远离邪恶的人,跟从错误的人,就会失去正确的人,不存在两类人都可以追随的道理。《随》卦的六二爻,如果系于初九爻,就会失去九五爻,所以象辞说:"两者不可能兼得。"这就是要告诫人们,在追随正直的人时,应当专心一意。

7.7　君子所贵,世俗所羞①;世俗所贵,君子所贱。故曰:"贲其趾,舍车而徒②。"③

【注释】

①羞:羞辱,耻辱。

②贲其趾,舍车而徒:语出《周易·贲·初九》。贲,文饰,装饰。徒,徒步行走。

③按:本条见《周易程氏传·贲》。

【译文】

仁人君子认为很珍贵的东西,世俗之人可能认为是种耻辱;世俗之人认为很珍贵的东西，君子可能认为非常低贱。所以《贲·初九》说："装饰脚趾头，丢掉车子徒步行走。"

7.8　《蛊》之上九曰："不事王侯，高尚其事①。"象曰："不事王侯，志可则也②。"《传》曰：士之自高尚，亦非一道：有怀抱道德，不偶于时③，而高洁自守者；有知止足之道④，退而自保者；有量能度分⑤，安于不求知者；有清介自守，不屑天下之事，独洁其身者。所处虽有得失小大之殊，皆自高尚其事者也。象所谓"志可则"者，进退合道者也。⑥

【注释】

①不事王侯，高尚其事：语出《周易·蛊·上九》。高尚其事，追求自己行为的高尚。

②不事王侯，志可则也：语出《周易·蛊·上九》象辞。则，效法。

③偶：遇见，碰上。

④有知止足之道：语本《老子》第四十四章："知足不辱，知止不殆，可以长久。"意谓知道满足，就不会受到羞辱；知道停止，就不会碰上危险；这样可以保持长久。

⑤量能度分：衡量才能，估计才分。

⑥按：本条见《周易程氏传·蛊》。

【译文】

《蛊·上九》说："不去事奉王侯，以高尚来要求自己的行为。"象辞说："不去事奉王侯，他的志向值得效法。"《周易程氏传》说：士人自身的高尚追求，并不是只有一种方式：有的人怀有高尚的道德情操，没有遇到适合他施展抱负的时代，就自守高尚廉洁的情操；有的人知道适可而止与满足的道理，选择隐退以保全自己；也有的人能够衡量自己的能力与才分大小，安处于不求为世人所知的状态；有的人作风清廉，守持正道，瞧不起为天下各种烦杂世俗的事情而忙碌，独自持守廉洁的德行。他们所选择的处世方式虽然有得到、失去、渺小、高大的差别，但都属于追求高尚行为的方式。这就是象辞所说的"他们的志向值得效法"，他们的进取与退隐都符合道义的要求。

7.9　遯者，阴之始长①，君子知微，故当深戒。而圣人之意，未便遽已也②，故有"与时行""小利贞"之教③。圣贤之于天下，虽知道之将废，岂肯坐视其乱而不救？必区区致力于未极之间④，强此之衰⑤，艰彼之进⑥，图其暂安。苟得为之，孔孟之所屑为也，王允、谢安之于汉、晋是也⑦。⑧

【注释】

①遯者，阴之始长：遯，隐遯之意。《乾》卦为纯阳，《姤》卦一阴始生于下，《遯》卦二阴生于下，所以说是"阴之始长"。

②遽：遂，就。

③"与时行""小利贞"：《周易·遯》象辞："刚当位而应，与时行也。小利贞，浸而长也。"九五爻阳爻当位，下与六二阴爻相应，表示君子可以把握时机行动。初六、六二两阴爻有渐长之势，但阳爻代表的正道尚未全败，所有还有微小的和谐贞正。

④区区：辛苦殷勤的样子。未极：尚未达到极点。此指没有完全崩坏。

⑤强此之衰：强力挽救世道衰败的形势。此，这里指将乱之天下。

⑥艰彼之进：艰难地维持世事的运行。

⑦王允、谢安之于汉、晋是也：指王允、谢安都曾努力维护了汉、晋政权。王允（137—192）：字子师，太原祁县（今山西祁县）人。东汉末年著名大臣。献帝即位，任太仆，迁尚书令、司徒。初平三年（192），与士孙瑞、吕布密谋诛杀董卓，结束了董卓的暴虐统治与代汉自立阴谋。但不久即为董卓部将李傕、郭汜所杀。谢安

（320—385）：字安石，陈郡阳夏（今河南太康）人。东晋时期著名大臣。简文帝逝世后，挫败桓温篡位意图。在淝水之战中，谢安作为东晋一方的总指挥，以八万兵力打败了号称百万的前秦军队，为东晋赢得数十年的和平。

⑧按：本条见《周易程氏传·遁》。

【译文】

《遁》卦，象征阴气开始滋长，君子已经察觉到事情向坏的方向发展的微小征兆，所以要认真地戒惧。圣人的意思，并不是要马上停止，所以《遁》卦象辞有"把握时机行动""有微小的和谐贞正"的教导。圣贤对于天下的形势，虽然知道圣人之道将要崩坏，但是怎么可能毫无行动地看着衰乱发生而不去救助呢？一定会尽其全力在世道还没有崩坏的时候，努力挽救这样衰微的形势，艰难地维持事情的运行，以图使天下获得暂时的安宁。如果能够去做，孔子与孟子也都是非常愿意去做的，如同王允在汉末、谢安在晋代所做的那样。

7.10　《明夷·初九》^①，事未显而处甚艰，非见几之明不能也^②。如是，则世俗孰不疑怪？然君子不以世俗之见怪而迟疑其行也。若俟众人尽识，则伤已及而不能去矣。^③

【注释】

①《明夷·初九》：《周易·明夷·初九》："明夷于飞，垂其翼。君子于行，三日不食。有攸往，主人有言。"意谓在昏暗中去飞翔，垂下翅膀。君子要出行，三天不吃东西。有所前往，主人说出责怪的话。明夷，《明夷》卦象为离下坤上，离为光明，坤为地，光明在地下，是光明受到伤害的意思。

②见几：从事物细微的变化中预见其先兆。

③按：本条见《周易程氏传·明夷》。

【译文】

《明夷·初九》，事情还没有显露出来，但处境已经非常艰难，如果没有从事物细微的变化中预见其先兆的明智是不可能察觉到的。对此，世俗的人怎么能够不感到疑惑与奇怪呢？然而君子是不会因为世俗的人感到奇怪而迟疑的。如果等到所有的人都已经明白过来，那么伤害已经形成，就无法避免了。

7.11　《晋》之初六，在下而始进^①，岂遽能深见信于上，苟上未见信，则当安中自守^②，雍容宽裕^③，无急于求上之信也。苟欲信之心切，非汲汲以失其守^④，则悻悻以伤于义矣^⑤。故曰："晋如摧如，贞吉，罔孚，裕，无咎^⑥。"然圣人又恐后之人不达宽裕之义，居位者废职失守以为裕^⑦，故特云"初六，裕则无咎"者，始进未受命当职任故也。若有官守，不信于上而失其职，一日不可居也。然事非一概，久速唯时，亦容有为之兆者。^⑧

【注释】

①《晋》之初六，在下而始进：指《晋》卦的初六爻处于全卦最下，刚开始上进。晋，进，上进。

②安中自守：守住自己本分。

③雍容宽裕：指从容不迫。

④汲汲：心情急切的样子。

⑤悻悻：愤恨难平的样子。

⑥"晋如摧如"几句：此即《周易·晋·初六》爻辞。晋，进，上进。摧，退却。罔，无，没有。孚，诚信。裕，宽裕。

⑦废职失守：玩忽职守。

⑧按：本条见《周易程氏传·晋》。

【译文】

《晋》卦初六爻，在下位的人刚刚获得职位，怎么能够突然受到在上位的人很深的信任呢？如果没有受到在上位的人的信任，那么就应当安处内心，持守自己的本分，处于一种悠然宽容的状态，不要急于求得在上位的人的信任。如果想要获得信任的愿望过于急切，不是心急火燎地失去操守，就是忿忿不平地对道义有所伤害。所以说："无论是上进还是退却，都是吉利的。尚未得到信任，从容不迫，没有灾害。"然而圣人又担心后来的人不能够理解"宽裕"的意思，处在职位上的人以为玩忽职守就是宽裕，所以特意强调"初六，从容不迫，没有灾害"的意思，是针对刚刚入仕没有受到实际任命与职责安排的人说的。如果已经有了职位，不能取得在上位之人的信任而失职，那么这个职位一天都做不下去。但是事情也不可一概而论，是快速还是迟缓都要根据实际情况而定，也可能是能够有所作为的征兆。

7.12　不正而合，未有久而不离者也；合以正道，自无终睽之理①。故贤者顺理而安行②，智者知几而固守。③

【注释】

①睽：背离，乖离。

②安行：从容不迫地实行。

③按：本条见《周易程氏传·睽》。

【译文】

不正当的合作，没有能够持久而不分离的；以合乎正道的方式合作，自然没有最终互相背离的道理。所以贤能的人顺应自然法则而从容行事，智慧的人能够提前察觉到微小的征兆而坚守正确的原则。

7.13　君子当困穷之时,既尽其防虑之道而不得免^①,则命也,当推致其命以遂其志^②。知命之当然也,则穷塞祸患不以动其心^③,行吾义而已。苟不知命,则恐惧于险难,陨获于穷厄^④,所守亡矣,安能遂其为善之志乎?^⑤

【注释】

①防虑:因有所顾虑而提防。

②推致:推求极致。

③穷塞:穷屈不通。

④陨获:困迫失志的样子。语出《礼记·儒行》:"儒有不陨获于贫贱,不充诎于富贵。"意谓儒者不因贫困而丧失志向,不因富贵骄淫而丧失节操。

⑤按:本条见《周易程氏传·困》。

【译文】

君子处在穷困的时候,如果已经用尽了各种摆脱的办法仍然不能免于穷困,那就是天命了,那么就应该推究天命以便实现自己的志向。明白了天命本来如此,那么任何困难或者灾祸都不能动摇自己的心志,只要实行自己的道义就可以了。假如不能明白天命,面对困难就会感到恐惧,面对穷困就会失去志气,本来所持守的原则就会被抛弃,又怎么能够实现美好的志向呢?

7.14　寒士之妻、弱国之臣,各安其正而已。苟择势而从,则恶之大者,不容于世矣。^①

【注释】

①按:本条见《周易程氏传·困》。

【译文】

贫穷士人的妻子，弱小国家的臣子，都应该各自安于自己的正道。如果选择别的有权势的男人或者富强的国家去追随，那就是最大的邪恶，会为世间所不容。

7.15　《井》之九三^①，渫治而不见食^②，乃人有才智而不见用，以不得行为忧恻也^③。盖刚而不中^④，故切于施为，异乎"用之则行，舍之则藏"者矣^⑤。^⑥

【注释】

①《井》之九三：《周易·井·九三》："井渫不食，为我心恻。"意谓井淘干净而不去食用，使我内心感到悲伤。

②渫（xiè）：清除污秽。

③忧恻：忧伤，悲痛。

④刚而不中：九三爻为阳爻，所以称为"刚"，处在下卦之上，所以称为"不中"。

⑤用之则行，舍之则藏：语出《论语·述而》："子谓颜渊曰：'用之则行，舍之则藏，唯我与尔有是夫！'"意谓孔子对颜回说："有人任用，就发挥才能；没人任用，就藏身自爱，只有我与你可以做到吧！"

⑥按：本条见《周易程氏传·井》。

【译文】

《井·九三》，水澄清了，人们却不饮用，象征一个人有才智，却得不到任用，因为得不到施展而感到忧伤。这一爻刚强却不适中，所以急切地要有所作为，与"被任用就出来做事，不得任用就藏身自爱"是不同的。

7.16　《革》之六二，中正则无偏蔽^①，文明则尽事理^②，

应上则得权势③,体顺则无违悖④。时可矣,位得矣,才足矣,处革之至善者也。必待上下之信,故"巳日乃革之"也⑤。如二之才德,当进行其道,则吉而无咎也,不进则失可为之时,为有咎也。⑥

【注释】

①中正:《革》卦的六二爻处在下卦之中,所以称为"中",以阴爻居于阴位,所以称为"正"。

②文明则尽事理:《革》卦下卦为离,离代表文彩。六二处离之中,所以说文采彰明可以穷尽事理。

③应上则得权势:《革》卦的六二爻为下卦之中,与上卦之中居于尊位的九五爻为正应,所以可以获得权势。

④体顺:六二爻为阴爻,又处在阴位,所以体性是柔顺的。

⑤巳日乃革之:语出《周易·革·六二》。《周易·革》卦辞"巳日乃孚",《周易程氏传》解曰:"革者,变其故也。变其故,则人未能遽信,故必巳日,然后人心信从。"孚,信从。《周易·革》象辞"巳日乃孚,革而信之",《周易程氏传》解曰:"事之变革,人心岂能便信? 必终日而后孚。在上者于改为之际,当详告申令,至于巳日,使人信之。人心不信,虽强之行,不能成也。"似将"巳日"理解为终日。

⑥按:本条见《周易程氏传·革》。

【译文】

《革》卦的六二爻,所处适中正当就没有偏颇,文采彰明就可以穷尽事理,与在上位的九五爻相应就可以得到权势,体性柔顺就不会有悖逆的事情发生。时机合适,地位恰当,才能完备,这就是处在变革的最佳时机。一定要等上下都已信任,才可以变革,这就是"到了巳日才变革"的意思。

如果有六二爻所要求的才能与德行,就应当积极地推行正道,则吉利而没有灾害,如果不积极地推行,就会失去有作为的时机,就会有祸患发生。

　　7.17　鼎之有实,乃人之有才业也[1],当慎所趋向。不慎所往,则亦陷于非义[2]。故曰:"鼎有实,慎所之也[3]。"[4]

【注释】

①才业:才学,才能。

②陷于非义:"陷",原作"蹈",据叶采集解本改。

③鼎有实,慎所之也:语出《周易·鼎·九二》象辞。

④按:本条见《周易程氏传·鼎》。

【译文】

　　鼎中充实,象征着人有才能,要谨慎选择自己的趋向。如果不谨慎选择自己的趋向,就有可能会陷入不道义的境地。所以说:"鼎中有实物,要慎重选择去向。"

　　7.18　士之处高位,则有拯而无随[1];在下位,则有当拯,有当随,有拯之不得而后随[2]。[3]

【注释】

①有拯而无随:《周易·艮·六二》:"艮其腓,不拯其随,其心不快。"意谓抑止小腿肚的运行,未能拔出脚来,所以心中感到不快。拯,上举,从低处引出,引申为纠正。随,在爻辞中指脚趾,这里意为追随,跟随。

②有拯之不得而后随:《艮》卦的六二爻在下卦中位,受上位九三爻控制,如同下属之与上司。六二虽得位处中,但不能以其中正之道纠正刚而失中的九三,只能追随它。

③按:本条见《周易程氏传·艮》。

【译文】

　　士人处在高位,对于属下的错误只有去纠正,而不应该去跟随;处在下属的位置上,对于上司的错误,有的应该去纠正,有的应当追随,也有的纠正不了只好追随。

　　7.19　"君子思不出其位"①,位者,所处之分也。万事各有其所,得其所则止而安。若当行而止,当速而久,或过或不及,皆出其位也,况逾分非据乎②? ③

【注释】

①君子思不出其位:语出《周易·艮》象辞:"兼山,艮。君子以思不出其位。"艮为山,又有停止的意思。《艮》卦为两艮重叠,就是止而又止,所以君子要安居其位。

②逾分:越过职分。

③按:本条见《周易程氏传·艮》。

【译文】

　　"君子不去考虑超过自己职位的事情。"位,就是所处的职位。一切事物都有应处的位置,得到这样的位置,就应该停留并且安守。如果应当行动而停止不前,应当快速却迟疑不前,或者过度或者不及,都是超出了应有的位置,何况超出了职分而处在不该在的位置上呢?

　　7.20　人之止,难于久终。故节或移于晚,守或失于终,事或废于久,人之所同患也。《艮》之上九,敦厚于终①,止道之至善也。故曰:"敦艮吉②。"③

【注释】

①《艮》之上九，敦厚于终：《艮》卦的上九爻处于全卦最上一爻，是
　终极的位置，也就是终止的位置，其在此处仍能敦厚自止。敦，厚
　重，笃实。

②敦艮吉：语出《周易·艮·上九》。意谓上九用敦厚自止，不陷于
　过失，所以吉利。

③按：本条见《周易程氏传·艮》。

【译文】

　　人们的持守，最难的在于坚持得长久、坚持到最后。所以晚节不保，
操守终失，事久则废，这是人们共同面临的问题。《艮》的上九爻，直到最
终还能以敦厚保持持守之道，这是持守之道最完善的境界。所以说："敦
厚自止，吉利。"

　　7.21　《中孚》之初九曰："虞吉①。"象曰："志未变也。"
《传》曰：当信之始，志未有所从，而虞度所信②，则得其正，是
以吉也。志有所从，则是变动，虞之不得其正矣。③

【注释】

①虞：预想，料想。

②虞度：谋虑。

③按：本条见《周易程氏传·中孚》。

【译文】

　　《中孚·初九》说："可以预料就吉利。"象辞说："这是因为心意并未
改变。"《周易程氏传》说：在刚开始要信任别人的时候，心里还没有确定
所跟从的对象，这时候考虑所要信任的对象是哪个，容易得到正确的结
果，所以就吉利。如果心里已经有了所要信从的对象，就是心志已经有
了变化，这时候再考虑就不可能得到正确的结果了。

7.22　贤者惟知义而已,命在其中。中人以下,乃以命处义,如言"求之有道,得之有命,是求无益于得"①。知命之不可求,故自处以不求。若贤者则求之以道,得之以义,不必言命。②

【注释】

①"求之有道"几句:特指寻求外在好处,比如富贵荣显一类。语出《孟子·尽心上》:"求则得之,舍则失之,是求有益于得也,求在我者也;求之有道,得之有命,是求无益于得也,求在外者也。"意谓寻求就会获得,放弃就会失去,这种寻求是有益于获得的,因为所寻求的在我本身之内;寻求它有方法,得到它靠命运,这种寻求就是无益于获得的,因为所寻求的在我本身之外。

②按:本条见《二程遗书》卷二上。

【译文】

贤能的人只知道按照道义来做事,命运自然就在其中了。一般的普通人,用命运来对待道义,如同孟子所言:"虽然可以借助一定方法去寻求,但最后能不能得到它,却是由命运来主宰,寻求对获得这个东西没有太大的帮助。"知道命运是不可寻求的,所以自己要安处于不寻求的状态。贤能的人就会用符合正道的方法去寻求,最后能不能得到,却是按照道义来决定,并不会说是由命运确定的。

7.23　人之于患难,只有一个处置,尽人谋之后,却须泰然处之①。有人遇一事,则心心念念不肯舍,毕竟何益?若不会处置了放下,便是无义无命也②。③

【注释】

①泰然处之:形容毫不在意,沉着镇定。泰然,安然,不以为意的样

　　子。处,处理,对待。

②无义无命:语出《孟子·万章上》:"孔子进以礼,退以义,得之不
　　得曰有命。而主痈疽与侍人瘠环,是无义无命也。"意谓孔子依
　　据礼与义而进身或退避,得不得到官职都说听由命运安排。如果
　　他住在治疗痈疽的医生家与宦官瘠环家中,那就是无视礼义和命
　　运了。痈疽,卫国君主所亲近之医生。瘠环,齐国君主的亲近之人。

③按:本条见《二程遗书》卷二上。

【译文】

　　一个人对于遭遇到的艰难困苦,只需要处置就可以了,在尽力谋划
可能做的事情之后,就应该不再放在心上了。有的人遇到一件事情,念
念不忘放不下,这样终究有什么帮助呢?如果不懂得处置之后就不再放
在心上,就是既不信任道义,也不接受命运了。

　　7.24　门人有居太学而欲归应乡举者^①,问其故,曰:蔡
人鲜习《戴记》^②,决科之利也^③。先生曰:汝之是心,已不可
入于尧舜之道矣。夫子贡之高识,曷尝规规于货利哉^④?特
于丰约之间不能无留情耳。且贫富有命,彼乃留情于其间,
多见其不信道也。故圣人谓之"不受命"^⑤。有志于道者,
要当去此心而后可语也。^⑥

【注释】

①门人:此指谢良佐。

②鲜:少。《戴记》:指《礼记》,一般指《小戴礼记》,成书于汉代,为
　　西汉礼学家戴圣所编的中国古代重要典章制度选集,共二十卷
　　四十九篇。书中内容主要为先秦礼制,体现了先秦儒家的哲学思
　　想、教育思想、政治思想、美学思想,是研究先秦社会的重要资料,

是一部儒家思想的资料汇编。

③决科：谓参加射策，决定科第。后指参加科举考试。

④规规：浅陋拘泥的样子。

⑤不受命：语出《论语·先进》："赐不受命，而货殖焉，亿则屡中。"
意谓端木赐（按，即子贡）不接受天命安排，而去经商，货财不断
增加，揣度行情常常猜中。

⑥按：本条见《二程遗书》卷四。

【译文】

程颐的门人里有在太学读书却想要回老家参加科举考试的，有人问
他是什么原因，他说：家乡上蔡很少有学习《礼记》的，这样在考试的时
候比较有利。程颐对他说：你有了这样的想法，就已经不能学习到尧舜
相传下来的圣人之道了。比如子贡具有非常高远的见识，哪里只是关注
经商的利润呢？只不过是在富裕和贫乏之间不能不加以留意而已。况
且人的贫穷与富贵都是命运所决定的，他留意于贫穷与富贵，可见他对
道义并不是特别相信。所以孔子批评他"不接受天命"。有志于学习儒
家圣人之道的人，一定要去除这种思想，才能和他讨论圣人之道。

7.25　人苟有"朝闻道，夕死可矣"之志①，则不肯一日
安于所不安也。何止一日，须臾不能。如曾子易箦②，须要
如此乃安。人不能若此者，只为不见实理。实理者，实见得
是，实见得非。凡实理，得之于心自别，若耳闻口道者，心实
不见，若见得，必不肯安于所不安。人之一身，尽有所不肯
为，及至他事又不然。若士者，虽杀之使为穿窬必不为③，其
他事未必然。

【注释】

①朝闻道，夕死可矣：语出《论语·里仁》。

②曾子易簀(zé)：典出《礼记·檀弓上》：曾子病卧在床,病得很厉害。乐正子春坐在床下边,他的儿子曾元、曾申坐在他脚边,一个童仆手持火把坐在角落里。童仆说:"那席多么漂亮光滑,是大夫用的席吧?"曾子想起席子是鲁国执政季孙所赐,并不是以他的名位应该使用的,就让儿子曾元为他换席。曾元认为曾子病重不宜移动,请第二天再换,曾子曰:"尔之爱我也不如彼;君子之爱人也以德,细人之爱人也以姑息。吾何求哉?吾得正而毙焉斯已矣。"意即君子爱人用德行,小人爱人只知姑息迁就,能够合乎正礼而死,才是最重要的。于是大家抬着他换了席。换席后曾子还没有躺安稳就死了。簀,用竹片芦苇编成的床垫子。

③穿窬(yú)：穿墙越壁进入人家中窃盗。窬,通"逾",翻越。

【译文】

一个人如果有"早上听闻圣人之道,晚上就可以坦然死去"的志向,那么他就不会在他所不愿意待的地方待上一天时间。何止是一天时间,哪怕是片刻也不可以。比如曾子在临死之前换掉按照礼仪他本不应该铺的席子,只有这样才能够内心安宁。人如果不能这样的话,只是因为没有看到真实的道理。真实的道理,就是可以真实看到正确,真实看到错误。凡是真实的道理,是真正从内心获得的,自然就不同了。像那些只是耳朵听到、口里会说的道理,并不是内心真的明白。如果是从内心真的明白,一定不会安于他们不应该处的地方。同一个人,在某些事情上不愿意做,但是别的一些类似的事情却又会去做。比如一些士人,即使杀了他,他都不愿意去干穿洞翻墙为盗的事情,但是类似的其他事情他就不一定不去做。

至如执卷者①,莫不知说礼义;又如王公大人,皆能言轩冕外物②,及其临利害,则不知就义理,却就富贵。如此者只是说得,不实见。及其蹈水火,则人皆避之,是实见得。

须是有"见不善如探汤"之心③,则自然别。昔曾经伤于虎者,他人语虎,则虽三尺童子,皆知虎为可畏,终不似曾经伤者,神色慑惧,至诚畏之,是实见得也。得之于心,是谓有得,不待勉强。然学者则须勉强。古人有捐躯殒命者,若不实见得,则乌能如此?须是实见得生不重于义、生不安于死也,故有杀身成仁④,只是成就一个是而已。⑤

【注释】

①执卷者:指读书人。

②轩冕:古代卿大夫的车服。古制,大夫以上的官员才可以乘轩服冕。后借指官位爵禄或显贵的人。

③见不善如探汤:语出《论语·季氏》:"见善如不及,见不善如探汤。"意谓见到善如同赶不及似的急切追求,见到不善如同用手试沸水一样急忙躲开。

④杀身成仁:语出《论语·卫灵公》:"志士仁人,无求生以害仁,有杀身以成仁。"意谓志士仁人,没有因贪生而损害仁爱的,却有牺牲自身来成全仁爱的。

⑤按:本条见《二程遗书》卷十五。

【译文】

至于读书人,没有不知道讲说礼义的;又比如王公大臣,都能够讨论官位等富贵荣华是身外之物,但真的面临大的利害关系的时候,就不知道应该遵照义理而行,反而选择了富贵。这样的人只能嘴上说一说,内心并不是真的明白。至于涉水踏火这些危险的事,人们都知道要躲避,这是真的明白。必须要有"见到不善的事情,就好像把手伸进沸水"一样的用心,那么境界自然就不同了。过去曾经有被虎咬伤过的人,别的人提到老虎的时候,哪怕是三岁的小孩子,都知道老虎可怕,但是终究不同于曾经被老虎咬伤过的人,他神情恐惧,是真正的害怕,因为他是真的明白那种可怕。真正从内心获得的，可称为有所得，不需要努力。但是学者却需要努力。古代那些舍身取义的人，如果不是真的明白，怎么能够做得到呢？需要真正明白生命没有道义更重要，活着没有死去更安心才行，所以杀身成仁，只是成就一个正确而已。

7.26　孟子辨舜、跖之分^①，只在义利之间。言"间"者，谓相去不甚远，所争毫末尔。义与利，只是个公与私也。才出义，便以利言也。只那计较，便是为有利害，若无利害，何用计较？利害者，天下之常情也。人皆知趋利而避害，圣人则更不论利害，惟看义当为不当为^②，便是命在其中也。^③

【注释】

①辨舜、跖之分：语本《孟子·尽心上》："鸡鸣而起，孳孳为善者，舜之徒也；鸡鸣而起，孳孳为利者，跖之徒也。欲知舜与跖之分，无他，利与善之间也。"意谓听到鸡叫就起床，努力不倦地行善，是舜一类的人；听到鸡叫就起床，努力不倦地求利，是盗跖一类的人。想要知道舜与盗跖的差异，不必他求，只在求利与行善之间去分辨就可以。舜，古代著名的贤帝。姚姓，有虞氏，名重华，史称虞舜或舜。相传受尧禅让，后禅位于禹，死在苍梧。跖，又称盗跖。春秋时鲁国人。鲁大夫柳下惠之弟。相传尝聚党数千人横行天下，侵暴诸侯。一说为黄帝时大盗。

②惟看义当为不当为：语本《孟子·离娄下》："大人者，言不必信，行不必果，惟义所在。"意谓对于君子，说话不一定都守信，做事不一定有结果，但是全部以道义为依归。

③按：本条见《二程遗书》卷十七。

【译文】

孟子分辨大舜和盗跖的不同，只是在道义和利益之间。说一个"间"

字,意思是两者的差距并不遥远,差别只有毫厘而已。道义与利益,其实
只是大公与自私的分别而已。刚一没在意道义,其实就是考虑了利益。
仅仅是那点算计,就是因为有了利害关系,如果没有利害关系,还要算计
什么? 考虑利害关系,是人之常情。每个人都知道追求利益、避免祸害,
圣人则不考虑利害关系,只是看在道义上该不该做,天命就在其中了。

7.27　大凡儒者①,未敢望深造于道,且只得所存正,分
别善恶,识廉耻。如此等人多,亦须渐好。②

【注释】

①儒者:尊崇儒学、通习儒家经书的人,后泛指一般的读书人。这与
　宋儒主张"深造于道"、追求圣人的境界的学者是不同的。
②按:本条见《二程遗书》卷十七。

【译文】

一般的读书人,不期望他们对于圣人之道有多么深入的研究,只需
要做到存心端正,分别善良与邪恶,知道什么是廉洁与羞耻。如果这一
类的人多一些的话,社会风气也会变得越来越好。

7.28　赵景平问①:"子罕言利"②,所谓利者何利? 曰:
不独财利之利,凡有利心便不可。如作一事,须寻自家稳便
处③,皆利心也。圣人以义为利,义安处便为利。如释氏之
学,皆本于利④,故便不是。⑤

【注释】

①赵景平(生卒年不详):程颐弟子。
②子罕言利:语出《论语·子罕》:"子罕言利与命与仁。"

③须：稍微。自家稳便：对自己安稳方便。

④释氏之学，皆本于利：二程认为"释氏本怖死生为利，岂是公道"。

⑤按：本条见《二程遗书》卷十六。

【译文】

赵景平问：《论语》当中讲到孔子很少谈到利益，所谓的利益是什么利益呢？程颐回答说：不单单是财货方面的利益，只要有追求利益的心就是不可以的。比如做一件事情，稍微想寻找对自己比较方便的做法，就是利益之心。圣人把道义作为利益，适合道义的就是有利的。佛教的学说，根本上都是为了自己的利益，所以都是错误的。

　　7.29　问：邢七久从先生[1]，想都无知识，后来极狼狈。先生曰：谓之全无知则不可，只是义理不能胜利欲之心，便至如此也。[2]

【注释】

①邢七：邢恕（生卒年不详），字和叔，郑州阳武（今河南原阳西）人。早从二程学，出入于司马光、吕公著之门。邢恕天性趋附反覆，为司马光客即叛司马光，附章惇即背章惇，后又为蔡京心腹。人品固不足道，而其学渊博，擅长文章，论古今成败事，有战国纵横家气。

②按：本条见《二程遗书》卷十九。

【译文】

谢良佐问道：邢恕跟从先生学习很久了，想必对于圣人之学并没有什么理解，所以后来声名狼藉。程颐说：说他什么都没有理解，倒也不对，只是道义的心没有战胜利欲的心，才到了这步田地。

　　7.30　谢湜自蜀之京师[1]，过洛而见程子。子曰：尔将何之？曰：将试教官②。子弗答。湜曰：如何？子曰：吾尝买婢，欲试之，其母怒而弗许，曰："吾女非可试者也。"今尔求为人师而试之，必为此媪笑也③。湜遂不行。④

【注释】

①谢湜（生卒年不详）：字持正，金堂（今四川金堂）人，程颐弟子。

②将试教官：准备去试做教官。

③媪（ǎo）：老妇人。

④按：本条见《二程遗书》卷二十一上。

【译文】

谢湜从四川到京城去，经过洛阳来拜见程颐。程颐问：你要去哪里？回答说：我准备去试做教官。程颐没有回答。谢湜说：您觉得怎么样？程颐说：我曾经去买婢女，想先试用一下，她的母亲很生气，不答应，说："我的女儿是不可以试用的。"现在你想成为老师而让人家试用，想必一定会被这位老妇人所耻笑吧。谢湜听了这话就不去了。

7.31　先生在讲筵①，不曾请俸②。诸公遂牒户部③，问不支俸钱。户部索前任历子④，先生云：某起自草莱⑤，无前任历子。旧例：初入京官时，用下状出给料钱历⑥。先生不请，其意谓朝廷起我，便当"廪人继粟、庖人继肉"也⑦。遂令户部自为出券历。又不为妻求封，范纯甫问其故⑧。先生曰：某当时起自草莱，三辞然后受命，岂有今日乃为妻求封之理？问：今人陈乞恩例⑨，义当然否？人皆以为本分，不为害。先生曰：只为而今士大夫道得个乞字惯，却动不动又是乞也。因问：陈乞封父祖如何？先生曰：此事体又别。再三请益，但云：其说甚长，待别时说。⑩

【注释】

①先生在讲筵：此指程颐任崇政殿说书之时。

②请俸：支取薪俸。

③牒：发文，行文。

④历子：宋制，料粮院掌发俸禄，有料钱录，据状注明各官授官日月，发给本人，凭以赴户部领支俸钱。

⑤草莱：布衣，平民。

⑥料钱：唐宋旧制，官吏除俸禄外，有时另给食料，或折钱发给，称料钱。

⑦廪人继粟、庖人继肉：语出《孟子·万章下》："以君命将之，再拜稽首而受。其后廪人继粟，庖人继肉，不以君命将之。"意谓最初以国君名义送东西去时，他会拱手再拜，跪下磕头接受。以后就派管理粮仓的官吏不断送去谷米，派管理膳食的官吏不断送云肉食，而不必再以国君的名义送去，免掉繁琐的礼节。廪人，古代管理粮仓的官吏。庖人，掌理膳馐的官员。

⑧范纯甫：范祖禹（1041—1098），字淳甫，一字梦得。司马光辟同修《资治通鉴》，居洛十五年，潜心著书，唐三百年丛目及长编，祖禹实掌之。书成，除秘书省正字。哲宗即位，充修《神宗实录》检讨官，迁著作郎兼侍讲。后迁给事中，兼国史院修撰，为翰林学士。元丰八年（1085），又为翰林学士兼侍讲，知制诰，兼知国史院事。绍圣初，哲宗亲政，复行新法，祖禹上疏反对，力言章惇不可为相，不从。以龙图阁学士知陕州（治今河南三门峡西），后一贬再贬，未几病卒。祖禹久在经筵、史馆，正言进谏，献纳尤多，苏轼尝称为讲官第一，谓其"清德绝识，高文博学，非独今世所无，古人亦罕有能兼者"（《与范元长》）。著有文集《范太史集》，还著有《唐鉴》《帝学》《古文孝经说》，其中《唐鉴》探明有唐三百年治乱之由，最为著名，以致当时学者尊称其为"唐鉴公"。

⑨陈乞：陈述请求。恩例：指帝王为宣示恩德而颁布的条例、规定。

⑩按：本条见《二程遗书》卷十九。

【译文】

程颐在任崇政殿说书的时候，不曾支取过俸禄。几位做官的朋友于是向户部发文，询问为什么不向程颐支付俸禄。户部向程颐索取他之前做官支取俸禄的记录。程颐说：我是从平民起用的，并没有之前做官支取俸禄的记录。照旧例，官员初次在京城任职，要按照接到的通知开具领取俸禄的证明。程颐不请求俸禄，他的意思是说朝廷启用我，就应该像孟子所说的"派管理粮仓的官吏不断送去谷米，派管理膳食的官吏不断送去肉食"那样，主动让人送来俸禄。于是就让户部自己出了证明。他又不为妻子求封号，范祖禹问他为什么。程颐说：我当时是从平民起用的，多次推辞才接受了任命，哪里有现在为妻子求封号的道理呢？又问：现在的人都向朝廷乞求恩例，从道义上来说可以吗？人们都以为这是理所当然的，没有什么妨碍。程颐说：只是现在的士大夫习惯说"乞求"，动不动就是"乞求"。又问：那么乞求给父亲祖父封号，可以吗？程颐说：这件事情，情况又不一样。范祖禹再三请教，程颐说：这背后的道理说来话长，改天再说吧。

7.32　汉策贤良①，犹是人举之。如公孙弘者②，犹强起之乃就对。至如后世贤良，乃自求举尔。若果有曰我心只望廷对③，欲直言天下事，则亦可尚已；若志富贵，则得志便骄纵，失志则便放旷与悲愁而已④。⑤

【注释】

①汉策贤良：指汉代用推举贤良方正等形式选用官员。策，策命。贤良，古代选拔统治人才的科目之一，由郡国推举文学之士充选。亦为"贤良文学""贤良方正"的简称。

②公孙弘（前200—前121）：西汉大臣。字季，又字次卿，菑川薛（今山东滕州南）人。早年家贫，以放牧为生。年四十余，习《春秋》

杂说,专攻《公羊》学。武帝初举贤良,征为博士,时年已六十。后因使匈奴还报,不合帝意,以病免归。元光五年(前130)复举贤良,以对策第一拜博士,以熟习文法,善用儒术缘饰吏事,累迁至御史大夫、丞相,封平津侯,为汉朝白衣拜相封侯第一人。为人身行俭约,然对与其有隙者,往往暗中倾陷之。病卒于任上。谥献。

③廷对:在朝廷上回答皇帝的咨询。

④放旷:豪放旷达,不拘礼俗。 悲愁:悲伤忧愁。

⑤按:本条见《二程遗书》卷一。

【译文】

汉代选拔贤良的做法,其实还是由别人来推荐。比如公孙弘这个人,也是强行征起,他才去参加对策的。至于后世的贤良,却自己寻求被推举。如果真的有个人说:我的心里只希望在朝廷上回答皇帝的咨询,直接表达对天下大事的看法,那么也还是值得推崇的;如果所追求的是富贵,那么得到富贵以后便会骄傲放纵,得不到富贵便会肆意妄为与怨天尤人。

7.33　伊川先生曰:人多说某不教人习举业①,某何尝不教人习举业也?人若不习举业而望及第,却是责天理而不修人事②。但举业既可以及第即已,若更去上面尽力求必得之道,是惑也。③

【注释】

①习举业:为应科举考试而准备学业。

②责:责求,要求。天理:天道,自然法则。修:治。人事:人之所为,人力所能及的事。

③按:本条见《二程遗书》卷十八。

【译文】

程颐说:很多人都说我不允许别人去修习科举考试的学业,我什么时候不允许别人去修习科举考试的学业了？一个人如果不学习科举的学业而希望能够考中，那么他就是要求上天特别眷顾自己而自身却不准备努力。但是通过科举的学业能够考中就行了，如果还要在这上面努力研究如何才能必定考中，那就是太糊涂了。

7.34　问：家贫亲老，应举求仕，不免有得失之累，何修可以免此？伊川先生曰：此只是志不胜气[①]，若志胜，自无此累。家贫亲老，须用禄仕，然得之不得为有命。曰：在己固可，为亲奈何？曰：为己为亲，也只是一事。若不得，其如命何？孔子曰："不知命，无以为君子[②]。"人苟不知命，见患难必避，遇得丧必动[③]，见利必趋，其何以为君子？[④]

【注释】

①志不胜气：心志不能够战胜意气。语本《孟子·公孙丑上》："志壹则动气，气壹则动志。今夫蹶者趋者，是气也而反动其心。"意谓心志专一就能带动意气，意气专一也能带动心志。譬如跌倒与奔跑，都是意气的运作，反过来却带动了心思。

②不知命，无以为君子：语出《论语·尧曰》。

③得丧：指名利的得到与失去。

④按：本条见《二程遗书》卷十八。

【译文】

有人问道：家庭贫穷，父母亲年纪也大了，想参加科举考试，求取一官半职，但是难免会有考中或者考不中的担忧，怎么做才能够避免这种担忧呢？程颐说：这只是因为心志不能够战胜意气，如果心志坚定，自然就不会有这些担忧了。家庭贫穷，父母年老，需要考取功名做官用俸禄来养亲，但是能不能得到却要取决于命运。又问道：对自己来说倒是可以的，可是如果考虑到父母亲，又能怎么办呢？程颐说：为自己、为亲人，其实都是一回事。如果不能够考中科举，那就是命运，又有什么办法呢？孔子说："如果不知道命运，就没有办法成为君子。"一个人如果不知道命运的安排，遇到患难就会躲避，遇到名利的得失就会动摇，见到利益就会追逐，他怎么能成为君子呢？

　　7.35　或谓科举事业夺人之功①，是不然。且一月之中，十日为举业，余日足可为学。然人不志此，必志于彼。故科举之事，不患妨功，惟患夺志②。③

【注释】

①夺人之功：指侵占学习圣人之道的时间。

②夺志：改变学道的志向。

③按：本条见《二程外书》卷十一。

【译文】

　　有人说学习科举的学业，会侵占学习圣人之道的时间，这是不对的。比如一个月当中，拿十天来学习科举的学业，剩下的时间仍然可以用来学习圣人之道。一个人如果不把志向放在这上面，就会放在那上面。所以学习科举的学业，不应该担心它会侵占学习圣人之道的时间，只应该担心它有可能改变追求圣人之道的志向。

　　7.36　横渠先生曰：世禄之荣①，王者所以录有功、尊有德②，爱之厚之，示恩遇之不穷也③。为人后者，所宜乐职劝功④，以服勤事任⑤，长廉远利，以似述世风⑥。而近代公卿子孙，方且下比布衣，工声病，售有司⑦。不知求仕非义，而反羞循理为不能⑧；不知荫袭为荣⑨，而反以虚名为善继。诚何心哉！⑩

【注释】

①世禄：古代有世禄之制，贵族世代享有爵禄。

②录有功：奖励有功的人。

③恩遇：指天子的知遇。

④乐职劝功：乐于职守，努力建功立业。

⑤服勤：做勤苦劳辱之事。事任：犹言担任官职。

⑥述：遵循，继承。世风：世代相传的家风。

⑦工声病，售有司：指通过研究诗词格律，祈求考中科举获取官位。
　声病，诗文声律上的毛病。售，指科举及第。

⑧循理：此指按照规则享有世禄。

⑨荫袭：袭承先辈相应的爵位。

⑩按：本条见张载《横渠文集·策问》。

【译文】

张载说：贵族世代享有爵禄的荣耀，是帝王用来奖励有功之臣、尊崇有道德的人，爱戴他们、厚待他们，显示出皇帝的恩德礼遇连绵不绝的方式。作为世家的后代，应该乐于职守、勤奋有为，任劳任怨、勇于担当，增长廉洁、远离利益，才能够继承祖上的遗风。可惜近代以来的王公世卿的子孙们，把自己看作是普通老百姓，研究诗词歌赋来考中科举。他们根本不知道追求官位不符合道义，反而以为按照规则享有世代相传的爵禄非常耻辱，是没有能力的表现；根本不知道承袭先辈的爵位是一种荣耀，反而认为用科举考试换取的虚名是善于继承先人功业，这究竟是什么样的想法！

7.37　不资其力而利其有，则能忘人之势①。②

【注释】

①忘人之势：语出《孟子·尽心上》："古之贤王好善而忘势，古之贤

士何独不然？乐其道而忘人之势，故王公不致敬尽礼，则不得亟
见之。"意谓古代的贤君爱好善行而忘记了自己的权势，古代的
贤士又何尝不是如此？他们乐于行道而忘记了别人的权势，所以
王公不恭敬尽礼，就不能常常见到他们。

②按：本条见张载《张子语录上》。

【译文】

如果不想利用别人手中的权力，也不想从别人的富有当中获取利
益，那么就能够不在意别人的权势。

7.38　人多言安于贫贱，其实只是计穷力屈才短，不能
营画耳[1]。若稍动得，恐未肯安之。须是诚知义理之乐于利
欲也乃能。[2]

【注释】

①营画：谋划。

②按：本条见张载《经学理窟·气质》。

【译文】

人们经常说要能够安处于贫穷与卑贱，其实只是因为计谋不够、力
量不足、才能有限，没有摆脱贫穷与卑贱的办法而已。如果多少能够有
一些办法，恐怕就不愿意安处于贫穷与卑贱了。所以必须真切地知道义
理比利益欲望快乐，才能够安处于贫穷与卑贱。

7.39　天下事，大患只是畏人非笑[1]。不养车马，食粗衣
恶，居贫贱，皆恐人非笑。不知当生则生，当死则死。今日万
钟[2]，明日弃之；今日富贵，明日饥饿亦不恤[3]。惟义所在。[4]

【注释】

①非笑：讥笑。

②万钟：优厚的俸禄。钟，古量名。春秋时公量一钟为六百四十升，家量一钟为一千升。

③不恤：不忧悯，不顾惜。

④按：本条见张载《经学理窟·自道》。

【译文】

世间的事情，人们最担心的就是别人嘲笑自己。比如没有出行的车马，吃的是粗粮杂饭，穿的是粗麻破衣，处在贫贱的状态，都会担心别人嘲笑。但人们不懂得这样的道理：应当活着就活着，应当死去就死去。今天还有丰厚的俸禄，明天都可以全部抛弃；今天富裕尊贵，明天饥寒交迫也没有什么遗憾。只要一直按照着道义行事就可以了。

卷之八

【题解】

朱熹论此卷纲目曰:"治国、平天下之道。"

叶采曰:卷八治体:此卷论治道。盖明乎出处之义,则于治道之纲领,不可不求讲明之。一旦得时行道,则举而措之耳。

本卷指出政治主要有两方面内容:根本纲领与具体方法(8.15)。比如:

一、政治的根本原则在于修身。这是《大学》中从修身、齐家到治国、平天下的思路。统治国家有王道和霸道,王道以仁义统治天下,霸道则是假借仁义之名,其根本都在于君主自己的用心,因此端正天下的根本在于端正君主的发心。君主行仁义,下面的人都会上行下效,都会行仁义。圣人之道与统治的方法根本上就是一体而不可分割的。(8.1-8.3、8.7、8.17-8.19、8.22、8.25)

二、具体的统治方法。比如"诚意以待物,恕己以及人,发政施仁,使天下蒙其惠泽"是君主令天下人依附的方法(8.4);要让各级官员的德行与职位相称(8.5);要有包容荒秽的器量(8.6);令天下君臣、父子、亲戚、朋友等消除隔阂(8.8);制止老百姓利欲之心,主要在于整治政令教化,使百姓安居乐业,知廉耻(8.9),节省用度、爱护民力(8.14、8.23)等。

8.1　　濂溪先生曰：治天下有本，身之谓也；治天下有则，家之谓也[①]。本必端，端本，诚心而已矣；则必善，善则，和亲而已矣。家难而天下易，家亲而天下疏也。家人离，必起于妇人，故《睽》次《家人》[②]，以"二女同居"，而"其志不同行"[③]。尧所以厘降二女于妫汭[④]，舜可禅乎？吾兹试矣[⑤]。是治天下观于家，治家观身而已矣。身端，心诚之谓也；诚心，复其不善之动而已矣。不善之动，妄也，妄复则无妄矣，无妄则诚焉。故《无妄》次《复》[⑥]，而曰："先王以茂对时，育万物[⑦]。"深哉！[⑧]

【注释】

①"治天下有本"几句：语本《孟子·离娄上》："天下之本在国，国之本在家，家之本在身。"有则，有规律，有法则。

②故《睽》次《家人》：《周易》之《睽》卦在《家人》卦之后。睽，乖离。

③以"二女同居"，而"其志不同行"：语出《周易·睽》象辞："二女同居，其志不同行。"二女，指《睽》卦下兑为少女，上离为中女。意谓上下象犹两个女儿一起住在家里，长成必各有不同的归宿。

④尧所以厘降二女于妫汭：此指尧将两个女儿嫁给舜。语出《尚书·尧典》："女于时，观厥刑于二女。厘降二女于妫汭，嫔于虞。"意谓尧于是决定把两个女儿嫁给舜，通过两个女儿考察他的德行。尧命令在妫河的弯曲处举行婚礼，让两个女儿做了舜的妻子。厘，饬，命令。妫，河水名。汭，河的弯曲处。

⑤吾兹试矣：我用这个办法来验证。

⑥故《无妄》次《复》：《周易》之《无妄》卦在《复》卦之后。《序卦》云："复则不妄矣，故受之以《无妄》。"意谓能够返回就不会虚妄了，所以《无妄》接在《复》卦之后。

⑦先王以茂对时，育万物：语出《周易·无妄》象辞。茂，勤勉。对，
　配合。

⑧按：本条见周敦颐《通书·家人睽复无妄》。

【译文】

　　周敦颐说：治理天下有根本，那就是自身；治理天下有法则，那就是家庭。根本一定要端正，端正根本，就是内心要真诚；法则要严密，严密的法则，就是亲人要和睦。治理家庭很难，治理天下很容易，这是因为家人亲密而天下疏远。家人之间不和谐，起因一定是因为女人，所以《睽》卦紧接着《家人》卦，其中提到"两个女人在一起"，"想法没办法统一"。尧之所以把两个女儿嫁给舜，就是考虑是不是可以把天下禅让给舜呢？我通过两个女儿来试试看吧。因此要想知道一个人是否能够治理天下，可以观察他是否能够治家；一个人是否能够治家，只需要观察他是否能够修身。要自身端正，就要内心真诚；要内心真诚，就是要收回不善之念的萌动。不善之念的萌动，就是妄动，有了妄动就要回归到不妄动，不妄动就能够真诚。所以《无妄》卦紧接着《复》卦，说："先王努力配合天时，养育万物。"其中的道理很深刻啊！

　　8.2　明道先生言于神宗曰：得天理之正，极人伦之至者，尧舜之道也；用其私心，依仁义之偏者，霸者之事也。王道如砥①，本乎人情，出乎礼义，若履大路而行，无复回曲②。霸者崎岖反侧于曲径之中③，而卒不可与入尧舜之道。故诚心而王，则王矣；假之而霸，则霸矣。二者，其道不同，在审其初而已④。《易》所谓"差若毫厘，缪以千里"者⑤，其初不可不审也。惟陛下稽先圣之言⑥，察人事之理，知尧舜之道备于己，反身而诚之⑦，推之以及四海，则万世幸甚。⑧

【注释】

①王道如砥：语出《诗经·小雅·大东》："周道如砥，其直如矢。君子所履，小人所视。"意谓大道平如磨石，直得就像箭杆。君子在上行走，小人在一旁观看。砥，磨刀石。

②回曲：曲折。

③曲径：弯曲的小路。"曲"，底本误作"由"，据《二程文集》卷二改。

④审：详究，细察。其初：即初始之用心。

⑤差若毫厘，缪以千里：今本《周易》无此二句，见于《礼记·经解》："《易》曰：君子慎始，'差若豪氂，缪以千里'，此之谓也。"意谓君子要慎重事情的开始，如果开始相差毫厘，结果就会造成相差千里的错误。

⑥稽：考核，查考。

⑦反身而诚之：语出《孟子·尽心上》："反身而诚，乐莫大焉。"意谓反省自己做到了真诚，就没有比这更大的快乐了。

⑧按：本条见《二程文集》卷一。

【译文】

程颢对宋神宗说：能够得到天理的正途，穷极人伦的极致，只有尧舜之道；运用自己的私心，假借偏差的仁义，则是霸者所做的事情。王道如同磨刀石一样平，根植于人之常情，从礼仪道义出发，像走在大路上一样，没有曲折。实行霸道的人行走的道路却是崎岖的，辗转在曲折的小路上，终究是没有办法到达尧舜的圣人之道的。所以真诚地实行王道，就可以成就王道；假借王道的名声而称霸，就是霸道。要分别王道与霸道的差别，只需要细察他最初的用心。这就是《周易》所讲的"开始的一丝一毫的差别，最终会导致千里的谬误"，所以最初的用心不可以不去仔细地审查。希望陛下您考察古代圣王的言论，考察人物事物的道理，知道尧舜之道在自己身上都具备，然后反省自己做到了真诚，进而推广至四海百姓，这是后世万代的荣幸。

8.3　伊川先生曰：当世之务，所尤先者有三：一曰立志，二曰责任^①，三曰求贤。今虽纳嘉谋、陈善算^②，非君志先立，其能听而用之乎？君欲用之，非责任宰辅，其孰承而行之乎？君相协心，非贤者任职，其能施于天下乎？此三者本也，制于事者用也。三者之中，复以立志为本。所谓立志者，至诚一心，以道自任，以圣人之训为可必信，先王之治为可必行，不狃滞于近规^③，不迁惑于众口^④，必期致天下如三代之世也。^⑤

【注释】

①责任：责其事专其任。使人担当起某种职务和职责。

②嘉谋：高明的经国谋略。善算：好的谋划。

③狃（niǔ）滞：因袭，拘泥。狃，局限。

④迁惑：改变和迷惑。

⑤按：本条见《二程文集》卷五。

【译文】

程颐说：当前首先要做好的事情有三项：第一是确立君主的志向，第二是明确臣下的职责，第三是寻求贤能的人。现在虽然有人贡献好的计谋、陈述好的计划，如果君主自己的志向没有确立，又怎么能够听从而采用呢？君主想要采用，如果不让宰相大臣具体去负责，又怎么能够承担而实行呢？君主宰相同心协力，如果没有贤能的人在下任职，又怎么能够推行到天下呢？这三者是国家的根本，具体的行事则是具体的运用。三者之中，确立志向又是其中的根本。确立志向，就是真诚一心一意，一心要把实行圣人之道作为自己的责任，认为圣人的教训一定可信，先王的政治一定可以实行，不被现有的规则所束缚，不被众说纷纭所迷惑，然后坚定地以实现上古三代的政治作为目的。

8.4　《比》之九五曰："显比，王用三驱，失前禽①。"《传》曰：人君比天下之道，当显明其比道而已。如诚意以待物，恕己以及人，发政施仁，使天下蒙其惠泽，是人君亲比天下之道也。如是，天下孰不亲比于上？若乃暴其小仁②，违道干誉③，欲以求下之比，其道亦已狭矣，其能得天下之比乎？王者显明其比道，天下自然来比。来者抚之，固不煦煦然求比于物④。若田之三驱，禽之去者从而不追，来者则取之也。此王道之大，所以其民皞皞而莫知为之者也⑤。非唯人君比天下之道如此，大率人之相比莫不然。以臣于君言之，竭其忠诚、致其才力，乃显其比君之道也。用之与否，在君而已，不可阿谀逢迎⑥，求其比己也。在朋友亦然，修身诚意以待之，亲己与否，在人而已，不可巧言令色⑦，曲从苟合，以求人之比己也。于乡党、亲戚，于众人，莫不皆然，"三驱，失前禽"之义也。⑧

【注释】

①"显比"几句：语出《周易·比·九五》。显，显明。比，亲附。三驱，三方驱围，指田猎。禽，泛称禽兽。意谓显明亲附之道，古者圣王狩猎不合围，从三面驱赶禽兽，网开一面，为禽兽留条生路，听任前方的禽兽走失，以示仁心。

②暴其小仁：以小恩小惠显示恩义。暴，显露。

③违道干誉：语出《尚书·大禹谟》："罔违道以干百姓之誉。"意谓不要违背正道来求得百姓的赞誉。干，求。

④煦煦然：惠爱的样子。

⑤皞皞（hào）：广大自得、心情舒畅的样子。语出《孟子·尽心上》：

"王者之民，皞皞如也。"

⑥阿谀逢迎：谄媚迎合奉承。

⑦巧言令色：语出《论语·阳货》："巧言令色，鲜矣仁。"巧言，花言巧语。令色，讨好的表情。

⑧按：本条见《周易程氏传·比》

【译文】

《比·九五》说："显明亲附之道，圣王从三面驱赶禽兽，听任前方的禽兽走失。"《周易程氏传》说：君主得到天下人亲近的方法，应该是明确显示亲近的道理。如果能够真诚地对待外物，扩充自己的仁爱之心推及他人，实行仁政使天下的人都能够蒙受恩泽，这就是君主使天下亲近自己的方法。像这样，全天下有哪个人不愿意亲近君主呢？如果只是略施小恩小惠，违背道义来求取虚名，想要让下面的人亲近，这样的道路会越走越窄，又怎么能够得到天下人的亲近呢？王者明确显示亲近的道理，天下的人自然会来亲近。要对来依附的人进行抚慰，不需要做出和蔼的样子来求得他们的亲近。就好像狩猎，三面驱赶野兽，野兽逃跑的就任其逃跑不去追，自己跑来的则射取。这就是王道的宏大，所以百姓的心情舒畅，但并不知道为什么会这样。并不仅仅是君主让天下人亲近自己的方法是这样，大致说来，人们之间相互亲近的方法也是这样。以臣下事奉君主来说，要竭尽他的忠诚、贡献他的才能，才能够表达出对君主的亲近。至于是否得到任用，取决于君主，不可以通过阿谀奉承来求得君主对自己的任用。在朋友之间也是如此，要用修身诚意来对待朋友，至于别人是否信任自己则在于别人，不可以用花言巧语去顺从哄骗，来求得别人对自己的信任。对于同乡、亲戚、众人，没有不是如此的。这就是"三面驱赶禽兽，听任前方的禽兽走失"的意思。

8.5　古之时，公卿大夫而下，位各称其德，终身居之，得其分也，位未称德，则君举而进之；士修其学，学至而君求之；皆非有预于己也^①。农工商贾，勤其事而所享有限。故皆有定志，而天下之心可一。后世自庶士至于公卿，日志于尊荣，农工商贾，日志于富侈，亿兆之心^②，交骛于利^③，天下纷然，如之何其可一也？欲其不乱难矣！^④

【注释】

①皆非有预于己也：都没有自己的干预。此指不需要自己谋求。预，干预。

②亿兆：均为数量单位，此指庶民百姓。

③交：俱，皆。骛：追求，追逐。

④按：本条见《周易程氏传·履》。

【译文】

在古代的时候，公卿大夫以下的职位，和他的德行都是相互匹配的，他们终生都忠于职守，安于他们本来的职份，如果他们的位置与德性不相称，君主就会提拔他到更高的职位；士大夫修养学习，学成之后，君主就会请他出来做官；都不需要通过他们自己谋求。农民、工匠、商人，都勤勉于他们的事务，享受他们应得的酬劳。所以每个人都有他确定的志向，而天下人的心可以统一。后世的人从普通百姓一直到公卿大夫，天天想是尊贵荣耀，农民、工匠、商人天天想的是富裕奢侈，全天下的老百姓的心，都来追逐利益，天下熙熙攘攘，怎么能够统一呢？想要不混乱，太困难了！

8.6　《泰》之九二曰："包荒，用冯河^①。"《传》曰：人情安肆^②，则政舒缓，而法度废弛^③，庶事无节^④。治之之道，必有包含荒秽之量，则其施为宽裕详密，弊革事理，而人安之。若无含弘之度，有忿疾之心，则无深远之虑，有暴扰之患，深弊未去,而近患已生矣,故在"包荒"也。自古泰治之世,必渐至于衰替⑤,盖由狃习安逸,因循而然,自非刚断之君、英烈之辅,不能挺特奋发以革其弊也⑥,故曰"用冯河"。或疑上云"包荒",则是包含宽容,此云"用冯河",则是奋发改革,似相反也。不知以含容之量,施刚果之用,乃圣贤之为也。⑦

【注释】

①包荒,用冯(píng)河:语出《周易·泰·九二》。包荒,包含荒秽。谓度量宽大。包,包容,囊括。荒,荒秽。冯河,徒步涉过河水。引申为冒险行动。冯,蹚水。

②安肆:安乐放纵。

③废弛:废弃懈怠,应当施行而未施行。

④庶事无节:指政事混乱。庶事,即庶务,各种政务,各种事务。无节,没有法度,失去节制。

⑤衰替:犹衰败。

⑥挺特:超群特出。奋发:精神振作,情绪高涨。

⑦按:本条见《周易程氏传·泰》。

【译文】

《泰·九二》说:"包容荒秽,徒步涉过河水。"《周易程氏传》说:当人们安逸放纵的时候,政治就会舒缓,法度就会废弃,各种事情就会失去节度。治理的方法,需要有包容一切不良现象的度量,这样在施政的时候才能宽厚明察,弊政得以革除,事情得以处理,每个人都获得安宁。如果没有这样包容一切的气度,而怀着愤恨之心,就会缺少深谋远虑,出现暴乱的祸患,深远的弊病没有去除,眼前的祸患又已经发生了,所以要有包容的气量。自古以来的太平盛世,一定会渐渐衰败,就是因为人们在太平盛世会习惯于安逸,因循旧习而不思进取,如果没有刚强决断的君主,得到英勇刚烈的臣下的辅佐,是不能够特立独行奋发有为而革除弊端的,所以说"徒步涉过河水"。有人认为上面说的"包容荒秽",是包含宽容的气量,这里讲的"徒步涉过河水",是发奋改革弊端的政策,似乎两者是矛盾的。其实并不矛盾,只是不知道要用宽容的气量来推行刚强果断的政策,才是圣贤的作为。

8.7　《观》:"盥而不荐,有孚颙若①。"《传》曰:君子居上,为天下之表仪②,必极其庄敬,如始盥之初;勿使诚意少散,如既荐之后。则天下莫不尽其孚诚,颙然瞻仰之矣。③

【注释】

①盥而不荐,有孚颙(yóng)若:语出《周易·观》卦卦辞。盥,灌祭。祭祀时用酒浇地面以降神的仪式。荐,祭祀中向神献飨的仪式。孚,诚信。颙,敬。若,语气助词。

②表仪:表率,仪范。

③颙然:温和肃敬的样子。

④按:本条见《周易程氏传·观》。

【译文】

《观》卦说:"观看过降神仪式就可以不观看之后献飨仪式的细节了,因为内心已经充满真诚与恭敬了。"《周易程氏传》说:君子处在上位的时候,要成为天下人的表率,一定要极力表现出庄重恭敬,就好像在祭祀中降神仪式之初那样;不要使自己的诚意有一点点松散,就好像在祭祀中献飨之后那样。这样天下的人都会表现出他们的诚意,用十分恭敬的心来瞻仰你。

8.8　凡天下,至于一国一家,至于万事,所以不和合者,皆由有间也,无间则合矣。以至天地之生、万物之成,皆合而后能遂;凡未合者,皆为间也。若君臣、父子、亲戚、朋友之间,有离贰怨隙者,盖谗邪间于其间也①。去其间隔而合之,则无不和且治矣。《噬嗑》者,治天下之大用也②。③

【注释】

①谗邪:谗佞奸邪。间(jiàn)于其间:在中间挑拨离间。

②《噬嗑》者,治天下之大用也:《噬嗑》卦卦象为震下离上,初九、上九为两个象征刚强的阳爻,中间为三阴爻夹一阳爻,为空虚之中有一硬物之象。整个卦象为口中有物之象。圣人从卦象推论天下之事,口中有物则隔而不得合,在天下则为有强梁或谗邪间隔于其间,故天下不得治理,必须使用刑罚,小则惩戒,大则诛戮,除去强梁或谗邪,然后天下得以大治。噬,啮咬。嗑,合。

③按:本条见《周易程氏传·噬嗑》。

【译文】

整个天下,一个国家,一个家庭,以至于一切事物,之所以不能和谐,都是因为有隔阂,没有隔阂就能和谐。以至于天地的生成、万物的成长,都是和谐然后才能够形成;凡是不能和谐的,都是因为有隔阂。比如君臣、父子、亲戚、朋友之间,有了异心,有了怨恨,都是因为谗佞奸邪的人在中间挑拨离间。消除了隔阂,使他们和谐相处,就会和谐融洽,得到很好的治理。《噬嗑》的道理,对于治理天下的作用是很大的。

8.9 《大畜》之六五曰:"豮豕之牙,吉①。"《传》曰:物有总摄②,事有机会③。圣人操得其要,则视亿兆之心犹一心,道之斯行④,止之则戢⑤,故不劳而治,其用若"豮豕之牙"也。豕,刚躁之物,若强制其牙,则用力劳而不能止;若豮去其势⑥,则牙虽存而刚躁自止。君子法"豮豕"之义,知天下之恶不可以力制也,则察其机,持其要,塞绝其本源,故不假刑法严峻,而恶自止也。且如止盗,民有欲心,见利则动,苟不知教,而迫于饥寒,虽刑杀日施,其能胜亿兆利欲之心乎?圣人则知所以止之之道,不尚威刑而修政教,使之有农桑之业,知廉耻之道,"虽赏之不窃"矣。⑦

【注释】

①豮(fén)豕之牙,吉:语出《周易·大畜·六五》。豮豕,阉割过的猪。

②总摄:主宰,主持。以一总多,关键的提领处。

③机会:关键。

④道(dǎo):引导。

⑤戢:收敛,这里意为止息。

⑥豮去其势:意为将其阉割。豮,阉割。势,雄性生殖器。

⑦按:本条见《周易程氏传·大畜》。

【译文】

《大畜·六五》说:"阉割过的猪的尖牙,吉利。"《周易程氏传》说:事物都有提领主宰,事情都有关键要害。圣人掌握事情的要领,他眼中天下亿万人的心都如同一人之心,引导他们就前行,阻止他们就停止,所以不用辛劳天下就能够得到治理,它的运用原理就好像"阉割过的猪的尖牙"的道理。猪是刚强而暴躁的动物,如果想要强行制止它用牙咬人,费力很多也不能够制止;但是如果将它阉割,牙齿虽然还在,但是刚强暴躁的性子会自然平静。君子取法于"阉割过的猪"的道理,知道天下的邪恶是不可以用暴力去制止的,所以就观察事情的时机,把握它的要害,堵塞它的源头,所以即使不借助严刑峻法,邪恶也能够自然止息。比如禁止盗窃,老百姓有私欲,见到利益就会盗窃,如果不知道义理的教导,又出于饥饿寒冷所迫,那么即使天天对他们施加死刑,又怎么能够战胜亿万百姓追求利益的心志呢?圣人则懂得如何阻止的道理,不推崇严刑峻法，只是修整政治与教化，使百姓人人有耕地去种植，有蚕可养殖，知道礼仪廉耻，这样"即使奖赏他们也不会去偷盗"。

8.10　《解》："利西南，无所往，其来复吉。有攸往，夙吉①。"《传》曰：西南，坤方。坤之体，广大平易。当天下之难方解，人始离艰苦，不可复以烦苛严急治之②，当济以宽大简易，乃其宜也。既解其难，而安平无事矣，是"无所往"也，则当修复治道③，正纪纲，明法度，进复先代明王之治，是"来复"也，谓反正理也④。自古圣王救难定乱，其始未暇遽为也，既安定，则为可久可继之治。自汉以下，乱既除，则不复有为，姑随时维持而已，故不能成善治，盖不知"来复"之义也。"有攸往，夙吉"，谓尚有当解之事，则早为之乃吉也。当解而未尽者，不早去，则将复盛；事之复生者，不早为，则将渐大。故夙则吉也。⑤

【注释】

①"利西南"几句：《周易·解》卦卦辞。攸，所。夙，早。

②烦苛：指法令的繁杂苛刻严厉。严：严厉。急：躁急，急迫。

③修复治道：指恢复先代明王之治。

④反：通"返"。

⑤按：本条见《周易程氏传·解》。

【译文】

《解》卦说："利于西南之地，没有危难就无须前往，返回居所可以获得吉利。出现危难要前往，及早前去可以获得吉利。"《周易程氏传》说：西南，是坤的方向。坤象征着大地，它的本体广大平易。当天下的危难刚刚得以解除的时候，人们刚开始离开艰难困苦，不可以又用繁杂苛刻的法令从严治理，而应该用宽大简单的政教来帮助他们，才是适宜的。艰难困苦解除以后，天下就平安无事了，这就是"没有危难就无须前往"的意思。这时候应该恢复实行古代明王的治理方法，端正纪律，明确法度，进而恢复古代明王的政治，这就是"返回居所"的意思，指回归正确的道路。自古圣王救济患难平定动乱，一开始没有时间立即去做治理的工作，等安定以后，才可以进行长治久安的治理。从汉代以下，暴乱去除之后，就不再有所作为，只是维持现状而已，所以不能成就好的政治，是因为不懂得"返回居所"的义理。"出现危难要前往，及早前去可以获得吉利"，说的是还有危难需要解除的时候，早一点去做是吉利的。应当解除的麻烦还没有彻底解除的时候，不早一点解除，就会重新发展起来；麻烦重新出现，如果不早一点解决，就会逐渐变大。所以说及早去做是吉利的。

8.11　夫有物必有则①。父止于慈，子止于孝，君止于仁，臣止于敬②。万物庶事③，莫不各有其所，得其所则安，失其所则悖。圣人所以能使天下顺治，非能为物作则也，唯止之各于其所而已④。⑤

【注释】

①夫有物必有则：语出《孟子·告子上》："《诗》曰：'天生烝民，有物有则。民之秉夷，好是懿德。'孔子曰：'为此诗者，其知道乎！故有物必有则；民之秉夷也，故好是懿德。'"意谓《诗经》说："上天生育万民，事物都有法则。民众把握常规，崇尚美好品德。"孔子说："作这篇诗的人，恐怕懂得大道呀！所以有事物必定有法则，民众把握了常规，故而崇尚那美好的德行。'"引诗见《诗经·大雅·烝民》。则，法则。

②"父止于慈"几句：语本《大学》："为人君止于仁，为人臣止于敬，为人子止于孝，为人父止于慈。"意谓作为人君要居心于仁爱，作为人臣要居心于恭敬，作为人子要居心于孝顺，作为人父要居心于慈爱。

③庶事：各种事务。

④止之各于其所：按，这是解释《周易·艮》象辞"思不出其位"之义。

⑤按：本条见《周易程氏传·艮》。

【译文】

有一件事情就会有一件事情的法则。做父亲的要居心慈爱，做儿子的要居心孝敬，做君主的要居心仁爱，做臣下的要居心恭敬。推广到天下万事万物，没有一件事物没有他们应有的位置，处在这样的位置上就安宁，没有处在这样的位置上就悖乱。圣人之所以能够使天下得以平顺治理，并不是能够为事物制定一个法则，而只是让事物处于它们本来的位置而已。

8.12　《兑》说而能贞①，是以上顺天理，下应人心，说道之至正至善者也。若夫"违道以干百姓之誉"者②，苟说之道③，违道不顺天，干誉非应人，苟取一时之说耳，非君子之正道。君子之道，其说于民，如天地之施，感之于心，而说服无致④。⑤

【注释】

①《兑》说而能贞：《周易·兑》象辞："说以利贞。"意谓以正道取悦人。说，同"悦"。贞，正。

②违道以干百姓之誉：语出《尚书·大禹谟》："罔违道以干百姓之誉，罔咈百姓以从己之欲。"意谓不要违背正道来求得百姓的赞誉，不要违背民众顺从自己的欲望。干，求。

③苟说之道：勉强取悦于人的方法。苟，暂且，勉强。

④无致（yì）：不厌恶，不厌倦。

⑤按：本条见《周易程氏传·兑》。

【译文】

《兑》卦说的是要以正道来取悦人，因此向上顺应天理，向下顺应人心，这是最正确最美好的取悦的方法。如果"通过违背正道来求得百姓的赞誉"，那是勉强取悦的方法，违背正道不顺应天理，刻意获得赞誉不顺应人心，只不过是暂时获得百姓一时的喜悦而已，并不是君子的正道。君子的正道，取悦老百姓，如同天地施恩于万物，感动他们的内心，使他们心悦诚服而不厌倦。

8.13　天下之事，不进则退，无一定之理。济之终，不进而止矣，无常止也，衰乱至矣，盖其道已穷极也①。圣人至此奈何？曰：唯圣人为能通其变于未穷，不使至于极也。尧舜是也，故有终而无乱。②

【注释】

①"济之终"几句：此为解释《周易·既济》象辞"终止则乱，其道穷也"。济，成功，成就，充足，齐全，引申为好。常止，总是停止。穷极，穷尽，极尽。

②按：本条见《周易程氏传·既济》。

【译文】

处理天下事物的道理，不前进就会后退，没有确定不变的道理。处在成就的最高点上，如果不前进就会停止，不会永远停止，很快衰乱就会出现，这是因为方法已经用尽了。圣人在这个时候怎么办呢？回答说：只有圣人才能够在没有到达极点的时候就有所变通，不至于走向极端。尧舜是这样的，所以最终能够治理天下而不衰乱。

8.14　为民立君，所以养之也。养民之道，在爱其力。民力足则生养遂①，生养遂则教化行而风俗美。故为政以民力为重也。《春秋》凡用民力必书，其所兴作，不时害义②，固为罪也。虽时且义必书，见劳民为重事也。后之人看知此义，则知慎重于用民力矣。然有用民力之大而不书者，为教之意深矣。僖公修泮宫、复閟宫，非不用民力也，然而不书③。二者复古兴废之大事④，为国之先务，如是而用民力，乃所当用也。人君知此义，知为政之先后轻重矣。⑤

【注释】

①生养遂：实现生息养育之目的。

②不时害义：违背农时而害于道义。

③"僖公修泮（pàn）宫、复閟（bì）宫"几句：言此二事均不见于《春秋》。鲁僖公修泮宫、复閟宫，是在僖公中期，此时鲁国国力有所恢复，平定淮夷。《诗经·鲁颂》中有《泮水》《閟宫》两首诗以记录其事，赞美僖公。泮宫，西周诸侯所设大学。閟宫，神庙。此指供奉祭祀周祖姜嫄的神庙。

④复古：恢复古代的制度。兴废：复兴衰废的制度。

⑤按：本条见《程氏经说·春秋传》。

【译文】

为百姓立君主，目的是要养育百姓。养育百姓的办法，在于爱惜百姓的劳力。百姓的劳力充足，生息养育才能够实现；生育养息如果能够实现，对百姓的教化就能够实行，风俗就可以得以改善。所以治理国家，爱惜百姓的劳力很重要。《春秋》凡是使用百姓劳力的时候，一定要予以记载，如果兴建工程违背农时，对道义有害，就是罪恶。即使符合时节，同时符合道义，也一定要予以记载，以显示劳动百姓是很重大的事情。

后代的君主知道这个道理，就知道要慎重地动用百姓的劳力了。然而动用了很多百姓劳力却不予以记载的，其中的教导意义就很深刻了。比如僖公修建泮宫、修复阂宫，并非没有动用百姓劳力，但是就不予记载。因为这两件事是恢复与复兴国家制度的大事，是国家的首要任务，如此使用百姓劳力是应当的。君主知道这样的道理，就能够知道处理政务的轻重缓急了。

8.15　治身齐家以至平天下者^①，治之道也。建立治纲，分正百职^②，顺天时以制事，至于创制立度，尽天下之事者，治之法也。圣人治天下之道，唯此二端而已。^③

【注释】

①治身齐家以至平天下者：即《大学》修身、齐家、治国、平天下。

②分正百职：区分确定百官的职责。百职，各种职位和事务。

③按：本条见《程氏经说·书解》。

【译文】

修身齐家以至于统一天下，是政治的基本原则。建立政治的纲领，区分确定百官的职责，顺应天地的时节来处理事务，以至于创立制度、建立法规，穷尽天下的事物，这都是政治的具体方法。圣人治理天下的方法，只有基本原则与具体方法这两个方面。

8.16　明道先生曰：先王之世，以道治天下^①，后世只是以法把持天下^②。^③

【注释】

①道：此指圣人之道，指行仁政，王道。

②以法把持天下：即用法令控制天下，指行霸道。

③按：本条见《二程遗书》卷一。

【译文】

程颢说：先代圣王的时代，是以仁义之道来治理天下，后代只是用法律来控制天下。

8.17　为政须要有纪纲文章①。"先有司"②，乡官读法③，平价④，谨权量⑤，皆不可阙也。人各亲其亲，然后能不独亲其亲⑥。仲弓曰："焉知贤才而举之？"子曰："举尔所知。尔所不知，人其舍诸？"便见仲弓与圣人用心之大小。推此义，则一心可以丧邦，一心可以兴邦，只在公私之间尔。⑦

【注释】

①纪纲：纲领法度。文章：礼乐制度。

②先有司：语出《论语·子路》："仲弓为季氏宰，问政。子曰：'先有司，赦小过，举贤才。'曰：'焉知贤才而举之？'子曰：'举尔所知。尔所不知，人其舍诸？'"意谓仲弓担任了季氏的家臣，询问政务。孔子说："先派定管事人员，原谅小的过错，举用贤能的人才。"仲弓说："如何知道是贤能的人才而举用他们呢？"孔子说："举用你所知道的。你所不知道的，别人难道会遗弃他们吗？"仲弓，冉雍，字仲弓，也称子弓。春秋时期鲁国人，孔子弟子，以德行著称。

③乡官读法：《周礼·地官·州长》："正月之吉，各属其州之民而读法，以考其德行道义而劝之，以纠其过恶而戒之。"意谓正月初一，各州长要聚集本州的民众而宣读法令，用以考察州民的德行和道义而加以劝勉，用以纠正州民的过错而加以告诫。法，指一年政令及十二教之法。

④平价：平抑物价。《周礼·地官·贾师》："凡天患，禁贵儥者，使有恒贾。"意谓凡有天灾，禁止高价贵卖，使价格稳定。

⑤谨权量：语出《论语·尧曰》："谨权量，审法度，修废官，四方之政行焉。"意谓慎重地确定度量衡，审察礼乐制度，恢复废弃的官职，政令就能在全国通行。权量，测度物体轻重、长短的量器。

⑥不独亲其亲：语出《礼记·礼运》："大道之行也，天下为公。选贤与能，讲信修睦。故人不独亲其亲，不独子其子，使老有所终，壮有所用，幼有所长，矜寡孤独废疾者，皆有所养。"意谓大道实行的时代，天下是人民所公有的。选择贤能的人而把领袖的地位传给他，人与人之间讲信用而和睦相处。因此人们不只是亲爱自己的双亲，不只是抚养自己的子女，而使老年人能得终养，壮年人有用武之地，幼童能得到抚育，年老丧夫或丧妻而孤独无靠的人以及残疾人都能得到照顾和赡养。

⑦按：本条见《二程遗书》卷十一。

【译文】

治理国家需要有纲领法度与礼乐制度。"先派定办事人员各任其事"，乡官读法，稳定物价，谨慎确定度量衡，都是必不可少的。人们各自孝敬自己的父母，然后就能使天下人不仅仅只孝敬自己的父母。冉雍说："怎么能够知道什么人是天下的贤才，然后举荐他们呢？"孔子说："你只需要举荐你所知道的，你不知道的，难道别人就不会去举荐吗？"由此可见冉雍与孔子心胸的大小。将这个道理推广开来，就可以知道一个想法可以使国家灭亡，一个想法可以使国家兴旺，关键是这一想法是公心还是私心。

8.18　治道亦有从本而言，亦有从事而言。从本而言，惟从"格君心之非"①，"正心以正朝廷，正朝廷以正百官"②。若从事而言，不救则已，若须救之，必须变，大变则大益，小变则小益。③

【注释】

① 格君心之非：语出《孟子·离娄上》："惟大人为能格君心之非。"意谓只有君子才能够纠正君主内心的错误。格，正。

② 正心以正朝廷，正朝廷以正百官：语出《汉书·董仲舒传》："故为人君者，正心以正朝廷，正朝廷以正百官，正百官以正万民，正万民以正四方。"意谓对于君主，只有端正自己的内心才能端正朝廷，端正了朝廷才能端正文武百官，端正了文武百官才能端正黎民百姓，端正了黎民百姓才能端正四方的国家。

③ 按：本条见《二程遗书》卷十五。

【译文】

治国之道可以从根本上来说，也可以从行事上来说。从根本上来说，只是"纠正君主用心的错误"，"端正君主的心就能够端正朝廷，端正朝廷就能够端正百官"。从行事上来说，不救治时弊就罢了，如果要救治时弊，必须要变革，大的变革会有大的好处，小的变革就会有小的好处。

8.19　唐有天下，虽号治平，然亦有夷狄之风。三纲不正，无君臣、父子、夫妇，其原始于太宗也①。故其后世子弟皆不可使②，君不君，臣不臣，故藩镇不宾，权臣跋扈，陵夷有五代之乱③。汉之治过于唐。汉大纲正④，唐万目举⑤，本朝大纲正，万目亦未尽举。⑥

【注释】

① 其原始于太宗也：唐太宗李世民（599—649），陇西狄道（今甘肃临洮）人。李渊在隋朝任太原留守，他鼓动李渊起兵反隋，是为无君臣之道；发动玄武门之变，杀死哥哥李建成、弟弟李元吉，后又逼迫李渊退位，是为无父子、兄弟之道；安排晋阳宫中隋炀帝的宫人陪侍李渊，玄武门之变后娶李元吉之妻杨氏等，是为无夫妇之道。

②皆不可使：叶采解："玄宗使肃宗至灵武则自立称帝,使永王璘使
　　江南则反。"

③陵夷：渐趋于衰微。

④汉大纲正：张伯行解："君臣、父子、夫妇之伦,谓之三纲。"李文炤
　　解："大纲,伦纪也。"

⑤唐万目举：张伯行解："礼、乐、政、刑、制度、文为之属,谓之万
　　目。"李文炤解："万目,若世业,若府兵,租庸调,及省府之类。"

⑥按：本条见《二程遗书》卷十八。

【译文】

唐朝统治天下,虽然也号称是太平盛世,但有夷狄的风气。君臣、父
子、夫妇的三纲不端正,没有君臣、父子、夫妇的秩序,起源都在唐太宗。
所以唐代的后世子孙都不服从命令,君不像君,臣不像臣,所以藩镇割
据不服从中央,权臣飞扬跋扈,于是逐渐衰败,以至于有了五代十国的乱
世。汉代的治理超过了唐代。汉代三纲端正,唐代道德的各类细节都成
立了,至于本朝宋朝,三纲端正了,道德的各类细节还没有得到建立。

8.20　教人者,养其善心而恶自消；治民者,导之敬让
而争自息。①

【注释】

①按：本条见《二程外书》卷十一。

【译文】

教育人的办法,只是培养他们的善心,然后邪恶的行为自然会消失。
治理老百姓的办法,只是引导他们相互恭敬谦让,然后相互的斗争自然
会平息。

8.21　明道先生曰：必有《关雎》《麟趾》之意①,然后

可行《周官》之法度②。③

【注释】

①《关雎》《麟趾》：都是《诗经·周南》篇名。《麟趾》，即《麟之趾》。按照《毛诗序》的说法："《关雎》，后妃之德也。《风》之始也，所以风天下而正夫妇也。"意谓《关雎》讲的是后妃的道德。是"风诗"的开端，是用来教化天下、端正夫妇大伦的。又说："《麟之趾》，《关雎》之应也。《关雎》之化行，则天下无犯非礼。虽衰世之公子皆信厚如麟趾之时也。"意谓《麟之趾》是响应《关雎》的。《关雎》所提倡的风化得以实行，天下就没有人再做非礼之事。即便是衰败时代的公子也像古代圣明时代的人那样信厚有礼。此指其中所含教化的道理。

②《周官》之法度：《周礼》所记载的礼制规范。《周官》，即《周礼》，亦称《周官经》《周官礼》，又尊称《礼经》，为战国时代作品，西汉末列于经而属于礼，故名《周礼》。全书杂汇周王室官制及战国年间各国制度，附会儒家政治理想，增损排比，分为《天官冢宰》《地官司徒》《春官宗伯》《夏官司马》《秋官司寇》《冬官司空》等六篇。《冬官司空》早佚，汉时补以《考工记》。全书多是关于先秦社会政治、经济、文化、礼制的史料，内容极为丰富，所记载的礼的体系最为系统。"礼"是行为准则、道德规范和各种礼节，也是一切制度规范的概称，有"法"的意义。

③按：本条见《二程外书》卷十二。

【译文】

程颢说：一定要懂得《关雎》《麟之趾》诗中所表现的道德教化的道理，才能实行《周官》所记载的法度。

8.22　"君仁莫不仁，君义莫不义"①，天下之治乱，系乎人君仁不仁耳。离是而非则生于其心，必害于其政，岂待乎作之于外哉？昔者孟子三见齐王而不言事，门人疑之，孟子曰"我先攻其邪心"②。心既正，然后天下之事可从而理也。夫政事之失、用人之非，知者能更之，直者能谏之。然非心存焉③，则一事之失，救而正之，后之失者，将不胜救矣。"格其非心"，使无不正，非大人其孰能之④？⑤

【注释】

①君仁莫不仁，君义莫不义：语出《孟子·离娄上》："惟大人为能格君心之非。君仁莫不仁，君义莫不义，君正莫不正。一正君而国定矣。"意谓只有君子才能够纠正君主内心的错误。君主仁爱没有人不仁爱，君主正义就没有人不正义，君主正直就没有人不正直，只要端正了君主，国家就安定了。

②"昔者孟子三见齐王而不言事"几句：事见《荀子·大略》："孟子三见宣王不言事。门人曰：'曷为三遇齐王而不言事？'孟子曰：'我先攻其邪心。'"攻，打击，攻破。邪心，错误的用心。

③非心：非妄之心。

④非大人其孰能之："人"，底本原作"臣"，据叶采集解本改。

⑤按：本条见《二程外书》卷六。

【译文】

"君主仁爱，没有人不仁爱；君主正义，没有人不正义"，天下的治理与衰乱，都取决于君主是仁爱还是不仁爱。远离了正确那么错误就在内心产生了，必定对政治有所危害，哪里还需要等待表现在外在呢？过去孟子三次见齐宣王都不讨论政事，门人有疑惑，孟子说："我是要先纠正他的错误用心。"君主的用心端正了，然后天下的事情就都可以治理。政事的失误、用人的错误，有智慧的人可以纠正，正直的人可以劝谏。但是如果君主存心不正,一件事情的失误可以纠正,后来还会有不断的失误,终究会纠正不过来了。所以纠正君主错误的用心,使用心没有不正确的,除了君子,谁还能够做到呢?

8.23　横渠先生曰:"道千乘之国"^①,不及礼乐刑政,而云"节用而爱人,使民以时",言能如是则法行,不能如是则法不徒行^②,礼乐刑政,亦制数而已耳^③。^④

【注释】

①道千乘之国:语出《论语·学而》:"道千乘之国,敬事而信,节用而爱人,使民以时。"意谓治理拥有千辆兵车的国家,办事严肃认真,讲话恪守信用,节约用度,惠爱人民,役使老百姓要在农闲时节。道,导,引导,即治理。

②法不徒行:语本《孟子·离娄上》:"徒善不足以为政,徒法不能以自行。"意谓只有好心不能够治理国家,只有法度不能够自行实施。徒,仅有。善,好心。

③制数:定法,法制。

④按:本条见张载《正蒙·有司》。

【译文】

张载说:孔子谈到治理拥有千辆兵车的国家,没有谈到礼乐刑政,只是说"节约用度,惠爱人民,役使老百姓要在农闲时节",说的是如果能够做到这样,那么法令就能推行,不能做到这样,法度不能够自行实施,礼乐刑政只不过是写成的制度条文而已。

8.24　法立而能守,则德可久,业可大。郑声、佞人,能使为邦者丧所以守,故放远之^①。^②

【注释】

①"郑声、佞人"几句：语出《论语·卫灵公》："放郑声，远佞人。郑声淫，佞人殆。"意谓排斥郑国的乐曲，远离巧嘴的小人。郑国的乐曲淫荡，巧嘴的小人危险。郑声，郑国的音乐多为靡靡之音，故称不雅正的音乐为"郑声"。佞人，有口才但心术不正的人。

②按：本条见张载《正蒙·三十》。

【译文】

法令建立了并且能够遵守，那么道德就会持久，事业就可以宏大。郑国的音乐、邪佞的小人，可以使治国的人丧失他们本来的操守，所以一定要远离他们。

8.25　横渠先生答范巽之书曰①：朝廷以道学、政术为二事②，此正自古之可忧者。巽之谓孔孟可作③，将推其所得而施诸天下邪，将以其所不为而强施之于天下欤？大都君相以父母天下为王道④，不能推父母之心于百姓，谓之王道可乎？所谓父母之心，非徒见于言，必须视四海之民如己之子。设使四海之内皆为己之子，则讲治之术，必不为秦汉之少恩，必不为五伯之假名⑤。巽之为朝廷言，人不足与适，政不足与间⑥，能使吾君爱天下之人如赤子，则治德必日新，人之进者必良士，帝王之道不必改途而成，学与政不殊心而得矣。⑦

【注释】

①范巽之：范育（生卒年不详），字巽之，张载门人。

②道学：指成就道德学问的性命义理之学。政术：指统治国家的行政手段。

③可作：再生。

④王道：君主以仁义治天下，以德政安抚臣民的统治方法。常与"霸道"相对称。

⑤五伯：即春秋五霸。通常指齐桓公、晋文公、宋襄公、秦穆公、楚庄王。

⑥人不足与适，政不足与间：语出《孟子·离娄上》："人不足与适也，政不足间也，惟大人为能格君心之非。"意谓人事不值得过于指责，政事不值得过于非议，只有君子才能够纠正君主内心的错误。适，同"谪"，指责，谴责。间，非议。

⑦按：本条见张载《横渠文集·答范巽之书》。

【译文】

张载给范育的回信中说：朝廷将道德学问与行政方法看作是两件事情，这正是自古以来都值得担忧的做法。你认为假使孔孟复生，他们是会把自己所主张的观点施行到天下呢？还是会把不愿意做的事情强制推行到天下呢？君主宰相大多会把像父母一样对待天下百姓称之为王道，不能够把父母慈爱之心推及天下百姓，又怎么能称之为王道呢？所谓的父母之心，不是只表现在口头上，必须将天下的老百姓都看作是自己的孩子。假如能够将天下的老百姓都看作是自己的孩子，那么讲求的治理方法，一定不是像秦朝、汉朝那样的缺少恩德，也不会像春秋五霸那样的假借仁义的名义。你向朝廷进言，既不必指责朝廷用人不当，也不必去批评他们行政的失误，如果能够引导我们的君主爱天下的百姓如同爱他刚出生的孩子，那么统治的德行必定一天天更新，得到推荐的人一定是好的官员，帝王之道无须改变现在的治理方法就能够成功施行，道德学问与行政方法也只需要一种用心就可以得到了。

卷之九

【题解】

朱熹论此卷纲目曰:"制度。"

叶采曰:卷九治法:此卷论治法。盖治本虽立,而治具不容缺,礼乐刑政有一之未备,未足以成极治之功也。

本卷主要讨论一些具体的制度。比如:

一、礼乐制度。恢复古代的礼乐制度是儒家的最高理想(9.1),但是也不能拘泥于古代的方法,要因时制宜(9.3)。

二、教育制度。选举贤才是统治的重要事务,要选取学业优良,道德优秀的人在太学当老师,选取好的学生进入学校学习(9.2)。

三、家族制度。首先要建立宗子制度。修缮家谱,辨明谱系,收罗家族之人,建立宗子制度(9.12、9.13、9.18)。还要通过宗庙来凝聚人心(9.7),每个家族都应建立家庙,重视冠礼、丧礼、祭祀等礼仪(9.15、9.17)。还可以通过每月聚会来聚集本宗族人的心(9.14)等。

四、军队制度。用兵的谋略和行军的律令,圣人是不得已才使用的(9.21),但是好的军队管理的关键是要明确每个人的职责(9.10、9.11)。

五、恢复井田制。井田制是儒家理想中的公平公正的土地制度,所以认为治理国家的首要事务,是实施井田制中的划清田地边界。张载对此还进行过专门的试验(9.23、9.26、9.27)。

　　此外,还有一些具体的针对当时制度的建议。比如建议由经筵官来担负对君王的教导训诫、道义辅佐、身体保护方面的职责(9.4);将太学的考试改为考察,如果学得不好,则请学官召集再进行教育(9.5);用肉刑取代部分死刑(9.22)等。

　　本卷还特别将程颢做泽州晋城县令、张载做云岩县令的一些政务作为行政的典范来举例(9.6、9.24)。

　　9.1　濂溪先生曰:古圣王制礼法,修教化,三纲正①,九畴叙②,百姓大和,万物咸若③,乃作乐以宣八风之气④,以平天下之情。故乐声淡而不伤,和而不淫,入其耳,感其心,莫不淡且和焉。淡则欲心平,和则躁心释。优柔平中⑤,德之盛也;天下化中,治之至也。是谓道配天地,古之极也。后世礼法不修,刑政苛紊⑥,纵欲败度,下民困苦。谓古乐不足听也,代变新声,妖淫愁怨⑦,导欲增悲,不能自止。故有贼君弃父,轻生败伦,不可禁者矣。呜呼! 乐者,古以平心,今以助欲;古以宣化,今以长怨。不复古礼,不变今乐,而欲至治者,远哉!⑧

【注释】

①三纲:君为臣纲,父为子纲,夫为妻纲。

②九畴:指传说中天帝赐给禹治理天下的九类大法,即《洛书》。语出《尚书·洪范》:"天乃锡禹洪范九畴,彝伦攸叙。初一曰五行,次二曰敬用五事,次三曰农用八政,次四曰协用五纪,次五曰建用皇极,次六曰乂用三德,次七曰明用稽疑,次八曰念用庶征,次九曰向用五福、威用六极。"意谓上天就赐给禹九类大法,治理国家的常理就安定了下来。第一为五行,第二为恭敬地做好五件事,

第三为努力做好八项政务,第四为符合天时的五种记时方法,第五为建立至高无上的统治原则,第六为推行三种治理臣民的方式,第七为运用卜筮考稽疑难进行决策,第八为考虑各种征兆,第九为用五福奖励,用六极惩罚。畴,类。叙:使有次序。

③咸若:《尚书·皋陶谟》:"禹曰:'吁!咸若时,惟帝其难之。'"后以"咸若"称颂帝王之教化。谓万物皆能顺其性,应其时,得其宜。

④宣:宣达。八风:八方之风。《说文·风部》:"风,八风也。东方曰明庶风,东南曰清明风,南方曰景风,西南曰凉风,西方曰阊阖风,西北曰不周风,北方曰广莫风,东北曰融风。"

⑤平中:平和中正。

⑥苛紊:苛刻紊乱。

⑦妖淫:淫靡颓废。

⑧按:本条见周敦颐《通书·乐上》。

【译文】

周敦颐说:古代的圣王制定礼仪和法度,修明教化,三纲端正,九畴有序,百姓和谐,万物得宜,于是制作了音乐来宣扬八风之气,从而平和天下人的情感。所以音乐的声音平淡而不哀伤,和谐而不放荡,进入百姓的耳朵,感动他们的心灵,也都是平淡而和谐的。平淡则欲望的心就平静了,和谐则躁动的心就消释了。悠然自得,平和中正,德行就非常盛大了;天下太平,教化中正,政治就达到极致了。这就是说用圣人之道与天地匹配,就是古代社会的极致了。后世的人礼仪和法度不实行,刑法政令苛刻繁多,处在上位的人放纵欲望、败坏法度,下层的百姓处在艰难困苦之中。认为古代的音乐不值得去听,于是一代一代制造新的音乐,淫靡颓废、忧愁哀怨,激发人们的情欲,增加人们的悲伤,根本无法停止。所以臣子杀害君王、儿子遗弃父亲,轻视生命、败坏伦理,都无法禁止了。唉!音乐,古代的人用来平静心灵,现在的人却用来助长欲望;古代的人用来宣布教化,现在的人用来增长哀怨。不恢复古代的礼仪,不改变今天的音乐,想要达到极致的太平盛世,只恐怕会越来越远了。

9.2　明道先生言于朝曰:治天下以正风俗、得贤才为本。宜先礼命近侍贤儒及百执事①,悉心推访有德业充备、足为师表者,其次有笃志好学、材良行修者,延聘敦遣②,萃于京师,俾朝夕相与讲明正学③。其道必本于人伦,明乎物理,其教自小学洒扫应对以往④,修其孝悌忠信,周旋礼乐⑤。其所以诱掖激厉、渐摩成就之之道⑥,皆有节序⑦。其要在于择善修身,至于化成天下⑧,自乡人而可至于圣人之道。其学行皆中于是者为成德。取材识明达、可进于善者,使日受其业。择其学明德尊者,为太学之师,次以分教天下之学。择士入学,县升之州,州宾兴于太学⑨,太学聚而教之,岁论其贤者、能者于朝⑩。凡选士之法,皆以性行端洁、居家孝悌、有廉耻礼逊、通明学业、晓达治道者。⑪

【注释】

①百执事:犹百官。

②延聘:聘请。敦遣:犹恭送。

③俾:使。相与:相偕,相互。

④小学:朱熹《〈大学章句〉序》:"人生八岁,则自王公之下,至庶人之子弟,皆入小学,而教之以洒扫应对、进退之节,礼、乐、射、御、书、数之文。"

⑤周旋礼乐:语出《孟子·尽心下》:"动容周旋中礼者,盛德之至也。"意谓动作容貌与应对进退都合乎礼仪,那是德行的最高表现。

⑥诱掖激厉:引导扶持,奖励劝勉。渐摩:浸润,教育感化。语出《汉

书·董仲舒传》："渐民以仁,摩民以谊。"意谓用仁与义来教育感
化百姓。

⑦节序:节令,节气,节令的顺序。

⑧化成天下:语出《周易·贲》象辞:"观乎天文以察时变,观乎人文
以化成天下。"意谓观察自然界的文饰,可以探知季节的变化;观
察人间的文饰,可以教化成就天下的人。

⑨宾兴:周代从乡小学选出贤能的人,以上宾之礼升于国学。语出
《周礼·地官·大司徒》:"以乡三物教万民而宾兴之。"意谓从德、
行、艺三方面内容来教育万民,而荐举贤能的人。

⑩论:衡量,评定。

⑪按:本条见《二程文集》卷一。

【译文】

程颢在朝廷上说:治理天下要以端正风俗、选举贤才作为根本。首
先应该命令近侍、贤德的儒者以及执事百官,尽心尽力地访求与推荐德
业充实完备、可以成为老师的人,其次访求与推荐志向笃定、爱好学习、
才能优良、行为端正的人,以厚礼聘请恭迎,荟萃在京都,让他们从早到
晚可以在一起研究儒家正确的学问。他们的追求道路必定以人伦大道
为根本,要阐明事物的道理,他们的教育是从小学的洒扫应对开始,让学
生们修习孝敬父母、友爱兄弟、忠心诚信,使他们的行为符合礼乐的要
求。他们用以启发激励、涵养琢磨、不断成就他们德业的方法,都按照时
节顺序。其关键在于选择善行来完善自身修养,直到将教化推广至天下,
从普通人就可以走上圣人的大道。其中学业行为都符合标准的,可以称
为德行成就的人。选取才能优秀、见识明达、可以不断进步的人,让他们
天天在这里学习。选择那些学问优良、道德优秀的人,在太学里面当老
师,让次一等的去教授天下的其他学校。选择好的学生进入学校学习,
从县学升到州学,从州学升到太学,太学聚集这些人来教育,每年在朝廷
上评定他们的贤德、能力。大凡选取官员的方法,都要衡量他们行为是

否端正廉洁,居家是否孝敬父母与友爱兄弟,是否有廉耻能谦让,是否学业优良,是否通晓治国之道。

9.3　明道先生论十事^①:一曰师傅^②,二曰六官^③,三曰经界^④,四曰乡党^⑤,五曰贡士^⑥,六曰兵役^⑦,七曰民食^⑧,八曰四民^⑨,九曰山泽^⑩,修虞衡之职^⑪。十曰分数^⑫。冠昏、丧祭、车服、器用等差。其言曰:无古今,无治乱,如生民之理有穷,则圣王之法可改。后世能尽其道则大治,或用其偏则小康,此历代彰灼著明之效也^⑬。苟或徒知泥古而不能施之于今,姑欲徇名而遂废其实,此则陋儒之见,何足以论治道哉!然傥谓今人之情皆已异于古,先王之迹不可复于今,趣便目前^⑭,不务高远,则亦恐非大有为之论,而未足以济当今之极弊也。^⑮

【注释】

①十事:《二程文集》卷一载程颢《论十事札子》列举了当时社会上十个方面的弊端,要求宋神宗"酌古变今",立即动手改革。即下面所列十项。

②一曰师傅:此指教育制度,"今师傅之职不修,友臣之义未著,所以尊德乐善之风,未成于天下"。

③二曰六官:此指官僚制度,"今官秩淆乱,职业废弛"。

④三曰经界:此指土地制度,"今则荡然无法(按,指经界),富者跨州县而莫之止,贫者流离饿殍而莫之恤"。

⑤四曰乡党:此指乡里教育,"今师学废而道德不一,乡射亡而礼乐不兴"。

⑥五曰贡士:此指贡士制度,"贡士不本于乡里,而行实不修"。

⑦六日兵役：此指军队制度，"今骄兵耗匮，国力亦已极矣"。

⑧七日民食：此指粮食问题，"耕之者少，食之者众，地力不尽，人功不勤"。

⑨八日四民：此指游民问题，"今京师浮民，数逾百万，游手不可赀度"。

⑩九日山泽：此指材物制度，"今五官不修，六府不治，用之无节，取之不时"。

⑪虞衡：古代掌山林川泽之官，掌管开发利用山林川泽的材物。

⑫十日分数：此指器用制度，"今礼制未修，奢靡相尚。卿大夫之家，莫能中礼，而商贩之类，或逾王公"。

⑬彰灼：昭著，显明。

⑭趣便：追求方便。

⑮按：本条见《二程文集》卷一。

【译文】

程颢讨论十件事情：一曰师傅，二曰六官，三曰经界，四曰乡党，五曰贡士，六曰兵役，七曰民食，八曰四民，九曰山泽，任命掌山林川泽之官员，十曰分数。冠礼、婚礼、丧礼、祭祀、用车、衣服、器用等都是有等级差别的。其中说：无论是古代还是现在，无论是治世还是乱世，凡是生养百姓的方法行不通的时候，那么圣王的法度就可以改革了。后世的人能够穷究圣人之道，天下就可以大治，如果仅仅使用其中的一小部分，就能达到小康，这是在历代显而易见、行之有效的方法。如果只知道拘泥于古代的方法，而不能就现今的实际情况因时制宜地实行，只是追求虚名而不顾实情，这都是浅陋儒者的见解，不值得和他们去讨论治国之道！如果说今天的人情已经与古代完全不同了，说古代先王的政绩完全无法在今天实现，只追求眼前的利益，不追求高远的目标，恐怕也不是能够大有作为的观点，也不能够解决当前最严重的弊端。

9.4　伊川先生上疏曰：三代之时，人君必有师、傅、保

之官。"师,道之教训;傅,傅之德义;保,保其身体^①。"后世作事无本,知求治而不知正君,知规过而不知养德。傅德义之道,固已疏矣;保身体之法,复无闻焉。臣以为傅德义者,在乎防见闻之非,节嗜好之过;保身体者,在乎适起居之宜,存畏慎之心。今既不设保傅之官,则此责皆在经筵^②。欲乞皇帝在宫中,言动服食,皆使经筵官知之。有翦桐之戏^③,则随事箴规^④;违持养之方,则应时谏止。《遗书》云:某尝进说,欲令上于一日之中,亲贤士大夫之时多,亲宦官宫人之时少,所以涵养气质,薰陶德性。^⑤

【注释】

①"师,道之教训"几句:语出《汉书·贾谊传》。

②经筵:汉唐以来帝王为讲论经史而特设的御前讲席。宋代始称经筵,置讲官以翰林学士或其他官员充任或兼任。以每年二月至端午节、八月至冬至节为讲期,逢单日入侍,轮流讲读。

③翦桐之戏:此即"桐叶封弟",典出《吕氏春秋·重言》。周成王与弟弟唐叔虞闲居时,摘下梧桐叶子当圭,交给唐叔虞说:"我拿这个来封你。"叔虞很高兴,把这事告诉了周公。周公向成王请示说:"天子您封叔虞了吧?"成王说:"我是跟叔虞开玩笑呢。"周公对曰:"臣闻之,天子无戏言。天子言则史书之,工诵之,士称之。"成王于是就把叔虞封到晋。戏,玩笑。

④箴规:劝诫规谏。

⑤按:本条见《二程文集》卷六。

【译文】

程颐上疏写道:上古三代的时候,君主都有师、傅、保三种官员辅佐。"师,是用教导训诫来引导君主;傅,用德行道义来辅佐君主;保,保护君主的身体。"后世的人做事不从根本上考虑,只追求政治治理,而不知道去端正君主;知道规劝君主的过错,而不知道培养君主的德性。用德义辅佐君主的做法,现在已经荒疏了;保护君主身体的方法,也不再听说了。我认为,用德义辅佐君主的方法,关键在于防止君主见到听到错误的东西,要节制君主的不良爱好;保护君主身体的方法,在于日常起居要适宜,存在畏惧谨慎的心。现今既然不设傅、保之类的官职,那么这个责任就要由经筵官承担。我想请求圣上在宫中的言行、衣服、饮食都要让经筵官知道。有"桐叶封弟"之类的玩笑,就随时予以规劝;生活方面有不符合持守养生的方面,也要及时劝阻。《二程遗书》卷十八说:我曾经向皇帝建议,让皇帝在一天之中亲近贤德士大夫的时间多一些,亲近宦官、后宫妃嫔的时间少一些,用这样的方法来涵养气质,熏陶德性。

9.5　伊川先生《看详三学条制》云①:旧制公私试补,盖无虚月②。学校礼义相先之地③,而月使之争,殊非教养之道。请改试为课,有所未至,则学官召而教之,更不考定高下。制尊贤堂以延天下道德之士,及置待宾、吏师斋,立检察士人行检等法。

【注释】

①看详:审阅研究。三学:宋代称太学之外舍、内舍、上舍为三舍,亦称三学。条制:条例制度。

②虚月:空闲的月份。

③相先:互相逊让。

【译文】

程颐《看详三学条制》说:按照旧制度,太学公试私试,几乎每个月都有。学校是遵循礼义相互谦让的地方,但每个月都让他们去竞争,特别不符合教养的道理。请将考试改为考察,如果学得不好,则请学官召集他们再进行教育，也不要评定高低名次。设置尊贤堂来延请天下有道德的人，同时设置待宾斋、吏师斋，建立检查学生品行操守的制度。

又云：自元丰后^①，设利诱之法，增国学解额至五百人^②。来者奔凑^③，舍父母之养，忘骨肉之爱，往来道路，旅寓他土，人心日偷^④，士风日薄。今欲量留一百人，余四百人分在州郡解额窄处。自然士人各安乡土，养其孝爱之心，息其奔趋流浪之志^⑤，风俗亦当稍厚。

【注释】

①元丰：北宋宋神宗年号（1080—1082），这个时期在宋神宗的主持下对职官制度进行了改革，与王安石变法同步进行。

②解（jiè）额：进士举于乡，给解状有一定名额，故称解额。

③奔凑：集聚，会合。

④日偷：日益浇薄。

⑤奔趋：趋附，追求。

【译文】

又说：从元丰年间以来，太学设置了用利益引诱学生的方法，从各省应试到太学的名额增加到五百人。从全国来的人都凑集到太学，他们舍弃了对父母的奉养，忘记了骨肉之间的亲情，在道路上奔波，居住在异地他乡，人心日益浇薄，士风日益浅薄。现在应该只考量留下一百人，其余的四百人分配到名额较少的州郡的学校。这样学生自然会安居在本乡本土，可以培养他们的孝敬之心，平息他们趋炎附势的志向，风俗也应当会逐渐纯厚。

又云：三舍升补之法^①，皆案文责迹^②，有司之事，非庠序育材论秀之道。盖朝廷授法，必达乎下。长官守法而不得有为，是以事成于下，而下得以制其上，此后世所以不治也。或曰："长贰得人则善矣③，或非其人，不若防闲详密，可循守也。"殊不知先王制法，待人而行，未闻立不得人之法也。苟长贰非人，不知教育之道，徒守虚文密法④，果足以成人才乎？⑤

【注释】

①三舍升补：即三舍法，宋神宗时取士法，为元丰新法之一。其法将太学的学生分为三等，分别进入外舍、内舍、上舍学习。按照一定的年限和条件，从外舍升入内舍，再升入上舍。最后按照科举考试，分别规定出身，并授以官职。主要读经为主，用来弥补当时科举偏重文辞的不足。绍圣年间，曾一度废除科举，专门用三舍法取士。这种措施，事实上将太学变成了科举的一个层次，将太学变成了选官制度的一个组成部分。徽宗宣和三年（1121），三舍法被废除。见《宋史·选举志》。

②案文责迹：按照章程要求来考察业绩。

③长贰：指官的正副职。

④虚文：徒具形式的规章、制度。密法：严密的法规。

⑤按：本条见《二程文集》卷七。

【译文】

又说：三舍升补的方法，是按照章程的要求来考察业绩，这是官府办事的方法，并不是学校教育学生选择优秀人才的方法。朝廷颁布法令，必须能够贯彻到底层。长官守着法律条文而无法有所作为，事情都是下面的人做的，因此下面的人就能够制约他的上司，这就是后世没有办法得到治理的原因。有人认为："长官和副职任用得合适自然好，如果任用得不合适，不如防范严密的办法容易遵守。"但他们不知道先王制定法度，必须通过人来实行，没有听说制定了不通过人去执行的法律。如果长官和副职不是合适的人,不懂得教育的方法,只是死守着法令条文,难道就能培养出人才吗?

9.6　《明道先生行状》云:先生为泽州晋城令^①,民以事至邑者,必告之以孝悌忠信,入所以事父兄,出所以事长上。度乡村远近为伍保^②,使之力役相助,患难相恤,而奸伪无所容。凡孤茕残废者^③,责之亲戚乡党^④,使无失所^⑤。行旅出于其涂者^⑥,疾病皆有所养。诸乡皆有校,暇时亲至,召父老与之语;儿童所读书,亲为正句读^⑦;教者不善,则为易置;择子弟之秀者,聚而教之。乡民为社^⑧,为立科条^⑨,旌别善恶^⑩,使有劝有耻^⑪。^⑫

【注释】

① 先生为泽州晋城令:神宗初年,程颢曾为泽州晋城令。泽州晋城,今山西晋城。

② 度:估量。伍保:五家为伍,十户为什,相联相保。

③ 孤茕(qióng):孤独,无依无靠。

④ 乡党:此处指同乡,乡亲。

⑤ 失所:无处居住,无存身之地。

⑥ 行旅:旅客,外地旅行到此的人。涂:道路,后写为"途"。

⑦ 正句读(dòu):纠正断句错误。句读,古人指文辞休止和停顿处,即断句。

⑧ 社会:此指乡民自发结合而成的组织或团体,称作某某社或某某会。

⑨ 科条:条例,章程。

⑩ 旌别:识别。

⑪ 劝:鼓励。

⑫按：本条见《二程文集》卷十一。

【译文】

《明道先生行状》说：程颢做泽州晋城县令的时候，老百姓如果有事到城里去，程颢必定会把孝敬父母、友爱兄弟、忠诚、守信的道理告诉他们，让他们懂得在家如何对待父亲兄长，在外如何对待上级领导。按照乡村之间的距离远近，建立伍保制度，使得在劳力方面相互帮助，有患难的相互救助，奸诈的人没有容身的地方。对于孤独或残废的人，要求他的亲族人和乡里人照顾，不让他们流离失所。在路途中旅行到本地的人，疾病都能够有所治疗。各个乡都建立学校，闲暇的时候，程颢亲自到这些学校去，召集当地的父老乡亲与他们交谈；儿童们所读的书，程颢都要亲自为他们纠正断句；老师如果不称职，要为他们另行配备；选择学生当中比较优秀的，聚集起来一起教育。乡民组织社团，程颢就为他们订立规章制度，分别条款的好坏，使他们都有上进心与羞耻心。

9.7　《萃》："王假有庙①。"《传》曰：群生至众也，而可一其归仰；人心莫知其乡也②，而能致其诚敬③；鬼神之不可度也④，而能致其来格⑤。天下萃合人心、总摄众志之道非一，其至大莫过于宗庙。故王者萃天下之道，至于"有庙"，则《萃》道之至也。祭祀之报，本于人心，圣人制礼以成其德耳。故豺獭能祭⑥，其性然也。⑦

【注释】

①王假（gé）有庙：语出《周易·萃》卦卦辞。假，至，到。谓感于此而达于彼。庙，宗庙。旧时供祀先祖神位的屋舍。

②乡：方向，趋向。

③致其诚敬：使之达到真诚敬畏。

④度：揣度。

⑤来格：来临，到来。格，至。

⑥豺獭能祭：豺祭和獭祭。初春，河水解冻，獭开始大量捕杀鱼类，把鱼陈列水边，如同陈列供品祭祀。深秋，鸟兽长成，豺大量杀兽以备冬粮，陈于四周，有似人之陈物而祭。

⑦按：本条见《周易程氏传·萃》。

【译文】

《萃》卦说："君王用美德感格神灵以保有宗庙祭祀。"《周易程氏传》说：天下生灵众多，但是可以使他们统一信仰；人心是很难把握方向的，但是可以使他们都达到真诚与敬畏；鬼神是难以测度的，但是可以使鬼神降临。在天下聚合人心、统摄众人志向的方法并不是只有一种，但是最大的莫过于通过宗庙。所以古代的王者聚合天下人心的方法，能够建立并保有宗庙祭祀，《萃》的道理就达到了极致。祭祀的回报，根本在于人心，圣人制定礼仪来成就德行。所以像豺獭等禽兽也能够祭祀，这是本性所决定的。

9.8　古者戍役，再期而还①。今年春暮行，明年夏代者至，复留备秋②，至过十一月而归。又明年中春③，遣次戍者。每秋与冬初，两番戍者④，皆在疆圉⑤，乃今之防秋也。⑥

【注释】

①再期（jī）：两周年。期，此指一周年。

②备秋：古代西北各游牧部落，往往趁秋高马肥时南侵。届时边军特加警卫，调兵防守，称为"防秋"。

③中春：指春季的第二个月。

④两番：此指两批。番，轮番，轮流更替。

⑤疆圉（yǔ）：边疆，边境。

⑥按：本条见《程氏经说·诗解》。

【译文】

古代的人戍边服兵役，两年之后才返回。比如今年春末出发，明年夏天代替的人就到了，一直留下来做秋天的防备，过了十一月份才回来。又到明年春天的中期，遣送下一批戍边的人。每年的秋天和初冬，两批戍边的人都在边疆，这就是今天所说的防秋。

9.9　圣人无一事不顺天时，故至日闭关①。②

【注释】

①至日闭关：语出《周易·复》象辞："先王以至日闭关。"意谓古代帝王由此领悟，要在冬至之日关闭城门。《朱子语类》卷七十一："大象所谓'至日闭关'者，正是于已动之后，要以安静养之。盖一阳初复，阳气甚微，劳动他不得，故当安静以养微阳。如人善端初萌，正欲静以养之，方能盛大。"

②按：本条见《二程外书》卷三。

【译文】

圣人没有一件事情不顺应天时，所以到冬至的这一天就关闭城门。

9.10　韩信多多益办①，只是分数明②。③

【注释】

①多多益办：即多多益善，越多越好。《史记·淮阴侯列传》记载，刘邦问韩信："像我，能统率多少人马？"韩信说："您最多统率十万。"刘邦问："那么你呢？"韩信说："臣多多而益善耳。""多多益善"，《汉书·韩信传》作"多多益办"。

②分数：规定人数，分任职务，指军队的组织编制。语出《孙子兵

法·势篇》:"凡治众如治寡,分数是也。"意谓凡是统领很多的人
如同统领很少的人,都是因为任务职责明确。

③按:本条见《二程遗书》卷七。

【译文】

韩信带兵可以多多益善,其原因在于每个人的职责都很明确。

9.11　伊川先生曰:管辖人亦须有法,徒严不济事。今
帅千人,能使千人依时及节得饭吃,只如此者,亦能有几
人?尝谓军中夜惊,亚夫坚卧不起①,不起善矣,然犹夜惊何
也?亦是未尽善。②

【注释】

①军中夜惊,亚夫坚卧不起:事见《史记·绛侯周勃世家》。周亚夫
　统兵平吴楚七国之乱,断吴军粮道,坚壁不出。一天夜里,周亚夫
　的营中忽然发生骚乱,乱兵几乎都闹到了周亚夫的帐幕之下。但
　周亚夫始终镇定地躺在床上不起来。过了一会儿,营中自己又平
　静下来了。亚夫,周亚夫(前199—前143),沛郡沛县(今江苏丰
　县)人,西汉时期名将,官至丞相。他是汉初功臣名将绛侯周勃的
　次子,善于治军领兵,在吴楚七国之乱中,他统帅汉军三个月平定
　了叛军。

②按:本条见《二程遗书》卷十。

【译文】

程颐说:管理人也是有方法的,只靠严厉没用。现在统率一千人,
能够使这一千人都按时吃饭并且都有饭吃,仅仅能做到这一点的,有几
个人呢?我曾经说:半夜军中骚乱,周亚夫作为主将很镇定,一直躺着没
有起来,镇定不起来是很好的,但是为什么半夜军中会发生骚乱呢?可
见他的治军还没有做到尽善尽美。

9.12　管摄天下人心,收宗族^①,厚风俗,使人不忘本,须是明谱系,收世族,立宗子法^②。^③一年有一年工夫。

【注释】

①收宗族:使宗族凝聚亲密。收,聚集。宗族,同宗同族之人。

②宗子法:即宗法,古代以家族为中心,按血统、嫡庶来组织、统治社会的法则。

③按:本条见《二程遗书》卷六。

【译文】

统摄天下老百姓的人心,使宗族凝聚亲密,使风俗淳厚,使老百姓不遗忘根本,就应该修缮家谱,辨明谱系,收罗家族之人,建立宗子制度。实行一年,就会有一年的功效。

9.13　宗子法坏,则人不自知来处,以至流转四方,往往亲未绝,不相识。今且试以一二巨公之家行之,其术要得拘守得^①,须是且如唐时立庙院^②,仍不得分割了祖业,使一人主之。

【注释】

①拘守:固守。

②庙院:名门望族世有官祭的宗祠。

③按:本条见《二程遗书》卷十五。

【译文】

宗子制度废坏的话,人们就不知道自己的宗族来自何处,以至于人们迁徙到各地,往往亲缘关系没有断绝,却相互不认识了。现在应该先用一两个世家大族来试行,实行办法的关键是要固守家族的祖业,需要像唐朝那样建立家庙,规定不得分割家族的祖业,从家族当中选一个人来管理。

9.14　凡人家法^①,须月为一会以合族。古人有花树韦家宗会法^②,可取也。每有族人远来,亦一为之。吉凶嫁娶之类,更须相与为礼,使骨肉之意常相通。骨肉日疏者,只为不相见,情不相接尔。

【注释】

①家法:治家的法则。

②花树韦家宗会法:唐代曾经有被称作花树韦氏的家族,兄弟众多,关系亲密,感情深厚,都是达官显贵。曾经制定宗族经常聚会的办法,每次吃完饭以后,一定会在花下饮酒,从而形成了惯例。当时岑参写了《韦家花树歌》,称赞韦氏家族兄弟和睦非常兴盛。

③按:本条见《二程遗书》卷一。

【译文】

管理家族的办法,应该每月聚会一次以聚集本族人。古代有花树韦家宗会法,可以借鉴。每当有族人从远方回来,也聚会一次。婚丧嫁娶之类的,更应该家族一起操办参与典礼,使骨肉亲情常常相互联系。骨肉亲情日渐疏远,只是因为经常不见面,感情不交流。

9.15　冠昏丧祭,礼之大者,今人都不理会。豺獭皆知报本,今士大夫家多忽此,厚于奉养而薄于先祖,甚不可也。某尝修六礼^①,大略家必有庙,庶人立影堂^②。庙必有主^③,高祖以上即当祧也^④。主式见《文集》。又云:今人以影祭,或一髭发不相似,则所祭已是别人,大不便。月朔必荐新^⑤,荐后方食。时祭用仲月^⑥，止于高祖。旁亲无后者，荐之别位。**冬至祭始祖**，冬至，阳之始也；始祖，厥初生民之祖也。无主，于庙中正位设一位，合考妣享之^⑦。**立春祭先祖**，立春，生物之始也；先祖，始祖而下，高祖而上，非一人也。亦无主，设两位，分享考妣。**季秋祭祢^⑧**；季秋，成物之时也。**忌日迁主，祭于正寝^⑨**。凡事死之礼，当厚于奉生者。人家能存得此等事数件，虽幼者可使渐知礼义。^⑩

【注释】

①某尝修六礼：见《二程文集》卷十，分别为《婚礼》《葬说并图》《葬法决疑》《记葬用柏棺事》《作主式》《祭礼》。

②影堂：供奉祖先遗像的家庙。

③主：神主，用栗木制作的先人神位。

④祧（tiāo）：迁庙。把隔了几代的祖宗的神主迁入远祖之庙。

⑤月朔：每月的初一。荐新：指以时鲜的食品祭献。荐，献。新，谓五谷瓜果等时新之物。

⑥时祭：四时之祭。仲月：每季第二个月。

⑦考妣：父母。此指男女祖先。考，父。男性祖先。妣，母。女性祖先。

⑧季秋：秋季的最后一个月，农历九月。祢（nǐ）：父亲之庙。

⑨正寝：居住之正室。

⑩按：本条见《二程遗书》卷十八。

【译文】

冠礼、婚礼、丧礼、祭祀，是礼仪当中最重要的几个，现在的人都不在意了。豺獭还知道报答根本，现在的士大夫反而多有忽略，对自己的奉养很丰厚，但是对先祖的祭祀很微薄，这是很不应该的。我曾经尝试整理六礼，大致是说每一个家族都应该有家庙，老百姓要建立影堂。每一个家庙都要有祭祀的神主,高祖以上的应当迁出。具体的做法见《文集》中的《作主式》。又说:现在的人用画像来祭祀,如果有一根胡须与一丝头发不相似,那么所祭祀的就是别人了,也很不方便。每月初一要以时鲜的食品祭献,荐过祖考以后,自己才能吃饭。四时的祭祀在每季的第二个月,祭祀高祖。旁支亲人没有后代的,另设位献祭。冬至的时候祭祀始祖,冬至是阳气开始复现的时候;始祖是族人最早的祖先。始祖没有神位,在庙正中设一个神位,男女始祖合在一起祭祀。立春的时候要祭祀先祖,立春是生命在一年中的开端,先祖是指始祖以下,高祖以上的祖先,不是某一个人。先祖也没有神位,设两个神位分别祭祀男女先祖,九月祭祀父亲,九月,是农作物成熟的时候。去世纪念日这天要把神位移到家中正寝祭祀。凡是事奉死者的礼节,要比奉养生人的礼节丰厚。一个家庭如果能够坚持做这样几件事情,即使是幼小的孩子也会逐渐懂得礼义。

9.16　卜其宅兆①,卜其地之美恶也。地美则其神灵安,其子孙盛。然则曷谓地之美者?土色之光润,草木之茂盛,乃其验也。而拘忌者②,惑以择地之方位,决日之吉凶③,甚者不以奉先为计,而专以利后为虑,尤非孝子安措之用心也。惟五患者,不得不慎:须使异日不为道路,不为城郭,不为沟池,不为贵势所夺,不为耕犁所及。④一本所谓五患者:沟渠,道路,避村落,远井窑。

【注释】

①卜其宅兆:语出《孝经·丧亲》:"卜其宅兆而安措之。"意谓占卜适当的安葬日期和安全的墓穴,然后安置灵柩,埋葬死去的父母。卜,占卜,此处指用占卜的办法选择送葬日期并确定墓地。其,指死去的父母。宅,此处指阴宅,即墓穴。兆,墓园,陵区。

②拘忌：拘泥禁忌。

③决日：选择葬日。

④按：本条见《二程文集》卷十。

【译文】

选择墓地，是要选择墓地的适宜还是不适宜。土地适宜，祖先的神灵就安宁，他的子孙就兴盛。那什么叫作土地适宜呢？土地色泽光润，草木生长繁盛，这就是土地适宜的表征。那些拘泥于禁忌的人，只考虑墓地的方位，葬日的吉凶，甚至有人不考虑供奉先人，专门考虑如何对后人有利，这都不是孝子安葬先人应该有的用心。只有五种麻烦，不得不谨慎：要使墓地以后不成为道路，不被城市所占据，不成为沟壑池塘，不会被权贵世家所侵夺，不会成为耕地。另外一个版本所说的五种麻烦是：不成为沟壑水渠，不成为道路，要避开村落，远离各种井窖、瓦窑。

9.17　正叔云①：某家治丧，不用浮图②。在洛亦有一二人家化之。③

【注释】

①正叔：程颐，字正叔。

②浮图：又作浮屠，即佛陀，这里指代僧人。古代丧事经常请僧人做法事超度亡灵。

③按：本条见《二程遗书》卷十。

【译文】

程颐说：我家治理丧事，不请僧人来做法事。在洛阳的时候，也有几家受到我们家的影响。

9.18　今无宗子，故朝廷无世臣①。若立宗子法，则人知尊祖重本②。人既重本，则朝廷之势自尊。古者子弟从

父兄，今父兄从子弟，由不知本也。且如汉高祖欲下沛时，只是以帛书与沛父老，其父兄便能率子弟从之③。又如相如使蜀，亦移书责父老，然后子弟皆听其命而从之④。只有一个尊卑上下之分，然后顺从而不乱也。若无法以联属之，安可？且立宗子法，亦是天理。譬如木，必有从根直上一干，亦必有旁枝；又如水，虽远必有正源，亦必有分派处⑤，自然之势也。然又有旁枝达而为干者。故曰：古者天子建国⑥，诸侯夺宗云⑦。⑧

【注释】

①世臣：历代有功勋的旧臣。

②尊祖重本：尊敬先祖，重视自己的本源。

③"且如汉高祖欲下沛时"几句：事见《史记·高祖本纪》。秦二世元年秋天，陈胜等人在蕲县起兵，占领陈县以后，自立为王，号称"张楚"。许多郡县的人们都纷纷起来杀死他们的官吏来响应陈胜。沛县的县令害怕了，也想及早率领沛县百姓响应陈胜。于是命令樊哙去召唤刘邦。后又反悔，于是闭门守城。刘邦乃书帛射城上，谓沛父老共同反秦。父老乃率子弟共杀沛令，开城门迎刘邦。

④"又如相如使蜀"几句：事见《史记·司马相如列传》。汉武帝命唐蒙去开辟通往夜郎、西僰等地的道路，当时朝廷只是想从巴蜀抽调官吏士兵一千人，结果唐蒙为了转运粮草，又征调了一万多人，而且使用的是紧急军事动员命令，如果有不满，就把带头的人杀掉，于是巴蜀的百姓惊恐万分。武帝听说之后，就派司马相如前去责备唐蒙，并顺便告诉巴蜀的百姓，这不是皇帝的意思。于是司马相如就写了一篇《喻告巴蜀民檄》，文中有"父兄之教不先，子弟之率不谨"以及"让三老孝弟以不教诲之过"等语，巴蜀遂安

定下来。

⑤分派：分枝，支流。

⑥天子建国：语出《左传·桓公二年》："故天子建国，诸侯立家。"意谓所以天子建立诸侯国，诸侯设立卿大夫家。茅星来解："书'天子建国'，言天子適子继世以为天子，其别子皆建之国以为诸侯。"

⑦诸侯夺宗：语出《白虎通》："诸侯夺宗，明尊者宜之。"茅星来解："夺宗者，言既为诸侯，则不得复为宗子，如夺之也。"夺宗，失去嫡长子地位。

⑧按：本条见《二程遗书》卷十八。

【译文】

现在没有了宗子制度，所以朝廷也就没有了世代有功劳的旧臣。如果宗子制度确立了，那么每个人都会懂得尊重先祖而重视自己的根本。人能够重视自己的根本，那么朝廷的地位自然就尊贵了。古代的子弟们听从他们的父亲与兄长，现在却是父亲兄长听从子弟，这是因为今天的人不再看重根本了。汉高祖想要攻下沛县的时候，只是写书信给了沛县的父老，沛县的父兄就能够率领子弟跟从高祖。又比如司马相如出使到巴蜀，也是写信给蜀中的父老，然后蜀中子弟也就都听从了。只需要有一个尊卑上下的名分，然后人们就能顺从而不混乱。如果没有一套法度让人们相互联系，怎么可以呢？建立宗子制度，也是自然规律。比如一棵大树，必须有一个从根部一直向上的主干，也必须有旁枝。又比如水流，流得再远也必然有一个真正的源头，也必然会有支流，这是自然的趋势。当然也有旁枝发达成为主干的。所以说：古代天子的嫡子继位成为天子，其他儿子则建国成为诸侯；一旦成为诸侯，就不再是宗子了。

9.19　邢和叔叙明道先生事云①：尧、舜、三代帝王之治，所以博大悠远，上下与天地同流者，先生固已默而识之。至于兴造礼乐、制度文为②，下至行师用兵战阵之法，无所不讲,皆造其极。外之夷狄情状,山川道路之险易,边鄙防戍、城寨斥候、控带之要^③,靡不究知。其吏事操决、文法簿书^④,又皆精密详练。若先生,可谓通儒全才矣。^⑤

【注释】

①邢和叔:邢恕,字和叔,郑州阳武(今河南原阳西)人。早从二程学,出入于司马光、吕公著之门。邢恕天性趋附反覆,为司马光客即叛司马光,附章惇即背章惇,后又为蔡京心腹。人品固不足道,而其学渊博,擅长文章,论古今成败事,有战国纵横家气。

②文为:文章。

③斥候:侦察敌情的哨兵。控带:城池垣环水抱,形势险要。

④吏事:政事,官务。操决:决断。文法:法制,法规。簿书:官署中的文书簿册。

⑤按:本条见《二程遗书》附录。

【译文】

邢恕叙述程颢的情况说:尧、舜,以及夏商周三代帝王的治政,之所以能够广博浩大悠长,与天地共同流通的原因,先生自然已经默契领会了。至于制礼作乐、制度文章,以及行军、打仗、布阵等的方法,先生没有一样不加以研究的,也都达到了极致。对外,外国的风土人情,山川道路的险峻平坦,边关防守、城寨哨兵、险要地形的要害,没有不仔细去了解的。他行政事务的操持、决断法令、文书书写,也都精密而详察。先生可以称得上是通儒全才。

9.20　介甫言律是八分书^①,是他见得。^②

【注释】

①介甫:王安石(1021—1086),字介甫,抚州临川(今江西抚州)人。

石变法遭到保守派的反对，最终失败。著作有《周官新义》《临川
文集》等。八分书：为秦代隶体的一种笔法，相传为王次仲所创。
被认为是于隶书取二分，篆书取八分。此处比喻律法是八分可取，
二分应舍。

②按：本条见《二程外书》卷十。

【译文】

　　王安石说律法就好像书法的八分书，也要割舍二分取其八分，这是
王安石见解的高明处。

　　9.21　横渠先生曰：兵谋师律[1]，圣人不得已而用之，其
术见三王方策、历代简书。惟志士仁人，为能识其远者大者，
素求预备而不敢忽忘。[2]

【注释】

　　①兵谋师律：此指用兵作战。兵谋，军事计谋，用兵的谋略。师律，
指军队的律令。语本《周易·师·初六》："师出以律，否臧凶。"
意谓兵众出发要用纪律、号令来约束，军纪不良必有凶险。

　　②按：本条见张载《横渠文集》。

【译文】

　　张载说：用兵的谋略和行军的律令，圣人是不得已才使用的。他们
的办法记载在夏商周三代圣王的典籍当中，历朝历代的书册当中。只有
仁人志士才能够认识到其谋略与律令的高远伟大，平日里就加以防备，
而不敢有丝毫松懈。

　　9.22　肉辟于今世死刑中取之[1]，亦足宽民之死。过此，
当念其散之之久。[2]

【注释】

①肉辟：古代墨、劓、剕、宫、大辟等肉刑的合称。

②按：本条见张载《横渠文集》。

【译文】

在今天死刑犯当中，选取情节较轻的使用肉刑，这样也可以免除百姓的一些死罪。死刑以外的犯罪，处罚的时候应该考虑到是教化在人心涣散得太久才导致犯罪。

9.23　吕与叔撰《横渠先生行状》云①：先生慨然有意三代之治②，论治人先务，未始不以经界为急③。尝曰：仁政必自经界始，贫富不均，教养无法，虽欲言治，皆苟而已。世之病难行者，未始不以驱夺富人之田为辞。然兹法之行，悦之者众，苟处之有术，期以数年，不刑一人而可复。所病者，特上之未行耳。乃言曰：纵不能行之天下，犹可验之一乡。方与学者议古之法，共买田一方，画为数井，上不失公家之赋役，退以其私正经界，分宅里④，正敛法⑤，广储蓄，兴学校，成礼俗，救灾恤患，敦本抑末⑥，足以推先王之遗法，明当今之可行。此皆有志未就。⑦

【注释】

①吕与叔（1042—1090）：吕大临，字与叔，时称芸阁先生，蓝田（今陕西蓝田）人。学于张载、程颐，与谢良佐、游酢、杨时号称"程门四先生"。通"六经"，尤精《礼》学。

②三代之治：儒家认为，夏、商、周三代，圣人在上，为理想政治。

③经界：田地的分界。语出《孟子·滕文公上》："夫仁政必自经界始。经界不正，井地不均，谷禄不平，是故暴君污吏必慢其经界。经界

既正,分田制禄可坐而定也。"意谓实行仁政,一定要从划分田界
开始。田界划分不正确,井田的面积就不平均,作为俸禄的田租
收入就不公平,因此暴君与贪官污吏必定要破坏田界。田界划分
正确,那么分配井田、制定官禄就可以毫不费力地确定。

④分宅里:井田制中,一井九百亩中,分为八家,私田各一百亩,公田
八十亩。余二十亩,每家各二亩半,作为建设房屋等使用。所以
井田制包括分宅里。

⑤敛法:税收之法。语出《周礼·地官·司稼》:"巡野观稼,以年之
上下出敛法。"意谓巡视田野庄稼,根据年成的好坏制定出征收
赋税的法则。

⑥敦本抑末:注重农业抑制工商业。古代以农业为本,工商业等为末。

⑦按:本条见吕大临《横渠先生行状》。

【译文】

吕大临在《横渠先生行状》中写道:先生慨然有恢复三代政治的志
向,讨论治理国家首要的事务,每次都认为最紧要的是恢复井田制中的
划清田地边界。他曾经说:实行仁政一定要从划清田地边界开始,边界
不正确,贫富就会不均,教化养育就会没有法度,虽然想讨论治理,只不
过是随便说说而已。世间担心井田制难以推行的人,没有不拿不应该突
然剥夺富人的田地作为借口。然而井田制的实行,喜欢的人很多,如果
使用的办法适当,经过几年,不用惩罚任何一个人,井田制就可以恢复。
不能推行的症结,只是上面的人不愿意去施行。于是他说:纵然不能推
行于天下,也可以用一个乡来做试验。于是打算与学者讨论按照古代的
办法,共同买一块地,划为几块井田让农民来耕种,对上不失向国家上交
的赋税,回到私田划清田地边界,划分住宅,设立税收,增加储蓄,兴建学
校,化成风俗,赈济灾患,加强农耕抑制工商业,这样就足以推行前代圣
王遗留下的法度,说明井田制在当今社会也可以实行。这些都是张载先
生有志要做但还没有做成的事情。

9.24　横渠先生为云岩令①，政事大抵以敦本善俗为先②。每以月吉具酒食③，召乡人高年会县庭，亲为劝酬④，使人知养老事长之义。因问民疾苦，及告所以训戒子弟之意。⑤

【注释】

①云岩：县名，在今陕西宜川。

②敦：使笃实。本：指人伦之本，如孝悌之类。

③月吉：农历每月初一。

④劝酬：劝酒，敬酒。

⑤按：本条见吕大临《横渠先生行状》。

【译文】

先生做云岩县令的时候，处理政务大概都是以敦厚人伦、改善风俗为首要事务。每逢初一就置办酒肉饮食，召集乡里年长的人在县衙里聚会，亲自向他们敬酒，使百姓懂得赡养老人、尊敬长者的道理，借机询问民间疾苦，并告诉大家如何训诫子弟等道理。

9.25　横渠先生曰：古者有东宫，有西宫，有南宫，有北宫，异宫而同财①。此礼亦可行。古人虑远，目下虽似相疏，其实如此乃能久相亲。盖数十百口之家，自是饮食衣服难为得一。又异宫乃容子得伸其私，所以"避子之私也，子不私其父，则不成为子"②。古之人曲尽人情，必也同宫，有叔父、伯父，则为子者何以独厚于其父？为父者又乌得而当之？父子异宫，为命士以上③，愈贵则愈严。故异宫犹今世有逐位④，非如异居也。⑤

【注释】

①"古者有东宫"几句：《仪礼·丧服》"世父母、叔父母"，传曰："故

昆弟之义无分,然而有分者,则辟子之私也。子不私其父,则不成
为子。故有东宫,有西宫,有南宫,有北宫,异居而同财。有余则
归之宗,不足则资之宗。”意谓所以兄弟之间道义没有分别,然而
要有一定的区分,以便回避叔父们看到儿子的私情。儿子不对自
己的父亲有特别的感情,就不能成为儿子,所以分为东宫、西宫、
南宫、北宫,各自居住在不同的地方,但是财产却是共同的。如果
有多余的就归之宗族,如果不足的就从宗族处得到资助。宫,古
代对房屋、居室的通称。

②“辟子之私也”几句:见上条注释。避,回避。

③为命士以上:语出《礼记·内则》:“由命士以上,父子皆异宫。”
命士,古代称受有爵命的士。周代的官爵分为九个等级,称九命。
上公九命为伯;王之三公八命;侯伯七命;王之卿六命;子男五命;
王之大夫、公之孤四命;公、侯伯之卿三命;公、侯伯之大夫,子男
之卿再命(即二命);公、侯伯之士,子男之大夫一命。子男之士
不命。他们的官室、车旗、衣服、礼仪等,各按等级有具体规定。
见《周礼·春官·典命》《礼记·王制》。命士以上不独兄弟异宫,
父子也要异宫,所以“愈贵则愈严”。

④逐位:依序排列位次。

⑤按:本条见张载《乐说》。

【译文】

张载说:古代大家庭有东宫、西宫、南宫、北宫,虽然住在不同的房间
里,但是财产却是共同的。这种礼仪到今天也可以实行。古代的人考虑
得很长远,这样分开居住当前虽然看起来相互疏远,但是实际上只有这
样才能持久地相亲相爱。因为几十口上百口的大家庭,饮食、衣服自然
难以统一。分开居住才能使得儿子们能够表达对他们父亲特有的感情,
所以“能够避免叔父们看到儿子的偏爱。儿子如果不能够对自己的父
亲有所偏爱,就不能成为儿子”。古代的人细致入微地体察人情,如果一

定都要住在同一所房子里，那么有叔父、伯父，儿子怎么能够单单对自己的父亲特别尽孝呢？做父亲的，又怎么能够独自享有儿子的孝敬呢？所以父亲与儿子分开居住，是对朝廷命官的要求，地位越是尊贵，要求越严格。所以所谓的"异宫"，如同今天兄弟们依次各住在一边，而不是分开各自独自生活。

9.26　治天下不由井地①，终无由得平。周道止是均平②。③

【注释】

①井地：用井田制来划分田地。井田，以方九百亩为一里，划为九区，形如"井"字，故名。其中为公田，外八区为私田，八家均私百亩，同养公田。公事毕，然后治私事。田有定分，豪强不得兼并，各自得其平。

②周道：周代的治国之道。

③按：本条见张载《经学理窟·周礼》。

【译文】

治理天下不用井田制的办法，无论如何都达不到公平。周代的治国之道就在于它的平均而公平。

9.27　井田卒归于封建乃定①。②

【注释】

①封建：封邦建国。古代帝王把爵位、土地分赐亲戚或功臣，使之在该区域内建立邦国。

②按：本条见张载《经学理窟·周礼》。

【译文】

恢复井田制，一直要回归到诸侯分封制才是终点。

卷之十

【题解】

朱熹论此卷纲目曰:"君子处事之方。"

叶采曰:卷十政事:此卷论临政处事。盖明乎治道而通乎治法,则施于有政矣。凡居官任职,事上抚下,待同列,选贤才,处世之道具焉。

本卷讨论了各种处事的方法。大致有以下几类:

一、对待君主。向君主进言,要有恭敬真诚的心才可能打动君主,程颢向君主进言,前一天都要认真斋戒,清除杂念,保持真诚(10.1)。请求君主赈济百姓,要祈求君主对百姓仁爱,这样君主就会重视百姓而不吝惜财物(10.2)。做臣下本应该有的道义,就是认为自己有的也是君主所有的,把自己的功劳都要归在君主身上(10.8)。劝谏君主,要以忠厚诚信对待君主,从君主明白的道理出发来规劝君主(10.11)。不可以委屈逢迎,要不失去自己的刚正,才能够对君主有益(10.17)。当君主与自己内心相背离的时候,臣下就要竭力尽忠诚之心,才能得到君主的信任(10.16)。

二、对待领导。要谨慎地追随自己的上级领导,要掌握适中的原则,要防止追随得过了头(10.9)。作为下属,处理重大的事情,一定要得到上级的委任,才能办成大事(10.18)。

三、对待百姓。无论任多大的官职,都要心怀仁爱,百姓才能得到救助（10.4）。可以遵照古代爱护百姓的方法来爱护百姓（10.34）。比如程颢就希望做到"视民如伤"（10.56），他还做了很多有益于百姓的实事，不少是被众人认为要受法令约束的，但是实际上对法令并没有什么违反（10.3）。只要是在法律许可范围内，都应该努力去做（10.55）。

四、对待工作。总体上来说，对待工作要尽职尽责，别人如何评判则是别人的事情。周公是这方面的代表。周公并没有想建立臣下做不到的功勋，只是努力地尽他应有的职责（10.7），他大公无私，一切都按照道义的要求，不为利益所蒙蔽（10.27）。在古代，为官职责中，最需要尽职尽责的事情是审理案件和判决死刑（10.24）。分内的本职工作，不可以投机取巧来逃避（10.36），要踏实认真地做事（10.39），哪怕是很琐碎的事情，也要一丝不苟（10.38）。在做事情的时候，一个人的思虑应当超出当前所做的事情之外，富有远见（10.53）。在一开始必须要谨慎考虑，杜绝发生争执的隐患（10.5）。人们做事总会觉得制度有问题，可是往往改变之后，也未必能带来多大的好处，所以对待改变要非常慎重（10.19），尽量在当今的法度内来做事，使其适当（10.41）。做事情要把握适中的原则，既要不悖于常理，但是又要不同于流俗（10.14），有的时候为了顺从时宜，有少许过分是可以的（10.25）。天下的事物众多，要努力去学习世间的各种事务（10.52），但最好的学习是在具体的事情上学习（10.32）。工作中难免会遇到各种危险与困难，只需要按照义理勇往直前就可以，不应该回避危险与困难（10.61）。

五、与人相处。与人相处，要完全按照礼仪来做（10.45），目的是要把事情做好，而不是暴露别人的过错（10.54）。即使别人有错误，也要吸取他们的优点（10.57），指出朋友的错误，态度要非常真诚，言语点到为止就可以了（10.35），如果带着怒气，即使有道理也会遭到反对（10.40）。纠正别人之前，首先要端正自己（10.59）。与自己亲近的人相处，要注意不要因为私情妨碍了正理（10.10）。

六、与小人相处。要以公正的道义与小人相处。防范小人的方法，是要首先端正自己（10.26），仅仅独善其身还不够，还要使小人不陷入不道义（10.20）。不可以用小恩小惠拉拢他们（10.13），但是也不可以拒绝与小人交往，要像古代圣人一样，接纳他们，努力把奸恶都转化为善良（10.15）。

七、要有器量。圣人的器量特别宏大（10.47），只有心胸广大的人，才会不顾及别人的取笑，只追求道义，天下没有人能够改变他的志向（10.62）。张戬不因为部下犯错误有所介意，器量也是很广大的（10.30）。

10.1　伊川先生上疏曰：夫钟，怒而击之则武，悲而击之则哀[1]，诚意之感而入也。告于人亦如是，古人所以斋戒而告君也[2]。臣前后两得进讲，未尝敢不宿斋预戒[3]，潜思存诚，觊感动于上心[4]。若使营营于职事[5]，纷纷其思虑，待至上前，然后善其辞说，徒以颊舌感人[6]，不亦浅乎？[7]

【注释】

①怒而击之则武，悲而击之则哀：语出刘向《说苑·修文》："钟鼓之声，怒而击之则武，忧而击之则悲，喜而击之则乐。其志变，其声亦变，其志诚，通乎金石，而况人乎？"意谓钟鼓的声音，带着愤怒去敲击就雄武，带着忧伤去敲击就悲伤，带着欢喜去敲击就快乐。人的心情改变了，声音也就随之改变，内心真诚，能够感通金属石头，何况是人呢？

②斋戒：在祭祀或举行重要典礼之前，沐浴更衣，不饮酒，不吃荤，夫妻不同房，严守戒律，以示虔诚庄敬。语出《孟子·离娄下》："虽有恶人，斋戒沐浴，则可以祀上帝。"意谓即使是相貌丑陋的人，斋戒沐浴之后，也能祭祀上帝。

③宿斋：举行祭祀等礼仪前的斋戒。预戒：指事先斋戒。

④觊（jì）：希望，企图。

⑤营营：追求奔逐。

⑥颊舌：口舌言语。比喻口辩才能。

⑦按：本条见《二程文集》卷六。

【译文】

程颐上疏写道：钟，愤怒的时候敲击它，它的声音就雄武，悲痛的时候敲击它，它的声音就哀伤，这都是诚意感动了它。对人说话也是同样的道理，所以古代的人在斋戒之后才去向君主进言。我之前曾经两次获得向圣上进讲的机会，没有哪一次敢不在前一天认真斋戒，沉潜思虑，保持真诚，希望能够感动圣上的内心。假如一天到晚都忙碌于官职的杂务，思虑纷纷，来到圣上面前，然后想通过优美的言辞，仅仅靠口舌打动圣上，不是太肤浅了吗？

10.2　伊川《答人示奏稿书》云：观公之意，专以畏乱为主。颐欲公以爱民为先，力言百姓饥且死，丐朝廷哀怜，因惧将为寇乱可也。不惟告君之体当如是，事势亦宜尔。公方求财以活人，祈之以仁爱，则当轻财而重民；惧之以利害，则将恃财以自保。古之时，得丘民则得天下①。后世以兵制民，以财聚众，聚财者能守，保民者为迂。惟当以诚意感动，觊其有不忍之心而已②。③

【注释】

①得丘民则得天下：语出《孟子·尽心下》："民为贵，社稷次之，君为轻。是故得乎丘民而为天子，得乎天子为诸侯，得乎诸侯为大夫。"意谓百姓是最重要的，土谷之神位居其次，国君的分量最轻。所以，得到百姓的拥护就能做天子，得到天子的信任就能做诸侯，

得到诸侯的赏识就能做大夫。丘民，指百姓。

②不忍之心：指不忍伤害别人的心。语出《孟子·公孙丑上》："人皆有不忍人之心。"

③按：本条见《二程文集》卷九。

【译文】

程颐《答人示奏稿书》说：看您在奏稿中的意思，一味以担心发生动乱为主。我希望您将爱护百姓作为首先考虑的方面，极力说明百姓饥寒交迫、濒临死亡的情况，希望朝廷予以怜悯，顺势言及担心他们会成为盗贼作乱就可以了。不仅劝说圣上的体统应该如此，事情的态势也应该是这样。您正在祈求赈济以救活百姓，如果祈求圣上对百姓仁爱，那么圣上就会不吝惜财物而重视百姓；如果使得圣上对将要发生的犯上作乱感到恐惧，圣上则会聚拢财物寻求自我保全。古时候，得到民众的拥护，就得到天下。后世的人则用军队来压迫百姓，用财货来召集民众，能够聚集财货的则能够自保，反而认为安抚百姓的是迂腐。只应当用诚意感动圣上，希望他能有对百姓的不忍之心就可以了。

10.3   明道为邑，及民之事，多众人所谓法所拘者，然为之未尝大戾于法①，众亦不甚骇。谓之得伸其志则不可，求小补，则过今之为政者远矣。人虽异之，不至指为狂也。至谓之狂，则大骇矣。尽诚为之，不容而后去，又何嫌乎？②

【注释】

①戾(lì)：违背，违反。

②按：本条见《二程文集》卷九。

【译文】

程颢在治理地方的时候，所做有益于百姓的实事，很多被人们认为是受法令约束的，然而他所做的从未对法律有多大的违背，也没有引起百姓的惊骇。如果说实现了他的志向倒也谈不上,如果说求得有所补益,那么就已经远远超过现在的地方官了。人们虽然感到有些奇怪,但是也不至于认为是狂妄。到了被称之为狂妄的地步,就会引起很大的惊骇。只是尽心尽力去做实事,如果不能为人所容就离去,又有什么妨碍呢?

10.4　明道先生曰:一命之士[①],苟存心于爱物,于人必有所济。[②]

【注释】

①一命:周时官阶从一命到九命,一命为最低的官阶。泛指低微的官职。

②按:本条见《二程文集》卷十一。

【译文】

程颢说:哪怕是最低级别的官员,如果怀着仁爱万物的心,那么对于百姓都会有所救助。

10.5　伊川先生曰:君子观天水违行之象,知人情有争讼之道[①]。故凡所作事,必谋其始[②],绝讼端于事之始,则讼无由生矣[③]。谋始之义广矣,若慎交结、明契券之类是也[④]。[⑤]

【注释】

①君子观天水违行之象,知人情有争讼之道:《周易·讼》卦上卦为乾,象天,下卦为坎,象水,孔颖达正义说:"天道西转,水流东注,是天与水相违而行。"程颐《周易程氏传·讼》说:"天上水下,相违而行,二体违戾,讼之由也。"

②必谋其始:语出《周易·讼》象辞:"君子以作事谋始。"意谓君子做事要在开始时就谋划好。

③则讼无由生矣："讼无由生"，底本原作"无讼由先"，据叶采集解本改。

④明契券："明"，底本原作"朋"，据叶采集解本改。

⑤按：本条见《周易程氏传·讼》。

【译文】

程颐说：君子看到水与天相违背的卦象，就明白人们之间会发生争讼。所以凡是做事情，在一开始必须要谨慎谋划，从事情的一开始就要杜绝发生争讼的端倪，那么争讼就不会发生了。从一开始就仔细谋划的意义是很深广的，比如谨慎交朋友、文书契约写得分明，这类事情都是。

10.6　《师》之九二，为师之主①。恃专则失为下之道，不专则无成功之理。故得中为吉。凡师之道，威和并至则吉也。②

【注释】

①《师》之九二，为师之主：指《师》卦的九二爻为卦中唯一的阳爻，为众阴爻所归，居下卦之中，与象征君主的六五爻为正应，所以有军中主帅专制其事的意思。

②按：本条见《周易程氏传·师》。

【译文】

《师》卦的九二爻，象征军队的主帅。如果专权独断，就会失去属下的支持，不专权又没有成功的道理。所以要做到中道才能吉利。大凡治军的原则，要威严与和蔼并用，才能够吉利。

10.7　世儒有论鲁祀周公以天子礼乐，以为周公能为人臣不能为之功，则可用人臣不得用之礼乐①。是不知人臣之道也。夫居周公之位，则为周公之事，由其位而能为者，皆所当为也。周公乃尽其职耳。②

【注释】

①"世儒有论鲁祀周公以天子礼乐"几句：杨时《神宗日录辨》引王安石《日录》，王安石在回答天子问周公用天子礼乐是否为僭越时说："周公之功，众人之所不能为；天子礼乐，众人所不得用。若众人不能为之功，报之众人所不得用之礼乐，此所以为称也。然周用骍而祭，周公以白牡，虽用天子礼乐，亦不嫌于无别。"世儒，俗儒。此指王安石。王安石的观点依据《礼记·明堂位》："成王以周公为有勋劳于天下，是以封周公于曲阜，地方七百里，革车千乘，命鲁公世世祀周公以天子之礼乐。"

②按：本条见《周易程氏传·师》。

【译文】

俗儒评论，在鲁国的祭祀中，周公采用天子的礼乐，认为周公能建立一般臣子所建立不了的功勋，所以可以用一般臣子所不可以用的礼乐。说这话是根本不懂得为人臣的道理。处于周公的位置上，就该做周公所做的事，在这个位置能够做的事情，都是应该做的。周公只不过是尽他应有的职责而已。

10.8　《大有》之九三曰："公用亨于天子，小人弗克①。"《传》曰：三当大有之时，居诸侯之位②，有其富盛，必用亨通于天子，谓以其有为天子之有也，乃人臣之常义也。若小人处之，则专其富有以为私，不知公己奉上之道，故曰"小人弗克"也。③

【注释】

①公用亨（xiǎng）于天子，小人弗克：语出《周易·大有·九三》。亨，

飨献。

②三当大有之时，居诸侯之位：指九三爻处于《大有》下卦最上一爻，
　为诸侯之位。

③按：本条见《周易程氏传·大有》。

【译文】

《大有·九三》说："公侯接受天子的款待，小人不能如此。"《周易程
氏传》说：九三爻处在特别富有的时候，处在诸侯的位置上，拥有着富裕
兴盛，必定会献给天子，认为自己有的也是君主所有的，这才是做臣下本
应该有的道义。如果小人对待这件事情，就会独自占有财富认为是自己
的私产，不懂得自己的财产是公有的，应该供奉给君主的道理，所以这就
是"小人不能如此"的道理。

10.9　《随·九五》之象曰："孚于嘉吉，位正中也①。"
《传》曰：随以得中为善②，随之所防者过也。盖心所说随③，
则不知其过矣。④

【注释】

①孚于嘉吉，位正中也：语出《周易·随·九五》象辞。《随》卦的
　九五爻以阳爻居于阳位，所以称为"正"，处在上卦之中，所以称为
　"中"。孚，信。嘉，善。

②随以得中为善：追随于人以遵循适中的原则为好。从《随》卦卦
　象分析，《随》的六二爻以阴爻处在阴位，所以也称为"正"，又处
　在下卦之中，所以也称为"中"。也就是说，《随》的九五爻、六二
　爻都处在正位上，都是得中的。九五爻下应六二爻，所"孚"之
　"嘉"指六二而言，所以说以"得中为善"。

③说随：乐于随从。说，同"悦"。

④按：本条见《周易程氏传·随》。

【译文】

《随·九五》象辞说："对美善的事情保持诚信而吉利，是因为处在守正居中的位置。"《周易程氏传》说：追随别人遵循适中的原则才是好的，要防止追随得过了头。因为如果内心喜悦就去追随，就不能够发现要追随的人的过错。

10.10　人心所从，多所亲爱者也。常人之情，爱之则见其是，恶之则见其非①。故妻孥之言，虽失而多从；所憎之言，虽善为恶也。苟以亲爱而随之，则是私情所与，岂合正理？故《随》之初九，出门而交，则"有功"也②。③

【注释】

①爱之则见其是，恶之则见其非：语本《大学》："好而知其恶，恶而知其美者，天下鲜矣。"意谓喜欢一个人同时也知道他的缺点，厌恶一个人同时也知道他的优点，天下能做到这一点的人是很少的。

②出门而交，则"有功"也：《周易·随·初九》："出门交，有功。"

③按：本条见《周易程氏传·随》。

【译文】

人心所愿意听从的人，大都是与自己亲近的人。人之常情就是，喜欢一个人就只看到他的优点，厌恶一个人就只看到他的缺点。所以妻子儿女的话，虽然是错的，也多会信从。厌恶的人说的话，即使是对的，也认为是错的。如果因为亲近就追随，就是按照私情做事，怎么能够符合正确的道理呢？所以《随·初九》说出门与人交往，就会取得成功。

10.11　《坎》之六四曰："樽酒簋贰用缶，纳约自牖，终无咎①。"《传》曰：此言人臣以忠信善道结于君心，必自其所明处乃能入也。人心有所蔽、有所通，通者明处也，当就其明处而告之，求信则易也，故云"纳约自牖"。能如是，则虽艰险之时，终得无咎也。且如君心蔽于荒乐②，唯其蔽也故尔，虽力诋其荒乐之非，如其不省何？必于所不蔽之事，推而及之，则能悟其心矣。自古能谏其君者，未有不因其所明者也。故讦直强劲者③，率多取忤，而温厚明辩者其说多行。非唯告于君者如此，为教者亦然。夫教必就人之所长，所长者，心之所明也。从其心之所明而入，然后推及其余，孟子所谓"成德""达才"是也④。⑤

【注释】

① "樽酒簋（guǐ）贰用缶"几句：语出《周易·习坎·六四》。樽，古代盛酒的器皿。簋，古代盛放食物的器皿。缶，陶土制成的罐子。纳，入。约，简单。牖，窗户。程颐自注："纳约，谓进结于君之道。牖，开通之义。"

② 荒乐：耽于逸乐。

③ 讦（jí）直：指亢直敢言。讦，直言不讳。强劲：刚正，刚直。

④ "成德""达才"：语出《孟子·尽心上》："君子之所以教者五：有如时雨化之者，有成德者，有达财者，有答问者，有私淑艾者。此五者，君子之所以教也。"意谓君子有五种教育的方法：有像及时雨那样润泽点化的，有成全品德的，有培养才干的，有解答疑问的，有靠品德学问使别人私下受到教诲的。

⑤ 按：本条见《周易程氏传·坎》。

【译文】

《坎·六四》说："一樽薄酒，两簋淡食，用朴拙的瓦缶盛着，把这样简单的食物从窗口递给受难的人，终究没有灾难。"《周易程氏传》说：这说

的是臣下用忠厚诚信与正确的道理来与君主交流，一定要从君主明白的
地方讲说才能深入君主内心。人心都有遮蔽的地方，也有通达的地方，
通达的地方就是明白的地方，应该从他明白的地方告诉他，这样获得他
的信任就比较容易，所以说"从窗口递给受难的人"。能够做到这样，那
么虽然处在艰难险阻的时候，终究不会有灾祸。比如君心被玩乐遮蔽了，
正因为已经被遮蔽了，即便极力指责玩乐的错误，他就是不省悟又能怎
么办呢？一定要从他没有被遮蔽的事情出发，推广到他被遮蔽的地方，
这样他内心才能够省悟。自古以来善于劝谏君主的人，没有不是借助于
君主明白的道理的。所以直言强谏的人，往往会忤逆君王，而温和宽厚
明辨的人，他们的意见往往能够得以实行。不仅仅告诫君主是如此，教
导人也是这样的。教导人也一定从他自己的长处出发，他自己的长处，
就是他内心明朗的地方。从他内心明朗的地方入手，就可以推广到其他
的方面，这就是孟子所说的"成全品德"和"培养才干"的道理。

10.12　《恒》之初六曰："浚恒，贞凶①。"象曰："浚恒之
凶，始求深也。"《传》曰：初六居下，而四为正应②。四以刚
居高，又为二三所隔，应初之志，异乎常矣。而初乃求望之
深，是知常而不知变也。世之责望故素而至悔咎者③，皆"浚
恒"者也。④

【注释】

①浚恒，贞凶：语出《周易·恒·初六》。浚，深入。

②初六居下，而四为正应：《恒》卦初六爻处在下卦之下，九四爻处在
　　上卦之下，初、四相应，初六爻为阴爻，九四爻为阳爻，所以二爻是
　　正应的关系。

③责望：责怪抱怨。故素：旧交。

④按：本条见《周易程氏传·恒》。

【译文】

《恒·初六》说:"深入追求恒久,占卜会有凶祸。"象辞说:"深入追求恒久会有凶祸,是因为一开始就追求得太深。"《周易程氏传》说:初六爻处在下位,与九四爻相应。九四爻以刚强处在高位,又被九二、九三两爻所阻隔,与初六爻相应的志趣,已经不是正常的了。初六爻对九四爻的期望却很深切,这是他知道常理却不懂得权变。世间对于老朋友要求太多而导致追悔莫及的人,都属于"深入追求恒久"。

10.13　《遁》之九三曰:"系遁,有疾厉,畜臣妾吉①。"《传》曰:系恋之私恩②,怀小人女子之道也,故以畜养臣妾则吉。然君子之待小人,亦不如是也。③

【注释】

①"系遁"几句:语见《周易·遁·九三》。系遁,本应遁避而有所牵系。疾厉,因疾愈而致危厉。畜臣妾吉,被下人小事所牵系,所以不利于做大事,只有畜养奴仆一类小事是吉利的。臣妾,古时对奴隶的称谓。男曰臣,女曰妾。

②系恋:牵挂依恋。

③按:本条见《周易程氏传·遁》。

【译文】

《遁·九三》说:"本应遁避而有所牵系,因为疾愈而致危厉。蓄养奴仆是吉利的。"《周易程氏传》说:牵挂眷恋个人的恩惠,是安抚小人与女子的办法,所以用这种办法畜养奴仆是吉利的。但是君子对待小人,是不可以这样做的。

10.14　《睽》之象曰:"君子以同而异。"《传》曰:圣贤之处世,在人理之常,莫不大同,于世俗所同者,则有时而独异。不能大同者,乱常拂理之人也^①;不能独异者,随俗习非之人也^②。要在同而能异耳。^③

【注释】

①乱常:破坏纲常,违反人伦。拂理:违背常理。

②随俗习非:顺应世俗行事,习惯于不良的癖好或做坏事。

③按:本条见《周易程氏传·睽》。

【译文】

《睽》卦象辞说:"君子求同而存异。"《周易程氏传》说:圣贤的为人处世,与人伦物理的常理,并没有什么不同,对于世俗所共同追求的东西,有时候却特立独行。不能在常理方面与世人大致相同的,就是违背纲常伦理的人;不能够特立独行的,就是与世俗同流合污惯于做坏事的人。关键在于既不悖于常理,又不同于流俗。

10.15　《睽》之初九^①,当睽之时,虽同德者相与,然小人乖异者至众^②,若弃绝之,不几尽天下以仇君子乎?如此则失含弘之义^③,致凶咎之道也,又安能化不善而使之合乎?故必"见恶人",则"无咎"也。古之圣王所以能化奸凶为善良、革仇敌为臣民者,由弗绝也。^④

【注释】

①《睽》之初九:《周易·睽·初九》象辞:"见恶人,以避咎也。"意谓去见恶人,是为了避开灾难。

②乖异:背离。

③含弘:含容宽宏。指心胸宽宏大量。

④按:本条见《周易程氏传·睽》。

【译文】

《睽·初九》，君子在背离的情势下，尽管有同心同德的人作伴，但是离心离德的小人却有很多，如果因为他们是小人就拒绝与他们交往，那不就是让天下的人都来仇恨君子吗？这样的话就失去了宽宏大量的气度，是招致凶险灾祸的肇因，又怎么能够感化恶人，使他们与君子合作呢？这就是一定要做到"去见恶人"，才能"没有凶险"。古代的圣王之所以能够把奸恶都转化为善良，把仇敌转变成臣民，就是因为他们不拒绝。

10.16　《睽》之九二①，当睽之时，君心未合，贤臣在下，竭力尽诚，期使之信合而已②。至诚以感动之，尽力以扶持之，明义理以致其知，杜蔽惑以诚其意，如是宛转以求其合也③。"遇"，非枉道逢迎也④，"巷"，非邪僻由径也⑤。故象曰："遇主于巷，未失道也。"⑥

【注释】

①《睽》之九二：《周易·睽·九二》："遇主于巷，无咎。"意谓在巷子里遇到君主，没有灾害。

②信合：信任，相合。

③宛转：含蓄委婉。

④枉道逢迎：违背、歪曲正道，奉承讨好别人。

⑤邪僻由径：经由偏僻不正的小路。

⑥按：本条见《周易程氏传·睽》。

【译文】

《睽·九二》，在背离的情势下，君主的心与自己的心不相合，贤臣处在下位，就要竭力尽忠诚之心，以期获得君主的信任。用极致的真诚感动君主，竭尽全力去扶持君主，讲明义理让君主提高认知，避免君主受到蒙蔽与迷惑使君主能够诚心实意，如此婉转委屈以求得与君主的相合。

这里的"遇"并不是委曲求全、承顺逢迎,这里的"巷"也不是偏僻不正的小路。所以象辞说:"在巷子中遇到君主,也不失去为臣下的道理。"

10.17　《损》之九二曰:"弗损,益之①。"《传》曰:不自损其刚贞,则能益其上,乃"益之"也。若失其刚贞,而用柔说,适足以损之而已②。世之愚者,有虽无邪心,而惟知竭力顺上为忠者,盖不知"弗损益之"之义也。③

【注释】

①弗损,益之:语出《周易·损·九二》。《损》卦的九二爻为阳爻,与处在君位的六五爻相应。《周易·损·九二》:"利贞,征凶;弗损,益之。"其象辞说:"九二'利贞',中以为志也。"可见九二刚中,以守正贞固为志,不可损。"弗损,益之"是说如果九二不自损刚中,就能对上卦的六五有益处。

②"若失其刚贞"几句:《损》卦的下卦为兑,兑即是说,同"悦",如果处在下卦的九二爻损失其阳刚,使用柔悦,就不能对上卦的六五爻有所增益。

③按:本条见《周易程氏传·损》。

【译文】

《损·九二》说:"不损失,就可增益。"《周易程氏传》说:不损失自己的刚正,则能够对君主有益,这就是"增益"的意思。如果损失了自己的刚正,而用柔顺去取悦,恰好会有所损害。世间愚蠢的人,有的虽然没有邪心,但只知道竭尽全力顺从君主,以为这便是忠诚,这就是不懂得"不损失就可增益"的道理。

10.18　《益》之初九曰:"利用为大作,元吉,无咎①。"

象曰:"元吉,无咎,下不厚事也。"《传》曰:在下者本不当处厚事。厚事,重大之事也。以为在上所任,所以当大事,必能济大事,而致元吉,乃为无咎。能致元吉,则在上者任之为知人,己当之为胜任。不然,则上下皆有咎也。②

【注释】

①"利用为大作"几句:语出《周易·益·初九》。程颐解释《益》初九"利用为大作"的原因说,初九为下卦震之主,与上卦巽之主六四相应。巽为顺,六四为大臣,上能顺君,下能引进贤才初九,所以初九可以来做大事。

②按:本条见《周易程氏传·益》。

【译文】

《益·初九》说:"适宜用来推动大事,最为吉利,没有灾难。"其象辞说:"最为吉利,没有灾难,是因为在下位者不应该处理厚重的事。"《周易程氏传》说:在下位的人本来不应该处理厚重的事。厚重的事,就是重大的事情。由于在上位的人的委任,所以在下位的人才担当了大事,所以才能办成大事,从而能够做到完善,没有灾祸。之所以能够做到完善,是因为在上位的人知人善任,而在下位的人很胜任这件事。如果不是这样,那么在上位的人与在下位的人就都会有灾祸。

10.19　革而无甚益,犹可悔也,况反害乎? 古人所以重改作也①。②

【注释】

①改作:更改,变更。

②按:本条见《周易程氏传·革》。

【译文】

改革之后没有带来多大的好处，就应当悔恨，何况是带来危害呢？所以古人对待改变非常慎重。

10.20　《渐》之九三曰："利御寇^①。"《传》曰：君子之与小人比也，自守以正。岂惟君子自完其己而已乎？亦使小人得不陷于非义。是以顺道相保，御止其恶也。^②

【注释】

①利御寇：语见《周易·渐·九三》。寇，强盗，小人。

②按：本条见《周易程氏传·渐》。

【译文】

《渐·九三》说："适宜抵御强盗。"《周易程氏传》说：君子和小人在一起，君子应当端正地持守自身。难道君子只是自我完善就可以了吗？也应该使小人不陷入不道义。这就既能够顺应正道保全自己，又能够防止小人作恶。

10.21　《旅》之初六曰："旅琐琐，斯其所取灾^①。"《传》曰：志卑之人，既处旅困，鄙猥琐细^②，无所不至，乃其所以致悔辱、取灾咎也。^③

【注释】

①旅琐琐，斯其所取灾：语出《周易·旅·初六》。琐琐，疑虑不定。

②鄙猥：鄙野猥琐。琐细：琐碎，细小。

③按：本条见《周易程氏传·旅》。

【译文】

《旅·初六》说："旅行时疑虑不定，这就是带来的灾祸的原因。"《周易程氏传》说:志趣卑下的人,处在旅途困顿当中,就会卑鄙猥琐、斤斤计较到极致的地步,这正是他们招致侮辱、自取灾祸的原因。

10.22　在旅而过刚自高,致困灾之道也①。②

【注释】

①困灾:贫困窘迫的灾祸。

②按:本条见《周易程氏传·旅》。

【译文】

在旅途当中,过于刚强自傲,就是招致困窘灾祸的缘由。

10.23　《兑》之上六曰:"引兑①。"象曰:"未光也。"《传》曰:说既极矣,又引而长之,虽说之之心不已,而事理已过,实无所说。事之盛则有光辉,既极而强引之长,其无意味甚矣,岂有光也?②

【注释】

①引兑(duì):语出《周易·兑·上六》。兑,喜悦。

②按:本条见《周易程氏传·兑》。

【译文】

《兑·上六》说:"牵引而喜悦。"象辞说:"没有光辉。"《周易程氏传》说:喜悦到达了极点,又牵引着继续喜悦下去,虽然喜悦的心情没有停止,但是事情已经过分了,已没有什么可喜悦的了。事情达到极盛的时候是有光辉的,极盛之后如果要勉强延续下去,就会特别没有意味,哪里还会有光辉?

10.24　《中孚》之象曰:"君子以议狱缓死①。"《传》曰:

君子之于议狱，尽其忠而已[2]；于决死，极于恻而已。天下之事，无所不尽其忠，而议狱缓死，最其大者也。[3]

【注释】

①君子以议狱缓死：语见《周易·中孚》象辞。议狱，断狱，审议案件。缓死，宽赦死罪。

②忠：忠诚无私，尽心竭力。

③按：本条见《周易程氏传·中孚》。

【译文】

《中孚》象辞说："君子要认真讨论论讼案，延缓判决死刑。"《周易程氏传》说：君子对于审理案件，只是竭尽自己的能力；对于判决死刑，只是极尽恻隐之心。天下的事情，君子没有一件不竭尽自己能力的，而对于审理案件和判决死刑，又是其中最重大的事情了。

10.25　事有时而当过，所以从宜，然岂可甚过也？如过恭、过哀、过俭，大过则不可。所以小过，为顺乎宜也。能顺乎宜，所以大吉。[1]

【注释】

①按：本条见《周易程氏传·小过》。

【译文】

事情有的时候应当做得过头一些，是为了适应时宜，然而怎么可以太过分呢？比如行为过分恭敬，丧事过分哀悼，生活过于俭朴，太过分都是不可以的。有少许过分，是为了顺从时宜。能够顺从时宜，所以是很吉利的。

10.26　防小人之道，正己为先。[1]

【注释】

①按：本条见《周易程氏传·小过》。

【译文】

防范小人的方法，首先是端正自己。

10.27　周公至公不私，进退以道，无利欲之蔽。其处己也，夔夔然存恭畏之心①；其存诚也，荡荡焉无顾虑之意②。所以虽在危疑之地③，而不失其圣也。《诗》曰："公孙硕肤，赤舄几几④。"⑤

【注释】

①夔夔（kuí）然：戒惧敬慎的样子。

②荡荡焉：宽广无边的样子。

③危疑：怀疑，不信任，疑惧。

④公孙硕肤，赤舄（xì）几几（jǐ）：语出《诗经·豳风·狼跋》。《毛诗序》曰："《狼跋》，美周公也。周公摄政，远则四国流言，近则王不知。周大夫美其不失其圣也。"意谓《诗经·豳风·狼跋》一篇，是赞美周公所作的。周公摄政，在远方有他将对周成王不利的流言，近旁的周成王也不理解他。但他坦荡无私，周朝的大夫赞美他已经达到圣人的境界。《二程遗书》卷十一："称公孙云者，言其积德之厚；'赤舄几几'，盛德之容也。"公孙，国君的子孙或大贵族子弟。硕，大。肤，美。赤舄，古代天子、诸侯所穿的鞋，赤色，重底。几几，鞋尖翘起的样子。

⑤按：本条见《程氏经说·诗解》。

【译文】

周公大公而没有私心，进身与退隐都按照道义的要求，没有为利益所蒙蔽。他严格要求自己，小心谨慎，心存恭敬与畏惧；他内心真诚，坦坦荡荡,没有任何顾虑。所以即便处在危险并且遭到众人质疑的境地,也不失为真正的圣人。所以《诗经》赞叹周公说:"贵族王孙高大又美丽,所穿重底红鞋鞋尖翘起。"

10.28　采察求访,使臣之大务。①

【注释】

①按:本条见《程氏经说·诗解》。

【译文】

探查风土民情,求访贤人君子,这是使臣的主要职责。

10.29　明道先生与吴师礼谈介甫之学错处①,谓师礼曰:为我尽达诸介甫。我亦未敢自以为是。如有说,愿往复。此天下公理,无彼我。果能明辨,不有益于介甫,则必有益于我。②

【注释】

①吴师礼:字安仲,杭州钱塘(今浙江杭州)人。太学上舍赐第。知天长县。召为太学博士、秘书省正字。徽宗初,为开封府推官,擢右司谏,改右司员外郎。工翰墨,徽宗尝询以字学,应对称得体。官终直秘阁、知宿州。

②按:本条见《二程遗书》卷一。

【译文】

程颢与吴师礼讨论王安石学问错误的地方,对吴师礼说:请你替我详尽地转达给王安石。我也不敢说自己都对。如果他有所回应,那么也请告诉我。学问是天下公共的道理,并没有你的还是我的这些区分。如果真能把学问辨清楚了,如果不是对王安石有益,那就必然对我有益。

10.30　天祺在司竹^①，常爱用一卒长^②。及将代，自见其人盗笋皮，遂治之无少贷^③。罪已正^④，待之复如初，略不介意。其德量如此。^⑤

【注释】

①天祺：张戬（1030—1076），字天祺，凤翔府郿县（今陕西眉县）人。曾累章论王安石乱法，连劾韩绛、吕惠卿等支持变法的大臣。与兄张载同为"关学"代表人物，被称为"二张"。

②常爱用一卒长："爱"，底本原作"要"，据叶采集解本改。

③贷：宽恕，赦免。

④正：治罪。

⑤按：本条见《二程遗书》卷二上。

【译文】

张戬做看管竹林的长官时，喜欢任用一名卒长。到快要任满的时候，亲眼看到这个人偷窃竹笋皮，于是依法治其罪而不加宽恕。治罪以后，对待这个人还像当初一样，一点也不介意。他的德性器量是如此的宽大。

10.31　因论"口将言而嗫嚅"云^①：若合开口时，要他头也须开口。如荆轲于樊於期^②。须是"听其言也厉"^③。^④

【注释】

①口将言而嗫嚅（niè rú）：语见韩愈《送李愿归盘谷序》："伺候于公卿之门，奔走于形势之途，足将进而趑趄，口将言而嗫嚅。"嗫嚅，有话想说又不敢说，吞吞吐吐的样子。

②如荆轲于樊於期：秦国灭赵后，燕太子丹恐其来犯，决定派荆轲入秦行刺秦王。荆轲献计太子丹，拟以秦国叛将樊於期之头及燕督

亢地图进献秦王，相机行刺。太子丹不忍杀樊於期，荆轲于是私
见樊於期，告以实情，樊於期为成全荆轲而自刎。事见《史记·刺
客列传》。荆轲（？—前227），战国时期著名刺客。樊于期（？—
前227），战国末期将领。原为秦国将军，后因伐赵兵败，畏罪叛
逃燕国，被燕国太子丹收留。

③听其言也厉：语出《论语·子张》："君子有三变：望之俨然，即之
也温，听其言也厉。"意谓君子给人三种不同的观感：远远看他，
庄重严肃；就近接触，和蔼可亲；听他说话，义正辞严。厉，严肃。

④按：本条见《二程遗书》卷三。

【译文】

讨论到"想说话但又吞吞吐吐"时说：应该开口说话的时候，即便要
取走对方的头也要说话。就像荆轲为了刺秦王向樊於期借人头那样。应该
是"听到他的话，让人感到义正辞严"才行。

10.32　须是就事上学。《蛊》"振民育德"①，然有所
知后，方能如此。"何必读书，然后为学②？"③

【注释】

①振民育德：语出《周易·蛊》象辞。振民，济民，救助百姓。

②何必读书，然后为学：语出《论语·先进》："有民人焉，有社稷焉，
何必读书，然后为学？"意谓有老百姓在那里可以治理，有土神谷
神在那里可以祭祀，为什么一定要读书，然后才算是学习呢？

③按：本条见《二程遗书》卷三。

【译文】

应该在具体的事情上学习。所以《蛊》卦有"救济人民，培育道德"
的说法，但是要在明白一定道理之后，才能够这么做。"为什么一定要读
书，然后才算是学习呢？"

10.33　先生见一学者忙迫^①,问其故,曰:欲了几处人事^②。曰:某非不欲周旋人事者,曷尝似贤急迫?^③

【注释】

①忙迫:仓皇迫促,忙碌紧张。

②人事:人际交往的往来应酬一类的事。

③按:本条见《二程遗书》卷三。

【译文】

程颐见到一位学生很忙乱,就问他什么原因,学生回答说:我要处理一些人事应酬。程颐说:我并不是不用处理人事应酬的人,但是什么时候像你这样匆匆忙忙?

10.34　安定之门人^①,往往知稽古爱民矣^②,则"于为政也何有"^③?^④

【注释】

①安定:胡瑗(993—1059),字翼之,泰州海陵(今江苏泰州)人,北宋学者。世居陕西安定堡,学者称安定先生。以经术教授苏州、湖州等地,严立学规。庆历兴大学,即用其法。皇祐中,任国子监直讲,主持太学,弟子众多。以太常博士致仕。和孙复、石介并称"宋初三先生"。主张"明体达用"之学,开宋代理学之先声。

②稽古:考察古代的事迹。

③于为政也何有:语出《论语·子路》:"苟正其身矣,于从政乎何有?不能正其身,如正人何?"意谓如果自身的行为端正了,对于从政有什么难的?不能端正自身的行为,怎能去端正别人呢?此语又见《论语·雍也》。

④按:本条见《二程遗书》卷四。

【译文】

胡瑗的门人弟子们，往往知道考察古代的策略、爱护百姓，那么让他们去"从政又有什么困难呢"？

10.35　门人有曰：吾与人居，视其有过而不告，则于心有所不安；告之而人不受，则奈何？曰：与之处而不告其过，非忠也。要使诚意之交通，在于未言之前，则言出而人信矣。又曰：责善之道①，要使诚有余而言不足，则于人有益，而在我者无自辱矣。②

【注释】

①责善：互相切磋督责，希望对方品格能止于至善。语出《孟子·离娄下》："责善，朋友之道也。"

②按：本条见《二程遗书》卷四。

【译文】

有位门人说：我和别人相处，看到别人有过错，不去告诉他，会感到内心有所不安；告诉他，又害怕别人不接受，那么怎么办呢？程颐回答说：与人相处，不告诉别人过错，就是对别人的不忠诚。如果在还没有说出别人的过错之前，一直真心实意地与别人相处，一旦指出别人的过错，别人就会信从。又说：劝人为善的方法，是要非常真诚而言语点到为止，那么不仅对别人有好处，而且对自己也不会自取其辱。

10.36　职事不可以巧免①。②

【注释】

①巧免：采用机巧的办法来逃责。

②按：本条见《二程遗书》卷七。

【译文】

分内的本职工作,不可以用投机取巧来逃避。

10.37　"居其邦,不非其大夫"①,此理最好。②

【注释】

①居其邦,不非其大夫:语出《孔子家语·曲礼子夏问》:"礼,居是邦,则不非其大夫。"非,非议,责难。

②按:本条见《二程遗书》卷六。

【译文】

"住在一个国家,不非议这个国家的大夫",这个道理讲得特别好。

10.38　"克勤小物"最难①。②

【注释】

①克勤小物:语出《尚书·毕命》。勤劳于小的事情,指很谨慎。

②按:本条见《二程遗书》卷十一。

【译文】

能够在琐碎的事情上一丝不苟是很困难的。

10.39　欲当大任,须是笃实①。②

【注释】

①笃实:踏实,实在。

②按:本条见《二程遗书》卷十一。

【译文】

想要胜任重大的责任,必须做事踏实。

10.40　凡为人言者，理胜则事明，气忿则招怫①。②

【注释】

①怫（fèi）：怫逆，悖逆。

②按：本条见《二程遗书》卷十一。

【译文】

与人讨论问题，如果理由充分就容易把事情讲明白，如果带着怒气，即使有道理也会遭到反对。

10.41　居今之时，不安今之法令，非义也。若论为治，不为则已，如复为之，须于今之法度内处得其当，方为合义。若须更改而后为，则何义之有？①

【注释】

①按：本条见《二程遗书》卷二上。

【译文】

处在如今的时代，不遵守如今的法令，这是不符合道义的。如果说到治理国家，不去做就罢了，如果要去做，就要在当今的法度内适当地处理，才算符合道义。如果必须更改现在的法令之后才能有所作为，那还有什么道义呢？

10.42　今之监司①，多不与州县一体②，监司专欲伺察，州县专欲掩蔽。不若推诚心与之共治，有所不逮③，可教者教之，可督者督之④。至于不听，择其甚者去一二，使足以警众可也。⑤

【注释】

①监司：负有监察之责的官吏。

②一体：谓关系密切或协调一致，犹如一个整体。

③不逮：不足之处，过错。

④督：纠正，责罚。

⑤按：本条见《二程遗书》卷二上。

【译文】

现在的监察官，大多数不与州官县官协调一致，监察官一心要监察州官县官的错误，州官县官则一心要掩盖他们的过错。不如推心置腹与州官县官共同治理，有欠缺的地方，可以教导就教导，需要责罚就责罚。如果不听从，就选择一两个严重的罢免，达到对众人警戒的作用就可以了。

10.43　伊川先生曰：人恶多事，或人悯之。世事虽多，尽是人事。人事不教人做，更责谁做？①

【注释】

①按：本条见《二程遗书》卷十五。

【译文】

程颐说：有人讨厌要做的事情太多，还有人很同情他。然而世间的事情虽然多，都是与人有关的事情。与人有关的事情不让人去做，那么让谁去做呢？

10.44　感慨杀身者易①，从容就义者难②。③

【注释】

①感慨：情感愤激。

②从容就义：为维护正义或道义，一点也不害怕地安然赴死。

③按:本条见《二程遗书》卷十一。

【译文】

一时愤慨而舍弃性命很容易,然而为了维护正义无所畏惧地牺牲生命却很困难。

10.45　人或劝先生以加礼近贵①,先生曰:何不见责以尽礼②,而责之以加礼? 礼尽则已,岂有加也? ③

【注释】

①加礼:厚于常规的礼仪。近贵:应指与皇帝亲近而尊贵的人。

②尽礼:竭尽礼仪。

③按:本条见《二程遗书》卷十七。

【译文】

有人劝说程颐对皇帝身边亲近而尊贵的人施以更多的礼敬,程颐说:为什么不要求我完全按照礼仪来做,而是要求我施以更多的礼敬? 完全按照礼仪来做就可以了,难道还要施以更多礼敬吗?

10.46　或问:簿①,佐令者也。簿所欲为,令或不从,奈何? 曰:当以诚意动之。今令与簿不和,只是争私意。令是邑之长,若能以事父兄之道事之,过则归己,善则唯恐不归于令。积此诚意,岂有不动得人? ②

【注释】

①簿:指主簿一类官职,因负责文书簿籍故多称簿。

②按:本条见《二程遗书》卷十八。

【译文】

有人问:主簿,是辅佐县令的。主簿想做的事情,如果县令不听从,怎么办呢？程颐说：应当用真诚的态度去打动县令。现在县令与主簿意见不合，都是因为各自的观点相互争执。县令是一县之长，主簿如果能以侍奉父亲兄长的方式对待县令，有过错自己承担，有功劳唯恐不能归在县令名下，这样的诚意累积起来，哪有不打动人的道理呢？

10.47　问：人于议论，多欲直己，无含容之气①，是气不平否？曰：固是气不平，亦是量狭。人量随识长，亦有人识高而量不长者，是识实未至也。大凡别事人都强得，惟识量不可强。今人有斗筲之量②，有釜斛之量③，有钟鼎之量④，有江河之量。江河之量亦大矣，然有涯，有涯亦有时而满，惟天地之量则无满。故圣人者，天地之量也。圣人之量，道也；常人之有量者，天资也。天资有量须有限，大抵六尺之躯，力量只如此，虽欲不满，不可得也。如邓艾位三公，年七十，处得甚好，及因下蜀有功，便动了⑤。谢安闻谢玄破苻坚，对客围棋，报至不喜，及归，折屐齿，强终不得也⑥。更如人大醉后益恭谨者，只益恭便是动了，虽与放肆者不同，其为酒所动一也。又如贵公子，位益高，益卑谦，只卑谦便是动了，虽与骄傲者不同，其为位所动一也。然惟知道者，量自然宏大，不勉强而成。今人有所见卑下者，无他，亦是识量不足也。⑦

【注释】

①含容：容忍，宽恕。

②斗筲（shāo）：皆量小的容器。斗，容十升。筲，竹器，容一斗二升。此形容量小。

③釜斛:指一般大小的容器。釜,古代的一种量器,春秋战国时齐国公室的容积约二十公升。斛,古量器名,也是容量单位,十斗为一斛。

④钟鼎:此指较大的容器。钟,古容量单位。春秋时齐国公室的公量,合六斛四斗。之后亦有合八斛及十斛之制。鼎,本为古代炊器,又为礼器,此处由"钟"字连带及之,指比较大的容器。

⑤"邓艾位三公"几句:据《三国志·魏书·邓艾传》记载:邓艾破蜀之后,非常得意骄傲,对蜀士大夫们说,姜维也算一时豪杰,但遇到自己,也就到了穷途末路了。邓艾(197—264),字士载。多年在曹魏西边战线防备蜀汉姜维。263年他与锺会分别率军攻打蜀汉,最后他率先进入成都,灭亡了蜀汉。因平蜀有功,封为太尉。在晋代,太尉、司徒、司空为三公。

⑥"谢安闻谢玄破符坚"几句:据《晋书·谢安列传》记载:谢玄等大败符坚,捷报送到时,谢安正在与客人下棋,看完后不动声色,下棋如故。后来在出门时过门槛,由于心情非常激动,撞断了屐齿也没有发觉。谢安(320—385),字安石,东晋时期著名大臣。谢玄(343—388),字幼度,东晋名将,谢安之侄。在淝水之战中,谢玄任前锋都督,先遣部将刘牢之率部夜袭洛涧,首战告捷。继而抓住战机,计诱前秦军后撤,乘势猛攻,取得以少胜多的巨大战果。符坚(338—385),字永固,十六国时期前秦第三位国君,建元十九年(383),挥师南伐,发动淝水之战,意图消灭东晋,一统天下,最终败给东晋谢玄率领的北府兵。屐,木制的鞋,底大多有二齿。

⑦按:本条见《二程遗书》卷十八。

【译文】

有人问:人们在辩论的时候,大多都想阐明自己的观点是正确的,而没有包容的气度,这是因为气质不平吗?程颐回答说:当然是气质不平,也是器量狭小。人的气量会随着见识增长,也有的人见识高而器量不增长，也是他的见识还没有真正达到相应境界。一般来说，很多别的事情通过努力都可以做到，只有见识器量没有办法通过努力做到。现在的人，有的有斗筲那么大的器量，有的有釜斛那么大的器量，有的有钟鼎那么大的器量，也有的有江河那么大的器量。江河那样大的器量也算很大了，但也还是有边界的，有边界的话，总有充满的时候，只有天地一样大的器量才不会充满。所以圣人就有着天地一样大的器量。圣人的器量，是因为认识到天道；常人有大器量的，只是天资比较好。天资赋予的器量终究有限，大致六尺高的身躯，器量也就那么大，虽然想不充满，也是不可能的。比如邓艾，做官到三公的地位，年纪到了七十岁，处事都非常得体，但是因为攻下蜀国有功劳，内心就动摇了。谢安听说他的侄子谢玄打败了符坚，在和客人下围棋时，喜报到了也没有露出喜色，但是下完棋回家的时候，却高兴地把屐齿都折断了，器量的大小终究是没有办法努力得到的。再比如有的人喝得大醉之后，会变得更加恭敬，这更加恭敬就是内心动摇了，虽然与喝完酒肆无忌惮不同，但是为酒所动却都是一样的。再比如贵家公子，地位越高就越谦卑，这一谦卑就是内心动摇了，虽然与位高而骄傲的人不同，但是为权位所动摇却都是一样的。只有知道圣人之道的人，器量自然特别宏大，不需要刻意努力就是如此。现在的人见解卑下，没有什么别的原因，就是因为他的见识器量都不够。

10.48　人才有意于为公，便是私心。昔有人典选^①，其子弟系磨勘^②，皆不为理，此乃是私心。人多言古时用直，不避嫌得，后世用此不得。自是无人，岂是无时？因言少师典举、明道荐才事^③。^④

【注释】

①典选：掌管选拔人才授官的事务。

②磨勘：考核以决定官职升降。唐时文武官吏由州府和百司官长考

核,分九等注入考状,期满根据考绩决定升降,并经吏部和各道观察使等复验,称"磨勘"。宋代设审官院主持此事。

③少师典举:二程的高祖父程羽(913—984),官至尚书兵部侍郎,赠太子少师。宋太宗太平兴国五年(980)主持贡士考试,选拔了很多人才。明道荐才:宋神宗曾让程颢举荐人才,程颢推荐数十人,不避嫌疑,以表叔张载、弟弟程颐为首。

④按:本条见《二程遗书》卷十八。

【译文】

　　一个人如果刻意要做大公无私的事,反而是出于私心。先前有人主管官吏考核,他的子弟也有在考察之列的,他为了避嫌都不为他们办理,这其实也是出于私心。人们经常说古人正直不避嫌,后世没法这么做。那是因为后世没有这样正直不避嫌的人,哪里是因为时代不同?因为谈到高祖父当年主持考试,程颢推荐人才,才说了上面的话。

　　10.49　　君实尝问先生云①:欲除一人给事中②,谁可为者?先生曰:初若泛论人才却可,今既如此,颐虽有其人,何可言?君实曰:出于公口,入于光耳,又何害?先生终不言。③

【注释】

①君实:司马光(1019—1086),字君实,陕州夏县(今山西夏县)涑水乡人,世称涑水先生。北宋政治家、史学家。神宗用王安石行新政,他竭力反对。与王安石争辩,以为祖宗之法不可变。神宗不从其议,任为枢密副使,坚辞不就。自治平三年(1066)至元丰七年(1084)修成《资治通鉴》,从发凡起例至删削定稿,都亲自动笔。元祐元年(1086),任尚书左仆射、兼门下侍郎,废除新法,复熙宁以前旧制。为相仅八月,卒于位,赠太师、温国公,谥文正。

②给事中:宋代官职,掌侍从规谏。

③按：本条见《二程遗书》卷十九。

【译文】

司马光曾经问程颐：想安排一个人做给事中，谁可以做呢？程颐说：如果像当初那样只是普遍地议论人才，我可以说。现在这种情况，即使我有可以推荐的人，又怎么能说呢？司马光说：从您的口中说出，进入到我的耳朵里，没有人会知道，又有什么妨碍呢？程颐终究还是没有说。

10.50　先生云：韩持国服义最不可得①。一日，颐与持国、范夷叟泛舟于颍昌西湖②，须臾，客将云③："有一官员上书谒见大资④。"颐将为有甚急切公事，乃是求知己。颐云："大资居位，却不求人，乃使人倒来求己，是甚道理？"夷叟云："只为正叔太执，求荐章⑤，常事也。"颐云："不然。只为曾有不求者不与，来求者与之，遂致人如此。"持国便服。⑥

【注释】

①韩持国：韩维（1017—1098），字持国，北宋开封雍丘（今河南杞县）人。神宗熙宁二年（1069），迁翰林学士、知开封府，兼侍读学士，充群牧使。因反对王安石变法，出知襄州。熙宁七年（1074），召为翰林学士承旨，借旱灾攻击青苗等新法。哲宗元祐初，召拜门下侍郎，旋即被谗，分司南京（今河南商丘）。主张对西夏退让，息兵还地，主详定更改役法。以太子少傅致仕。绍圣中，入元祐党籍，均州安置。

②范夷叟：范纯礼（1031—1106），字夷叟，范仲淹之子。元祐更化时，反对司马光尽废新法。徽宗即位，以龙图阁直学士知开封府，擢尚书右丞，以为当正确对待元丰之政与元祐之士，又请慎于用人。卒谥恭献。纯礼忠信文雅，能守其父家风，时人称之。颍昌：

今河南许昌。

③客将：主管客人往来的书吏。

④大资：宋代资政殿大学士的简称，一般由罢职辅臣充任，以示尊
　　崇。此指韩维，其曾拜门下侍郎，为副相。

⑤荐章：推荐人才的奏章，举荐文书。

⑥按：本条见《二程遗书》卷十九。

【译文】

程颐说：韩维服膺义理非常难得。有一天，我与韩维、范纯礼在颍昌
西湖划船。一会儿，书吏来通报说："有一位官员上书，希望能拜见大资。"
我还以为有什么紧急的公务，原来是有人向韩维推荐自己。我说："大资
在位，不去访求贤人，倒是让别人自荐，这是什么道理？"范纯礼说："这
是因为您太不通人情了，像这样求举荐的表章，太常见了。"我说："不是
这样的。只是因为过去发生过没有自荐的就不授予职位，自荐的才授予
职位的事，所以才导致现在这样的情况。"韩维便心服了。

10.51　先生因言：今日供职，只第一件便做他底不得。
吏人押申转运司状①，颐不曾签。国子监自系台省②，台省系
朝廷官。外司有事③，合行申状④，岂有台省倒申外司之理？
只为从前人只计较利害，不计较事体⑤，直得恁地⑥。须看
圣人欲正名处，见得道名不正时，便至礼乐不兴⑦，是自然
住不得⑧。⑨

【注释】

①押：押字，签字。转运司：官署名。亦称"转运使司"。太宗时各路
　　边防、盗贼、刑讼、金谷、按廉等皆由转运司总管。真宗时，转运司
　　所职仅催科征赋、出纳金谷、应办上供、漕辇纲运数事而已。

②台省：指政府的中央机构。

③外司：指中央机构以外的政府机构，包括地方政府以及中央外派机构。

④申状：古时向上级陈述事实的文书。李文炤解："国子监虽卑，内官也；转运司虽尊，外官也，岂有以内申外之理？名之不正孰大于是！"

⑤只计较利害，不计较事体：茅星来解："只计较利害者，盖恐内太重，必有植党营私之患，故令倒申外司，以稍抑之耳。事体者，内外尊卑之体统也。"

⑥直得：只有，必须。恁地：如此，这样。

⑦礼乐不兴：语出《论语·子路》："名不正则言不顺，言不顺则事不成，事不成则礼乐不兴。"意谓名分不纠正，言语就不顺当；言语不顺当，事务就办不成；事务办不成，礼乐就不兴盛。

⑧住不得：意即"做不得"。

⑨按：本条见《二程遗书》卷十九。

【译文】

程颐说：现在去任职，第一件事情就做不到。国子监的官吏要把文书送到转运司去签字，我的有关文书就没有送给他们签。国子监归属于台省管辖，台省都是朝廷内官。朝廷外的官署有事，应当陈述文状，哪里有台省的文书反倒呈送到外司的道理？只是因为从前的人只考虑到利害关系，不计较事情的体统，于是就这样做了。需要看圣人想要正名的地方，看到他说名分不正的时候，便会导致礼乐无法兴起，这样的事自然是做不得的。

10.52　学者不可不通世务。天下事譬如一家，非我为则彼为，非甲为则乙为。①

【注释】

①按:本条见《二程遗书》卷二十二下。

【译文】

学者不能不通达世间的各种事务。天下的事就好像是一家的事,总得有人做,不是我做,就要他做,不是这个人做,就要那个人做。

10.53　"人无远虑,必有近忧"①,思虑当在事外。②

【注释】

①人无远虑,必有近忧:语出《论语•卫灵公》。

②按:本条见《二程外书》卷二。

【译文】

"一个人如果没有长远的考虑,忧患很快就近在眼前了",思虑应当超出当前所做的事情之外。

10.54　圣人之责人也常缓①,便见只欲事正,无显人过恶之意②。③

【注释】

①责人:要求别人。缓:宽松。

②显人过恶:显露别人的错误与罪恶。

③按:本条见《二程外书》卷七。

【译文】

圣人要求别人常常很宽松,可见圣人只是要把事情做好,并不是想要暴露别人的过错。

10.55　伊川先生云:今之守令①,唯"制民之产"一事不得为②,其他在法度中甚有可为者,患人不为耳。③

【注释】

①守令:指知府、县令等地方官。守,太守,宋知府、知州别称太守。
令,县令。

②制民之产:规划百姓的产业。语出《孟子·梁惠王上》:"明君制
民之产,必使仰足以事父母,俯足以畜妻子,乐岁终身饱,凶年免
于死亡。"意谓英明的君主在规划百姓的产业时,一定要使他们对
上足够侍奉父母,对下足够养活妻小,丰年可以天天吃饱,荒年也
不至于饿死。

③按:本条见《二程外书》卷十二。

【译文】

程颐说:现在的知府、县令等,只有"规划百姓的产业"这件事不好
做,其他在法律许可范围内能够做的事情有很多,只是不去做而已。

10.56　明道先生作县,凡坐处皆书"视民如伤"四字①,
常曰:颢常愧此四字。②

【注释】

①视民如伤:把百姓当作有伤病的人一样照顾。旧时形容在位者关
怀人民。《孟子·离娄下》:"文王视民如伤,望道而未之见。"又《左
传·哀公元年》:"臣闻国之兴也,视民如伤,是其福也;其亡也,
以民为土芥,是其祸也。"

②按:本条见《二程外书》卷十二。

【译文】

程颢当县令的时候,所有座位旁边都写着"视民如伤"四个字,常常
对别人说:我常常惭愧自己没有做到这四个字。

10.57　伊川每见人论前辈之短,则曰:汝辈且取他长处。①

【注释】

①按:本条见《二程外书》卷十二。

【译文】

程颐每次见到有人议论前辈的缺点,就会说:你们要吸取他们的优点。

10.58　刘安礼云①:王荆公执政②,议法改令,言者攻之甚力。明道先生尝被旨赴中堂议事③,荆公方怒言者,厉色待之④。先生徐曰:"天下之事,非一家私议,愿公平气以听。"荆公为之愧屈⑤。⑥

【注释】

①刘安礼:刘立之(生卒年不详),字宗礼,河间人。为程颢最早的弟子。

②王荆公:王安石(1021—1086),字介甫,抚州临川(今江西抚州)人。熙宁三年(1070),任宰相,主持变法,史称"王安石变法",因变法有功,被宋神宗封为荆国公。

③被旨:承奉圣旨。中堂:中书省的政事堂。按照宋朝的制度,宰相议事,在中堂见客。当时程颢以秘书省著作郎为太子中允、权监察御史里行,所以被召议事。

④厉色:怒容,严厉的脸色。

⑤愧屈:羞愧而屈服。

⑥按:本条见《二程遗书》附录。

【译文】

刘立之说：王安石执掌朝政的时候，商议用新法变更旧制，有人上书强烈地批评新法。程颢曾奉旨到政事堂议事，王安石正因上书的事发怒，对待程颢也一脸怒气。程颢从容地说："天下的事情，不是一个人可以私自决定的，希望您平心静气地听我说。"王安石听了之后感到非常惭愧。

10.59　刘安礼问临民[①]，明道先生曰：使民各得输其情[②]。问御吏[③]，曰：正己以格物[④]。[⑤]

【注释】

①临民：治理百姓。

②输其情：表达实情。

③御吏：驾驭官吏。

④正己以格物：语本《孟子·尽心上》："有大人者，正己而物正者也。"意谓君子，是端正了自身从而纠正他人的人。格物，犹正人。纠正人的行为。

⑤按：本条见《二程遗书》附录。

【译文】

刘立之问如何统治人民，程颢说：使人民都能够表达自己的真实想法。刘立之又问如何控制手下官吏。程颢说：通过端正自己从而纠正他人。

10.60　横渠先生曰：凡人为上则易，为下则难。然不能为下，亦未能使下，不尽其情伪也[①]。大抵使人，常在其前己尝为之，则能使人。[②]

【注释】

①情伪：真实与虚假。

②按：本条见张载《经学理窟·义理》。

【译文】

张载说：一般来说做领导比较容易，做下属比较困难。然而不能做好下属，也就没有能力领导好下属，因为不能够了解真实情况。大致来说，要领导别人，常常是下属做的同样的事情自己之前曾经做过，这样就能领导好别人。

10.61 《坎》"维心亨"，故"行有尚"①。外虽积险，苟处之心亨不疑，则虽难必济，而"往有功也"②。今水临万仞之山③，要下即下，无复凝滞之于前④。惟知有义理而已，则复何回避？所以心通。⑤

【注释】

①《坎》"维心亨"，故"行有尚"：语出《周易·习坎》："有孚，维心亨，行有尚。"孚，诚信。心亨，内心亨通。行有尚，行而有功。《习坎》卦象二、五两阳爻阳刚居中，有诚信守正之象，以此行事，自然成功。

②"外虽积险"几句：此解释上句卦辞。《习坎》卦象为两坎相重。坎，险，两坎相重是为积险。往有功也，语出《周易·习坎》象辞："行有尚，往有功也。"

③水临万仞之山：《周易·习坎》象辞："水洊至，习坎。"坎代表水，《习坎》上下两卦皆坎，有水连绵而下之象。

④凝滞：停滞不动。

⑤按：本条见张载《横渠易说·习坎》。

【译文】

《坎》卦"因为内心真诚而通达"，所以"行事自然成功"。虽然面临重重艰险，但是以真诚、毫不迟疑的心态来面对，那么处境虽然困难，也一定能够渡过难关，这就是"只要去做就会成功"。如同水流到了万丈悬崖的边上，要落下去就落下去，没有什么好停滞迟疑的。只知道按照义理去做，又有什么需要回避的？只因为内心真诚通达。

10.62　人所以不能行己者^①，于其所难者则惰，其异俗者，虽易而羞缩^②。惟心弘，则不顾人之非笑，所趋义理耳，视天下莫能移其道。然为之，人亦未必怪，正以在己者义理不胜。惰与羞缩之病消则有长，不消则病常在，意思龌龊^③，无由作事。在古气节之士，冒死以有为，于义未必中，然非有志概者莫能^④，况吾于义理已明，何为不为？^⑤

【注释】

① 行己：谓立身行事。语出《论语·公冶长》："子谓子产有君子之道四焉：其行己也恭，其事上也敬，其养民也惠，其使民也义。"意谓孔子说子产有四种行为合乎君子的作风：立身行事保持恭谨，事奉君主出于敬意，照顾百姓广施恩惠，役使百姓合于分寸。

② 羞缩：羞涩畏缩。

③ 龌龊：气量狭隘。

④ 志概：气节，节操。

⑤ 按：本条见张载《横渠易说·大壮》。

【译文】

人之所以不能立身行事，是因为对于困难的事情会变得急惰，对于与世俗相违的事情，即便容易做，也会畏缩不去做。只有心量广大的人，才会不顾及别人的取笑，只追求道义，天下没有人能够改变他的志向。但是即便真的做了，人们也未必会感到奇怪，关键在于自己本身对道义的信心够不够强大。急惰和畏缩的毛病消退了，那么义理就会增长，如果不消退,那么病根一直都在,心胸狭窄,什么事也干不成。在古代,有气节的志士仁人,冒着死亡的威胁也要有所作为,他们的行为未必完全符合道义,然而不是有节操的人也做不到,何况如今我们对于义理已经明白了,为什么不敢去做呢?

10.63　《姤·初六》:"羸豕孚蹢躅①。"豕方羸时,力未能动,然至诚在于蹢躅,得伸则伸矣。如李德裕处置阉宦②,徒知其帖息威伏③,而忽于志不忘逞④,照察少不至,则失其几也。⑤

【注释】

①羸豕孚蹢躅(zhí zhú):语出《周易·姤·初六》。羸,羸弱。孚,此用通"浮",浮躁。蹢躅,同"踌躇",即徘徊不进的样子。

②李德裕(787—850):字文饶,唐代名相。唐武宗即位后,曾入朝为相,执政五年。执政期间,限制了宦官的权力。终武宗一朝,宦官始终不能干政。唐武宗病逝,宦官拥立皇太叔李忱为帝,是为唐宣宗。唐宣宗素来厌恶李德裕,罢免了李德裕的宰相之职。阉宦:指太监。

③帖息威伏:安定平顺,伏于威势。

④志不忘逞:没有忘记满足其凶恶的心愿。逞,称愿,满意。引申指坏主意达到目的。

⑤按:本条见张载《横渠易说·姤》。

【译文】

《姤·初六》说:"像羸弱的猪一样躁动不安。"猪在羸弱的时候,力量虽然不足以动弹,但是内心实实在在想要动,所以一旦体力恢复就又要躁动起来。例如唐代李德裕处置宦官,只是以为他们已经俯首帖耳就可以了，但是忽略了他们仍然一心想要兴风作浪，于是管束考察稍有不周，就丧失了消除祸患的机会。

10.64　人教小童，亦可取益。绊己不出入[①]，一益也；授人数数[②]，己亦了此文义，二益也；对之必正衣冠、尊瞻视[③]，三益也；常以因己而坏人之才为忧，则不敢堕[④]，四益也。[⑤]

【注释】

①绊：牵制住使不得脱开。

②数数：屡次，频繁。

③瞻视：观看，顾盼。

④堕：通"惰"。懈怠，懒散。

⑤按：本条见张载《经学理窟·义理》。

【译文】

教育小孩子，对自己也是有好处的。使自己被牵绊不能外出游荡，这是第一个好处；把书教了很多遍，自己也熟悉了文义，这是第二个好处；在孩子面前一定要衣冠端正、态度严肃，这是第三个好处；常常担忧因为自己教育不好而损害了人才，所以不敢怠惰，这是第四个好处。

卷之十一

【题解】

朱熹论此卷纲目曰："教学之道。"

叶采曰：卷十一教学：此卷论教人之道。盖君子进则推斯道以觉天下，退则明斯道以淑其徒，所谓得英才而教育之，即新民之事也。

本卷讨论各种教学的原则，以及各种教学内容与注意事项。具体的教学原则，比如：

一、道德自觉原则。圣人的教育就是让人自己认识到什么是善什么是恶，然后自觉地遵循善道而抛弃恶行（11.1）。

二、预防教育原则。在孩子年幼的时候，就用圣人的言论对他们进行教育，当他们长大的时候，就不会被歪理邪说所影响（11.2）。

三、因材施教原则。这是《论语》中孔子的教学原则之一。圣人之道是非常难以认识的，为了避免学生们产生懈怠之心，就要因学生的水平来对他们进行教育（11.4）。

四、快乐学习原则。将学习内容改编为诗歌等易于被学生理解的方式，让他们时常吟诵，这样学生学习起来不仅不困难，而且乐于学习（11.8）。

五、循序渐进原则。学生们无法理解的道理，先不给他们讲授（11.10）。制定一定的学习顺序，从简单的到复杂的（11.13）。学生还不理解已学的内容,不应该给他们教授新的内容(11.19)。

六、以小见大原则。跳舞、射箭、打扫卫生、对答应酬、不说谎就可以教育学生真诚,这些事情虽然是小事,但是其中所体现的真诚,同时也就是圣人要做的事情。所以在看似不重要的事情的教育当中就体现着教学的终极目的(11.11、11.12)。

七、优游涵泳原则。有关圣人之道的知识需要学生自身深切的体会,所以有一个沉潜的过程,需要学生反复思考,从容不迫,才能透彻领会(11.14)。

八、启发原则。这是《论语》中孔子的教学原则之一。如果学生没有到快要理解但还无法理解的时候就不启发。但是对于初学者,就必须将内容进行详细讲解,不能使用启发的方法(11.17)。

九、纠正思想原则。行为是思想的表现,所以要研究清楚学生、朋友等之所以做出错误行为的思想根源,对错误的思想进行纠正。如果只纠正行为,就是治标不治本(11.21)。

本卷还列举了很多有关教学的注意事项,比如只有学习有一定经济支持,才能免除学习的后顾之忧,学习的志向才能坚定而远大(11.15);可以实行分科教育(11.6)等。本卷还有不少对儒家教学内容方面的强调,比如不可沉迷于对文章、书法的喜爱而失去学道的志向(11.5),儒家诗教、礼教、乐教的重要性(11.9、11.16),教育小孩子学会恭敬的重要性(11.18、11.20)等。

11.1　濂溪先生曰:刚:善,为义、为直、为断、为严毅、为干固①;恶,为猛、为隘、为强梁②。柔:善,为慈、为顺、为巽③;恶,为懦弱、为无断、为邪佞。惟中者,和也,中节也,天下之达道也④,圣人之事也。故圣人立教,俾人自易其恶⑤,自至其中而止矣。⑥

【注释】

①严毅：严厉刚毅。干固：干练坚持。

②强梁：刚强横暴。

③巽：卑顺，谦让。

④"惟中者"几句：语本《中庸》："中也者，天下之大本也；和也者，天下之达道也。"意谓中的状态是天下的根本，和的状态是天下普遍遵循的规律。

⑤俾：使。

⑥按：本条见周敦颐《通书·师》。

【译文】

周敦颐说：刚强的本性：表现为善的方面，就是道义、是正直、是决断、是严厉、是干练；表现为恶的方面，就是凶猛、是狭隘、是强暴。柔弱的本性：表现为善的方面，就是慈悲、是和顺、是谦让；表现为恶的方面，就是软弱、是不果断、是邪佞。只有适中，就是和谐，就是符合节度，就是天下普遍遵循的规律，才是圣人的事业。所以圣人的教化，就是使人自己改变恶行，自己达到并一直处于适中的状态。

11.2　伊川先生曰：古人生子，能食能言而教之①。大学之法，以豫为先②。人之幼也，知思未有所主，便当以格言至论日陈于前③，虽未晓知，且当薰聒④，使盈耳充腹，久自安习，若固有之，虽以他言惑之，不能入也。若为之不豫，及乎稍长，私意偏好生于内，众口辩言铄于外⑤，欲其纯完⑥，不可得也。⑦

【注释】

①能食能言而教之：语本《礼记·内则》："子能食食，教以右手。能言，男唯女俞。"意谓当小孩子能自己吃饭的时候，就教他们使用

右手;当小孩子能说话的时候,就开始教他们应答,男孩用"唯"
应答,女孩用"俞"应答。

② 大学之法,以豫为先:豫,特指在学生邪念尚未萌发时就加以预防
的一种教育方法。语出《礼记·学记》:"大学之法,禁于未发之
谓豫,当其可之谓时,不陵节而施之谓孙,相观而善之谓摩。此四
者,教之所由兴也。"意谓大学的教育方法,在学生的邪念尚未萌
发的时候就加以防禁叫作预防,当学生可以教育的时候及时进行
教育叫作适时,不超越阶段而循序渐进地施行教育叫作顺序,互
相观察学习而提高叫作观摩。以上四条,就是使教育兴盛的方法。
在这四条中,"豫"是排在第一位的。

③ 格言:含有教育意义可为准则的话。至论:指高超的或正确精辟
的理论。

④ 薰聒(guō):指熏陶。薰,熏陶,感染。聒,频繁地称说。

⑤ 铄:消损,削弱。

⑥ 纯完:纯正完美。

⑦ 按:本条见《二程文集》卷六。

【译文】

程颐说:古人在孩子出生之后,能吃饭能说话就开始进行教育。大
学的教育方法,以预防作为先务。人在幼儿的时候,知识与思想还不稳
定,所以应该将圣人的格言至论每天都在他们跟前陈说,虽然他们还不
懂得,也反复对他们进行熏陶,使他们满耳朵、满肚子都是这些内容,时
间久了,自然就内化为习惯,就好像天性本来已有的一样,即使用其他的
学说去迷惑他,他也不可能听进去了。如果不及早加以预防,等到孩子稍
微大一些,私意与偏好已经在内心中萌生了,各种言论与辩论不断地从外
部侵蚀着他,要想让他的内心纯正不杂、完善不缺,就已经不可能了。

11.3 《观》之上九曰:"观其生,君子无咎①。"象曰:"观

其生，志未平也②。"《传》曰：君子虽不在位，然以人观其德，用为仪法，故当自慎省③。观其所生，常不失于君子，则人不失所望而化之矣。不可以不在于位故，安然放意，无所事也。④

【注释】

①观其生，君子无咎：语出《周易·观·上九》。程颐解释"观其生"，谓为"观其所生也，谓出于己者，德业行义也"（《周易程氏传·观》）。所谓"生"，即自己的德业行义等行为表现。

②观其生，志未平也：《周易·观·上九》象辞。平，安宁。所谓"志未平"，指君子担心自己做得不够好而心中不安。

③慎省：谨慎地反省。

④按：本条见《周易程氏传·观》。

【译文】

《观·上九》说："观察他的行为，君子没有灾难。"象辞说："人们都观察他的行为，君子心志不得片刻安宁。"《周易程氏传》说：君子虽然没有处在所应当处的位置，由于人们观察他的德行，将之作为仪表法度，所以君子要非常谨慎地自我反省。观察自己所以行为处事的用心，要时时符合君子的标准，那么人们就不会失去期望而能受到感化。不可以因为不处在应当的位置上，就安逸肆意，无所事事。

11.4　圣人之道如天然，与众人之识甚殊邈也①。门人弟子既亲炙②，而后益知其高远。既若不可以及，则趋望之心息矣。故圣人之教，常俯而就之③。事上临丧，不敢不勉，君子之常行，"不困于酒"，尤其近也④。而以己处之者，不独使夫资之下者勉思企及⑤，而才之高者亦不敢易乎近矣⑥。⑦

【注释】

①殊邈：卓异，遥远。

②亲炙：谓亲受教育熏陶。

③俯而就之：降低要求来接引他们。

④"事上临丧"几句：语本《论语·子罕》："出则事公卿，入则事父兄，丧事不敢不勉，不为酒困，何有于我哉？"意谓出外就服侍公卿，入家就侍奉父兄，办丧事不敢不尽力，不被酒所惑乱，对我来说此外还有什么呢？

⑤勉思：努力深思。企及：赶上，及得上。

⑥易平近：轻视浅近的事情。

⑦按：本条见《程氏粹言》卷二。

【译文】

孔子的学问如同高高在上的天空一样，普通人的见识与之相去实在太遥远了。孔子的弟子们亲自在孔子身边受教，而后就越来越知道孔子学问的高深与远大。如果他们觉得孔子的学问遥不可及，他们向往达到圣人境界的志向也就会懈怠。所以孔子的教导，常常按照弟子们的水平来教导他们。事奉君主、参加丧事的时候，要努力按照礼仪的规范行动，这些都是君子的普通行为，而"不沉迷于饮酒"，则是更为浅近的教导了。用自己对待事情的态度来举例，就不仅仅使资质比较低的人努力想要做到，而且也使得才能比较高的人也不敢忽视浅近的事情。

11.5　明道先生曰：忧子弟之轻俊者①，只教以经学念书，不得令作文字②。子弟凡百玩好皆夺志③。至于书札，于儒者事最近，然一向好着④，亦自丧志。如王、虞、颜、柳辈⑤，诚为好人则有之，曾见有善书者知道否？平生精力一用于此，非惟徒废时日，于道便有妨处，足知丧志也。⑥

【注释】

①子弟:子侄辈,泛指后生晚辈。轻俊:飘逸潇洒。

②文字:文章,此特指文学性强的诗赋之类。

③玩好:玩赏与爱好。夺志:改变志向。语出《论语·子罕》:"匹夫不可夺志也。"意谓一个平凡人的志向也不能被改变。

④一向:一味,一心一意。

⑤王、虞、颜、柳辈:指王羲之、虞世南、颜真卿、柳公权,均为著名书法家。王羲之(303—361),字逸少,东晋时期书法家,代表作《兰亭序》,被誉为"天下第一行书"。虞世南(558—638),字伯施,南北朝至隋唐时期书法家,代表作《孔子庙堂碑》等。颜真卿(709—784),字清臣,唐代书法家,代表作《多宝塔碑》《颜勤礼碑》《祭侄文稿》等。柳公权(778—865),字诚悬,唐朝中期著名书法家,代表作《神策军碑》《玄秘塔碑》等。

⑥按:本条见《二程遗书》卷一。

【译文】

程颢说:我担忧后生晚辈当中那些才气比较飘逸的孩子们,应该只教给他们儒家经典,不要让他们吟诗作赋。孩子们的各种爱好都可能会让他们丧失追求圣人之道的志向。比如书法,按道理说这和儒家学者要做的事情最接近了,但是一味特别喜好的话,就会丧失学道的志向。比如王羲之、虞世南、颜真卿、柳公权这些人,他们的确都是不错的人,但是可曾见过有擅长书法的人了解圣人之道吗?他们一辈子的精力都放在这上面,不仅仅白白浪费了时间,而且对于学习圣人之道也有很多障碍,这就说明书法是足以使人丧失学道志向的。

11.6　胡安定在湖州,置治道斋①,学者有欲明治道者,讲之于中,如治民、治兵、水利、算数之类。尝言刘彝善治水利②,后累为政,皆兴水利有功。③

【注释】

①治道：治国之道。

②刘彝（1022—1091）：字执中，福州闽县（今福建福州）人，胡瑗门

　人。曾为都水丞。

③按：本条见《二程遗书》卷二上。

【译文】

　　胡瑗在湖州做教授的时候，曾经设置了治道斋，有学生想要了解如何从政等方面的知识，可以在里边学习，比如管理百姓、管理军队、整治水利、算术之类的。他曾说弟子刘彝就比较善于整治水利，后来刘彝几次在地方官任上，都在兴建水利方面有很大的功劳。

11.7　凡立言①，欲涵蓄意思②，不使知德者厌、无德者惑。③

【注释】

①立言：著书立说。语出《左传·襄公二十四年》："大上有立德，其

　次有立功，其次有立言。"意谓最根本的是树立德行，其次才是建

　立功业，然后才是著书立说。

②涵蓄：蕴藏于内而不宣露在外。

③按：本条见《二程遗书》卷二上。

【译文】

　　凡是要著书立说，其中要包含丰富的意蕴，不能让了解德性的人感到厌倦，让没有德性的人感到迷惑。

11.8　教人未见意趣①，必不乐学。欲且教之歌舞，如古《诗》三百篇，皆古人作之。如《关雎》之类②，正家之始，

故用之乡人,用之邦国,日使人闻之。此等诗,其言简奥③,今人未易晓。别欲作诗,略言教童子洒扫应对事长之节,令朝夕歌之,似当有助。④

【注释】

①意趣:意味,情趣。

②《关雎》:《诗经》的第一篇。

③简奥:简略,深奥。

④按:本条见《二程遗书》卷二上。

【译文】

教育学生,如果没有向学生展现出其中的涵意与趣味,学生一定不会乐于学习。给学生们教授诗歌与舞蹈,比如《诗经》三百篇,都是古人所作的。比如《关雎》这类,是端正一个家庭的开始,不仅普通乡人可以用,而且可以用到国家,可以每天都让人们听到这些诗。可是这一类诗歌,语言简约而深奥,现在的人不易明白。我想重新写新的诗歌,简略说明教育孩子们打扫卫生、言语酬答、尊敬长辈之类的节次,让他们早晚都歌唱,这样或许会有帮助。

11.9　子厚以礼教学者最善①,使学者先有所据守②。③

【注释】

①子厚:张载(1020—1077),字子厚。

②据守:把守,守卫。

③按:本条见《二程遗书》卷二上。

【译文】

张载用礼来教育学生的方法特别好,使学生从一开始就有可以切实据守的基础。

11.10 语学者以所见未到之理,不惟所闻不深彻[1],久将理低看了。[2]

【注释】

①深彻:深刻透彻。

②按:本条见《二程遗书》卷三。

【译文】

如果把学生尚不能理解的道理告诉他们,不仅他们听了之后不能透彻理解,而且反而会把高深的道理看得很浅显。

11.11 舞、射便见人诚。古之教人,莫非使之成己[1]。自洒扫应对上,便可到圣人事。[2]

【注释】

①成己:成就自身的德行才能等。语出《中庸》:"诚者,非自成己而已也,所以成物也。成己,仁也;成物,知也。"意谓做到这样的真诚不是止于成就自己而已,还是可以成就万物的方法。成就自己,显示了仁德;成就万物,显示了明智。

②按:本条见《二程遗书》卷五。

【译文】

舞蹈、射箭,能看出一个人的心是否真诚。古代圣贤教育人,无非是成就自己。从洒水扫地、言语酬答的简单事情上,就能做到圣人的事情。

11.12 自"幼子常视无诳"以上[1],便是教以圣人事。[2]

【注释】

①幼子常视无诳(kuáng):语出《礼记・曲礼上》。诳,谎言,欺骗。

②按:本条见《二程遗书》卷六。

【译文】

从"对小孩子要常常示意他别说谎话"开始,就是把圣人之道教给孩子们了。

11.13　"先传""后倦"^①,君子教人有序。先传以小者近者,而后教以大者远者;非是先传以近小,而后不教以远大也。^②

【注释】

①"先传""后倦":《论语•子张》:"君子之道,孰先传焉? 孰后倦焉? 譬诸草木,区以别矣。君子之道,焉可诬与? 有始有卒者,其唯圣人乎!"意谓君子所应学习的道理,哪一样要先传授,哪一样要最后讲述呢? 如果以认识草木作为比喻,就是要分为各种各类。对于君子所应学习的道理,怎么可以任意妄加批评呢? 在教导时能够有始有终、全面兼顾的,大概就是圣人啊! 倦,朱熹《论语集注》:"倦,如'诲人不倦'之倦。"此指传授,教诲。

②按:本条见《二程遗书》卷八。

【译文】

"先传授什么","后讲述什么",君子教学有一定的顺序。先传授简单的、浅近的,然后才教导宏大的、高远的。并不是先传授简单与浅近的,后来不教高远与宏大的。

11.14　伊川先生曰:说书必非古意,转使人薄^①。学者须是潜心积虑,优游涵养^②,使之自得。今一日说尽,只是教得薄。至如汉时说"下帷讲诵"^③,犹未必说书。^④

【注释】

①说书必非古意,转使人薄:张伯行解:"今人授业解惑,动称说书。不知学者未尝体会其中,与之讲说只作一场空话,那能融贯。此非古意也,转使听之者看得义理单薄。"说书,解说经书。古意,此指古人教学的方式。

②优游涵养:谓从容求索,深入体会。

③下帷讲诵:语出《史记·儒林列传》:"下帷讲诵,弟子传以久次相受业,或莫见其面。"意谓董仲舒放下帷帐讲解诵读,叫弟子们按照年资长短依次传授,有的学生连他的面也没见过。

④按:本条见《二程遗书》卷十五。

【译文】

程颐说:现在的人解说经书,完全不符合古代原本的意蕴,反而让学生觉得其中思想很单薄。学者应该沉潜下来,反复思考,从容不迫,深入体会,让学生自己领会。现在的人一天就把道理全都讲完了,教得太简单了。至于汉代所说"放下帷帐讲解诵读",也不一定是解说经书。

11.15　古者八岁入小学①,十五入大学②,择其才可教者聚之,不肖者复之农亩。盖士农不易业,既入学则不治农,然后士农判。在学之养③,若士大夫之子,则不虑无养;虽庶人之子,既入学则亦必有养。古之士者,自十五入学,至四十方仕④,中间自有二十五年学,又无利可趋,则所志可知,须去趋善⑤,便自此成德。后之人自童稚间已有汲汲趋利之意⑥,何由得向善?故古人必使四十而仕,然后志定。只营衣食却无害,惟利禄之诱最害人。⑦人有养,便方定志于学。

【注释】

①八岁入小学：朱熹《〈大学章句〉序》："人生八岁，则自王公以下，至于庶人之子弟，皆入小学，而教之以洒扫、应对、进退之节，礼、乐、射、御、书、数之文。"意谓孩子从八岁开始就要进入小学学习洒扫应对等初级行为规范和礼仪、音乐等基本知识。小学，此指古代对儿童、少年实施初等教育的学校。

②十五入大学：朱熹《〈大学章句〉序》："及其十有五年，则自天子之元子、众子，以至公、卿、大夫、元士之适子，与凡民之俊秀，皆入大学，而教之以穷理、正心、修己、治人之道。"意谓等孩子到了十五岁，贵族官宦子弟和优秀的平民子弟就要进入大学，学习穷理、正心、修己、治人之道。

③在学之养：在学校里的费用。养，费用，生活所需。

④四十方仕：语出《礼记·曲礼上》："四十曰强而仕。"

⑤趋善：趋向善言善行。

⑥汲汲：形容心情急切，努力追求。

⑦按：本条见《二程遗书》卷十五。

【译文】

在古代，小孩子八岁开始进入小学学习，十五岁开始进入大学学习，按照他们的才能把可以教育的孩子选择出来聚在一起，不善于学习的孩子让他们回到农田里去干活。因为士和农民两种身份不能交换，一旦参加学习就不再去农田干活，这样士与农民就分别开来了。去学习需要财物支持，如果是士大夫的孩子，不用考虑没有财物支持。即使是平民的孩子，一旦入学也一定是要有财物支持。古代的士从十五岁开始一直学习到四十岁才去当官，中间有二十五年学习时间，在这段时间里，因为有了财物的支持，又没有什么利益可以去追求，所以他的志向就只能是追求至善的境界，因此就能成就德性。后代的人，从儿童开始就有非常强烈的追求利益的想法，这怎么能够追求至善呢？古人必须是在四十岁才能当官,在这个时候他的志向已经坚定了。只追求穿得好、吃得好并没有太大的害处,只有利益厚禄的诱惑是最害人的。人如果有资助,他的心志就能够坚定在学习上。

11.16　天下有多少才,只为道不明于天下,故不得有所成就。且古者"兴于《诗》,立于礼,成于乐"①,如今人怎生会得? 古人于《诗》如今人歌曲一般,虽闾巷童稚,皆习闻其说而晓其义,故能兴起于《诗》。后世老师宿儒②,尚不能晓其义,怎生责得学者,是不得兴于《诗》也。古礼既废,人伦不明,以至治家皆无法度,是不得立于礼也。古人有歌咏以养其性情,声音以养其耳目,舞蹈以养其血脉,今皆无之,是不得成于乐也。古之成材也易,今之成材也难。③

【注释】

①"兴于《诗》"几句:语出《论语·泰伯》。兴,激发兴趣。立,安身立命。成,成就德性。

②宿儒:博学的年长之士。

③按:本条见《二程遗书》卷十八。

【译文】

天下的人才很多,只是因为圣人之道在天下没有昌明,所以这些人才都没有办法成就德行功业。在古代,人们"通过《诗经》激发学习兴趣,按照礼仪来为人处世,用音乐来成就德性",现在的人怎么能够做得到呢? 古代对于《诗经》如同现在的歌曲一样,即便是大街小巷的儿童,也熟悉其文句、明白其大义,所以能够通过《诗经》激发学习兴趣。后世很博学的学者尚且不能够理解其中的大义,又怎么能够要求学生呢? 这也就是为什么不能通过《诗经》激发学习兴趣了。古代的礼法已经废弃了,人与人之间的伦理规范不清楚了,以至于治理家族都没有法度,因此也就没有办法按照礼仪来为人处世了。古人有歌唱来养育他们的性情,有音乐来养育他们的耳目,有舞蹈来养育他们的血脉,今天这些都没有了,也就没有办法用音乐来成就德性了。因此,古代造就人才比较容易,现在造就人才比较困难。

11.17　孔子教人,"不愤不启,不悱不发"①。盖不待愤悱而发,则知之不固;待愤悱而后发,则沛然矣②。学者须是深思之,思而不得,然后为他说便好。初学者须是且为他说,不然,非独他不晓,亦止人好问之心也。③

【注释】

①不愤不启,不悱(fěi)不发:语出《论语·述而》。愤,郁结于心,憋闷。悱,想说而未能说出。

②沛然:此处指内心不理解的地方突然消除,豁然贯通的样子。

③按:本条见《二程遗书》卷十八。

【译文】

孔子教育人,"不到发愤求知的程度不进行开导,不到欲言不能的程度不进行启发"。因此,如果没有到快要理解但还无法理解的时候就去启发,那么知识就不牢固;等到快要理解但还无法理解的时候才去启发,那么就豁然贯通了。学生们需要深入思考,如果经过深入思考还不明白,这个时候给他们讲解是最好的。但是对于初学者还是要讲解的,不然的话,不仅仅他无法明白,而且还会阻碍他勤于向人请教的意愿。

11.18　横渠先生曰:"恭敬、撙节、退让以明礼"①,仁之至也,爱道之极也。己不勉明,则人无从倡②,道无从弘,教无从成矣。③

【注释】

①恭敬、撙(zǔn)节、退让以明礼：语出《礼记·曲礼上》。撙节，抑
　制，节制。撙，抑制。

②倡：发起，领导。

③按：本条见张载《正蒙·至当》。

【译文】

张载说："通过恭敬、节制、谦让来彰明礼教"，这样就能够达到仁爱
的极致了。如果自己不努力去明白礼的大义，那么就没有办法引导大众，
没有办法弘扬圣人之道，没有办法成就圣人的教育。

11.19　《学记》曰："进而不顾其安，使人不由其诚，教
人不尽其材①。"人未安之，又进之，未喻之，又告之，徒使人
生此节目②。不尽材，不顾安，不由诚，皆是施之妄也。教人
至难，必尽人之材，乃不误人。观可及处，然后告之。圣人
之明，直若庖丁之解牛，皆知其隙，刃投余地，无全牛矣③。
人之才足以有为，但以其不由于诚，则不尽其才。若曰勉率
而为之，则岂有由诚哉？④

【注释】

①"进而不顾其安"几句：语出《礼记·学记》。进，推进学习进度。
　安，掌握。使人、教人，皆指老师教育学生。由，运用，发挥。诚，
　真诚。此指学生真诚的学习态度。材，此指学生的材质、资质。

②节目：此处指事端或麻烦。

③"庖丁之解牛"几句：典出《庄子·养生主》："彼节者有间，而刀
　刃者无厚；以无厚入有间，恢恢乎其于游刃必有余地矣。"意谓牛
　的骨节之间有空隙，而我的刀刃薄得没有什么厚度；以没有厚度

的刀刃切入有空隙的骨节,自然宽绰而有活动的余地了。又曰:
"始臣之解牛之时,所见无非牛者;三年之后,未尝见全牛也。"意
谓我(庖丁)最初肢解牛时,所见到的都是一整头牛;三年之后,
就不曾见到完整的牛了。按,这里是说教育学生应该从整体上了
解他,因材施教。

④按:本条见张载《语录下》。

【译文】

《学记》说:"推进学习的进度而不顾学生是否已经掌握,命令学生不
能发挥学生的真诚,教授学生不能充分按照学生的材质。"学生还没有掌
握已经学习的东西,就开始教新的内容,没有明白已经学习的道理,就又
告诉了新的道理,徒然让学生生出了很多学习的麻烦。不去充分按照学
生的材质,不顾学生是否已经掌握,不能发挥学生的真诚,这都是胡乱地
施教。教育人是很难的事情,必须要充分按照人的材质,才不至于误导
人。观察他可以达到哪一步,然后再把相应的东西告诉他。圣人的聪明
就像庖丁解牛一样,知道骨头之间的空隙在什么地方,然后刀刃就能在
宽绰有余地之处运行,因为他眼中没有一头完整的牛。学生的才能足以
有所作为,但是因为不能发挥自己真诚的态度,也就不能充分发挥能力。
如果老师勉勉强强地去做,学生又怎么能发挥真诚的态度呢?

11.20　古之小儿便能敬事。长者与之提携,则两手奉
长者之手,问之,掩口而对①。盖稍不敬事,便不忠信。故教
小儿,且先安详恭敬②。③

【注释】

①"长者与之提携"几句:语出《礼记·曲礼上》:"长者与之提携,
　　则两手奉长者之手。负、剑,辟咡诏之,则掩口而对。"意谓长辈

牵着他的手走路,要两手握着长辈的手。在长辈身后或身旁,长
辈俯身低头跟孩子说话,孩子就要用手遮挡自己的嘴巴回答。

②安详:平静,稳重。

③按:本条见张载《语录下》。

【译文】

古代的小孩子就能够尊敬别人。年长的人拉着他的手一起走路,他
就用两只手握住年长的人的手。问他话,他就用手挡着口回答。因为稍
微不尊敬,就不忠诚守信了。所以教育小孩子,首先就要稳重、恭敬。

11.21　孟子曰:"人不足与適也,政不足与间也,唯大
人为能格君心之非①。"非惟君心,至于朋游学者之际②,彼
虽议论异同,未欲深较。惟整理其心③,使归之正,岂小补
哉?④

【注释】

①"人不足与適也"几句:语出《孟子·离娄上》。適,通"谪",指责。
　　间,非议。格,纠正。

②朋游:朋友交往。

③整理:整治,修理。

④按:本条见张载《语录下》。

【译文】

孟子说:"没有必要去批评别人,也没有必要去批评政务,只有君子
才能纠正君主思想上的错误。"不仅仅是君主的思想,即便是一起游学的
朋友,也没有必要深入计较他们的观点与自己的异同。只要纠正他们思
想上的错误,让他们归于正道,这就不仅仅是小的补益了。

卷之十二

【题解】

朱熹论此卷纲目曰:"改过及人心疵病。"

叶采曰:卷十二警戒:此卷论戒谨之道。修己治人,常存警省之意。不然则私欲易萌,善日消而恶日积矣。

本卷讨论人们容易犯的错误以及改正错误的必要性。通过引用周敦颐所言,指出要善于接受别人指出的自己的过错,并且时常反省自己的过错(12.1)。具体的过错有:

一、耽于逸乐。处在兴盛的时候,要居安思危,不能长时间处在逸乐当中。长时间安于逸乐,危险与祸患很快就会到来(12.3、12.4、12.5)。

二、猜疑。明察过了头,妄生猜疑,最终众叛亲离,变得孤立(12.7)。

三、好利。因为自私,不懂得获得众人共同的利益,只追求自己的私利,不惜损害别人。其后果是别人也会交相争夺,夺取自己本有的利益(12.9)。

四、固执。不能按照时机来做事,不能听从别人的建议,坚持自己的错误,结果或者内心焦虑不安,或者事情以失败告终(12.10、12.14)。

五、欲望。有欲望就不能刚强(12.16),有欲望就不能明白天理了(12.21)。

六、傲慢。既不可以因为富贵对人傲慢,也不可以因为有学问对人傲慢（12.18）。

七、机心。要警惕自己的机巧之心（12.22），不要事先就怀疑别人不诚实（12.19、12.23），或者考虑用小的损失换取大的好处等等（12.24）。

八、吝啬。吝啬不仅会造成财货的不足，而且会造成所有的事情都有所欠缺，也就总会表现出不满足的样子（12.28）。

九、好淫声。忧伤的音乐令人陶醉，让人产生懈怠之心，从而导致骄奢之心，祸患也就不远了（12.32）。

十、乡愿。内心不明善恶，只是外表谨慎厚道，实际上是同流合污的伪善（12.33）。

本卷还指出要时时省察各种过错（12.30），只要有错误，就不吝去改正，哪怕屡次犯错误，关键是最后要能改正（12.6）。

值得一提的是，古代儒家主张男女"发乎情，止乎礼"，不能只是因为相互喜欢就要在一起，不听从父母之命，从而失去男尊女卑、夫唱妇随的秩序（12.11、12.12、12.13），这显然出于古代儒家维护家庭秩序的主张，在当今男女平等、推崇爱情的时代，显然不甚协调。

12.1　濂溪先生曰：仲由喜闻过^①，令名无穷焉^②。今人有过，不喜人规^③，如护疾而忌医^④，宁灭其身而无悟也^⑤。噫！^⑥

【注释】

①仲由喜闻过：仲由，字子路。语出《孟子·公孙丑上》："子路，人告之以有过，则喜。"意谓别人指出子路的过错，他就感到很开心。

②令名：美好的声誉。

③规：规劝，谏诤。

④护疾而忌医：即"讳疾忌医"之意，指隐瞒疾病，不愿医治。

⑤灭其身：丧身，毁灭自身。

⑥按：本条见周敦颐《通书·过》。

【译文】

周敦颐说：子路喜欢听到别人指出他的过错，从而乐于接受别人批评的美名流传久远。现在的人有了过错，不喜欢听别人规劝，如同回护自己身上的疾病而忌讳治疗，宁愿自身灭亡也不醒悟。唉！

12.2　伊川先生曰：德善日积，则福禄日臻。德逾于禄，则虽盛而非满。自古隆盛①，未有不失道而丧败者也②。③

【注释】

①隆盛：兴隆昌盛。

②丧败：因失败而受损失。本条是解释《周易·泰·九三》："无平不陂，无往不复。艰贞，无咎。勿恤其孚，于食有福。"意谓没有完全平坦而不倾斜的，没有只是前往而不返回的。在艰难中守持正固，没有灾难。不必担忧，保持诚信。在食物上有福可享。

③按：本条见《周易程氏传·泰》。

【译文】

程颐说：德性与善行一天天积累，那么富贵与利禄也会一天天到来。一个人的德性如果高于他所享有的利禄，那么利禄虽然丰厚，却仍然可以有很大的上升空间。自古以来的鼎盛之家，没有不是因为丧失道义才衰败的。

12.3　人之于豫乐①，心说之，故迟迟②，遂至于耽恋不能已也。《豫》之六二，以中正自守，其介如石，其去之速，不俟终日，故贞正而吉也③。处豫不可安且久也，久则溺矣。如二可谓见几而作者也④。盖中正，故其守坚，而能辩之早、去之速也。⑤

【注释】

①豫乐：安乐。

②迟迟：眷念的样子，依恋的样子。

③"《豫》之六二"几句：《豫》卦六二爻，处在下卦之中，所以称为"中"，以阴爻处在阴位，所以称为"正"。其爻辞曰："介于石，不终日，贞吉。"意谓耿介如坚石，不用一整天，正固吉祥。象辞曰："'不终日，贞吉'，以中正也。"意谓不用一整天，正固吉祥，是因为居中守正。

④见几而作：谓明察事物细微的变化，抓住有利时机而有所动作。语出《周易·系辞下》："君子见几而作，不俟终日。"意谓君子见到事物细微的变化就开始行动，不用等一整天。

⑤按：本条见《周易程氏传·豫》。

【译文】

人们对于逸乐，总是内心喜悦，于是久久留恋一直到不能自拔。《豫》卦的六二爻，就是提醒人们要保持中正的原则，如同石头一样坚定不移，迅速远离逸乐而去，一天也不可拖延，所以能够坚定中正而吉利。不可以长久地安于逸乐，长久地安于逸乐就会沉溺其中。像六二爻就是看到细微的征兆迅速采取相应的措施。只有坚持中正的原则，才能操守坚定，从而能够及早地进行辨别，迅速远离逸乐。

12.4　人君致危亡之道非一，而以豫为多。①

【注释】

①按：本条见《周易程氏传·豫》。

【译文】

君主招致危亡的原因很多，但是大多是由于安于逸乐。

12.5　圣人为戒,必于方盛之时。方其盛而不知戒,故狃安富则骄侈生^①,乐舒肆则纲纪坏^②,忘祸乱则衅孽萌^③,是以浸淫不知乱之至也^④。^⑤

【注释】

①狃(niǔ):习惯于。安富:安乐,富贵。骄侈:骄纵奢侈。

②舒肆:舒适,肆意。

③衅孽:指祸害。

④浸淫:沉浸。比喻被某种事物深深吸引。

⑤按:本条见《周易程氏传·临》。

【译文】

圣人总是在正处于兴盛的时候就开始戒备祸患。正处于兴盛的时候而不知道戒备,那么习惯于安乐富足就会导致骄横奢侈的事情发生,乐于舒适恣意就会导致纲常法度崩坏,忘记祸患就会导致危险的苗头萌发,因此就沉浸在逸乐之中完全不知道祸乱马上就要到来了。

12.6　《复》之六三,以阴躁处动之极^①,复之频数而不能固者也^②。复贵安固,频复频失^③,不安于复也。复善而屡失,危之道也。圣人开迁善之道,与其复而危其屡失^④,故云"厉无咎"。不可以频失而戒其复也,频失则为危,屡复何咎?过在失而不在复也。^⑤刘质夫曰^⑥:频复不已,遂至迷复。

【注释】

①《复》之六三,以阴躁处动之极:《复》卦的六三爻,以阴爻处在阳位,所以没有在正位,又在下卦之上,不得中,阴性躁动,下卦为震,震象征动,六三爻在下卦之上,所以称为动之极。

②复之频数而不能固者也：《周易·复·六三》："频复，厉，无咎。"
　　意谓频繁地返回，有危险但没有灾难。频数，频繁，多次。

③失：失去善，指不断地犯错。

④与：称赞，肯定。危：使忧惧不安。意即提醒。

⑤按：本条见《周易程氏传·复》。

⑥刘质夫：刘绚（1045—1087），字质夫，祖籍常山（今浙江常山）。
　　师事二程，力学不倦，明于《春秋》，受程颢称奖。

【译文】

　　《复》卦的六三爻，具有阴躁的本性且处在下卦震动的极点上，于是
频繁地复归于善，却不能固守。复归于善，贵在安稳坚固，频繁地复归于
善，又频繁地犯错，就是不能安处于复归了。复归于善又屡次犯错，这就
是危险的道路。圣人指明迁善改过的道路，肯定要复归于善，但是又提
醒屡次犯错的危险，所以说"有危险但没有灾难"。不可以因为频繁地犯
错就不容许迁善改过，频繁地犯错是危险的，屡次改过有什么不对呢？
过错在于犯错，而不在于复归于善。刘绚说：频繁地复归于善，最终就会迷失
而不再复归于善了。

　　12.7　睽极则咈戾而难合①，刚极则躁暴而不详②，明极
则过察而多疑③。《睽》之上九④，有六三之正应，实不孤，而
其才性如此，自睽孤也⑤。如人虽有亲党，而多自疑猜，妄生
乖离，虽处骨肉亲党之间，而常孤独也。⑥

【注释】

①睽极：睽是乖离的意思。《睽》卦的上九爻处在最上，所以为睽极。
　　咈（fú）戾：违逆。咈，违背，违逆。

②刚极：《睽》卦上九爻为阳爻，阳象征刚，处在最上，所以为刚极。
　　详，通"祥"，和顺。

③明极：《睽》卦上卦为离，离象征明，上九爻处在离卦之上，所以
　　为明极。察：苛察，苛求。

④《睽》之上九，有六三之正应：一卦之中初爻与四爻、二爻与五爻、
　　三爻与上爻，两爻之间，一个是阳爻，一个是阴爻，就形成正应关
　　系。《睽》卦上九爻为阳爻、六三爻为阴爻，两爻之间形成正应关系。

⑤睽孤：乖离而孤独。语出《周易·睽·上九》。

⑥按：本条见《周易程氏传·睽》。

【译文】

　　睽离到了极点就乖庚难与人相合，刚强到了极点就暴躁而不安详，
明察到了极点就苛刻而多疑。《睽》卦的上九爻与六三爻形成正应关系，
其实并不孤单，但是因为它的才性是这样，于是自己就孤立了。如同一个人
虽然有亲戚朋友，但是因为自己多疑猜忌，无端地产生乖离，即使是在如
同骨肉相连的亲人朋友之间，也时常是很孤独的。

　　12.8　《解》之六三曰："负且乘，致寇至，贞吝①。"《传》
曰：小人而窃盛位②，虽勉为正事，而气质卑下，本非在上之
物，终可吝也。若能大正则如何③？曰：大正非阴柔所能也，
若能之，则是化为君子矣。④

【注释】

①"负且乘"几句：语出《周易·解·六三》。《周易·系辞上》解此
　　爻辞曰："负也者，小人之事也；乘也者，君子之器也。小人而乘君
　　子之器，盗思夺之矣。"意谓背负重荷，是小人的事务；身乘大车，
　　是君子的待遇。小人却乘坐君子的车具，盗寇就思谋夺取了。

②小人而窃盛位：六三爻为阴爻，象征小人，但是处在下卦的最上，
　　象征小人居于高位。

③大正：中正。

④按：本条见《周易程氏传·解》。

【译文】

《解·六三》说："背负重荷而身乘大车，导致寇贼来夺取，占卜有困难。"《周易程氏传》说：小人窃取了高位，即使他努力去做正当的事情，由于气质低下，本来不应该处在高位，所以最终不免会有灾祸。有人说：如果他变成正直的人呢？回答说：正直不是阴柔性格所能做得到的，如果能做到，就已经转变成为君子了。

12.9　《益》之上九曰："莫益之，或击之①。"《传》曰：理者天下之至公，利者众人所同欲。苟公其心，不失其正理，则与众同利，无侵于人，人亦欲与之。若切于好利，蔽于自私，求自益以损于人，则人亦与之力争，故莫肯益之，而有击夺之者矣。②

【注释】

①莫益之，或击之：语出《周易·益·上九》。益，增益。击，攻击。

②按：本条见《周易程氏传·益》。

【译文】

《益·上九》说："没有人来增益他，却有人来攻击他。"《周易程氏传》说：道理是天下最大公无私的，利益是众人共同追求的。如果能够怀着大公无私的心，不失去正确的道理，那么就可以与众人共同获得利益，不去侵害别人，人们也愿意给予。如果只是一味地追名逐利，被自私之心所遮蔽，唯求自己得利而不惜损害别人，那么人们也都会与他奋力争夺，所以也就没有人愿意给予他什么，反而会劫去他已有的东西。

12.10　《艮》之九三曰："艮其限，列其夤，厉薰心①。"

《传》曰：夫止道贵乎得宜②，行止不能以时，而定于一，其坚强如此，则处世乖戾，与物暌绝③，其危甚矣。人之固止一隅，而举世莫与宜者，则艰蹇忿畏焚挠其中④，岂有安裕之理？"厉薰心"，谓不安之势薰烁其中也⑤。⑥

【注释】

①"艮其限"几句：语出《周易·艮·九三》。限，界也，此处指人体上下交界处，即腰部。夤（yín），脊背的肉。厉，不安。

②止道：《艮》卦有止息的意思。

③暌绝：违背，断离。

④艰蹇：行走困难不便，泛指困难。

⑤薰烁：熏烤，烧灼。

⑥按：本条见《周易程氏传·艮》。

【译文】

《艮·九三》说："止住腰部，撕裂脊肉，有危险而忧心如焚。"《周易程氏传》说：止息的方式贵在符合时宜，行动与止息不合时宜，而拘泥于一定之规，如此固执倔强的话，那么为人处世就会与众人乖戾不合，众叛亲离，这是很危险的。人如果固执地坚持一个偏见，那么全天下人就没有人会与他交往，那么艰难困苦、愤怒忧惧就会焚烧着、扰乱着他的内心，哪里会有安闲宽裕的道理？"有危险而忧心如焚"，说的就是不安宁的形势烧灼着他的内心。

12.11　大率以说而动①，安有不失正者②。③

【注释】

①以说而动：说，同"悦"。《周易·归妹》卦，兑下震上，兑为少女，震为少男，兑为悦，震为动，男女以悦而动。

②不失正：按照下条的内容，此条亦应特指男女不按照父母之命、媒
　妁之言，只是因为彼此喜欢就要在一起，很少不会发生始乱终弃
　等不符合儒家道德规范的事情。

③按：本条见《周易程氏传·归妹》。

【译文】

　　大致说来，如果只是因为彼此喜欢就要在一起，很少不会丧失正确
的道德规范。

　　12.12　男女有尊卑之序，夫妇有倡随之理①，此常理
也②。若徇情肆欲③，唯说是动④，男牵欲而失其刚，妇狃说
而忘其顺，则凶而无所利矣。⑤

　　【注释】

①男女有尊卑之序，夫妇有倡随之礼：即由儒家学者依照"阳尊阴
　卑"原则建立的男女之间的秩序："男尊女卑"，"夫唱妇随"。

②常理：儒家有"三纲"的根本纲领，其中规定"君为臣纲、父为子
　纲、夫为妻纲"，这曾经被儒家学者认为是永恒不变的天理。

③徇情肆欲：曲从私情，放纵欲望。

④说：同"悦"。

⑤按：本条见《周易程氏传·归妹》。

【译文】

　　男女的秩序是男子尊贵女子卑贱，夫妇的道理是妻子顺从丈夫，这
是恒常不变的道理。如果放纵情欲，只是因为彼此喜欢就要在一起，男
子被情欲所主宰，失去了本该有的刚正，女人因为沉溺于感情，忘记了要
顺从，这就是凶险的征兆，未来不会有任何好处。

　　12.13　虽舜之圣，且畏巧言令色①。说之惑人，易入而
可惧也如此。②

【注释】

①虽舜之圣，且畏巧言令色：语出《尚书·皋陶谟》："禹曰：'吁！咸若时，惟帝其难之。知人则哲，能官人；安民则惠，黎民怀之。能哲而惠，……何畏乎巧言令色孔壬？'"意谓大禹说："噢！确实是这样，但连帝尧、帝舜大概也难以做到。知人善任才算明智的人，才能举官得当；安抚民众才算仁慈，民众才会怀念他。明智而仁慈，……又何必畏惧巧言令色的奸佞之臣共工呢？"巧言，善于说话（多贬义）。令色，指脸上表现出巴结、谄媚的颜色。

②按：本条见《周易程氏传·兑》。

【译文】

即使像舜那样的圣人，也很畏惧用动听的言语和伪善的面目取悦别人的手段。取悦能够迷惑人，容易侵入人心就是这样可怕啊。

12.14　治水，天下之大任也，非其至公之心，能舍己从人①，尽天下之议，则不能成其功，岂方命圮族者所能乎②？鲧虽九年而功弗成，然其所治，固非他人所及也。惟其功有叙③，故其自任益强，咈戾圮类益甚④，公议隔而人心离矣，是其恶益显，而功卒不可成也。⑤

【注释】

①舍己从人：语出《孟子·公孙丑上》："（大舜）善与人同，舍己从人，乐取于人以为善。"意谓大舜同他人一起行善，舍弃自己的不足，来顺从他人的长处，乐于吸取他人的优点来做善事。

②方命圮族：不遵守命令、危害同族的人。语出《尚书·尧典》："吁！咈哉，方命圮族。"方命，不遵守命令。方，违背，违拗。圮，毁坏。族，同族。

③其功有叙：有可以评述、认定的各项功绩。叙，指评议等级次第。

④咈（fú）戾：违逆，反对。

⑤按：本条见《程氏经说·书解》。

【译文】

治理洪水，是天下的重任。如果没有彻底的大公无私的用心，能够放弃自己的成见听从别人的批评，充分采纳别人的意见，就不能取得成功。这怎么可能是不遵守命令、危害同族的人能够胜任的？鲧治理洪水九年而没有成功，但是他所做的，也不是别人能够企及的。他也是因为取得了一定的功劳，所以自信心就更强，违背危害同族也就更加严重，公正的意见就完全听不进去，众人也就与他离心离德，由此他的错误就更加明显，治水也终究不可能成功。

12.15　君子"敬以直内"①。微生高所枉虽小②，而害则大。③

【注释】

①敬以直内：《周易·坤》文言曰："君子敬以直内，义以方外。"

②微生高所枉虽小：《论语·公冶长》："孰谓微生高直？或乞醯焉，乞诸其邻而与之。"意谓谁说微生高正直？有人来要点儿醋，他从邻居那儿要来给人家。微生高把别人的东西借来，假装自己所有，进一步发展的话，就会窃取他人财物以为己有。叶采解："微生高以无为有，曲意徇人。"

③按：本条见《程氏经说·论语解》。

【译文】

君子保持恭敬于是内心正直，微生高将邻居的醋借来当作自己的醋给别人，这件事虽然看起来很小，但是带来的危害却很大。

12.16　人有欲则无刚^①,刚则不屈于欲。^②

【注释】

①有欲则无刚:语出《论语·公冶长》:"子曰:'吾未见刚者。'或对曰:'申枨。'子曰:'枨也欲,焉得刚?'"意谓孔子说:"我不曾见过刚强的人。"有人回答说:"申枨就是一位。"孔子说:"申枨有不少欲望,怎么做得到刚强呢?"

②按:本条见《程氏经说·论语解》。

【译文】

有了私欲就没有办法刚正不阿了,刚正不阿就要能够不屈从自己的私欲。

12.17　人之过也,各于其类^①。君子常失于厚,小人常失于薄;君子过于爱,小人伤于忍^②。^③

【注释】

①人之过也,各于其类:语出《论语·里仁》:"人之过也,各于其党。观过,斯知仁矣。"意谓人的过错,各属于一定类型。因此,观察他的过错,便可知他是否具有仁德了。

②忍:残忍,与慈相对。如贾谊《新书·道术》:"恻隐怜人谓之慈,反慈为忍。"意谓用恻隐之心怜悯他人叫慈爱,与慈爱相反的叫残忍。

③按:本条见《程氏经说·论语解》。

【译文】

什么样的人,往往会犯什么样的过错。君子常常因为宽厚而有过失,小人则常常因为刻薄而有过失;君子常常因为慈爱而有过失,小人则常常因为残忍而有过失。

12.18　明道先生曰：富贵骄人，固不善；学问骄人①，害亦不细。②

【注释】

①骄：怠慢，轻视。

②按：本条见《二程遗书》卷一。

【译文】

程颢说：仗着有钱有势瞧不起别人，固然不好；但是仗着有学问瞧不起别人，害处也不小啊。

12.19　人以料事为明①，便骎骎入逆诈、亿不信去也②。③

【注释】

①料事为明：事情没有发生就能事先预料出结果，如同神明一样，有成语"料事如神"。

②骎骎（qīn）：马飞快奔驰的样子。喻疾速。逆诈、亿不信：语出《论语·宪问》："不逆诈，不亿不信。"意谓不事先揣测别人会欺骗自己，不臆断别人对自己不诚实。逆诈，揣测别人会欺骗自己。亿不信，臆断别人对自己不诚信。亿，臆测，预料。

③按：本条见《二程遗书》卷一。

【译文】

人们将能预测未来的事看作是通神明的表现，那么很快就进入这样的境地：事情还没搞清楚，就开始怀疑别人在欺骗，或者猜测别人不诚实。

12.20　人于外物奉身者①，事事要好，只有自家一个身与心却不要好②。苟得外面物好时，却不知道自家身与心却已先不好了也。③

【注释】

①奉身：养身，守身。

②只有自家一个身与心却不要好：语本《孟子·告子上》：“指不若人，则知恶之；心不若人，则不知恶，此之谓不知类也。”意谓手指不如别人，还知道厌恶；内心不如别人，却不知道厌恶，这叫作不知孰轻孰重。

③按：本条见《二程遗书》卷一。

【译文】

人们对于奉养身体的物质条件，样样追求美好丰裕，但是对自己的身心修养却完全不在乎好不好。等到外在物质条件都不错了，却不知道自己的身心早就因忽略而芜杂不堪了。

12.21　人于天理昏者，是只为嗜欲乱着他①。庄子言“其嗜欲深者，其天机浅”②，此言却最是。③

【注释】

①嗜欲：多指贪图身体感官方面享受的欲望。

②其嗜欲深者，其天机浅：语出《庄子·大宗师》。庄子所言天机，指自然的天性。程颢将天机看作是他所讲的天理。

③按：本条见《二程遗书》卷二上。

【译文】

人们不明白什么是天理，只是因为感官方面的欲望把他扰乱了。《庄子》所言“感官方面欲望很深的人，自然的天性显现得就很浅”，这句话说得特别正确。

12.22　伊川先生曰:阅机事之久,机心必生^①。盖方其阅时,心必喜,既喜,则如种下种子。^②

【注释】

①阅机事之久,机心必生:典据《庄子·天地》:"有机械者必有机事,有机事者必有机心。机心存于胸中,则纯白不备。纯白不备,则神生不定。神生不定者,道之所不载也。"意谓使用机械的人,一定会进行机巧之事;进行机巧之事的人,一定会生出机巧之心。机巧之心存于胸中,就无法保持纯净状态;无法保持纯净状态,心神就不安定;心神不安定的人,是无法体验大道的。机,巧诈诡变。

②按:本条见《二程遗书》卷三。

【译文】

程颐说:经历机巧的事情久了之后,机巧的私心就会升起。应该是在当初经历机巧的事情时,内心肯定感觉很喜欢,一旦内心喜欢了,就如同种下种子一样,迟早会发芽。

12.23　疑病者,未有事至时,先有疑端在心;周罗事者^①,先有周事之端在心。皆病也。^②

【注释】

①周罗:包揽。

②按:本条见《二程遗书》卷三。

【译文】

有多疑毛病的人,没有事情发生的时候,就先有了怀疑的念头;有包揽事物毛病的人,也是先有包揽事物的念头。这些都是毛病。

12.24　较事大小,其弊为枉尺直寻之病^①。^②

【注释】

①枉尺直寻：屈折的只有一尺，伸直的却有一寻。比喻在小处委屈一些，以求得较大的好处。枉，弯曲。直，伸直。寻，古长度单位，约等于八尺。

②按：本条见《二程遗书》卷三。

【译文】

衡量事情利大利小的弊端，就是容易形成在小处委屈以换取较大利益的毛病。

12.25　小人、小丈夫①，不合小了，他本不是恶。②

【注释】

①小人、小丈夫：指气量狭小之人。

②按：本条见《二程遗书》卷六。

【译文】

小人、小丈夫，不应该歧视他们，他们并不是坏人。

12.26　虽公天下事，若用私意为之，便是私。①

【注释】

①按：本条见《二程遗书》卷五。

【译文】

虽然是属于所有人的公事，但是如果出于私心去做，也是自私。

12.27　做官夺人志①。②

【注释】

①志：此指致力于引导自己的君主合乎大道、有志于仁的志向。语

本《孟子·告子下》："君子之事君也,务引其君以当道,志于仁而已。"

②按:本条见《二程遗书》卷十五。

【译文】

担任官职有可能使人失去原本的志向。

12.28　骄是气盈,吝是气歉[1]。人若吝时,于财上亦不足,于事上亦不足,凡百事皆不足,必有歉歉之色也[2]。[3]

【注释】

①骄是气盈,吝是气歉:此本《论语·泰伯》"如有周公之才之美,使骄且吝,其余不足观也已"而言。吝,吝啬,舍不得。

②歉歉:不满足的样子。

③按:本条见《二程遗书》卷十八。

【译文】

骄傲是气过于饱满,吝啬是气过于不足。一个人如果吝啬的话,在财用上会不充足,在做事上也不周全,所有的事情都会有所欠缺,一定会表现出不满足的样子。

12.29　未知道者如醉人,方其醉时,无所不至[1],及其醒也,莫不愧耻[2]。人之未知学者,自视以为无阙[3],及既知学,反思前日所为,则骇且惧矣。[4]

【注释】

①无所不至:指没有不到的地方。也指什么坏事都做绝了。语出《论语·阳货》:"既得之,患失之,苟患失之,无所不至矣。"意谓这类人在没有的时候,害怕得不到;一旦得到了,又害怕失去。因为害

怕失去,什么事都干得出来。

②愧耻:羞耻。

③阙(quē):错误,疏失。

④按:本条见《二程遗书》卷十八。

【译文】

不懂得圣人之道的人,如同喝醉酒的人一样,在醉酒的时候,什么事也能干得出来,但是酒醒之后,没有不感到惭愧羞耻的。一个人在不知道学习的时候,自以为没有什么错误,等到知道学习之后,反省之前的所作所为,就会感到害怕与恐惧。

12.30　邢七云①:一日三点检②。明道先生曰:可哀也哉! 其余时理会甚事? 盖仿三省之说错了③,可见不曾用功。又多逐人面上说一般话④,明道责之。邢曰:无可说⑤。明道曰:无可说便不得不说⑥。⑦

【注释】

①邢七:邢恕(生卒年不详),字和叔,郑州阳武(今河南原阳西)人。早从二程学,出入于司马光、吕公著之门。邢恕天性趋附反覆,为司马光客即叛司马光,附章惇即背章惇,后又为蔡京心腹。人品固不足道,而其学渊博,擅长文章,论古今成败事,有战国纵横家气。

②点检:反省,检点。

③仿三省之说错了:曾子的反省是从三个方面来反省自己,邢恕误以为是三次反省自己。《论语·学而》:"曾子曰:'吾日三省吾身:为人谋而不忠乎? 与朋友交而不信乎? 传不习乎?'"意谓曾子说:"我每天在以下三方面自我反省:替人谋划事情不曾尽忠竭诚吧? 与朋友交往不曾信实相待吧? 老师传授的学业不曾认真复习吧?"

④又多逐人面上说一般话:在人们面前经常说一套看似公正的话,

暗指内心里想的是另外的一套。《宋史·奸臣列传》:"恕内怀猜
猾,而外持正论。"意谓邢恕内心猜忌奸猾,但表面上却坚持公正
的言论。

⑤无可说:没什么话要说。张伯行解:"乃含糊答应,谓'无可说',
佯不置辨,心还执拗。"

⑥无可说便不得不说:因为邢恕说"没什么话要说",所以程颢启迪
他:你说"没什么话要说",恰恰要思考为什么没有话说。也就是
邢恕不自我反省,所以根本没有认识到自己的错误。张伯行解:
"犹言即此三字便不得不为之辨正也,其裁抑之之意深矣。"

⑦按:本条见《二程遗书》卷十二。

【译文】

邢恕说:我一天里三次检点自己。程颢说:可悲呀! 其余的时间你
都考虑什么事去了? 只是模仿曾子"三省吾身"的说法而已,实际上并
没有下工夫。邢恕经常在人们面前说一套话,程颢批评他。邢恕说:我
没什么话要说。程颢说:你说没什么话要说,倒一定要说一说。

12.31　横渠先生曰:学者舍礼义,则饱食终日,无所猷
为①,与下民一致,所事不逾衣食之间、燕游之乐尔。③

【注释】

①饱食终日,无所猷(yóu)为:语本《论语·阳货》:"饱食终日,无
所用心,难矣哉!"意谓整天吃饱了饭,对什么事都不用心,难以
有所成啊! 猷,功业,功绩。

②燕游:宴饮游乐。

③按:本条见张载《正蒙·中正》。

【译文】

张载说:学者如果不从事礼义的话,那就是终日吃饱饭,什么事也不

干,与普通老百姓没什么两样,所做的事情只是追求吃得好、穿得好,以及宴饮游乐一类的乐趣。

12.32 郑卫之音悲哀①,令人意思留连②,又生怠惰之意,从而致骄淫之心③;虽珍玩奇货,其始感人也,亦不如是切④,从而生无限嗜好。故孔子曰必放之⑤,亦是圣人经历过,但圣人能不为物所移耳。⑥

【注释】

①郑卫之音:语出《礼记·乐记》:"郑卫之音,乱世之音也,比于慢矣。"意谓郑卫一带的音乐,是乱世的音乐,类似于五声都发生混乱、互相陵越、可以导致亡国的慢音。悲哀:此指音乐动人。

②意思:心思,意志。

③骄淫:傲慢放纵,没有节制。

④切:深切,切实。

⑤孔子曰必放之:语本《论语·卫灵公》:"颜渊问为邦。子曰:'行夏之时,乘殷之辂,服周之冕,乐则《韶舞》。放郑声,远佞人。郑声淫,佞人殆。'"意谓颜渊问怎样治国,孔子说:"用夏代的历法,乘殷代的车子,戴周代的礼帽,音乐则用舜时的《韶舞》。排斥郑国的乐曲,远离巧嘴的小人。郑国的乐曲淫荡,巧嘴的小人危险。"放,舍弃,废置。

⑥按:本条见张载《礼乐说》。

【译文】

郑地、卫地的音乐很动人,令人听了留恋难舍,同时又产生懈怠懒惰的情绪,从而导致心志傲慢放纵。即使是供玩赏的奇珍异宝,迷惑人的心智,也没有音乐这样深切的,令人产生无穷的喜爱。所以孔子说一定要舍弃靡靡之音,也是孔子经历过,但是孔子能够不为所动罢了。

12.33　　孟子言"反经",特于乡原之后者①,以乡原大者不先立,心中初无作②,惟是左右看,顺人情不欲违,一生如此③。④

【注释】

①孟子言"反经",特于乡原之后者:《孟子·尽心下》在批评乡原之后说:"孔子曰:'恶似而非者:恶莠,恐其乱苗也;恶佞,恐其乱义也;恶利口,恐其乱信也;恶郑声,恐其乱乐也;恶紫,恐其乱朱也;恶乡原,恐其乱德也。君子反经而已矣。经正,则庶民兴;庶民兴,斯无邪慝矣。'"意谓孔子说:"要厌恶似是而非的东西:厌恶莠草,是担心它混淆了禾苗;厌恶卖弄聪明,是担心它混淆了义行;厌恶犀利口才,是担心它混淆了真实;厌恶郑国的乐曲,是担心它混淆了雅乐;厌恶紫色,是担心它混淆了正红色;厌恶乡愿,是担心他混淆了道德。君子要使一切事物回复到常道而已。正道确立了,百姓就会振作起来;百姓振作起来,就不会出现邪恶的事了。"反经,归于常道、常理。乡原,又称乡愿,乡中外表谨慎厚道,实际上同流合污的伪善之人。孟子在《孟子·尽心下》中说他们:"非之无举也,刺之无刺也,同乎流俗,合乎污世,居之似忠信,行之似廉洁,众皆悦之,自以为是,而不可与入尧舜之道,故曰'德之贼'也。"意谓要指摘他,举不出具体的事;要责骂他,也没什么可责骂的;他顺从流行的风潮,迎合污浊的社会,为人好像忠诚老实,做事好像清正廉洁,大家都喜欢他,他也认为自己很正确,但是却不可能同他一起实践尧、舜的正道,所以说他是"伤害道德的人"。

②心中初无作:"作",底本原为"怍",据张锡琛点校《张载集》改。

③本条后,底本尚有一段文字,与5.41"病根常在"之前文字重复,今参照叶采集解本删除。

④按:本条见张载《孟子说》。

【译文】

孟子讨论"反经"的一段话,特别放在乡愿之后,是因为乡愿在内心中没有大的原则,心中没有主见,只是观察周围人,顺着世俗人的想法,一个人也不得罪,一辈子都这样。

卷之十三

【题解】

朱熹论此卷纲目曰:"异端之学。"

叶采曰:卷十三辨异端:此卷辨异端。盖君子之学虽已至,然异端之辨,尤不可以不明。苟于此有毫厘之未辨,则贻害于人心者甚矣。

宋儒认为儒家学说为正统,儒家以外的其他学说则被视为异端邪说。在本卷中,异端主要指申、韩、杨、墨、佛、老,其危害申、韩较小,佛、老最大(13.1)。孟子批判的异端主要是杨、墨,而宋儒当时所面对的异端主要是佛、老(佛教、道家),所以二程、张载等皆以批判、驱除佛老为己任。主要内容有三方面:

一、异端的学说与儒家学说有一定相似性,疑似于"仁"或"义"(13.1)。儒家中道或过或不及,也都有可能发展为异端(13.2)。佛教学说中,对于儒家"敬以直内""上达""尽心知性"等方面也有一定的涉及,但是"义以方外""下学""存心养性"等内容则完全没有涉及(13.3)。

二、对于异端的态度应该是完全拒斥远离,要像畏惧淫声美色一样,只有对儒家学说有了充分自信之后,才能不为异端所扰乱(13.5)。绝不要想透彻研究佛教的学说,因为还没有研究透,就已经为佛教所化;所以只要从佛教的行迹上判断其与儒家学说不合,判断其存心也一定是不正的就可以了(13.9)。道教的白日飞升完全是荒诞的,而炼气养生虽然有一定道理,可是周孔不为,说明也没有什么必要(13.10)。

三、从义理上说,二程、张载肯定世间的真实性,人伦、物理、天命都是真实存在的。佛教的生死轮回,认世间为虚幻,抛弃人伦、出家修行等学说,都是荒诞的。佛教不明形上形下、阴阳、道器等,不懂万物一体的道理,为自私、身体所遮蔽,辄论有无,因此不能明了儒家所谓的天理与大道(13.8、13.12、13.13、13.14)。

编者通过本卷所选的内容,旨在揭露佛、老的浅陋之处,以期夯实儒家思想的正统地位。需要指出的是,这完全是站在儒家正统地位上对佛老的批评,是具体历史条件下的产物,表现出编者的道统意识。站在当前社会来说,儒释道是中国传统文化的三根柱石,三者皆有所短,也皆有所长,相反相成。

13.1　明道先生曰:杨、墨之害①,甚于申、韩②,佛、老之害③,甚于杨、墨。杨氏"为我"疑于仁④,墨氏"兼爱"疑于义⑤。申、韩则浅陋易见,故孟子只辟杨、墨,为其惑世之甚也。佛、老其言近理,又非杨、墨之比,此所以为害尤甚。杨、墨之害,亦经孟子辟之⑥,所以廓如也⑦。⑧

【注释】

①杨、墨:指杨朱、墨翟。杨朱为先秦道家代表人物,有关事迹可参《列子·杨朱篇》。墨翟是先秦墨家的创始人,主要思想有兼爱、非攻、尚贤、尚同、天志、明鬼等。

②申、韩:指申不害、韩非子。先秦法家中有三派:慎到重"势",申不害重"术",商鞅重"法"。《申子》原来有两篇,《汉书·艺文志》中说是六篇,马国翰的《玉函山房辑佚书》有《申子》的辑本。韩非子是法家学说的集大成者,主"法""术""势"相结合的"抱法

处势"(《韩非子·难势》)思想,著有《韩非子》一书。

③佛、老:佛陀、老子。也指佛教与道家。

④杨氏"为我":《列子·杨朱》载杨朱之言曰:"古之人损一毫利天下不与也,悉天下奉一身不取也。人人不损一毫,人人不利天下,天下治矣。"意谓古代的人,对于损伤一根毫毛来施惠于天下的事,他不愿意去付出;对于把整个天下拿来奉养自身的事,他也不愿去获取。如果人人都不损失一根毫毛,人人都无须有利于天下,那么天下就大治了。《孟子·尽心上》:"杨子取为我,拔一毛而利天下,不为也。"意谓杨朱主张为我,拔一根汗毛可以对天下有利,他都不去做。疑:类似,好像。

⑤墨氏"兼爱":《墨子·兼爱中》:"视人之国,若视其国。视人之家,若视其家。视人之身,若视其身。是故诸侯相爱,则不野战。家主相爱,则不相篡。人与人相爱,则不相贼。君臣相爱,则惠忠。父子相爱,则慈孝。兄弟相爱,则和调。天下之人皆相爱,强不执弱,众不劫寡,富不侮贫,贵不敖贱,诈不欺愚。凡天下祸篡怨恨,可使毋起者,以相爱生也。是以仁者誉之。"意谓看待别的国家,如同自己的国家,看待别的家庭,如同自己的家庭,看待别人的生命,如同自己的生命。这样,诸侯相爱,就不会战乱纷纷。家主相爱,就不会相互篡夺。人与人相爱,就不会相互伤害。君臣相爱,就会带来惠忠。父子相爱,就会带来慈孝。兄弟相爱,就会带来和睦。天下的人都相爱,强大的就不会欺凌弱小的,人多的就不会胁迫人少的,富贵的就不会侮辱贫困的,高贵的就不会傲视低贱的,狡诈的就不会欺负愚笨的。凡是天下的祸乱、篡夺、怨愤、仇恨,都可以使它们不发生,就是由于相爱的缘故,所以仁义的人赞美它。《孟子·尽心上》:"墨子兼爱,摩顶放踵利天下,为之。"意谓墨子主张兼爱,哪怕从头顶到脚底都磨伤,只要对天下有利,他都去做。兼爱,墨子针对儒家"爱有等差"的说法,主张爱无差

别等级,不分厚薄亲疏。

⑥孟子辟之:指孟子极力批判、排斥杨、墨。《孟子》一书中有不少这方面的议论。如《孟子·滕文公下》:"杨氏为我,是无君也;墨氏兼爱,是无父也。无父无君,是禽兽也。"意谓杨朱一切为了自己,是无视君主;墨翟的爱无等差是无视父母。无视君主与父母,就和禽兽一样。又:"杨、墨之道不息,孔子之道不著,是邪说诬民、充塞仁义也。仁义充塞,则率兽食人,人将相食。吾为此惧,闲先圣之道,距杨、墨,放淫辞,邪说者不得作。"意谓杨朱、墨翟的思想不消除,孔子的思想不发扬,荒谬的学说就会欺骗百姓,阻塞仁德与义行。仁德与义行被阻塞,就会导致率领野兽来吃人,人与人也将互相残食。我为此感到忧惧,所以要捍卫古代圣人的思想,批驳杨朱、墨翟的说法,排斥荒诞的言论,使那些宣传邪说的人不能得势。又:"无父无君,是周公所膺也。……能言距杨、墨者,圣人之徒也。"意谓无视于父母与君主的存在,那是周公要打击的。能够以言论批驳杨朱、墨翟的,才是圣人的追随者啊。辟,驳斥,排除。

⑦廓如:澄清的样子。语出扬雄《法言·吾子》:"古者杨、墨塞路,孟子辞而辟之,廓如也。"意谓古时候杨朱和墨翟的学说泛滥,堵塞了正路。孟子发言给予驳斥,把它们清除得干干净净。

⑧按:本条见《二程遗书》卷十三。

【译文】

程颢说:杨朱、墨翟的危害,比申不害、韩非子严重;然而佛教、道教的危害,又比杨朱、墨翟更严重。杨朱主张"为我",类似于仁,墨翟主张的"兼爱",类似于义。申不害、韩非子的浅陋处容易看出,所以孟子只驳斥杨朱、墨翟,因为他们迷惑世人非常严重。佛教、道教的言论接近于天理的程度,又不是杨朱、墨翟可以相比的,因此危害尤其严重。杨朱、墨翟的危害,经过孟子驳斥,已经澄清了。

13.2　伊川先生曰：儒者潜心正道，不容有差，其始甚微，其终则不可救。如"师也过，商也不及"①。于圣人中道，师只是过于厚些②，商只是不及些。然而厚则渐至于"兼爱"，不及则便至于"为我"。其过不及同出于儒者，其末遂至杨、墨。至如杨、墨，亦未至于无父无君，孟子推之便至于此，盖其差必至于是也。③

【注释】

①师也过，商也不及：语出《论语·先进》。师，复姓颛孙，名师，字子张。商，姓卜，名商，字子夏。以文学著称，才思敏捷。孔子死后，他至魏国西河讲学，曾为魏文侯师。二人都是孔子的弟子。

②厚：此指待人宽厚。

③按：本条见《二程遗书》卷十七。

【译文】

程颐说：儒者潜心研究正确的道义，不容许有所偏差，开始偏差非常微小，最终的偏离则不可补救。比如孔子说："子张有些过头，子夏有些不及。"对于圣人中正的仁爱，子张只是稍微宽厚些，子夏只是稍微刻薄些。然而宽厚些就逐渐发展成为"兼爱"，刻薄些便发展成为"为我"。过头或不及都起源于儒家，但其末流就会发展成为杨朱、墨翟那样。至于杨朱、墨翟，也不至于达到无视父母君主的程度，但孟子便已经推衍到这一步，就是因为这种偏差发展下去一定会那样的。

13.3　明道先生曰：道之外无物，物之外无道，是天地之间，无适而非道也。即父子而父子在所亲，即君臣而君臣在所严，以至为夫妇、为长幼、为朋友，无所为而非道，此道所以不可须臾离也。然则毁人伦、去四大者①，其分于道也远矣。故"君子之于天下也,无适也,无莫也,义之与比"②。若有适有莫,则于道为有间,非天地之全也。彼释氏之学,于"敬以直内",则有之矣,"义以方外",则未之有也③。故滞固者入于枯槁④,疏通者归于恣肆⑤,此佛之教所以为隘也⑥。吾道则不然,"率性"而已⑦。斯理也,圣人于《易》备言之。⑧又曰:佛有一个觉之理⑨,可以"敬以直内"矣,然无"义以方外"。其直内者,要之其本亦不是。⑩

【注释】

①毁人伦:指佛教出家修行,不侍奉父母,不娶妻生子,废弃人伦。如《弘明集·理惑论》中有人批评佛教:"夫福莫逾于继嗣,不孝莫过于无后。沙门弃妻子、捐财货,或终身不娶,何其违福孝之行也。"意谓最有福气要算是有继嗣了,最不孝要数没有后代了。沙门抛弃家庭和钱财,或者终身不娶,完全违背了求福尽孝的人情。

四大:佛教以地、水、火、风为四大。认为四者分别包含坚、湿、暖、动四种性能,人身即由此构成。因亦用作人身的代称。

②"君子之于天下也"几句:语出《论语·里仁》。适,可。莫,毋,不可。比,亲近,附和。

③"于'敬以直内'"几句:叶采解:"释氏习定,欲得此心收敛虚静,亦若所谓'敬以直内'。然有体而无用,绝灭伦理,何有于义?"意谓佛家修习禅定,以此收敛身心达到虚静状态,与"敬以直内"相似。但其绝灭人伦,则丧失了义。敬以直内,与下文"义以方外",皆出《周易·坤》文言。直,正直。内,内心境界。方,端方。外,指外在表现。

④滞固者入于枯槁:指拘泥于佛陀教法的小乘行人,专事于如木石一般的静坐苦修。枯槁,指枯萎的草木。此指如静坐苦修。

⑤疏通者归于恣肆：指不拘泥佛陀教法的大乘行人，无所忌惮，呵佛
　　骂祖。

⑥隘：狭隘。

⑦率性：循其本性。语出《中庸》："率性之谓道。"

⑧按：以上见《二程遗书》卷四。

⑨佛有一个觉之理：佛，训为"觉者"，佛教认世间为幻梦，从幻梦中
　　醒来，则获得解脱而觉悟成佛。

⑩按：以上见《二程遗书》卷二上。

【译文】

　　程颢说：大道之外没有事物存在，事物之外没有大道，因此天地之间，无处不体现着大道。大道体现在父子间，在于儿子对父亲的亲爱；体现在君臣间，在于臣子对君主的严敬，以至于为夫妇之道、为长幼之道、为朋友之道，没有任何事情不是道，这就是为什么一刻也离不开道的原因。然而毁灭人伦、否定四大，其分限也就远离了道。所以"君子对于天下的事情，既不执着一定怎么做，也不执着一定不怎么做，怎么做符合义便怎么做"。如果一定要怎么做，或一定不怎么做，那么就和道之间有了隔阂，破坏了天地的整全。那佛教的学说，于"保持恭敬于是内心正直"则有一些，于"符合道义于是外形端正"则完全没有。所以拘泥于教义的人专事静坐苦修，不拘泥教义的人则走向恣意放肆，这些都是佛教狭隘的地方。我们儒家之道则不是这样，只是顺着天地的本性去做而已。这个道理，圣人在《周易》当中说得很详尽了。又说：佛教有一个觉悟的道理，可以用作"保持恭敬于是内心正直"，然而没有"符合道义于是外形端正"，那么使其内心正直的，归根结底来说根本也都是不对的。

　　13.4　释氏本怖死生为利①，岂是公道②？唯务上达而无下学③，然则其上达处，岂有是也？元不相连属，但有间断，非道也。孟子曰："尽其心者，知其性也④。"彼所谓识

心见性是也⑤，若存心养性一段事，则无矣⑥。彼固曰出家独善⑦，便于道体自不足。或曰：释氏地狱之类，皆是为下根之人设此⑧，怖令为善。先生曰：至诚贯天地⑨，人尚有不化，岂有立伪教而人可化乎⑩？⑪

【注释】

①怖死生：佛教修行（特别是小乘佛教）的发心是要从生死的轮回中解脱出来，进入无生无死的涅槃境界。在程颢看来，这样的修行是出于对死亡的恐惧。

②公道：公正的道理。

③务上达而无下学：语出《论语·宪问》："下学而上达。"上达，古谓士君子修养德性，务求通达于仁义。下学，谓学习人情事理的基本常识。

④尽其心者，知其性也：语出《孟子·尽心上》。《孟子·离娄下》论"存心"曰："君子以仁存心，以礼存心。"意谓君子用仁德来考察内心，用守礼来考察内心。性即孟子所言"性善"。

⑤识心见性：为禅宗的主要主张，常作"明心见性"。如敦煌本《坛经》："识心见性，自成佛道；即时豁然，还得本心。"意谓认识到心的本性是清净的，自然而然就觉悟成佛了；当下突然就明白了，顿悟到心的本来状态。

⑥若存心养性一段事，则无矣：语出《孟子·尽心上》："存其心，养其性，所以事天也。夭寿不贰，修身以俟之，所以立命也。"意谓保持人的本心，养育他的本性，就是侍奉天的方法。短命与长寿都不改变态度，修养自己来等待上天的安排，才是安身立命的方法。二程认为，佛教没有事天、立命的内容。"则无"，底本原作"无则"，据叶采集解本改。

⑦出家独善：佛教出家修行，追求自我的解脱，在二程看来，有似于

"独善其身"。独善,语出《孟子·尽心上》:"穷则独善其身,达则兼善天下。"

⑧释氏地狱之类,皆是为下根之人设此:如宗密《原人论》:"佛为初心人且说三世业报善恶因果,谓造上品十恶死堕地狱,中品饿鬼,下品畜生。"意谓佛陀为初发心的人说过去、现在、未来三世造善业得善报,种恶因得恶果,也就是说造作上等的十种罪恶,死了之后堕入地狱,造作中等的十种罪恶,死后堕入饿鬼道,造作下等的十种罪恶,死后堕入畜生道。下根之人,下等根器之人,指初发心根机尚不成熟的人。"为下",底本原作"下为",据叶采集解本改。

⑨至诚贯天地:语本《中庸》:"唯天下至诚为能化。"意谓只有全天下真诚到极点的人,才能够教化众人。又曰:"唯天下至诚为能经纶天下之大经,立天下之大本,知天地之化育。"意谓只有全天下真诚到极点的人,才能够经营筹划天下众人共同的规范,确立天下众人共同的基础,并且了解天地的造化及养育方式。

⑩立伪教:佛教徒认为,佛为初发心之人说地狱轮回,为佛陀的方便法门。在程颢看来,地狱如果在究竟上并不存在,地狱之说就是骗人的教导。

⑪按:本条见《二程遗书》卷十三。

【译文】

佛教原本就是利用人们对死亡的恐惧来施行教化,怎么能说是公正的道理呢?佛教只致力于通达向上一截的道理证悟,而完全忽视向下一截的实学工夫,那么他所谓向上一截的证悟,怎么能是正确的呢?不把向上一截与向下一截联系起来,而中间有间断,就不是修行之道。孟子所说的"穷尽本心,就可以了知本性",佛教称之为"明了本心,彻见本性"。而孟子后面讲的存养心性能够侍奉上天的意思,佛教就完全没有了。单从佛教所说出家是为了独善其身来说,就于道的本体不完备了。有人说:佛教讲的地狱一类的说法,都是为了刚刚发心而根机尚浅的人方便施设的，让他对作恶会下地狱产生恐惧，督促他做善事。程颢说：怀着天地之间最为极致的真诚之心，有些人尚且不为感化，哪里有设立虚假的教义，人们会被感化的呢？

13.5　学者于释氏之说，直须如淫声美色以远之[1]，不尔，则骎骎然入其中矣[2]。颜渊问为邦，孔子既告之以二帝三王之事[3]，而复戒以"放郑声，远佞人"[4]，曰："郑声淫，佞人殆。"彼佞人者，是他一边佞耳，然而于己则危，只是能使人移，故危也。至于禹之言曰："何畏乎巧言令色[5]！"巧言令色，直消言畏，只是须着如此戒慎，犹恐不免。释氏之学，更不消言常戒，到自家自信后，便不能乱得[6]。[7]

【注释】

①淫声：淫邪的音乐。

②骎骎然：渐进的样子。

③二帝三王：二帝，唐尧、虞舜。三王，夏、商、周三代的开国君主夏禹、商汤、周文王。

④放郑声，远佞人：语出《论语·卫灵公》。

⑤何畏乎巧言令色：语出《尚书·皋陶谟》："何畏乎巧言令色孔壬？"意谓又何必畏惧巧言令色的奸佞之臣共工呢？巧言，善于说话（多贬义）。令色，指脸上表现出巴结、谄媚的颜色。

⑥便不能乱得："得"，底本原作"传"，据《二程遗书》卷二上改。

⑦按：本条见《二程遗书》卷二上。

【译文】

儒家学者对于佛教的学说，应该像对待淫邪的音乐、姣美的女色一样远远地躲开，不然的话，就会渐渐地不知不觉地陷入其中了。颜渊问如何治理国家,孔子告诉他关于尧、舜二帝,夏禹、商汤、周文王三王的事迹之后,还告诫以"舍弃郑地的音乐,远离奸佞的小人",并且强调"郑地的音乐淫邪,奸佞的小人危险"。奸佞的人,只是他那一面的巧言谄媚,但是对自己就很危险,只是因为人会受到这些花言巧语的影响,所以很危险。至于大禹说的"怕什么巧言令色",巧言令色,只需要畏惧就行,如此警惕谨慎,还会担心不免被其影响。对于佛教的学说,更不必说应一直戒备,到了对自己的学问有了自信之后,它就不能扰乱你了。

13.6   所以谓万物一体者,皆有此理,只为从那里来。"生生之谓易"①,生则一时生,皆具此理。人则能推②,物则气昏推不得,不可道他物不与有也。人只为自私,将自家躯壳上头起意,故看得道理小了他底。放这身来,都在万物中一例看,大小大快活③。释氏以不知此,去他身上起意思,奈何那身不得,故却厌恶,要得去尽根尘④,为心源不定⑤,故要得如枯木死灰⑥。然没此理,要有此理,除是死也。释氏其实是爱身,放不得,故说许多。譬如负贩之虫⑦,已载不起,犹自更取物在身。又如抱石投河,以其重愈沉,终不道放下石头,惟嫌重也。⑧

【注释】

①生生之谓易:语出《周易·系辞上》。生生,孳生不绝,繁衍不已。易,变易。

②推:推广,扩充。

③大小大快活:许多快活。大小大,宋代俗语,意为何等、多么。

④根尘:六根、六尘。佛教谓眼、耳、鼻、舌、身、意为"六根"。根,能生之意。眼为视根,耳为听根,鼻为嗅根,舌为味根,身为触根,意

为念虑之根。佛教谓色、声、香、味、触、法为"六尘"。与"六根"相接，便能染污净心，导致烦恼。

⑤心源：张载曰："释氏不知天命，而以心法起灭天地。"即所谓心为万法起灭之源。

⑥枯木死灰：干枯的树木和火灭后的冷灰。喻"丧我"的"坐忘"境界。后亦引申为对世事无动于衷。语出《庄子·齐物论》："形固可使如槁木，而心固可使如死灰乎？"意谓形体固然可以让它如同槁木，难道心神也可以让它如同死灰吗？又，《庄子·知北游》："形若槁骸，心若死灰。"意谓形体像枯槁的树木，内心像熄灭的灰烬。

⑦负贩：即"负版"，亦作"蝜蝂"，虫名，传说该虫遇物则取而负之，虽困不止。柳宗元曾作《蝜蝂传》，写这种小虫爬行时遇到东西，总是抓取过来，抬起头背着这些东西，终于被压倒爬不起来。有的人可怜它，替它去掉背上的东西。可是蝜蝂如果能爬行，又把东西像原先一样抓取过来背上。这种小虫又喜欢往高处爬，用尽了力气也不肯停下来，以致跌倒摔死在地上。

⑧按：本条见《二程遗书》卷二上。

【译文】

我们讲万物一体，是说万物都有天理，万物都是从此天理来的。"不断地产生新的生命就是'易'"，万物产生的时候一时间产生了，也都完备地具有此天理。人能够扩充此天理，万物则因为禀受的气混浊而不能扩充，但不能说万物不存在天理。人只是因为自私的原因，在自己的身体层面产生意见，所以把道理看得小了。跳出这个身体来，把他作为万物当中的一个来看，是何等的快活啊。佛教不知道这个道理，在他自己的身体上产生意见，拿那个身体没办法，所以要厌恶身体，要去尽内六根、外六尘。因为自己的心不安定，所以要通过静坐使人心达到如枯木死灰一样。然而，根本不存在这种道理，如果有这种道理，除非是人死掉。佛教其实是太喜爱这个身体了，放不下，所以说了很多。就好像有种叫负版的小虫子，已经背不动了,还要取更多的东西背在身上。又好像抱着石头跳河,因为石头太重才越往下沉,终究不懂得应该放下石头,只是一味嫌弃石头重。

13.7　人有语导气者①,问先生曰:君亦有术乎? 曰:吾尝"夏葛而冬裘,饥食而渴饮"②,"节嗜欲,定心气"③,如斯而已矣。④

【注释】

①导气:导引气息,为道家的修炼方法,旨在长生。王充《论衡·道虚》:"道家或以导气养性,度世而不死。"意谓有些道教中人通过导引来养生,过几辈子也不死。

②夏葛而冬裘,饥食而渴饮:语出韩愈《原道》:"夏葛而冬裘,渴饮而饥食,其事虽殊,其所以为智一也。"又,《景德传灯录》:"有源律师来问:'和尚修道还用功否?'师曰:'用功。'曰:'如何用功?'师曰:'饥来吃饭,困来即眠。'"意谓夏天穿葛衣,冬天穿皮衣,渴了就喝水,饿了就吃饭,困了就睡觉。程颢的意思是他就做这些平常的事情,并没有特别的养生之术。

③节嗜欲,定心气:语出《礼记·月令》:"节耆欲,定心气。"心气,心思,心情。

④按:本条见《二程遗书》卷四。

【译文】

有一个谈论道家导引术的人,问程颢:您也有养生之术吧? 程颢回答说:我只是"夏天穿着单薄的葛衣,冬天穿着厚重的皮衣,饥饿的时候吃饭,口渴的时候喝水","节制自己的欲望,平静自己的心情",只是如此而已。

13.8　佛氏不识阴阳昼夜、死生古今①,安得谓形而上者与圣人同乎②? ③

【注释】

①佛氏不识阴阳昼夜、死生古今：佛教论生死轮回、论因果报应，在二程看来，佛教恐惧死亡，殊不知生死如同昼夜、古今一般，只是阴阳的屈伸往复而已。

②形而上：语出《周易·系辞上》："形而上者谓之道。"《二程遗书》卷十五曰："离了阴阳更无道。所以阴阳者，是道也；阴阳，气也。"在二程看来，佛教不明生死为阴阳之变化，所以在形而上层面与儒家不同。

③按：本条见《二程遗书》卷十四。

【译文】

佛教不懂阴阳、昼夜、死生、古今，怎么能说他们的形而上方面的道与圣人相同呢？

13.9　释氏之说，若欲穷其说而去取之，则其说未能穷，固已化而为佛矣。只且于迹上考之①：其设教如是②，则其心果如何？固难为取其心不取其迹，有是心则有是迹。王通言心迹之判③，便是乱说。故不若且于迹上断定不与圣人合。其言有合处，则吾道固已有；有不合者，固所不取。如是立定④，却省易⑤。⑥

【注释】

①迹：行迹。

②设教：设立教义。

③王通（584—617）：字仲淹，号文中子，隋朝儒家代表人物，现存由弟子所编《中说》（又称《文中子中说》《文中子》）一书。心迹之判：王通《中说·问易篇》："徵所问者迹也，吾告汝者心也。心

迹之判久矣,吾独得不二言乎?"意谓魏徵问的是外在行迹,我告
诉你的是内在本心。本心和行迹分判很久了,我怎就不能有两套
说法呢?

④立定:站立得稳定,不为异说所动。

⑤省易:方便,简易。

⑥按:本条见《二程遗书》卷十五。

【译文】

关于佛教的学说,如果想要穷尽其学说然后进行取舍的话,那么其
学说还没有能够穷尽,自己就已经转化为佛教徒了。只需要在行迹上考
查一下就可以了:他设立的教义是这样,那么他的用心到底是怎样呢?
只认可用心却不认可行迹是不可能的,有如此的用心就会有如此的行
迹。王通认为用心与行迹可以不统一,是错误的说法。所以不如就行迹
上来判断佛教与圣人是相违背的。如果佛教的言说与圣人有相符合的
地方,那么儒家之道本来就已经有了;如果有不符合的地方,那么就更没
有什么要借取的了。这样站稳立场,既方便又简易。

13.10　问:神仙之说有诸?曰:若说白日飞升之类①,
则无;若言居山林间,保形炼气②,以延年益寿,则有之。譬
如一炉火,置之风中则易过③,置之密室则难过,有此理也。
又问:杨子言④:"圣人不师仙,厥术异也⑤。"圣人能为此等
事否?曰:此是天地间一贼,若非窃造化之机⑥,安能延年?
使圣人肯为,周孔为之矣⑦。⑧

【注释】

①白日飞升:道家所谓的形神俱飞的升仙境界,为修炼者追求的最
　高目标。如葛洪《抱朴子内篇·论仙》:"上士举形升虚,谓之天

仙。"意谓上等的道士能够身体飞起,升入天空,被称为天仙。

②保形:道家修炼自身形体以长生。炼气:道家导引呼吸以求长生之术。

③过:指火熄灭。

④杨子:即扬雄(前53—18),字子云,蜀郡成都(今四川成都)人,著有《太玄》《法言》。

⑤圣人不师仙,厥术异也:语出扬雄《法言·君子》:"或曰:圣人不师仙,厥术异也。圣人之于天下,耻一物之不知;仙人之于天下,耻一日之不生。"意谓有人说:圣人不学习仙人那一套,是因为他们遵循的道理不一样。圣人对于天下的事物,有一样不懂得就感到耻辱;仙人生活在世界上,有一天不能活着就感到耻辱。厥,其。术,道。

⑥造化:创造化育。

⑦周孔为之矣:"为之"下,《二程遗书》卷十八有"久"字。

⑧按:本条见《二程遗书》卷十八。

【译文】

有人问:有关神仙的说法,到底有没有呢?程颐说:如果说白天里肉体飞升一类的,确定是没有的;但是如果说居住在山林中,保养身体,修炼元气,从而可以延长寿命,则是存在的。就好像一盆炉火,放置在风中就容易熄灭,而放置在不通风的密室里就难以熄灭,是有这个道理的。又问道:扬雄说:"圣人不拜神仙为老师,是因为他们的方法是不同的。"圣人们能够做成这一类事情吗?程颐说:所谓"神仙"是天地之间的盗贼,如果不是盗窃天地生成化育万物的枢机,怎么能够延长寿命?假如圣人愿意这么做的话,周公、孔子就已经做了。

13.11 谢显道历举佛说与吾儒同处①,问伊川先生。先生曰:恁地同处虽多②,只是本领不是③,一齐差却④。⑤

【注释】

①谢显道：谢良佐（1050—1103），字显道，二程门人。历举：逐一列举。

②恁地：如此，这样。

③本领：木之本，衣之领，此处指根本，要领。

④一齐：全部。差却：差，差错。却，助词，表动作的完成。

⑤按：本条见《二程外书》卷十二。

【译文】

谢良佐一一列举佛教说法与儒家相同的地方，然后向程颐先生发问。程颐说：如此相同的地方虽然很多，但只要根本是不正确的，那就是全错了。

13.12　横渠先生曰：释氏妄意天性①，而不知范围之用②，反以六根之微因缘天地③。明不能尽，则诬天地日月为幻妄，蔽其用于一身之小，溺其志于虚空之大，此所以语大语小，流遁失中④。其过于大也，尘芥六合⑤；其蔽于小也，梦幻人世⑥。谓之穷理可乎？不知穷理，而谓之尽性可乎⑦？谓之无不知可乎⑧？尘芥六合，谓天地为有穷也；梦幻人世，明不能究其所从也。⑨

【注释】

①天性：天之本性。

②范围之用：效法天地的功用。语出《周易·系辞上》："范围天地之化而不过，曲成万物而不遗。"意谓效法天地的变化而没有失误，细致安排万物的形成而没有遗漏。

③以六根之微因缘天地：在张载看来，佛教是将人的六根作为天地

之所以起灭的根本原因。大乘佛教强调万法唯心所造，强调心为万法起灭的原因。如《大乘起信论》曰："以心生则种种法生，心灭则种种法灭故。"因缘，佛教谓使事物生起、变化和坏灭的主要条件为因，辅助条件为缘。

④流遁：不明确而闪烁其词。语出《孟子·公孙丑上》："邪辞知其所离，遁辞知其所穷。"意谓邪僻的言辞，我知道它的偏差；闪躲的言辞，我知道它的困境。

⑤尘芥：尘土和草芥。比喻轻微不足道。六合：天地四方，整个宇宙的巨大空间。佛教讲须弥山可以纳入芥子，华严宗阐明小六无碍的思想。

⑥梦幻人世：如《金刚经》曰："一切有为法，如梦幻泡影，如露亦如电，应作如是观。"唯识学认为只有八识存在，外境是不存在的，如《唯识二十论》曰："内识生时似外境现，如有眩翳见发蝇等。"意谓内在的意识产生的时候，似乎是真实的外境显现了，如同眼睛昏花或有眼病看到了根本不存在的头发或蚊蝇等物。

⑦尽性：儒家谓人物之性均包含天理，唯至诚之人，才能发挥人和物的本性，使各得其所。

⑧无不知：没有不知道的。如《肇论·般若无知论》："以圣心无知，故无所不知。"意谓因为圣人的内心没有要知道的事情，所以也就没有不知道的事情。

⑨按：本条见张载《正蒙·大心》。

【译文】

张载说：佛教对天之本性妄加臆测，而不懂得效法天地变化的功用，反而以为微小的六根是天地生成的原因。明明不能穷尽，就谎称天地日月都是幻化虚妄的，遮蔽于一身之小而不知道天地的功用，志趣却又沉溺于对虚空之大的追求，因此无论谈论大还是谈论小，全部都流于荒诞而不合道理。在大的方面的过失，如在一粒微尘、一颗芥子中认为有天地四方;在小的方面的遮蔽,如把人世间看作是梦幻一般。把这看作已经是穷究了事物之理,难道可以吗? 不知道穷究事物之理,说他们能发挥人和物的本性,使各得其所,难道可以吗? 说他们无所不知,难道可以吗? 在一粒微尘、一颗芥子中认为有天地四方,也就是认为天地是有限的;把人世间看作是梦幻一般,说明他们不能穷究世间万物的起源。

13.13　《大易》不言有无①。言有无,诸子之陋也②。③

【注释】

①《大易》不言有无:如《周易·系辞上》曰:"形而上者谓之道,形而下者谓之器。"意谓超越在形体之上的就称为道,落实在形体之下的就称为器物。张载认为生死为二气之良能,《周易》论形上形下、道器、阴阳等,不论有无。

②诸子之陋:泛指儒家以外的其他诸家,以老子、庄子等为代表。如《老子》第四十章曰:"天下万物生于有,有生于无。"佛教亦以缘起理论认为世间万法都是无自性的,根本上是空的。张载认为"知太虚即气,则无无"(《正蒙·太和》),不存在绝对的空或无。张载肯定儒家对世间实存的态度,否定佛老认世间为虚、为无、为空。《朱子语类》卷第一百二十六:"释氏虚,吾儒实。"又曰:"儒、释言性异处,只是释言空,儒言实;释言无,儒言有。"

③按:本条见张载《正蒙·大易》。

【译文】

《周易》不谈论有与无。谈论有与无,是诸子的浅陋之处。

13.14　浮图明鬼①,谓有识之死②,受生循环③,遂厌苦求免④,可谓知鬼乎? 以人生为妄见⑤,可谓知人乎? 天人一物，辄生取舍，可谓知天乎⑥？孔孟所谓天，彼所谓道，惑者指"游魂为变"为轮回⑦，未之思也。大学当先知天德⑧，知天德，则知圣人、知鬼神。今浮图剧论要归⑨，必谓死生流转，非得道不免，谓之悟道可乎？悟则有义有命，均死生，一天人，推知昼夜⑩，通阴阳⑪，体之无二。

【注释】

①浮图：即佛陀，指佛教。明鬼：中国人将佛教的轮回与涅槃不死的观念结合起来，认为佛教主张人死之后有灵魂流转。

②有识：佛教唯识宗认为人有八识，根本为第八识阿赖耶识。

③受生循环：即生死轮回。

④厌苦求免：指佛教四谛中的苦谛、灭谛。佛教认为人有生老病死四大痛苦，只有证得涅槃才能最终免除痛苦。

⑤妄见：佛教认为一切皆非实有，肯定存在都是妄见，和"真如"相对。

⑥知天：语出《孟子·尽心上》："尽其心者，知其性也。知其性，则知天矣。"

⑦游魂为变：语出《周易·系辞上》："精气为物，游魂为变，是故知鬼神之情状。"意谓精气凝聚就是生物，精气飘散造成变化，所以知道鬼神的真实情况。游魂，指浮游的精气。

⑧天德：天的德性、功能。如《周易·乾》文言："飞龙在天，乃位乎天德。"意谓龙飞翔在天空，由于上达天位，可以展现天的功能。

⑨剧论：深刻论议。要归：要点旨归。

⑩推知昼夜：推知昼夜交替的道理。语本《周易·系辞上》："通乎昼夜之道而知。"意谓彻底了解昼夜的道理而展现智慧。

⑪通阴阳：通达阴阳变化的道理。语本《周易·系辞上》："阴阳不测之谓神。"意谓阴阳运作不可测度称为神妙。

【译文】

　　佛教谈论鬼魂，含有情识的有情死亡之后，还会不断投胎受生，于是厌恶轮回之苦，希求免除这种痛苦，这可以说佛教明了鬼神吗？佛教把人生的真实存在看作是错误的见解，这能说佛教明了人本身吗？天与人原本是一体的，佛教却舍弃人而追求天，能说佛教明了天吗？孔子、孟子所谓的天，佛教称之为道，为佛教学说所迷惑的人将《系辞》所言"游散的精气不断变化"当作轮回，是未加思考的说法。大的学问应当首先了解天道的德性，了解了天道的德性，就知道圣人、知道鬼神了。如今佛教论议的关键，必定要说生死轮回，如果不得道就会一直轮回，能说佛教了悟大道吗？了悟大道则是有道义，有天命，均同地看待生死，把天人看作一体，推知白天与黑夜，通达阴阳变化，说明白天与黑夜或阴与阳二者的本体原本不是二种东西。

　　自其说炽传中国^①，儒者未容窥圣学门墙，已为引取，沦胥其间^②，指为大道。乃其俗达之天下，致善恶、知愚、男女、臧获^③，人人著信^④。使英才间气^⑤，生则溺耳目恬习之事^⑥，长则师世儒崇尚之言，遂冥然被驱，因谓圣人可不修而至，大道可不学而知。故未识圣人心，已谓不必求其迹；未见君子志，已谓不必事其文。此人伦所以不察，庶物所以不明^⑦，治所以忽，德所以乱。异言满耳，上无礼以防其伪，下无学以稽其弊。自古诐淫邪遁之辞^⑧，翕然并兴^⑨，一出于佛氏之门者已五百年^⑩。向非独立不惧、精一自信、有大过人之才，何以正立其间，与之较是非、得失哉^⑪？^⑫

【注释】

　　①炽传：广泛流传。

②沦胥：泛指沦陷、沦丧。

③臧获：古代对奴婢的贱称。

④著信：归依信仰。

⑤间气：旧谓英雄豪杰上应星象，禀天地特殊之气，间世而出，称为"间气"。

⑥恬习：安然地习以为常。

⑦人伦所以不察，庶物所以不明：语出《孟子·离娄下》："舜明于庶物，察于人伦。"意谓舜了解事物的常态，明辨人伦的道理。

⑧诐（bì）淫邪遁之辞：语本《孟子·公孙丑上》："何谓知言？曰：诐辞知其所蔽，淫辞知其所陷，邪辞知其所离，遁辞知其所穷。"意谓什么叫作辨析言论？回答说：偏颇的言辞，我知道它的盲点；过度的言辞，我知道它的执着；邪僻的言辞，我知道它的偏差；躲闪的言辞，我知道它的困境。诐，偏颇，不正。

⑨翕然：忽然，突然。

⑩一出于佛氏之门者已五百年："已"，《正蒙·乾称》作"千"。

⑪与之较是非、得失哉："得失"上，叶采集解本、《正蒙·乾称》有"计"。

⑫按：本条见张载《正蒙·乾称》。

【译文】

自从佛教学说广泛流传于中国，儒家学者尚未来得及窥见圣人之学的门墙，就已经被佛学引诱去了，沦丧其中，把佛教学说看作大道。佛教的风俗流行于天下，使得无论善恶、智愚、男女、奴婢人人信仰。即使有英豪才俊，生下来耳濡目染对佛教学说习以为常，长大之后又学习了世俗儒者崇尚佛教的言论，于是稀里糊涂地被驱赶至佛教那里，因而认为圣人可以不用修行就能成就，大道不用学习就可以了解。所以不明白圣人的用心，就已经认为不必推求圣人的行迹；未见到君子的志向，就已经认为不必钻研他们的文章。这就是人伦不被体察，事物不被明了，政事被忽视，德行被搞乱的原因。异端之说灌满耳朵，在上位者没有法度防止其伪诈，在下位者没有学问稽考其弊病。自古以来从来没有过的偏颇、过度、邪僻、躲闪的言辞，忽然全部兴盛起来，全都出自佛教之门，已经有五百年了。如果不是特立独行、无所畏惧、精诚专一、坚定自信、有远远超过一般人才能的人才，怎么能一身正气挺立于异端之间，与他们较量是非与得失呢？

卷之十四

【题解】

朱熹论此卷纲目曰:"圣贤气象。"

叶采曰:卷十四观圣贤:此卷论圣贤相传之统,而诸子附焉。断自唐尧、虞舜、禹、汤、文、武、周公,道统相传,至于孔子,孔子传之颜、曾,曾子传之子思,子思传之孟子,遂无传焉。楚有荀卿,汉有毛苌、董仲舒、扬雄、诸葛亮,隋有王通,唐有韩愈,虽未能传斯道之统,然其立言立事,有补于世教。皆所当考也。迫于宋朝,人文再辟,则周子唱之,二程子、张子推广之,而圣学复明,道统复续。故备著之。

朱子论此篇纲领在于"圣贤气象",具体来说,实际上是将历史上重要的儒者,按照年代顺序逐一点出,并对之进行详细的评论。只有对于可称之为圣贤的,才描述出圣贤的气象。可注意之处有三:

一、儒者的顺序是经过缜密的安排的,其中蕴含了道统的顺序。本卷将儒家的圣人之道追溯到尧、舜、禹、汤、文王、武王,孔门的传承除了孔子、颜回、子思、孟子之外,特别强调曾子传承了孔子之道(14.3)。通过程颐所撰写的程颢的长篇行状,又说明程颢接续了孟子死后失传的圣人之道的道统(14.17)。除了程颢,对周敦颐、程颐、张载也多加肯定。对周敦颐的赞赏是通过程颢转述(14.18),对程颢的肯定则是通过程颐、吕大临转述(14.24、14.25)。此外还引述了吕大临所撰写的张载的行状

（14.25）。值得提及的是，描述程颢的气象的有四条（14.21-14.24），但描述程颐气象的却只有半条（14.22）。

二、本卷还选录了对排除在道统以外的儒者的批评，实际上从反面说明这些儒者没有能够接续道统的原因。对荀子、扬雄基本上是否定的评价。认为荀子否定孟子性善论，过错甚大，主张性恶论，根本已失（14.5-14.6）；又认为扬雄虽然有著作，小有才气，但是主张人性善恶混，也不明白圣人之道（14.6、14.9）。因为董仲舒提出"正其义，不谋其利；明其道，不计其功"，故而能够超出汉唐诸儒（14.7）。诸葛亮虽然有王佐之心，但是对圣人之道也没有掌握（14.10-14.12）。隋代王通能够说出一些精辟的话，水平超过了荀子与扬雄（14.13）。韩愈虽然言语有不少毛病，但是必定有一定的见地，否则说不出有关对孟子、荀子、扬雄的评价，也提不出孟子之后道统中断的见解（14.14、14.15）。

三、本卷对部分圣贤的气象特别予以描述。比如，文王的气象接近尧、舜，禹的气象接近汤、武（14.1）。孔子、颜回、孟子三人的气象更是从多个方面进行了对比（14.2）。曾子临死易席也体现出曾子的气象宏大（14.3）。周敦颐的气象如同雨过天晴的明净景象（14.16），程颢的气象又如同春天太阳的温和（14.22）。张载的气象则比较严肃（14.25）。此外，还特别指出诸葛亮有儒者的气象（14.11）。

编者通过本卷所选的内容，勾勒了儒学发展中的重要人物，梳理了从尧、舜、禹、汤、文、武、周公，至于孔子、颜回、曾子、孟子的道统，同时将宋代理学先驱周、张、二程建构成为承续此道统的人物。这样的建构在历史上有一定的积极意义，对于儒学的复兴起了重要的作用。

14.1　明道先生曰：尧与舜更无优劣[1]，及至汤、武便别[2]。孟子言"性之""反之"[3]，自古无人如此说，只孟子分别出来，便知得尧、舜是生而知之，汤、武是学而能之[4]。文王之德，则似尧、舜，禹之德则似汤、武。要之皆是圣人。[5]

【注释】

①尧与舜：尧、舜是孟子心中古代圣王的楷模。特别是舜在父顽、母嚚、弟傲的情况下，仍然可以行大孝，行常人所不能行，又能够接续唐尧的帝位，并传之夏禹，可以说是儒家内圣外王的典范。如《孟子·滕文公上》："孔子曰：'大哉尧之为君！惟天为大，惟尧则之，荡荡乎民无能名焉！君哉舜也！巍巍乎有天下而不与焉！'尧、舜之治天下，岂无所用其心哉？"意谓孔子说："伟大啊，像尧这样的君主！只有天是最伟大的，只有尧是效法天的。多么浩瀚啊，百姓没有办法去形容。舜真是个君主啊！多么崇高啊，拥有天下而不刻意去统治。"

②汤、武：孟子多次称赞商汤、周武王征伐的仁义性。如《孟子·梁惠王下》："《书》曰：'汤一征，自葛始。'天下信之……民望之，若大旱之望云霓也。……诛其君而吊其民，若时雨降。民大悦。"说商汤的征伐得到天下人的支持，百姓盼望他，就像久旱时盼望乌云与彩虹一样，他的征伐夏桀，抚慰夏民，像及时雨一样，百姓非常喜悦。

③孟子言"性之""反之"：《孟子·尽心下》："尧、舜，性者也；汤、武，反之也。"意谓尧、舜的行为，是出于本性，商汤、周武王的行为，则是经由修身而回复本性。

④尧、舜是生而知之，汤、武是学而能之：语本《论语·季氏》："生而知之者，上也；学而知之者，次也；困而学之，又其次也；困而不学，民斯为下矣。"意谓天生就知道的是上等；经过学习才知道的是次一等；遇到困惑才学习的，又次一等；遇到困惑仍不学习，这样的人就是下等了。

⑤按：本条见《二程遗书》卷二上。

【译文】

程颢说：尧与舜之间没有谁优谁劣的问题，但是到商汤、周武王，就不同了。正如孟子所说的"尧、舜是本性如此","汤、武则是恢复本性",从古至今,没有人这么讲过,只有孟子将这两类分别出来了。因此知道尧、舜是天生就知道圣人之道的,汤、武则是通过学习才做到的。文王的德性,比较接近尧、舜,大禹的德性则接近汤、武。但从总体上来说,他们都是圣人。

14.2　仲尼,元气也[1];颜子,春生也[2];孟子,并秋杀尽见[3]。仲尼无所不包[4];颜子示"不违如愚"之学于后世[5],有自然之和气[6],不言而化者也;孟子则露其材[7],盖亦时然而已。仲尼,天地也[8];颜子,和风庆云也[9];孟子,泰山岩岩之气象也[10]。观其言,皆可见之矣。仲尼无迹[11],颜子微有迹,孟子其迹著。孔子尽是明快人[12],颜子尽岂弟[13],孟子尽雄辩[14]。[15]

【注释】

[1]元气:指天地未分前的混沌之气。

[2]春生:春天万物初生成长。

[3]秋杀:秋天则衰败凋落。

[4]无所不包:如《孟子·公孙丑上》:"子夏、子游、子张皆有圣人之一体,冉牛、闵子、颜渊则具体而微。"意谓子夏、子游、子张都各有孔子的一方面特点,冉牛、闵子骞、颜渊已有孔子的全部特点而格局较小。又如《孟子·万章下》:"伯夷,圣之清者也;伊尹,圣之任者也;柳下惠,圣之和者也;孔子,圣之时者也。孔子之谓集大成。"意谓伯夷是圣人中清高的,伊尹是圣人中以天下为己任的,柳下惠是圣人中随和的,孔子则是圣人中最合时宜的。孔子可以说是集圣人的大成。

⑤不违如愚：语出《论语·为政》："子曰：'吾与回言终日，不违如愚。退而省其私，亦足以发。回也不愚。'"意谓孔子说："我整天与颜回谈话，他都没有任何质疑，好像是个愚笨的人。他回去后，我观察他独处时的作为，也都能发扬所说的道理，颜回不愚笨啊！"

⑥和气：态度温和可亲。

⑦露其材：显露其才能。

⑧仲尼，天地也：此言孔子的道德学问如天地一般广大而包容万物。如《论语·子罕》就曾记载颜渊赞叹说："仰之弥高，钻之弥坚；瞻之在前，忽焉在后。夫子循循然善诱人，博我以文，约我以礼，欲罢不能，既竭吾才，如有所立卓尔。"意谓孔子的学说，越仰望越觉得高大，越钻研越觉得坚实。眼看着它在前面，忽然又在后面；孔子循序渐进善于诱导人，用广博的文化知识充实我，斥言行必遵的礼约束我，想停止歇息一下也不可能。我已经用尽了自己的才能，而他一旦有所创立，又是那么高远。

⑨和风庆云：温和的风，祥瑞的云气。

⑩泰山岩岩：泰山高大、耸立的样子。语出《诗经·鲁颂·閟宫》："泰山岩岩，鲁邦所詹。"岩岩，高大，高耸。

⑪无迹：行为不曾留下痕迹。

⑫明快：开朗直爽。

⑬岂弟：同"恺悌"，和乐平易。

⑭雄辩：当孟子之时，杨朱、墨翟之说盈天下。在孟子看来，二者是无父无君之说，与儒家的理想社会秩序格格不入，所以通过论辩来辟异端之说。如在《孟子·滕文公下》中，孟子说他"亦欲正人心，息邪说，距诐行，放淫辞，以承三圣者；岂好辩哉？予不得已也"，是为了端正人心，消灭邪说，批驳偏颇的行为，排斥荒诞的言论，以此来继承圣人的事业而辩论。

⑮按：本条见《二程遗书》卷五。

【译文】

孔子，就像浑然的一团元气；颜回，就像万物生长的春天；孟子，就像肃杀的秋天般无情。孔子的气象是一切学问无所不包；颜回则向后世显示出"没有任何质疑好像愚笨一般"的学问，有自然而然的和蔼气象，不需要说话，别人就得到教化；孟子则显露出自己的才能，也是因为时代促使他这样。孔子，如同上天无所不载；颜回，如同温和的风、吉祥的云。孟子，则有泰山巍然耸立的气象。观察他们的语言风格就可能明白。孔子浑然没有痕迹，颜回则稍微有痕迹，孟子的痕迹则非常显著。孔子全然是一个明快的人，颜回则和蔼平易，孟子则雄辩滔滔。

14.3　曾子传圣人学，其德后来不可测，安知其不至圣人？如言"吾得正而毙"①，且休理会文字，只看他气象极好，被他所见处大。后人虽有好言语，只被气象卑，终不类道。②

【注释】

①吾得正而毙：语出《礼记·檀弓上》。得正，指符合礼法。

②按：本条见《二程遗书》卷十五。

【译文】

曾子传承孔子的学问，他的德性后来的发展完全不可测度，怎么能知道他不会成为圣人呢？比如他临终时说："我必须以符合礼法的方式死去。"姑且不在文字上理会，只体会他的气象是如此崇高，都是因为他着眼之处宏大。后代之人虽然说了一些漂亮话，但是因为气象卑劣，所说的终究与圣人之道没有什么关系。

14.4　传经为难。如圣人之后才百年，传之已差①。圣人之学,若非子思、孟子,则几乎息矣。道何尝息,只是人不由之。"道非亡也,幽、厉不由也"②。③

【注释】

①传之已差:如《韩非子·显学》:"自孔子之死也,有子张之儒,有子思之儒,有颜氏之儒,有孟氏之儒,有漆雕氏之儒,有仲良氏之儒,有孙氏之儒,有乐正氏之儒。……儒分为八。"传,传承。

②道非亡也,幽、厉不由也:语出《汉书·董仲舒传》:"夫周道衰于幽厉,非道亡也,幽厉不繇也。"意谓周朝的政治在周幽王、周厉王的时候衰落了,并不是周文王、周武王的道消亡了,只是周幽王、周厉王不实行而已。

③按:本条见《二程遗书》卷十七。

【译文】

传承儒家经典是困难的。比如孔子之后,才过了百余年,传承就出了偏差。如果没有子思、孟子,圣人的学问估计就止息了。但是道什么时候止息过,只是人们不再实行。如同董仲舒所言:"道并没有消亡,只是周幽王、周厉王不实行而已。"

14.5　荀卿才高①,其过多②;扬雄才短③,其过少④。⑤

【注释】

①荀卿:荀子(前313?—前238),名况,字卿,战国末期著名思想家,时人尊称"荀卿"。其思想为儒家的一派。主张人性本"恶",重视"师法之化,礼义之道",以教育和环境影响引导人们为"善",改变其本性。又主张礼治和法治相结合,坚持儒家的"正名"之说,认为社会必须"农农,士士,工工,商商",家庭必须"父父,

子子,兄兄,弟弟",国家必须"君君,臣臣"。有《荀子》一书传世。

② 过多:叶采解:"荀卿才高,敢为异论,如以人性为恶,以子思、孟子为非,其过多。"

③ 扬雄(前53—18):字子云,蜀郡成都(今四川成都)人。西汉时期著名辞赋家、思想家。著有《太玄》《法言》。

④ 过少:叶采解:"扬雄才短,如作《太玄》以拟《易》,《法言》以拟《论语》,皆模仿前圣之遗言,其过少。"

⑤ 按:本条见《二程遗书》卷十八。

【译文】

荀子的才能高,所以过失也大;扬雄的才能低些,所以过失也少些。

14.6　荀子极偏驳①,只一句"性恶"②,大本已失③;扬子虽少过,然已自不识性④,更说甚道。⑤

【注释】

① 偏驳:偏颇不纯正。

② 性恶:语出《荀子·性恶》:"人之性恶,其善者伪也。"意谓人的本性是邪恶的,那些善良的行为是人为的。

③ 大本:根本。

④ 不识性:指扬雄的人性善恶混之说。扬雄《法言·修身》:"人之性也善恶混,修其善则为善人,修其恶则为恶人。"意谓人的本性是善和恶混杂在一起的。培养人性中的善就成为善人,培养人性中的恶就成为恶人。二程肯定孟子性善的理论,因此认为扬雄的人性善恶混的观点是不明白人性。

⑤ 按:本条见《二程遗书》卷十九。

【译文】

荀子特别偏颇又驳杂,只是"人性本恶"一个观点,就将儒家的根本完全丧失了；扬雄虽然过失比较少，但是他自己也没有明白人性，也就不必讨论什么儒家之道了。

14.7　董仲舒曰①："正其义，不谋其利；明其道，不计其功②。"此董子所以度越诸子③。④

【注释】

①董仲舒（前179—前104）：西汉儒家学者。广川（今河北枣强东）人。专治《春秋公羊传》。建议"罢黜百家，独尊儒术"，为武帝所采纳，开此后两千余年以儒学为正统的先声。传统上认为他著有《春秋繁露》。

②"正其义"几句：语出《汉书·董仲舒传》："夫仁人者，正其谊不谋其利，明其道不计其功。"意谓有仁爱的人，端正追求道义的态度，不谋求任何利益；阐明正确的道理，不计较任何功效。

③度越诸子：度越，犹超过。诸子，此处特指汉唐诸儒。

④按：本条见《二程遗书》卷二十五。

【译文】

董仲舒说："端正追求道义的态度，不谋求任何利益；阐明正确的道理，不计较任何功效。"就是因为他具有这样的见解，所以他能够超出于汉唐诸儒之上。

14.8　汉儒如毛苌、董仲舒①，最得圣贤之意，然见道不甚分明。下此即至扬雄，规模又窄狭矣。②

【注释】

①毛苌（生卒年不详）：西汉赵人（今河北邯郸），古文诗学"毛诗学"的传授者，世称"小毛公"。现今通行的《诗经》，就是汉学大儒毛

亨、毛苌注释的"毛诗"。《二程遗书》卷二十四："西汉儒者,有风度,
惟董仲舒、毛苌、扬雄。苌解经虽未必皆当,然味其言,大概然矣。"
②按:本条见《二程遗书》卷一。

【译文】

西汉的儒者如毛苌、董仲舒,最能体会圣贤的大意,但还不能特别深
刻地认识圣人之道。在他们之后,到扬雄,规模就狭窄了。

14.9　林希谓扬雄为禄隐①。扬雄,后人只为见他著书,
便须要做他是,怎生做得是?

【注释】

①林希(1035—1101):字子中,号醒老,福州福清西门(今福建福
清)人。附章惇,尽黜元祐诸臣,起草贬斥司马光、吕公著、苏轼
等人制书,竭尽丑诋之辞。林希人品不可取,但学问渊博,擅长诗
文。制诰诏令文辞典雅,似西汉诏令。禄隐:犹朝隐。谓在官食
禄不勤政事,清高而自隐。叶采解:"禄隐,谓浮沉下位,依禄而隐,
即禄仕之意也。"
②按:本条见《二程遗书》卷十九。

【译文】

林希认为扬雄是食俸禄的隐士。扬雄这人,后人只是因为看到他写
了书,便以为扬雄是正确的,扬雄怎么能是正确的呢?

14.10　孔明有王佐之心①,道则未尽。王者如天地之
无私心焉,行一不义而得天下不为。孔明必求有成,而取刘
璋②。圣人宁无成耳,此不可为也。若刘表子琮③,将为曹公
所并④,取而兴刘氏可也。⑤

【注释】

①孔明：诸葛亮（181—234），字孔明，号卧龙，琅玡阳都（今山东沂南）人，三国时期政治家，蜀汉丞相。代表作有《前出师表》等。王佐：王者的辅佐。

②孔明必求有成，而取刘璋：指诸葛亮为了辅佐刘备成就大业，不顾刘璋与刘备同为汉室宗亲，攻下益州事。刘璋（生卒年不详），字季玉，江夏竟陵（今湖北潜江西北）人。东汉远支皇族。其父益州牧刘焉卒，刘璋为部下推为益州牧。曹操征荆州，刘璋遣使致敬，后听从部属建议，与曹操绝交而结好刘备，遣人迎备至蜀，讨伐汉中军阀张鲁。不久关系破裂，刘备回戈反击。建安十九年（214），刘备进围成都，刘璋开城出降，刘备取得了益州。

③刘表（142—208）：字景升，山阳高平（今山东邹城西南）人。少有名望。献帝初，为镇南将军、荆州牧，封成武侯。遂招兵买马，南收零、桂（今湖南零陵、郴县一带），北据汉川，地方数千里，甲兵十余万，成一方诸侯。此后，依违于大军阀曹操和袁绍之间，行爱民养士、以观天下变之策。后病卒。子琮：刘表之子刘琮（生卒年不详），东汉末年荆州牧刘表次子，刘表病逝后，蔡瑁等人废长立幼，奉刘琮为主；曹操南征，刘琮举州投降。

④曹公：曹操（155—220），字孟德，谥号武皇帝（魏武帝），沛国谯县（今安徽亳州）人，曹魏政权的奠基人。现存《孙子注》。后人辑为《魏武帝集》。

⑤按：本条见《二程遗书》卷二十四。

【译文】

诸葛亮有辅佐君主实现王道的意愿，但对于王道的把握还不够。王者如同天地一样，没有任何自私之心，哪怕做一件不仁义的事情得到天下都不去做。诸葛亮为了追求有所成就，所以攻取刘璋的益州。圣人宁可没有成就，也不会去做这样的事。像刘表的儿子刘琮将被曹操吞并，那么夺取他的荆州并复兴汉室则是可以的。

14.11　诸葛武侯有儒者气象①。②

【注释】

①诸葛武侯有儒者气象:《朱子语类》卷九十六:"孔明学不甚正,但资质好,有正大气象。"

②按:本条见《二程遗书》卷十八。

【译文】

诸葛亮有儒者的气象。

14.12　孔明庶几礼乐①。②

【注释】

①庶几礼乐:《二程遗书》卷十九:"问:文中子谓诸葛亮无死,礼乐其有兴乎? 诸葛亮可以当此否? 先生曰:礼乐则未敢望他,只说诸葛已近王佐。"

②按:本条见《二程遗书》卷二十四。

【译文】

诸葛亮离实现礼乐教化不远了。

14.13　文中子本是一隐君子①。世人往往得其议论,附会成书②。其间极有格言③,荀、扬道不到处。④

【注释】

①文中子:王通(584—617),字仲淹,绛州龙门(今山西河津)人。曾任隋蜀郡司户书佐。后弃官讲学于河、汾之间。弟子颇多,时称"河汾门下"。弟王绩、孙王勃皆为唐代著名文学家。门人私谥"文中子"。现存由弟子所编《中说》(又称《文中子中说》《文中

　子》)。隐君子:指隐居的儒家君子。

②附会:使文章的布置首尾一贯,文意严密。

③格言:指精彩的言论。比如其言秦汉封禅并非古意,只是帝王自
　夸功德而已,程颐对此颇为赞同。

④按:本条见《二程遗书》卷十九。

【译文】

　　王通本来只是一位隐居的君子。世间之人记录下他的议论,按照某
种条理编订成书。其中有很精辟的言论,是荀子、扬雄完全说不出来的。

　　14.14　韩愈亦近世豪杰之士①。如《原道》中言语虽有
病②,然自孟子而后,能将许大见识寻求者,才见此人。至如
断曰:"孟氏醇乎醇③。"又曰:"荀与扬,择焉而不精,语焉而
不详④。"若不是他见得,岂千余年后便能断得如此分明?⑤

【注释】

①韩愈(768—824):字退之,唐代古文运动的倡导者,为"唐宋八
　大家"之首。卒谥文,世称韩吏部或韩文公。韩愈以儒家道统继
　承者自居,以弘扬仁义、排斥佛老为己任。所著《原道》《原性》《论
　佛骨表》等文,在学术思想史上占有一定地位。有《韩昌黎集》等。

②《原道》中言语虽有病:此指《原道》中有些观点不完全正确。如
　《二程遗书》卷十八中说:"退之言博爱之谓仁,非也。仁者固博爱,
　然便以博爱为仁则不可。"

③孟子醇乎醇:语出韩愈《读荀子》。醇,精纯,纯一不杂。

④"荀与扬"几句:语出韩愈《原道》。

⑤按:本条见《二程遗书》卷一。

【译文】

　　韩愈也是近世的豪杰之士。比如《原道》中的一些话虽然有些毛病,

但是在孟子之后，能有这么大见识的人，也只有韩愈了。比如他论断："孟子是醇而又醇的。"又说："荀子与扬雄，选择得不够精纯，阐述得不够详细。"如果不是他有所领悟，怎能在千年之后还能够判断得如此清楚呢？

14.15　学本是修德，有德然后有言①。退之却倒学了，因学文，日求所未至，遂有所得。如曰："轲之死，不得其传。"似此言语，非是蹈袭前人②，又非凿空撰得出③，必有所见。若无所见，不知言所传者何事。④

【注释】

①有德然后有言：语本《左传·襄公二十四年》："大上有立德，其次有立功，其次有立言。"意谓最根本的是树立德行，然后才能建立功业，然后才能树立言论。又如《论语·宪问》："有德者必有言，有言者不必有德。"意谓有德行之人一定有善言，有善言之人不一定有德行。

②蹈袭：因袭，沿用。

③凿空：凭空无据，穿凿。

④按：本条见《二程遗书》卷十八。

【译文】

为学原本的目的是为了修养德行，德行修养好了之后才可以立言。韩愈却把二者颠倒了，然而因为学习写文章，追求每天都能有所进步，终于有所领悟。比如韩愈说："孟子死了之后，道就中断了，没有传下去。"这一类的话，并非因袭前人的成说，也不是凭空杜撰的，必然是有所领悟的。如果没有对为学的领悟，就不会指出孔孟之间传承的道统。

14.16　周茂叔胸中洒落①，如光风霁月②。其为政精密严恕③，务尽道理。

【注释】

①洒落：洒脱飘逸，不拘束。

②光风霁月：形容雨过天晴时万物明净的景象。用来形容人心胸坦荡，光明磊落。黄庭坚《豫章集·濂溪诗序》："春陵周茂叔，人品甚高，胸怀洒落，如光风霁月。"光风，雨后初晴时的风。霁，雨雪停止。

③为政精密严恕：周敦颐处理政务严谨而宽容。按，这是说周敦颐的为政与他平时"光风霁月"的气象形成了对照。

④按：本条见周敦颐《通书》附录。

【译文】

周敦颐心胸磊落，如同雨过天晴的光明景象。他处理政务一丝不苟，严格而又宽容，努力按照道义的要求来做。

14.17　伊川先生撰《明道先生行状》曰：先生资禀既异①，而充养有道②。纯粹如精金，温润如良玉③。宽而有制④，和而不流⑤。忠诚贯于金石⑥，孝悌通于神明⑦。视其色，其接物也，如春阳之温；听其言，其入人也，如时雨之润⑧。胸怀洞然，彻视无间⑨。测其蕴，则浩乎若沧溟之无际⑩；及其德，美言盖不足以形容。先生行己⑪，内主于敬，而行之以恕⑫，见善若出诸己，不欲弗施于人⑬。居广居而行大道⑭，言有物而动有常⑮。

【注释】

①资禀：资质，禀赋。

②充养：扩充，滋养。

③温润如良玉：语本《诗经·秦风·小戎》："言念君子，温其如玉。"

形容君子德性温润就像美玉一样。

④宽而有制：宽容而有法度。语出《尚书·君陈》。宽，宽容。制，制度。

⑤和而不流：与人和睦相处而不同流合污。语出《中庸》。

⑥忠诚贯于金石：内心忠诚可以穿透金石。贯，穿透。

⑦孝悌通于神明：语出《孝经·感应章》："孝悌之至，通于神明。"

⑧时雨之润：《孟子·尽心上》中提到，君子教化"有如时雨化之者"，指像及时雨那样润泽点化。

⑨彻视：透彻的洞察。

⑩沧溟：大海。

⑪行己：立身行事。

⑫行之以恕：语本《孟子·尽心上》："强恕而行，求仁莫近焉。"意谓勉力地推己及人，求仁没有比这更近的了。

⑬不欲弗施于人：语本《论语·卫灵公》："己所不欲，勿施于人。"

⑭居广居而行大道：语本《孟子·滕文公下》："居天下之广居，立天下之正位，行天下之大道。"意谓居住于天下最宽广的住宅，站立于天下最正确的位置，行走于天下最开阔的道路。

⑮言有物而动有常：语出《周易·家人》象辞："君子以言有物而行有恒。"意谓君子说话要有根据，行动要有常法。

【译文】

程颐撰写的《明道先生行状》说：程颢先生虽然天赋异禀，但是仍然充实他自己的修养。他的境界纯粹得如同没有杂质的纯金一样，性格温润得如同无瑕的美玉一般。他待人宽容而又有原则，与人和睦相处而又不随波逐流。他的忠诚可以穿透金石，他对父母孝敬与兄长友爱可以感动神灵。从他的容貌来看，他的待人接物就像春天的阳光那样和煦；聆听他的语言，深入人心就好像及时雨滋润万物一样。他的胸襟开阔，洞察一切而没有遗漏。衡量他的学识，会发现是浩瀚得如同沧海一样无边无际；穷究他的德行，会感觉任何优美的言语都无法形容。他严格要求自己，以恭敬来持己，以宽恕来待人，看到别人的善行如同是自己的善行一样，自己不愿意接受的行为一定不会强加于别人。他的内心居住在天下最广大的房屋里，行为走在天下最正直的道路上，说话内容充实，做事善始善终。

先生为学，自十五六时，闻汝南周茂叔论道①，遂厌科举之业，慨然有求道之志②。未知其要，泛滥于诸家③，出入于老、释者几十年，返求诸"六经"而后得之。明于庶物，察于人伦。知尽性至命，必本于孝弟④；穷神知化⑤，由通于礼乐。辨异端似是之非，开百代未明之惑，秦汉而下，未有臻斯理也。谓孟子没而圣学不传，以兴起斯文为己任。其言曰："道之不明，异端害之也。昔之害近而易知，今之害深而难辨。昔之惑人也，乘其迷暗；今之入人也，因其高明。自谓之穷神知化，而不足以开物成务⑥；言为无不周遍，实则外于伦理；穷深极微⑦，而不可以入尧舜之道。天下之学，非浅陋固滞⑧，则必入于此。自道之不明也，邪诞妖异之说竞起⑨，涂生民之耳目，溺天下于污浊。虽高才明智，胶于见闻，醉生梦死⑩，不自觉也。是皆正路之蓁芜⑪，圣门之蔽塞⑫，辟之而后可以入道。"

【注释】

①汝南周茂叔：周敦颐（1017—1073），字茂叔，南宋淳祐元年（1241）被追封为"汝南伯"。

②慨然：情绪激动、高昂。

③泛滥于诸家：谓博览各种学派著作而沉浸其中。

④尽性至命，必本于孝弟：语本《论语·学而》："孝弟也者，其为仁之本与！"尽性至命，儒家谓人物之性均包含天理，唯至诚之人，才能发挥人和物的本性，使各得其所，直到认识天命。

⑤穷神知化：穷究事物之神妙，了解事物之变化。语出《周易·系辞下》。

⑥开物成务：通晓万物的道理并按这道理行事而得到成功。语出《周易·系辞上》。

⑦穷深极微：穷极到深邃细微的地方。

⑧浅陋：见闻少而粗浅鄙陋。固滞：固执。

⑨邪诞妖异：邪恶，荒诞，妖乱，怪异。

⑩醉生梦死：像喝醉酒和做梦那样，昏昏沉沉、糊里糊涂地过日子。

⑪正路：语出《孟子·离娄上》："仁，人之安宅也，义，人之正路也。"意谓仁是人们安适的住宅，义是人们正当的道路。蓁芜：犹荒芜。杂草丛生。

⑫蔽塞：耳目、思想被蒙蔽而不开通。

【译文】

先生对圣道的学习，起因于十五六岁的时候听到周敦颐谈论圣人之道，于是就厌倦于从事科举的学习了，慨然产生了探究圣人之道的志向。一开始的时候，不知道圣人之道的精要，博览各种学派著作而沉浸其中，学习佛教、道家有关内容将近十年，然后返回到儒家的"六经"才明白大道。他通达万事万物，通晓人伦物理，知道穷尽万物本性直到认识天命，根本上在于孝敬父母友爱兄弟；穷究事物之神妙，了解事物之变化，是由于通晓礼乐之道。辨别佛老等异端看似正确的错误，解决千年无法明白的疑惑，从秦汉到现在，还没有人认识到这些道理。他认为孟子死后，儒家的圣人之学就不再流传，所以以兴起孔孟之道作为自己的责任。他说："圣人之道之所以不能被天下人所了解，是因为被各类异端妨害了。过去的异端的危害比较浅近，人们容易看清，现今的异端的祸害深奥，人们很难分辨。过去的异端迷惑人，利用人们的愚昧；现在的异端迷惑人，利用人们的聪明。这些异端自称已经穷究事物之神妙，了解事物之变化，但是不足以通晓万物的道理并按这道理行事而得到成功；他们自称学说可以应用到一切方面，实际上却抛弃了人伦物理；他们自认为穷尽了最深奥、最微妙的道理，但是却无论如何不肯实行尧舜的圣人之道。天下的学问，如果不是肤浅而固执的，就一定会陷入这些异端邪说里面去。自从圣人之道不能为天下人所了解，这些荒诞虚妄的学说就竞相兴起，堵塞住了老百姓的耳朵和眼睛，整个天下都沉溺于这类污秽的泥泞当中。即便是才能高超、智慧明达的人，也局限于他自己的所见所闻，像在醉酒与做梦当中那样昏昏度日，完全没有觉察到自己受到了迷惑。这些都是仁义正路上的荒草，阻挡住了圣人之道的大门，只有完全辟除之后，才能够进入圣人之道。"

先生进将觉斯人，退将明之书。不幸早世①，皆未及也。其辨析精微，稍见于世者，学者之所传耳。先生之门，学者多矣。先生之言，平易易知，贤愚皆获其益，如群饮于河，各充其量②。先生教人，自致知至于知止，诚意至于平天下③，洒扫应对至于穷理尽性，循循有序。病世之学者舍近而趋远，处下而窥高，所以轻自大而卒无得也。先生接物，辨而不间，感而能通④。教人而人易从，怒人而人不怨，贤愚善恶，咸得其心。狡伪者献其诚⑤，暴慢者致其恭⑥，闻风者诚服⑦，觌德者心醉⑧。虽小人以趋向之异⑨，顾于利害，时见排斥，退而省其私，未有不以先生为君子也。

【注释】

①早世：过早地死去，夭亡。

②群饮于河,各充其量:语本《庄子·逍遥游》:"偃鼠饮河,不过满腹。"意谓小偃鼠到大河边喝水,所需要的不过是装满一个小肚皮。此指每个人都能得到相应的满足。

③自致知至于知止,诚意至于平天下:从格物致知、正心诚意,才能修身齐家、治国平天下,为《大学》的主要思想。致知,将自己的知识推进至极点,希望达到知无不尽的程度。知止,志在达到至善的境地。

④感而能通:一受到感应就能通达天下的道理。语出《周易·系辞上》。"感",底本原作"惑",据叶采集解本改。

⑤狡伪:狡诈虚伪。

⑥暴慢:凶暴傲慢。

⑦闻风者诚服:听闻他的风范的人心悦诚服。语本《孟子·尽心下》:"故闻伯夷之风者,顽夫廉,懦夫有立志;闻柳下惠之风者,薄夫敦,鄙夫宽。"意谓听说了伯夷风范的人,贪婪的变得廉洁了,懦弱的立定志向了;听说了柳下惠风范的人,刻薄的变得敦厚了,狭隘的变得开朗了。又,《孟子·公孙丑上》:"以德服人者,中心悦而诚服也。"意谓凭借道德使人服从,别人内心快乐真正顺服。闻风,听闻其风范。

⑧觌(dí)德者心醉:看到他的德行的人佩服倾倒。觌,观察,察看。心醉,佩服,倾倒。

⑨趋向:志趣,志向。

【译文】

程颢先生如果得到任用,将要觉醒当今的百姓,如果隐退,将要通过著书阐明这样的道理。可惜他不幸英年早逝,这些事业都还没有做成。他辨析精微的言论,只有少量为世间所知,在学生之间传播。他门下的学生很多。他的语言,平易而容易理解,无论是智慧的还是愚笨的都能够得到好处,就好像一群人在河里饮水,都按照自己的需求得到了满足。

他的教学，从将知识一直推进到应当达到的至善的境地，从内心真诚到平定天下，从洒扫应对一直到穷尽道理究竟本性，整个过程都井然有序。他批评世俗的学者舍弃切近而好高骛远，程度低下却窥探高深，所以狂妄地自高自大，最终毫无所得。先生的待人接物，明辨而不拒绝别人，感应外物无所不通。教导人们，人们都很愿意听从，批评别人，别人也不会怨恨，贤能的、愚笨的、好人、坏人，都能得到他们的欢心。狡猾的人在他面前会变得真诚，傲慢的人在他的面前会表现得恭敬，听闻他的风范的人都心悦诚服，看到他的德行的人都佩服倾倒。即便是追求利益的小人，因为追求的不同，只考虑对自己的利益与危害，经常去排斥他，但是他们退回去反省自己的时候，没有不把先生当作是正人君子的。

　　先生为政，治恶以宽，处烦而裕①。当法令繁密之际，未尝从众为应文逃责之事②。人皆病于拘碍，而先生处之绰然③。众忧以为甚难，而先生为之沛然④。虽当仓卒，不动声色。方监司竞为严急之时⑤，其待先生率皆宽厚，设施之际⑥，有所赖焉。先生所为纲条法度⑦，人可效而为也。至其道之而从⑧，动之而和，不求物而物应，未施信而民信，则人不可及也。⑨

【注释】

①处烦而裕：处理烦杂的事物从容不迫。

②应文：应付公事。应，应付，对付。

③人皆病于拘碍，而先生处之绰然：按，即本书10.3："明道为邑，及民之事，多众人所谓法所拘者，然为之未尝大戾于法，众亦不甚骇。"拘碍，拘束妨碍。绰然，宽裕的样子。

④沛然：轻松自如的样子。

⑤监司：负有监察之责的官吏。汉以后的司隶校尉和督察州县的刺
　　史、转运使、按察使、布政使等通称为监司。严急：犹严酷。

⑥设施：安排布置，行事。

⑦纲条：法纪。

⑧道：同"导"。

⑨按：本条见《二程文集》卷十一

【译文】

　　程颢先生处理政务，惩治恶行予以一定的宽恕，处理繁杂的事务则相当从容。当法令繁杂的时候，从没有学着众人去做一些虚假的表面文章来逃避责任。人们都认为有些该做的事情受到了法令的约束，他却在这种法令下处理得绰绰有余。人们都担心很难做成的事情，而他做起来却优游自如。即使是有事情突然发生，他也不动声色，处之泰然。当监司严苛地检查官员的时候，他们对程颢先生却都很宽厚，处理事务的时候，反而还有很多要仰仗他的地方。先生所制定的规章制度，人们都可以遵守而有所作为。他引导人民，人民就会跟从，他动员人民，人们就会附和，不要求外物，但是外物纷纷响应，没有要求老百姓相信他，而老百姓却都信任他，这些都是别人做不到的。

14.18　　明道先生曰：周茂叔窗前草不除去，问之，云："与自家意思一般①。"②子厚观驴鸣③，亦谓如此。

【注释】

①"周茂叔窗前草不除去"几句：《朱子语类》卷六十："周茂叔窗前草不除去，云'与自家意思一般'，便是有知觉。只是鸟兽底知觉不如人底，草木底知觉又不如鸟兽底。"又，《朱子语类》卷九十六："问：'周子窗前草不除去，云："与自家意思一般。"此是取其生生自得之意邪？抑于生物中欲观天理流行处邪？'曰：'此

不要解。得那田地，自理会得。须看自家意思与那草底意思如何是一般？'”

②按：本条见《二程遗书》卷三。

③子厚观驴鸣：《朱子语类》卷九十六："又问：'横渠驴鸣，是天机自动意思？'曰：'固是。但也是偶然见他如此。如谓草与自家意一般，木叶便不与自家意思一般乎？如驴鸣与自家呼唤一般，马鸣却不与自家一般乎？'”

【译文】

程颢说：周敦颐不锄去窗前的杂草，有人询问，他回答说："和我自己的心意是一样的。"张载观察驴的鸣叫，说得也是这样。

14.19　张子厚闻生皇子，喜甚①；见饿莩者②，食便不美。③

【注释】

①张子厚闻生皇子，喜甚：张伯行解："仁者以天地之心为心，故己之休戚与万物之休戚相为流通。张子作《西铭》，以大君为吾父母宗子，又以凡天下之颠连无告者皆吾兄弟，则闻生皇子而喜，见饥莩者而不甘食，即《西铭》意也。"

②饿莩（piǎo）：即"饿殍"。饿死的人。

③按：本条见《二程遗书》卷三。

【译文】

张载听说皇子出生了，特别开心；见到饿死的人，饮食的时候就不感到香甜。

14.20　伯淳尝与子厚在兴国寺讲论终日①，而曰：不知旧日曾有甚人于此处讲此事？②

【注释】

①伯淳:程颢(1032—1085),字伯淳。子厚:张载(1020—1077),字子厚。叶采解:"吕原明曰:此处气象,自有合得如此等人,说此等话道理。"

②按:本条见《二程遗书》卷二上。

【译文】

程颢与张载在兴国寺兴致勃勃地聊了一整天,说:不知道过去是不是也曾有人在这里像我们一样谈论过今天讨论的道理呀?

14.21　谢显道云:明道先生坐如泥塑人①,接人则浑是一团和气②。③

【注释】

①坐如泥塑人:当与下文"一团和气"形成对比,指程颢打坐的样子如同雕塑一般,很冰冷的样子。

②一团和气:本谓一团祥和之气。后多用以形容态度十分和蔼。

③按:本条见《二程外书》卷十二。

【译文】

谢良佐说:明道先生静坐的时候如同泥塑的雕像很冰冷的样子,待人接物的时候态度则和蔼可亲很温暖。

14.22　侯师圣云①:朱公掞见明道于汝②,归谓人曰:"光庭在春风中坐了一个月③。"游、杨初见伊川④,伊川瞑目而坐⑤,二子侍立。既觉,顾谓曰:"贤辈尚在此乎?日既晚,且休矣⑥。"及出门,门外之雪深一尺⑦。⑧

【注释】

① 侯师圣：侯仲良（生卒年不详），字师圣，华阴（今陕西华阴）人。为二程表弟。初从学程颐，后访周敦颐，大有所得。游荆门，为胡安国器重。侯仲良对二程之学推崇备至，"言必称二程先生"，是理学的中坚人物。由于侯仲良与二程的特殊关系，更是深得理学要义，被称为"程门后传"。著有《论语说》《侯子雅言》。

② 朱公掞：朱光庭（1037—1094），字公掞，河南偃师（今河南偃师）人，为二程弟子。汝：汝州，即今河南汝州。时程颢在汝州做官。

③ 在春风中坐了一个月：朱光庭将与程颢相处的日子比喻为在春风和煦的日子中无忧无虑地静坐一样舒服。成语"如坐春风"来源于此。

④ 游、杨：游酢、杨时。游酢（1053—1123），字定夫，建州建阳（今福建建阳）人。游酢早年师事程颢、程颐，以文行知名，朱熹在其《建宁府学游御史祠记》中记程颐称其"德器粹然，问学日进，政事亦绝人远甚"。与谢良佐、吕大临、杨时并称"程门四先生"。学者称廌山先生，又称广平先生。著有《易说》《中庸义》《论语孟子杂解》等。杨时（1053—1135），字中立，南剑州将乐（今福建将乐）人。世称龟山先生。师事程颢、程颐近十年，闭门为学，与游酢、吕大临、谢良佐并称"程门四先生"。致仕，以著书讲学为事，东南学者推尊为"程氏正宗"。卒谥文靖。杨时为闽中理学之祖，为谏官敢言，不避权势。辑有《二程粹言》，著有《龟山语录》《龟山集》。

⑤ 瞑目而坐：程颢、程颐肯定静坐对于修习儒家工夫具有一定的作用，他们自己也经常静坐。《二程外书》卷十二："谢显道习举业，已知名，往扶沟见明道先生受学，志甚笃。明道一日谓之曰：尔辈在此相从，只是学某言语。故其学心口不相应，盍若行之。请问焉。曰：且静坐。伊川每见人静坐，便叹其善学。"

⑥ 日既晚，且休矣：此处有言外之意，意指儒家境界非言语所及。

⑦ 门外之雪深一尺：按，此即成语"程门立雪"来源。

⑧按：本条见《二程外书》卷十二。

【译文】

侯仲良转述说：朱光庭在汝州见程颢先生，回来之后告诉人们说："我在春风和煦的日子中静坐了一个月。"游酢、杨时初次去拜见程颐，程颐正在闭目静坐，二人于是就静静地侍立在一旁。程颐发觉二人之后，看着他们说："你们还在这里呀？天晚了，回去休息吧。"二人出门，发觉门外的雪已经下了一尺多深了。

14.23　刘安礼云①：明道先生德性充完②，粹和之气盎于面背③，乐易多恕④，终日怡悦⑤。立之从先生三十年，未尝见其忿厉之容⑥。⑦

【注释】

①刘安礼：刘立之（生卒年不详），字宗礼，河间（今河北河间）人。为程颢最早的弟子。据《伊洛渊源录》及《宋元学案》，"安礼"当为"宗礼"。

②德性充完：指程颢德性修行已臻于充实完备的境界。

③粹和之气盎于面背：语本《孟子·尽心上》："君子所性，仁义礼智根于心，其生色也睟然，见于面，盎于背，施于四体，四体不言而喻。"意谓君子表现他的本性，仁、义、礼、智都根植在心中，它们产生的气色是纯和温润的，显现在脸上，洋溢在背上，延伸到四肢，四肢不必等他吩咐就明白该怎么做了。粹和，纯和。盎，洋溢。

④乐易：和乐平易，蔼然可亲。

⑤怡悦：喜悦。

⑥忿厉：愤怒。《二程文集》卷二程颢《答横渠先生定性书》："夫人之情易发而难制者，惟怒为甚。第能于怒时遽忘其怒，而观理之是非，亦可见外诱之不足恶，而于道亦思过半矣。"

⑦按：本条见《二程遗书》附录。

【译文】

刘立之说：程颢先生德性完备，纯粹平和的气象盈溢在整个身体里，和蔼可亲，宽宏大量，整天都是很开心的样子。我跟随先生三十多年，从来没有见过先生愤怒的样子。

14.24　　吕与叔撰《明道先生哀词》云①：先生负特立之才②，知《大学》之要③，博文强识④，躬行力究⑤，察伦明物⑥，极其所止⑦，涣然心释⑧，洞见道体。其造于约也⑨，虽事变之感不一，知应以是心而不穷⑩；虽天下之理至众，知反之吾身而自足⑪。其致于一也，异端并立而不能移，圣人复起而不与易⑫。其养之成也，和气充浃⑬，见于声容，然望之崇深⑭，不可慢也；遇事优为⑮，从容不迫，然诚心恳恻⑯，弗之措也⑰。其自任之重也⑱，宁学圣人而未至⑲，不欲以一善成名⑳；宁以一物不被泽为己病，不欲以一时之利为己功。其自信之笃也，吾志可行，不苟洁其去就；吾义所安㉑，虽小官有所不屑。㉒

【注释】

①吕与叔：吕大临（1042—1090），字与叔，为张载、程颐弟子。哀词：文体名。古用以哀悼夭而不寿者，后世亦用于寿终者。

②特立：独立，独特。

③《大学》之要：《大学》："大学之道，在明明德，在亲民，在止于至善。"

④博文：通晓古代文献。强识：强于记忆。

⑤躬行：亲身实行。

⑥察伦明物：察于人伦，明于庶物。指对于人伦和各种事物都能体

察明白。

⑦极其所止：指达到至善的境界。

⑧涣然心释：语近"涣然冰释"，指内心的疑惑像冰块遇热消融流散一下子完全消除。语本《老子》第十五章："涣兮若冰之将释。"

⑨造于约：达到简约。语本《孟子·离娄下》："博学而详说之，将以反说约也。"意谓广博地学习，详细地阐述，是要由此回到扼要说明的地步。

⑩虽事变之感不一，知应以是心而不穷：虽然事物变化纷繁，但是明白所有一切都可以用诚心来应对。语本《周易·系辞上》："易，无思也，无为也，寂然不动，感而遂通天下之故。"意谓"易"本来是没有思虑的，没有作为的，静寂不动，用真诚感动它就能通晓天下的事。

⑪知反之吾身而自足：明白反省自身就可以自我充实。语本《孟子·公孙丑上》："仁者如射：射者正己而后发；发而不中，不怨胜己者，反求诸己而已矣。"意谓行仁的人有如比赛射箭，射箭的人端正自己的姿势再发箭；如果没有射中，不抱怨胜过自己的人，而要反过来在自己身上寻找原因。

⑫圣人复起而不与易：语本《孟子·滕文公下》："吾为此惧，闲先圣之道，距杨、墨，放淫辞，邪说者不得作。……圣人复起，不易吾言矣。"意谓我（孟子）为此感到忧惧，所以要捍卫古代圣人的思想，批驳杨朱、墨翟的说法，排斥荒诞的言论，使那些宣传邪说的人不能得势。即使圣人再度出现，也不会改变我的这番话。

⑬充浃（jiā）：充盈浃洽。浃，通达，融洽。

⑭崇深：高藏深隐。

⑮优为：谓任事绰有余力。

⑯恳恻：诚恳痛切。

⑰弗之措：不弃置，不放弃。语本《中庸》："有弗学，学之弗能，弗措也。"意谓不学习则已，学习而未能熟练绝不肯停止。

⑱自任之重：即自己担负重担。语出《孟子·万章下》："思天下之民匹夫匹妇有不与被尧、舜之泽者，如己推而内之沟中，其自任以天下之重也。"意谓他觉得天下的百姓中，如果有一个男子或一个妇女没有享受到尧、舜的恩泽的，就像是自己把他们推进山沟里一样。他把天下的重任担在自己肩上。

⑲宁学圣人而未至：《二程遗书》卷二十五："人皆可以至圣人，而君子之学必至于圣人而后已。"

⑳不欲以一善成名：《程氏经说·论语解》："达巷党人曰：'大哉孔子，博学而无所成名。'常人之学，多以一长而得称成名也。达巷党人大夫子之博学，而怪不以一善得名于时，盖其不知圣人也。"

㉑吾义所安：只要符合自己的道义。《孟子·离娄下》："大人者，言不必信，行不必果，惟义所在。"意谓对于君子，说话不一定都守信，做事不一定出结果，但是全部以道义为依归。

㉒按：本条见《二程遗书》附录。

【译文】

　　吕大临《明道先生哀词》说：程颢先生具有特立独行的才能，了解明德、亲民等《大学》的要领，对各种经典很熟悉并且理解深入，身体力行，努力探究，明察人伦，了达物理，彻底地掌握了人们处事的原则，内心的疑问如冰一样融化，洞穿了大道的本体。他的学问达到了简约，虽然事物变化纷繁，但是明白所有一切都可以用诚心来应对；虽然天下的道理无穷无尽，但是明白反归于自身，一切都是其足的。他的成就已经达到最终的唯一，各种异端邪说都无法改变他的志向，圣人重新出世也无法修改他的学说。他的德行，充满和气，充溢透彻，体现在声音容貌上，但是看起来充满威严，不可以轻慢；他做事的时候，悠然自得，从容不迫，但是他内心真诚，永不放弃。他对自己的要求很严格，宁可学圣人没有达到，也不想凭着一种善行而成名于世；宁可把有一种事物没有受到恩泽作为自己的过错，而不想将一时的利益当作自己的功劳。他自觉承担道义重任，只要自己的志向可以推行，就不会故作高洁而不去任职，只要符合自己所认可的道义，即便是很小的官职也愿意去担任。

　　14.25　吕与叔撰《横渠先生行状》云：康定用兵时^①，先生年十八，慨然以功名自许，上书谒范文正公^②。公知其远器^③，欲成就之，乃责之曰："儒者自有名教^④，何事于兵？"因劝读《中庸》。先生读其书，虽爱之，犹以为未足，于是又访诸释、老之书，累年尽究其说，知无所得，反而求之"六经"。嘉祐初^⑤，见程伯淳、正叔于京师^⑥，共语道学之要。先生涣然自信曰："吾道自足，何事旁求？"于是尽弃异学，淳如也^⑦。尹彦明云^⑧：横渠昔在京师，坐虎皮说《周易》，听从甚众。一夕，二程先生至，论《易》。次日，横渠彻去虎皮，曰："吾平日为诸公说者皆乱道^⑨。有二程近到，深明《易》道，吾所弗及，汝辈可师之。"

【注释】

①康定用兵：宋仁宗康定元年（1040），西夏攻宋，时范仲淹为陕西招讨副使组织抵抗。

②范文正公：范仲淹（989—1052），字希文。祖籍邠州（今陕西彬州），后移居苏州吴县（今江苏苏州），北宋杰出的思想家，政治家。谥号"文正"，世称范文正公。后人编有《范文正集》。

③远器：谓有才能、能担当大事的人。

④名教：名分与教化。指以儒家所定的名分与伦常道德为准则的礼法。

⑤嘉祐：宋仁宗年号，1056—1063。

⑥伯淳：程颢（1032—1085），字伯淳。正叔：程颐（1033—1107），字正叔。

⑦淳如：纯粹，淳正。

⑧尹彦明：尹焞（1071—1142），字彦明，一字德充，洛阳（今河南洛阳）人。程颐晚年弟子。

⑨乱道：妄言，胡说。

【译文】

吕大临撰写的《横渠先生行状》说：宋仁宗康定年间与西夏作战的时候，张载先生十八岁，慷慨激昂地自认为可以通过带兵打仗建功立业，于是写信请求拜见范仲淹。范仲淹看出他是有才能、堪当大任的人，想成就他，就责备他说："读书人自有读书人的事业，为什么带兵打仗呢？"于是劝他读《中庸》。张载读了《中庸》，虽然很喜爱，但是仍然不满足，于是又研读佛教、道家书籍，花了多年工夫透彻地了解二家的学说，没有任何收获，又回过头来读"六经"。嘉祐初年，先生在京师见到程颢、程颐兄弟，与他们一起讨论学习圣人之道的要领。于是他内心的疑问消失了，自信地说："我们儒家的学问自身很完备，为什么要寻求别家的学说呢？"于是彻底地抛弃了异端的学说，达到了纯粹的状态。尹焞说：张载过去在京城的时候，坐在虎皮上给大家讲解《周易》，来听的人很多。一天晚上，程颢、程颐二兄弟来到，谈论《周易》。第二天，张载撤去虎皮，对学生们说："我平日里给你们所讲的都是不对的，现在二程兄弟来了，他们对《周易》非常精通，我赶不上他们，你们可以去向他们学习。"

晚自崇文移疾西归横渠①，终日危坐一室②，左右简编③，俯而读，仰而思，有得则识之，或中夜坐起，取烛以书。其志道精思，未始须臾息，亦未尝须臾忘也。学者有问，多告以知礼成性、变化气质之道④，学必如圣人而后已，闻者莫不动心有进。尝谓门人曰："吾学既得于心，则修其辞⑤，命辞无差，然后断事，断事无失，吾乃沛然⑥。精义入神者⑦，豫而已矣。"先生气质刚毅,德盛貌严,然与人居,久而日亲。其治家接物,大要正己以感人,人未之信,反躬自治⑧,不以语人,虽有未谕,安行而无悔。故识与不识,闻风而畏,非其义也,不敢以一毫及之。⑨

【注释】

①崇文:宋神宗熙宁二年(1069),张载被召,除崇文院校书,因与王安石政见不合,次年移病西归,居横渠镇。移疾:犹"移病"。旧时官员上书称病。多为居官者求退的婉辞。横渠:即今陕西眉县横渠镇。

②危坐:古代称两膝跪地,耸起上身。泛指端坐,直身而坐。

③简编:指书籍、典籍。

④知礼成性:明白礼仪意义,助成万物的天性。知礼,语出《论语·尧曰》:"不知礼,无以立也。"意谓不懂得礼,不能立身于社会。成性,语出《周易·系辞上》:"成性存存,道义之门。"意谓助成万物的天性,保存万物的存在,就是通往道义的门径。变化气质:指通过后天的学习改变人的生理、心理素质。张载认为人的本性有天地之性,有气质之性,天地之性纯粹至善,气质之性则有善有不善。学习就是要改变气质当中的恶,恢复本来的纯粹至善。

⑤修其辞:修饰文辞,以确切表达自己的意思。语本《周易·乾》文言:"修辞立其诚,所以居业也。"意谓修饰言辞以确保其诚意,由此可以树立功业。

⑥沛然:此处指内心坦然。

⑦精义入神:探究精微义理到神妙的地步。语出《周易·系辞下》:"精义入神,以致用也。"意谓探究精微义理到神妙的地步,是为了应用在生活上。

⑧人未之信，反躬自治：语本《孟子·离娄上》："礼人不答，反其敬；行有不得者皆反求诸己，其身正而天下归之。"意谓以礼待人，别人却没有回应，就要反问自己恭敬够不够；行为没有达到预期的效果都要反省自己，自身端正了，天下的人就会来归附。

⑨按：本条见吕大临《横渠先生行状》。

【译文】

张载先生晚年称病辞官从崇文院回到横渠镇，一天到晚恭恭敬敬地端坐在一个房间里，左右放的都是书，俯首读书，抬头思考，有心得就记录下来。经常半夜坐起来拿着蜡烛书写。他对圣人之道的追求，思考精深，没有片刻的止息，也没有片刻的遗忘。学生有疑问，经常会告诉他们要明白礼仪的意义，成就善性，改变本来的不良气质等方法，要求学生不达到圣人的境界一定不能罢休，听闻的人没有不触动而有所进步的。他曾经告诉门人说："我学习的时候内心有所领悟，就选取恰当的言辞把它表达出来，表达没有差失了，然后再做事，做事没有差失了，我内心就安然了。探究精微义理到神妙的境界，就能够预知事情。"张载先生的气质刚强坚毅，德行茂盛，容貌严肃，但人们与他相处久了会感到越来越亲切。他的持家与待人接物，大体上都是要先端正自己来感化别人，别人不信从，他就自我反省修养自身，而不告诉别人，虽然有人不理解他，他也总是坚持自己的行为而不会怨恨。所以人们无论认识他还是不认识他，听说他的作风以后都感到敬畏，不符合道义的事情都不敢有一丝一毫施加到他身上。

14.26　横渠先生曰：二程从十四五时，便脱然欲学圣人①。②

【注释】

①脱然：超越寻常的样子。"脱"，张载《经学理窟·学大原上》作"锐"。

②按：本条见张载《经学理窟·学大原上》。

【译文】

张载说：程颢、程颐在十四五岁的时候，就超越寻常地立下了学习成为圣人的志向。

中华经典名著
全本全注全译丛书
（已出书目）

唐才子传

大明律

廉吏传

徐霞客游记

读通鉴论

宋论

文史通义

鬻子·计倪子·於陵子

老子

道德经

帛书老子

鹖冠子

黄帝四经·关尹子·尸子

孙子兵法

墨子

管子

孔子家语

曾子·子思子·孔丛子

吴子·司马法

商君书

慎子·太白阴经

列子

鬼谷子

庄子

公孙龙子（外三种）

荀子

六韬

吕氏春秋

韩非子

山海经

黄帝内经

素书

新书

淮南子

九章算术（附海岛算经）

新序

说苑

列仙传

盐铁论

法言

方言

白虎通义

论衡

潜夫论

政论·昌言

风俗通义

申鉴·中论

太平经

伤寒论

周易参同契

人物志

博物志

声律启蒙　　　　　　　　　二十四诗品·续诗品

老老恒言　　　　　　　　　词品

随园食单　　　　　　　　　东坡养生集

阅微草堂笔记　　　　　　　闲情偶寄

格言联璧　　　　　　　　　古文观止

曾国藩家书　　　　　　　　聊斋志异

曾国藩家训　　　　　　　　唐宋八大家文钞

劝学篇　　　　　　　　　　浮生六记

楚辞　　　　　　　　　　　三字经·百家姓·千字

文心雕龙　　　　　　　　　　文·弟子规·千家诗

文选　　　　　　　　　　　经史百家杂钞

玉台新咏